TOM HOPKINS

COMO SER UM GRANDE VENDEDOR

Tradução de
RUY JUNGMANN

1ª edição

best.
business
RIO DE JANEIRO – 2018

CIP-BRASIL. CATALOGAÇÃO NA PUBLICAÇÃO
SINDICATO NACIONAL DOS EDITORES DE LIVROS, RJ

Hopkins, Tom

H766c   Como ser um grande vendedor / Tom Hopkins; tradução Ruy Jungmann. –
1ª ed. – Rio de Janeiro: Best Business, 2018.
490 p.; 16 × 23 cm.

Tradução de: *How to Master the Art of Selling*
ISBN 978-85-68905-16-6

1. Vendas – Administração. 2. Comércio varejista. I. Título.

CDD: 658.85
16-31670   CDU: 658.85

Como ser um grande vendedor, de autoria de Tom Hopkins.
Texto revisado conforme o Acordo Ortográfico da Língua Portuguesa.
Primeira edição impressa em março de 2018.
Título original inglês:
HOW TO MASTER THE ART OF SELLING

Copyright © 1980 by Tom Hopkins Champions Unlimited; 1982 by Champion Press; 2005 by
Tom Hopkins International, Inc.
Copyright da tradução © 1984 by Distribuidora Record de Serviços de Imprensa S.A.
Publicado pela Grand Central Publishing, Nova York.
Todos os direitos reservados.

Proibida a reprodução, no todo ou em parte, sem autorização prévia por escrito da
editora, sejam quais forem os meios empregados.

Design de capa: Sérgio Campante com imagem iStockphoto.

Nota do editor: A edição original é de 1980 e por isso traz alguns conceitos em desuso.
Optamos por manter o texto integral por se tratar de um autor que é referência na área
de vendas.

Direitos exclusivos de publicação em língua portuguesa para o Brasil adquiridos pela
Best Business, um selo da Editora Best Seller Ltda.
Rua Argentina, 171 – 20921-380 – Rio de Janeiro, RJ – Tel.: (21) 2585-2000
que se reserva a propriedade literária desta tradução.

Impresso no Brasil

ISBN 978-85-68905-16-6

Seja um leitor preferencial Record.
Cadastre-se no site www.record.com.br e receba informações sobre nossos lançamentos e
nossas promoções.

Atendimento e venda direta ao leitor: sac@record.com.br ou (21) 2585-2002.
Escreva para o editor: bestbusiness@record.com.br

COMO SER UM GRANDE VENDEDOR

A meus pais,
Les e Kathy Hopkins,
com gratidão, respeito e afeto.

Agradecimentos

Este volume existe porque milhares de pessoas que compareceram a meus seminários persistiram em seus esforços e se transformaram em Campeões de Vendas. O sucesso que obtiveram após aprenderem o conteúdo desse material me convenceu de que devia publicá-lo em forma de livro.

Centenas de pessoas contribuíram para meu sucesso em vendas. Eu poderia citar apenas algumas, embora seja grato a todas elas. Tom G. Murphy tem sido meu amigo mais próximo e meu conselheiro. A família Edwards, composta por Doug, Jerry e seu filho, Jay, nunca me faltou como fonte de encorajamento e apoio. Danielle Kennedy — uma das maiores treinadoras de vendas dos Estados Unidos — provou-me que vale a pena pagar qualquer preço para transformar nossos sonhos em realidade. A amizade e as ideias criativas de outro grande treinador, Alan Jacobson, foram de valor inestimável. E é grande minha dívida para com Art Mortell, por boa parte do material que serviu de base para os capítulos 5 e 6.

Pelos incontáveis serviços bem-feitos, também quero agradecer a meu quadro de colaboradores. A energia, a competência e a lealdade de todos fizeram com que nossa empresa crescesse e este livro fosse possível.

Sumário

Introdução	15
1. O que realmente é a profissão de vendas	**23**
O mito do maravilhoso vendedor nato	27
Os cinco pontos básicos que o tornarão tão grande quanto queira ser	29
Estudo monetário: aprendendo a ganhar cinco vezes mais	30
Sua principal ferramenta	36
2. As 12 fontes do sucesso sensacional em vendas	**41**
Por que você não pode fracassar	48
Como desenvolver o desejo	49
EPR é a diferença entre ter e não ter	51
O caminho da venda	56
3. Faça a pergunta certa e conquiste o sucesso em vendas	**59**
O vínculo clássico	60
O vínculo invertido	63
O vínculo interno	64
O vínculo de reboque ou apêndice	65
O avanço alternado	68
Perguntas reflexivas de fechamento de negócios	70
A técnica do porco-espinho	72
A pergunta de envolvimento	74
Faça duas voltas à direita para o sucesso em vendas	78
Use as duas opções: perguntas que revelam e perguntas que conduzem	80

10 | COMO SER UM GRANDE VENDEDOR

Como assumir o comando com perguntas indicativas — 82
Os três princípios do poder inquisitivo — 85
Doze dicas sobre a técnica de perguntas — 90

4. Criando o clima de vendas — 93
Venda a quem pode comprar — 95
Não venda lógica — Desperte emoções — 98
Agarre a mudança quando ela acontecer — 98
Substitua palavras de rejeição por outras que estimulam — 107
O conceito da tríade: como multiplicar sua eficiência — 124
Os sentidos que vendem emoções — 128

5. Por que não faço o que sei que deveria fazer? — 133
Como você fica deprimido — 136
Os motivadores — 138
Os desmotivadores — 147

6. Aprenda a amar o não — 165
Como rejeitar os efeitos negativos da rejeição — 169
As cinco atitudes relativas à rejeição — 172
O mantra do Campeão — 181

7. A procura de clientes em potencial com e sem recomendação — 183
Conheça seus índices e faça um esforço para melhorá-los — 186
Clientes por recomendação — 192
Fichário de clientes recomendados — 194
Identificação de clientes não recomendados — 204
Cinco maneiras de pairar no ar até que esteja pronto para voar — 231

8. Como descobrir fortuna e felicidade pelo telefone — 237
Telefonemas que você deve dar — 243
Obtenção de boas listas — 252
Sistemas para obter bons resultados ao telefone — 253

9. Comprar não é um esporte de espectador ... 257
Três modelos de entrevistas de vendas ... 262

10. Em suas apresentações e demonstrações, utilize o poder de venda do Campeão ... 267
Palavras que têm encanto ... 274
Palavras a substituir ... 276
Aprenda muitos dialetos diferentes ... 277
Mantenha o cliente mentalmente interessado ... 278
Mantenha o cliente fisicamente envolvido ... 279
Receba com calma as interrupções ... 279
Faça toda a sua apresentação em menos de 17 minutos ... 280
O poder das apresentações planejadas ... 281
Como planejar sua apresentação previamente por escrito ... 287
Trabalhando com um formulário de planejamento prévio ... 289
Recursos visuais ... 300
Você só tem 17 minutos ... 302
Como fazer os recursos visuais trabalharem para você ... 302

11. Refinando o primeiro encontro ... 311
O cliente recomendado ... 316
O cliente não recomendado ... 318

12. A qualificação é a chave para o estouro das cotas ... 321
A não técnica do preço-hã ... 331

13. O contato-objeção ... 333
Transforme o tratamento das objeções em uma parte integral e esperada de sua sequência de vendas ... 334
O que é uma condição? ... 335
Dois "NÃO FAÇA" para um "FAÇA" seguidos por todos os Campeões ... 338
Sistema de tratamento de objeções ... 339
Quatro tratamentos de choque para objeções ... 342

12 | COMO SER UM GRANDE VENDEDOR

14. O fechamento é um doce sucesso 351
Fechamentos experimentais 357
Como navegar em segurança pela fase mais perigosa
do fechamento 359
O fechamento tipo demolição 359
Evoluindo para o grande fechamento 360
O que é um fechamento verdadeiro? 360
Feche com empatia 362
Simpatias e antipatias 363
Feche através dos olhos do cliente 364
Quando fechar? 365
Onde fechar? 366
A anatomia do fechamento 367
As 14 palavras mais importantes da arte do fechamento
do negócio 369
Use o traje reluzente 371

15. Doze fechamentos poderosos para aspirantes a Campeões 375
O fechamento oral básico 375
O fechamento escrito básico (O fechamento "Deixe eu tomar
nota disso") 376
O fechamento balanço Benjamin Franklin 379
O fechamento de ângulo agudo 385
O fechamento da pergunta secundária 388
O fechamento da alta autoridade 393
O fechamento da situação semelhante 398
O fechamento "Minha-velha-e-querida-mãe" 399
O fechamento "Vou pensar no caso" 400
O fechamento da redução ao ridículo 405
O fechamento negativo 409
O fechamento do cachorrinho 411

16. Muita gente louca por dinheiro 415
Transforme ninharias em milhões 416
Sistema 1: Multiplique dinheiro 416
Sistema 2: Acrescentar 419

TOM HOPKINS | 13

Sistema 3: Pencas de bananas 421
Sistema 4: Quando descobrir uma mina, escave a montanha
inteira 422
Sistema 5: Use seus cartões de visita 423
Sistema 6: Seja um anúncio ambulante de si mesmo 424
Sistema 7: Recupere a rotina do recontato 424
Sistema 8: É uma beleza, não custa quase nada, e não é
muito usado 428

**17. Como suar menos e lucrar mais com a papelada
burocrática** 435
Informações para controlá-lo 436
Informações exigidas pelo governo 437
Informações de que sua companhia precisa para
controle de comercialização e produção 437

**18. A construção da fortuna começa com o planejamento
do tempo** 445
Sistema de acompanhamento 447
Como programar seu tempo para ter maior impacto de vendas 450

19. Como sair da fossa vendendo 455
A opção é sua 456
A Fórmula GOYA 462

20. A mais necessária expertise 471
Vinte maneiras de transformar desejos em realidade 475

**21. Como vender para as pessoas mais importantes
que conhece** 483

Introdução

James Buchanan Brady podia pegar empréstimos de milhões de dólares apenas mencionando seu nome. Antes dos 30 anos, já se transformara em lenda. Tinha relações de amizade com os principais industriais e financistas de seu tempo. Lillian Russell, a mais glamourosa atriz da década de 1890, era sua grande amiga e companhia frequente.

Vocês conhecem esse homem por sua marca registrada. Diamond Jim ostentava mais riqueza do que a maioria dos bancos guardava em seus cofres. Suas abotoaduras, seu relógio, sua bengala e cada dedo faiscavam de diamantes.

Por que estou falando desse homem? Porque Diamond Jim Brady era um vendedor. Ganhou mais dinheiro vendendo equipamentos para estradas de ferro do que podia gastar como o maior boêmio da Broadway. Ele era um superprofissional.

A prática da venda em si, porém, remonta a tempos muito mais remotos. Sabemos que o homem da Idade da Pedra viajava grandes distâncias para trocar o que levava pelos bens que não podia obter nos locais onde caçava e coletava alimentos. Há razões para acreditar que a troca, ou barganha, é mais antiga do que a guerra, que todos nós descendemos de mercadores pacíficos — em verdade, vendedores, uma vez que a troca requeria a arte de vender —, e não de saqueadores violentos que viviam da pilhagem.

O progresso seguinte em vendas foi o mercado ao ar livre. Antes do alvorecer da história, porém, o mercado exposto aos elementos da natureza se tornou obsoleto. Os mercadores se recolhiam a lugares fechados e vendiam em lojas fixas. Nessa ocasião, os mercadores ambulantes carregavam menos mercadorias nas costas e mais em animais e

16 | COMO SER UM GRANDE VENDEDOR

barcos. Depois, o progresso cessou, exceto por alguns casos específicos, e foi esse antigo sistema de distribuição de mercadorias que chegou ao Novo Mundo.

No princípio do século XIX, ocorreu um fato revolucionário e surgiu a prática da venda como conhecemos hoje. E isso aconteceu de modo muito discreto. Os proprietários de uma pequena tecelagem em Massachusetts queriam fazer mais negócios do que os que já tinham com mercadores. Com a objetividade dos nativos da Nova Inglaterra, foram direto ao cerne da questão. Contrataram um homem para levar suas amostras a lojas distantes e conseguir encomendas para entrega futura. Hoje, isso parece bastante óbvio, mas, naqueles dias, representou uma inovação notável. Foi necessário muita inteligência para conceber essa ideia, coragem para pô-la em prática e persistência para fazê-la funcionar. E realmente funcionou. Em poucos anos, o novo sistema se espalhou por outras tecelagens e indústrias e a distribuição de mercadorias nunca mais foi a mesma.

Nesse período, surgiram as primeiras estradas de ferro, e essa nova maneira de circular se ajustava perfeitamente à nova maneira de vender. Caixeiros-viajantes, com suas volumosas malas de amostras, tornaram-se espetáculos familiares em todos os locais onde havia trilhos. Mas naquela época eles ainda não eram chamados de vendedores. Eram conhecidos como mascates, já que lembravam os velhos tempos em que indivíduos batiam matracas para atrair plateias quando chegavam a pequenas cidades do interior com suas carroças.

O homem que estava destinado a se tornar o primeiro superprofissional de vendas nasceu em 1844. John H. Patterson ainda era jovem quando as estradas de ferro ligaram as duas costas dos Estados Unidos, mas, nessa época, já tivera uma carreira meteórica. Ele criou a primeira força nacional de vendas, foi o primeiro a organizar um treinamento de práticas de venda, a contar com um quadro de vendas totalmente organizado, com gerentes regionais e distritais. Além disso, estabeleceu a primeira cota de vendas e também foi o pioneiro em garantir território exclusivo a seus vendedores. Antes dele, várias companhias colocavam dois vendedores no mesmo território e deixavam que se devorassem, tentando vender os mesmos produtos aos mesmos clientes. Essa prática teve fim depois de Patterson demonstrar como era absurda.

Em 1895, um jovem ingressou na companhia de Patterson. Esse indivíduo, Thomas J. Watson, estava destinado a se transformar em outro superprofissional de vendas. Subiu na empresa até chegar a ser um dos principais assistentes do dono. Em seguida, tomou seu próprio rumo. Watson se tornou a força propulsora por trás de uma das companhias mais dinâmicas que o mundo já conheceu.

Sua maior contribuição à profissão de vendedor foi o conceito de que ninguém jamais deve estar destreinado. Trata-se de uma ideia muito profunda. Hoje, você não precisa ir à escola para prosseguir sua educação formal, para continuar a aprender. Há livros, DVDs, palestras, seminários, revistas, vídeos — e uma série de meios de treinamento e materiais de aprendizagem. Se você parar de treinar e aprender, começa a afundar. Ninguém pode flutuar: ou nada ou afunda. Tem sido assim há milhares de anos. A única diferença é que agora se nada ou se afunda com muito mais rapidez.

O superprofissional que o sucedeu chamava-se H. W. Dubiski. Ao chegar à América, pouco depois do começo do século XX, Dubiski acabàra de completar 14 anos e não falava uma única palavra de inglês. Quatro anos depois, com um pedaço de giz na mão, anotava as cotações na Bolsa de Valores de Nova York. Mais do que qualquer outro homem, à exceção de Watson, Dubiski compreendeu as oportunidades desvendadas por Patterson. Aproveitando os conceitos que este formulara, aperfeiçoou o treinamento de massa, aprimorou o discurso preparado de vendas, refinou a reunião inspiradora de vendas numa época em que isso funcionava e desenvolveu a filosofia original de que títulos mobiliários podiam ser vendidos em uma única visita. Dubiski era o mestre da organização do que costumávamos chamar de — bem, não importava como chamávamos — A Reunião de Injeção de Entusiasmo. Todas as manhãs, seus vendedores (naquele tempo, eram todos homens) se reuniam para uma sessão de ladainha, aplausos e cantos, que, em estilo comercial, se assemelhava a um encontro para desper-

18 | COMO SER UM GRANDE VENDEDOR

tar fervor religioso. Ninguém conseguia um emprego de gerência de vendas naquela companhia a menos que pudesse aplicar uma injeção motivacional todas as manhãs e tomar a frente nos hinos e lemas da empresa. Depois que os vendedores eram carregados de entusiasmo e de determinação quase até o limite, os gerentes de Dubiski os soltavam no mundo inocente. Pouco mais de 12 anos depois de sua chegada, Dubiski vendeu sua empresa e aposentou-se com um pé de meia de US$5 milhões em obrigações do governo. Em 1914, isso era um bom dinheiro para se ter ganhado antes da provecta idade de 26 anos.

Vinte anos depois, comecei a procurar trabalho. Envolvi-me com vendas porque, no fundo do poço da Grande Depressão, essa era a única opção viável. Meu primeiro emprego foi num grupo de vendedores ambulantes. Nessa época, era fácil entender o sistema adotado. Se a pessoa não vendia em um dia, não podia comer. Literalmente. Vendíamos papel de carta personalizado a professores e secretárias. Eles ganhavam cerca de US$4 por semana e nosso material custava US$3,75. Era duro vender. Mas vendíamos porque era a única maneira de sobreviver.

Naquela ocasião, éramos ciganos. Quando encontrávamos algo melhor, mudávamos. Podíamos escolher o que quiséssemos. Eu vendi de tudo. Após a Segunda Guerra Mundial, tornei-me gerente de vendas de um distribuidor de aviões. Vendemos 3 mil aviões em um único ano, um recorde ainda imbatível. Em seguida, o negócio de aviões caiu vertiginosamente. A demanda por aeronaves desapareceu. A própria indústria afundou.

Entrei no ramo de informações, numa empresa brilhante, que assessorava outras empresas em questões de impostos e regulamentos. Quase desisti quando quiseram que eu aprendesse o discurso de vendas padronizado que usavam. Por sorte, meu professor acertou em cheio comigo. Perguntou-me se eu sabia tudo o que precisava saber sobre vendas e se tinha bom senso suficiente para reconhecer que não sabia. Assim, tive meu primeiro contato com uma apresentação formal da argumentação de vendas numa situação que me obrigou a aprender como vender. Três meses depois, eu era executivo de marketing da empresa e lá conheci o homem que se tornaria meu mentor. Bob Barber era um gênio de vendas, um superprofissional. A ele devo meus alicerces na profissão.

Mais tarde, Barber, algumas outras pessoas e eu fundamos uma companhia para comercializar o primeiro ditafone a fio magnético. O negócio teve grande sucesso e, logo depois, nós já o vendíamos por uma bela soma. De repente, eu não tinha mais o que fazer.

Durante anos, eu soubera que havia um espaço inexplorado e em rápido desenvolvimento no campo de vendas na equipe. Tínhamos consultores de pesquisas e negócios, mas não de vendas. A partir do nada, resolvi criar uma nova profissão. Foi o que fiz, embora tenha descoberto que a tarefa era muito mais difícil do que o esperado. O maior problema era que, a despeito de minha expertise em vendas, não podia sair e vender meus serviços, assim como médicos e advogados não podem andar por aí mascateando os seus. Por isso, comecei a dirigir a palavra a todos os grupos que quisessem me ouvir. Aos poucos, tendo como base minhas plateias, iniciei a construção de uma carreira como consultor de vendas. Meu primeiro cliente me pagava US$25 por dia, a menor soma em dinheiro que eu já havia ganhado em muitos anos.

Minha primeira boa oportunidade surgiu quando recrutei e treinei uma força de vendas para a agência local de uma grande companhia de seguros. No momento em que a matriz viu os resultados, consegui minha primeira conta nacional. Finalmente, eu estava no caminho certo.

Em 1959, lancei um disco intitulado "Fechando a venda", o qual me abriu novos caminhos. Pela primeira vez, a arte da venda era decomposta em táticas e técnicas específicas e colocada à disposição de todos que quisessem aprendê-la. O disco se tornou o maior sucesso de vendas entre os que tratavam de negócios e, nas minhas palestras, as pessoas começaram a me apresentar como "o pai da arte de vendas moderna".

Mais ou menos nessa época, conheci Tom Hopkins. Lembro-me bem desse momento. Num treinamento na Califórnia, percebi que havia um jovem sentado na primeira fileira. Não pude deixar de notá-lo porque ele usava uniforme de banda. E eu nunca tinha visto alguém tomar notas com tamanha rapidez e de forma tão completa. Ele parecia querer agarrar as palavras antes que saíssem de minha boca. Disse a mim mesmo que deveria ficar de olho nele.

Vi Hopkins pela segunda vez quando fui a Los Angeles prestar assessoria à empresa para a qual ele trabalhava. Tom, que fora me buscar no aeroporto, usava um terno novo e dirigia um carro também novo. Na sede, o presidente da companhia me contou que Tom havia decorado minhas técnicas e que, em seguida, deslanchara como se fosse um foguete.

Hopkins progrediu e se tornou o maior corretor imobiliário que o mundo já viu. Em seguida, trabalhou como gerente de vendas por alguns anos. E, quando eu menos esperava, ele se tornou meu vizinho, perseguindo sua meta com o mesmo tipo de entusiasmo que teria impressionado todos os grandes vendedores de outrora. Tom adaptou, refinou e ampliou o material que lhe forneci, da mesma forma que adaptei, refinei e ampliei o que me foi dado.

Desde então, Tom Hopkins vem impulsionando a profissão de vendas com seus seminários, que ensinam e inspiram, e com os DVDs e vídeos que transmitem sua mensagem quando não pode comparecer pessoalmente. E agora está lançando este livro, o ápice de um século de desenvolvimento em treinamento de vendas, escrito por um autêntico superprofissional, Tom Hopkins. Todos os que aspiram ao sucesso devem lê-lo.

J. Douglas Edwards

Ver é crer, mas a verdade é sentir.

— *Thomas Fuller*

Tudo que é excelente é igualmente difícil.

— *Thornton Wilder*

Se queres ser forte, sê um artesão na fala, pois
a força do homem está na língua, e o discurso
é mais forte do que a luta.

— *Escrito há 5 mil anos por Ptahhotep*

1. O que realmente é a profissão de vendas

Há muito tempo, aprendi que vender é o trabalho árduo mais bem-pago — e o trabalho fácil mais miseravelmente remunerado — que poderia ter encontrado. Também descobri outra coisa interessante a respeito de vendas: que a opção era minha, e só minha. Sozinho, podia torná-lo o trabalho difícil mais bem-pago ou permitir que se transformasse no trabalho fácil de remuneração mais baixa. Percebi que o que conseguisse em minha carreira de vendas era de minha inteira responsabilidade, e o que outras pessoas quisessem não faria muita diferença. Tampouco importaria o que me dessem ou não. O que realmente tinha importância era o que eu fazia por mim mesmo e dava a mim mesmo.

Você concorda comigo nesses pontos? Espero que sim, pois a mensagem principal deste livro é que seu conhecimento, sua habilidade e sua energia são os elementos que o farão grande e que essas qualidades podem ser aprimoradas e intensificadas — se estiver disposto a investir tempo, esforço e dinheiro em si mesmo. E há melhor investimento do que aquele que se faz em si mesmo? A maioria de nós sabe que não, embora muitos não atuem o suficiente, e com bastante espírito de decisão, com base nessa convicção.

24 | COMO SER UM GRANDE VENDEDOR

Você é seu maior ativo. Invista tempo, esforço e dinheiro em treinamento, aperfeiçoamento e encorajamento de seu maior ativo.

Mas vamos conversar sobre algumas das vantagens de vendas.

A primeira vantagem, e o motivo pelo qual amo vendas, é sua liberdade de expressão. Nossa profissão é uma das poucas em que você pode ser autêntico e, basicamente, fazer o que quer. Essa liberdade é conquistada ao concorrer com sucesso em situações nas quais a variedade de recursos e a perseverança são exigidas e altamente valorizadas. Atividade alguma é mais vital à saúde da economia do que as vendas. E nenhuma é tão independente da iniciativa individual.

A segunda vantagem é que você tem a liberdade de se tornar tão bem-sucedido quanto desejar. Em nossa profissão, ninguém vai limitar sua renda, só você. Não há limite de renda.

Você pode pôr em dúvida essa afirmação. Talvez pense que o limite é a maior renda auferida por alguém que vende para sua companhia. Acaso isso significa que não é possível ganhar mais do que ele? É claro que não. Na verdade, significa que todos os vendedores em sua companhia que não estão auferindo a mais alta renda não estão adotando todas as estratégias e técnicas do Campeão.

A terceira vantagem representa um desafio diário. Você pode trabalhar em outros ramos e jamais encontrar um desafio. Mas isso nunca vai acontecer na área de vendas, que todos os dias lhe impõe novos desafios. Esse fato deve revigorá-lo, não cansá-lo. Envaideça-se. Nossa sociedade super-regulada e altamente organizada proporciona poucas atividades lucrativas em que o fim do dia não seja conhecido mesmo antes do amanhecer. Você tem o privilégio de trabalhar em uma dessas poucas e preciosas atividades em que liberdade e desafio não são raridades, mas companhias constantes. Em vendas, você nunca sabe que oportunidades o dia lhe trará, quais prêmios serão oferecidos e que você pode ganhar — e que catástrofes podem acometê-lo. Cada dia é uma aventura para o vendedor. Quando trabalhamos nessa profissão, podemos descer das alturas do júbilo para as profundezas do desânimo em um período de 48 horas — e voltar ao cume no dia seguinte. Isso é ou não emocionante?

Diga que sim.

Todas as manhãs, diga a si mesmo que o desafio é emocionante, divertido, e que você espera por ele com ansiedade. Diga isso a si mesmo — e fale sério. Condicione-se para apreciar o desafio. Em seguida, vá à procura dele, descubra-o, vença-o. Se você quer ser melhor do que a média, faça isso. Se aspira à grandeza, não hesite. O caminho mais curto para alcançar uma renda alta passa diretamente pelos desafios que enfrentar.

A quarta vantagem é que esse trabalho oferece altos retornos potenciais a partir de um baixo investimento de capital. O que custa entrar nessa profissão que não tem limite de renda? Compare o que quer que considere esse custo com o investimento necessário a essas lojas de comidas prontas que têm alcançado tanto sucesso. Tipicamente, o proprietário de uma nova loja investe US$200 mil ou mais, trabalha por longas horas e paga a si mesmo um pequeno salário. Tudo isso na esperança de um retorno de US$40 mil do capital investido no segundo ano. Você pode se lançar na carreira de vendas gastando uma minúscula fração do investimento do comerciante e, aplicando as estratégias discutidas neste livro, obter muito mais cedo um poder aquisitivo bem maior. Esse enorme retorno do pequeno investimento necessário à área de vendas sempre me fascinou. Que perspectiva emocionante!

A quinta vantagem da atividade de vendas é ser divertida. Você já imaginou quantas pessoas nunca se divertem com aquilo que fazem para ganhar a vida? Se a atividade não distrai, não vale a pena fazê-la. Essa é minha filosofia. A vida existe para ser desfrutada e não há razão para você não apreciá-la, enquanto, simultaneamente, aufere uma boa renda para sua família.

26 | COMO SER UM GRANDE VENDEDOR

A sexta vantagem da profissão de vendas é que dá satisfação. Você se sente bem quando o cliente vai embora levando seu produto. É emocionante saber que ajudou alguém ao voltar para casa à noite e dizer: "Consegui tornar outra família feliz com o que minha companhia vende." Quando um executivo ou funcionário assina o pedido, é interessante e gratificante saber que você ajudou essa empresa a realizar seus objetivos. As pessoas a quem você serve se beneficiam em razão direta de sua capacidade e habilidades. Quanto mais competente você é em vendas, mais beneficia os demais — seus clientes, sua família e a economia de seu país.

Ninguém limita seu crescimento, a não ser você mesmo. Se quer ganhar mais, aprenda mais. Isso significa que, durante algum tempo, terá de trabalhar mais e por um período maior. Mas será recompensado pelo esforço extra com aumento de renda.

A maioria das pessoas em todo o mundo tem empregos e profissões liberais — atividades em que não conseguem desenvolver todo o seu potencial. A esfera de ação de seu trabalho é confinada a limites estreitos; a labuta cansativa mais restringe do que promove seu crescimento; as pessoas antipatizam com tudo no emprego, exceto com o senso de segurança que o hábito criou nelas. E assim, em vez de se aventurarem no que não conhecem e que poderiam amar, contentam-se em viver acuadas no que conhecem e não gostam de fazer.

O vendedor profissional não aceita limites a seu crescimento, exceto os que são autoimpostos. Sabe que sempre pode estender a mão para pegar mais. E sabe que crescerá na proporção direta de sua competência. Pouco teme o desconhecido na mudança, porque vencê-lo é sua rotina diária. Essa é a **sétima vantagem** de ser um vendedor profissional: a venda estimula seu crescimento pessoal.

Para ganhar mais, desenvolva mais competência. Estude os conselhos de vendas contidos neste livro. Estude seu produto ou serviço. Estude seus clientes e seu território. Em todas as oportunidades, ponha em prática sua crescente expertise. Faça o que sabe que deve fazer. Siga esse programa e não deixará de elevar sua renda a um nível muito mais alto.

Esta é minha finalidade na vida: ajudá-lo a ganhar mais dinheiro. Por favor, não me decepcione — desenvolva mais competência, ganhe mais dinheiro, obtenha sua parte das coisas boas da vida. O desenvolvimento da competência é a única maneira de conseguir isso. Conheço muitos vendedores que ganham US$100 mil por ano e alguns que não fazem menos de US$500 mil. E a variedade de seus meios de formação, a diversidade de suas personalidades e a amplitude de seus interesses sempre me deixam intrigado. Ainda assim, eles têm muitas coisas em comum, e a principal delas é a seguinte: eles são competentes. Sabem exatamente o que estão fazendo. Este livro, assim como meus seminários, tem o objetivo de ajudá-lo a aprender como se tornar competente.

Por favor, note que eu disse *aprender*.

Existe um obstáculo em aprender a tornar-se competente, e nós vamos estudá-lo agora.

O MITO DO MARAVILHOSO VENDEDOR NATO

Tantos de nós acreditam nesse mito que passamos a considerá-lo um velho amigo. Na verdade, é um demônio tentador. Permite-nos evitar assumir total responsabilidade por nosso desempenho. Essa falácia comum é uma ideia destrutiva que eu gostaria de eliminar de sua mente agora mesmo.

Depois de ter treinado quase 1 milhão de vendedores em meus seminários, conheci muitos indivíduos fortes, que já se encontram na pista de velocidade. E encontrei também outros tantos que ainda não puseram o pé no degrau mais baixo de seu potencial. E é triste reconhecer que muitas dessas pessoas nunca subirão alto na escada de seu potencial porque acreditam piamente no mito do maravilhoso vendedor nato.

O mito funciona de duas maneiras.

Alguns acreditam que são vendedores natos. Isso é ótimo para a autoestima, mas também, com frequência, torna-se motivo de furioso excesso de autoconfiança. Se esse excesso convence a pessoa de que não precisa se dar ao trabalho de ser competente como os simples mortais, ela se aprisiona em uma armadilha muito abaixo de seu potencial.

Há muito mais pessoas que acreditam não ser vendedores natos, julgando que é inútil trabalhar para se tornarem competentes — e, de igual maneira, se encurralam em um buraco muito abaixo de seu potencial.

"Eu simplesmente não sou, por natureza, vendedor. Não nasci com o toque de Midas, como o Sr. Sabidinho ali. Se eu tivesse nascido com a inteligência, o carisma e a personalidade calorosa dele, também poderia ter alcançado grandes feitos. Mas não nasci, de modo que nunca serei grande coisa em vendas."

Não se apresse a dizer que você está livre dos efeitos desse mito. Eu o ouço com muita frequência vindo de minhas plateias em seminários para aceitá-lo levianamente. Na verdade, estou convencido de que a maioria dos vendedores que operam muito abaixo de seu potencial é vítima de seus efeitos. Agora vamos atacar essa ideia perigosa e acabar com ela, de uma vez por todas.

Nunca houve um grande vendedor que tenha nascido grande. Imagine só uma mulher na sala de parto. O bebê, recém-nascido, diz: "Fique à vontade, pessoal. E, se alguém tem alguma pergunta, por favor, pode fazê-la." Isso não acontece.

A criaturinha tem um longo caminho a percorrer antes de começar a aprender a andar, falar e largar as fraldas. Tem muito a aprender e, se será um grande vendedor, é preciso aprender tudo. Os psicólogos ainda discutem se é o instinto ou a aprendizagem que nos faz saltar quando ouvimos um ruído inesperado, mas concordam em que tudo o que há em vendas é aprendido.

Assim, acabe logo com essa história de evitar o trabalho duro de aprender como ser competente em sua carreira de vendas. Não importa se pensa que é ou não uma maravilha. Mesmo assim, terá de pagar o preço da aprendizagem.

E você nunca deixará de aprender e de se atualizar. Os profissionais reveem os princípios básicos pelo menos uma vez por ano. E é nesse ponto que vamos começar.

OS CINCO PONTOS BÁSICOS QUE O TORNARÃO TÃO GRANDE QUANTO QUEIRA SER

O que bem poucos de nós desejam aceitar é esta verdade fundamental: os grandes vendedores, assim como os grandes atletas, simplesmente fazem muito bem as lições básicas. Alguns gostariam de acreditar que há um atalho para evitar os princípios elementares; que, se apenas pudéssemos encontrá-lo, em algum lugar acharíamos uma fórmula secreta, a qual permitiria que nos recostássemos e esperássemos o dinheiro começar a rolar. Quanto mais cedo você se libertar dessa ilusão, mais cedo chegará à altura que quer atingir, mas isso só ocorre por meio da aplicação eficaz dos princípios elementares.

O primeiro princípio fundamental diz respeito ao *cliente em perspectiva*. Se você é como a maioria das pessoas em minhas plateias, basta ouvir essas palavras para se encolher um pouco. Não pense assim. Se você não gosta de procurar o cliente, é porque ninguém lhe ensinou como fazê-lo profissionalmente. E é o que vamos fazer.

O segundo princípio é fazer *contatos*, de modo profissional.

O terceiro é a *qualificação* do interlocutor. Muitos vendedores passam a maior parte do tempo falando com a pessoa errada. Se você faz isso, não importa com que eloquência apresenta seu serviço ou produto, sua renda continuará a ser baixa. Vamos lhe mostrar como o profissional se assegura de estar investindo seu tempo no tipo certo de pessoa, que consegue tomar decisões positivas, em vez de desperdiçá-lo com pessoas erradas, que só conseguem tomar decisões negativas.

O quarto método básico para desenvolver competência se resume em aprender como refutar, de forma eficaz, as objeções. Se nunca lhe fazem objeções, esqueça essa parte. Mas, talvez, você já tenha encontrado clientes que querem esperar e pensar no assunto, já pensaram ou fazem negócios há anos com seu concorrente. Já soube de situações assim? Em caso positivo, continue a ler. Aqui, você encontrará um material que o fará sorrir na próxima vez que ouvir tais objeções. Você sorrirá, insistirá — e fechará um delicioso número de vendas. Mas há um preço a pagar por esse sorriso: é preciso aprender o conceito, adaptar a ideia à sua oferta e saber as palavras mágicas para que isso funcione.

30 | COMO SER UM GRANDE VENDEDOR

O quinto e último princípio elementar é o *fechamento do negócio*. Muitos vendedores, de medianos a bons, procuram o cliente, estabelecem contato, selecionam a pessoa certa e refutam objeções tão bem que conseguem se safar, mas não aprendem a fechar completamente uma transação. E isso, claro, é o que os impede de se tornarem grandes. O fechamento do negócio contém elementos de ciência e arte, que podem ser aprendidos.

Muitos, porém, esqueceram como se aprende, de modo que é bom passar uma vista rápida nos passos da aprendizagem e que se aplicam não só a tudo o que há neste livro, mas também a tudo que se resolva estudar.

ESTUDO MONETÁRIO: APRENDENDO
A GANHAR CINCO VEZES MAIS

Estudo monetário. Eu o chamo assim para enfatizar o quanto é vital aprender como adquirir novos conhecimentos rápida e exaustivamente. Saber como aprender com agilidade é a chave para um rápido crescimento pessoal e um rápido sucesso de vendas. Quando nos tornamos adultos, é fácil cairmos no hábito de aprender superficialmente novos conhecimentos e evitar todo esforço organizado para captar e conservar novas informações. Isso não é nada bom. A capacidade superior de aprender tem origem no desempenho superior que a aprendizagem superior torna fácil. Começa-se a ser superior quando se adquire e se aplica uma metodologia superior de aprendizagem. É o seguinte:

1. Impacto. Você deve ter notado que, quanto mais interessado está em um assunto, mais facilmente se lembra dos detalhes a respeito dele. Para aprender com maior profundidade e rapidez, reserve a princípio alguns momentos para se condicionar. Pense em quanto esse conhecimento vai ajudá-lo; visualize os benefícios que vai obter. Forme uma imagem mental clara e vívida do motivo pelo qual vai aprender o material aqui apresentado. Em seguida, sempre que começar a estudá-lo, reserve um segundo ou dois para relembrar os benefícios que busca. Faça isso e, então, intensificará o impacto do material, o que o ajudará a dominá-lo mais rapidamente.

2. A repetição é a mãe da aprendizagem. Repita qualquer coisa muitas vezes e ela começará a se tornar parte de você. Todos os grandes vendedores que conheço começaram com declarações que sabiam que funcionavam. Ajustaram essas afirmações às suas atividades e moldaram-nas de acordo com suas personalidades. Feito isso, passaram a repetir e revisar as declarações até controlarem as palavras de que eram formadas. Em seguida, transmitiam-nas com convicção — e obtinham os resultados pretendidos.

Em poucas palavras: *eles usavam a repetição de forma eficaz*. Mas o que é a repetição eficaz? É muito mais do que uma ladainha recitada, com olhos sonolentos, no meio da noite. A repetição eficaz significa que seu trabalho de revisão é feito com atenção total e com intensidade. A repetição eficaz significa que você desmancha o material e volta a costurá-lo para que se ajuste a você. A repetição eficaz significa que você o escreve, lê, fala e ouve. A repetição eficaz significa que você o dramatiza e o faz dançar em sua cabeça. A repetição eficaz significa que você paga um bom preço em esforço para tornar bom seu o bom material.

Esses dois primeiros passos são vitais. São os alicerces e o assoalho. Mas não pare quando concluí-los — nem mesmo reduza o ritmo — porque você não pode viver em uma casa sem paredes. Passe imediatamente ao passo seguinte da aprendizagem.

Com frequência, retorno a cidades onde realizei seminários de vendas e reencontro dezenas de Campeões que voltam a estudar todo o programa. Os que me dizem que duplicaram ou quadruplicaram suas rendas afirmam que isso aconteceu porque aplicaram o passo seguinte de forma enérgica.

3. Utilização. A lei básica da posse é: *use-a ou perca-a*. Essa lei se aplica a todas as formas de aprendizagem, especialmente, à capacidade de vender. Use-a ou perca-a.

Há uma verdade maravilhosa a respeito de expertise e conhecimentos: não se desgastam com o uso. Muito pelo contrário. Os conhecimentos adquirem maior profundidade e significado com seu emprego constante. E a expertise se torna cada vez mais forte e segura com o uso.

O uso intensivo da expertise e do conhecimento de venda é a única estrada para uma renda alta. Se você quer caminhar por essa estrada, precisa utilizar seu tempo de forma eficaz, a fim de estar nos lugares certos, nas horas certas, para dar às pessoas certas o benefício de seus argumentos convincentes, aprimorados. O senso de oportunidade é mais importante em algumas atividades de vendas do que em outras, embora falar com as pessoas certas seja vital para o êxito em qualquer trabalho de vendas. E chegar invariavelmente a essas pessoas certas exige um alto grau de organização.

Talvez, a esta altura, você já esteja percebendo aonde quero chegar: a aprendizagem pela aprendizagem é estéril. É uma forma de jogo. Para que adquira significado, todo e qualquer tipo de aprendizagem deve ser não apenas capaz de ser utilizado, mas efetivamente ser aplicado na prática. A aprendizagem sem aplicação é como o fertilizante deixado no saco.

Atualmente, ouvimos falar bastante a respeito de recursos renováveis. Poderá haver recursos mais renováveis do que expertise e conhecimento bem-utilizados? Mas isso não acontece de maneira autônoma. Você precisa fazer com que aconteça. Aplique seus conhecimentos e habilidades, espalhe-os pelo solo fértil de seu território. Em seguida, deixe que brotem.

Descubra as horas douradas em que sua oferta vende melhor.

Depois, organize-se.

Programe-se com rigor. Utilize seu tempo de modo eficaz, fazendo o melhor uso possível dessas horas douradas para maximizar sua renda.

Isso é utilização, da maneira como se aplica à expertise de vendas que você está aprendendo.

Apresente-se a executivos que pensam em jatos para a companhia, computadores ou o que quer que você esteja vendendo. Conheça famílias que precisam de seus eletrodomésticos. Entre nas salas de visitas de pessoas que esbanjam o dinheiro que deveriam estar empregando para assegurar o futuro de seus entes queridos. Chegou a hora de aplicar os poderosos argumentos de vendas que você organizou para beneficiar outras pessoas. Você se transformou em uma máquina de vendas. Agora, ligue-a. Produza resultados.

No momento em que engrenar a primeira marcha e começar a usar bem seu material, você vislumbrará seu novo e brilhante destino. Leitor, Campeão do futuro, neste momento você estará pronto para irromper acima da média e ingressar nas fileiras dos excelentes. Estará pronto para voar mais alto e mais longe em virtude de sua capacidade recém-adquirida. Estará pronto para dar o quarto passo na direção da aprendizagem e da grandeza.

4. Internalização. Esta ocorre quando você explorou o impacto, moldou o material padronizado às suas necessidades e o tornou seu, fortalecendo sua expertise pelo uso contínuo. Utilizou-a com tamanha eficiência que seus primeiros bons resultados geraram energia suficiente para acelerá-lo até um superdesempenho. De repente, todos esses conceitos novos deixam de remoer dentro de você e nasce uma nova realidade: você e os conceitos são uma unidade. Eles, literalmente, se transformaram em você. Você se transformou neles.

Houve casos de Campeões que trouxeram seus cônjuges ao meu programa para dar um oi. Minutos depois, o cônjuge dizia: "Meu marido (minha esposa) fala exatamente como o senhor."

Mas, de fato, não é assim. Não estão escutando o cônjuge imitar minhas palavras ou maneira de falar; estão ouvindo-o se expressar na linguagem da realização pessoal, que é comum a nós. Nós, o cônjuge e eu, adotamos as mesmas técnicas. Agora, falamos de experiências semelhantes de sucesso, que têm origem em conhecimentos compartilhados e internalizados por ambos.

A internalização é o penúltimo passo para completar toda a experiência de aprendizagem. Quando chegar o dia em que você puder realmente dizer que internalizou todos os conceitos apresentados neste livro, ou os de qualquer outro conjunto de conhecimentos a que aspire dominar, só nesse momento será capaz de tornar grande o que aprendeu. No aprendizado que nos interessa principalmente aqui, você será capaz de evoluir para a grandeza nas vendas — mas também correrá o grande risco de cair no desempenho médio.

5. Reforço. Ao atingir o status de vendedor superprofissional, você sentirá a tentação de desprezar os esforços e os métodos que o alçaram ao cume. Quando ainda estiver lutando para subir, achará fácil dizer: "Oh, não, eu não. Quando chegar lá, não vou esquecer como consegui". Mas esquecerá — e, em parte, será bom. Não vai querer remoer velhas dificuldades, exceto para rir delas. Não obstante, o trabalho mais penoso que tenho como treinador sempre é com superprofissionais que começam a escorregar. Para começar, não querem acreditar na explicação de que seu problema é que deixaram de fazer aquilo que os transformou em superprofissionais. Poderá haver alguma razão para que decaiam para um desempenho médio? Você pode ter certeza de que as vendas de Maxie Kwotabuster caíram por causa de seus almoços com três martínis, seus jogos de handebol de três horas, ou por causa das maneiras que adotou quando se tornou um profissional bem-sucedido. Quando o velho Max lutava para deixar de ser comum, seus almoços eram práticos e o deixavam revigorado para uma tarde de trabalho produtiva; entesourava suas melhores horas e as usava de modo eficaz; tratava as pessoas com cordialidade. E pode ter certeza de que, quando Max fazia suas primeiras tentativas de obter sucesso, encontrava tempo para executar com eficiência todas as funções básicas do trabalho de vendas.

Quando começou na profissão, você aprendeu o que era necessário sobre o produto. Aprendeu algumas técnicas de vendas, saiu para a rua, pôs esses conhecimentos em prática e ganhou algum dinheiro. Depois, de repente, você ficou sabichão. Deixou de fazer o que a empresa esperava de você e começou a decair.

Muitos dos que estão lendo estas palavras deixarão este livro de lado e, no prazo de seis meses, duplicarão sua renda. Em seguida, vão parar de fazer o que lhes pedi que fizessem. Deixarão de fazer o que levou sua renda a duplicar.

Não parem.

Em vez disso, façam como os atletas profissionais. Há inúmeras semelhanças entre um atleta profissional e um vendedor profissional.

Você sabe que os times de ensino médio treinam. Isso não causa surpresa. Os garotos têm de aprender o jogo. Sabe também que os times de universidades treinam. Muito bem, eles ainda são muito jovens. Mas, antes que comecem as temporadas de cada esporte, os profissionais estão lá fora, suando a camisa. O grande atacante está lá no campo. O grande zagueiro também. Está indo mal, mas está correndo, está suando. Está gastando parte de seu tempo em jogadas ensaiadas, novas, mas, em grande parte, está repetindo os princípios fundamentais. Revendo esses princípios. Na verdade, o interessante é que, quanto mais profissional e talentoso é o atleta, mais ele pratica e treina. Isso significa voltar àquela coisa bacana chamada disciplina, certo? Implica obrigá-lo a fazer aquilo que sabe que deve fazer.

Coloque em sua agenda o lembrete de reler este livro no prazo de um ano a partir de agora. Quando chegar essa ocasião, sei que há boa chance de que você diga: "Não vou passar por isso novamente. Conheço tudo de cor e salteado. Extraí do livro tudo o que valia a pena."

Espero que você não diga isso. Espero que não limite a eficácia de sua aprendizagem, que não estabeleça um limite à sua possibilidade de auferir renda e que não resolva descambar novamente para o atoleiro da mediocridade. Reforce seu aprendizado. Faça isso pelo menos uma vez ao ano. Preserve a expertise duramente conquistada. Amplie seus conhecimentos.

Reforce.

Mantenha sua grandeza.

COMO SER UM GRANDE VENDEDOR

Em vez de deixar que murche, permita que sua grandeza floresça no que diz respeito a toda a aprendizagem que for importante para você descobrirá a seguinte verdade: sempre que revisa em profundidade o material, descobre coisas que nunca viu, bem como conceitos que ainda não estava em condições de usar. Todas as vezes em que atualiza de forma eficaz seus conhecimentos, reforça subjetividades prévias com outras ainda mais profundas.

SUA PRINCIPAL FERRAMENTA

Agora, vou fazer uma pergunta a você: se um golfista profissional usa um taco, o jogador de tênis, uma raquete, e o carpinteiro, um martelo, o que nós, profissionais de vendas, usamos?

Usamos algo que já nos trouxe muitas dificuldades, certo? Mas já houve um golfista profissional que não tenha usado um taco para impulsionar a bola até um areal? Ou um tenista que não tenha usado a raquete para arremessar ao adversário uma bola fácil, que lhe deu a vitória? Ou ainda um carpinteiro que não tenha usado o martelo para dar aquela pancada no polegar?

Haverá algum vendedor que nunca tenha usado sua principal ferramenta para dizer algo que lhe fez perder uma conta?

Sua ferramenta principal — aquela abertura em seu rosto chamada boca — deve ser usada com confiança. Mas ela pode funcionar mal. As palavras que você pronuncia podem tanto criar quanto destruir as vendas. Esse é o motivo pelo qual se deve pensar na boca como uma ferramenta bem afiada, que precisa ser usada com inteligência, se você quiser que lhe faça mais bem do que mal. Mas estabeleça objetivos razoáveis. Ninguém pode esperar jamais dizer a coisa errada ao cliente em potencial ou àqueles já conquistados.

Mandar uma bola fácil para o adversário no tênis se assemelha muito a dizer uma coisa errada em vendas. Todos os anos, em Wimbledon, prováveis vencedores utilizam suas raquetes para arremessar bolas fáceis aos adversários e perdem pontos sempre que fazem isso.

Com muito mais frequência, porém, usam a raquete para arremessar bolas indefensáveis.

Em ambas as atividades, você pode aprender a cometer erros comuns. Na profissão de vendas, você enfrenta constantemente situações novas e inesperadas, o que significa que sempre há uma corrente contínua de oportunidades para cometer erros novos e excepcionais — em geral, quando diz a coisa errada.

A boa notícia é que, se você aprender coisas certas em número suficiente para dizê-las, concentrando-se em fazê-lo com entusiasmo a seus clientes, antigos e em potencial, haverá pouquíssimo tempo para dizer coisas das quais se arrependerá. E também será menor a possibilidade de perder algum ponto vital, se por acaso deixar escapar uma observação infeliz. Esforce-se para adotar maneiras espontâneas, alegres e confiantes, que vêm da certeza de que você sabe o que vai dizer, em vez de se preocupar, e por isso ficar tenso, sombrio e temeroso, porque, no passado, cometeu alguns erros na escolha de palavras ou tópicos. Aceite o fato de que o que você diz nem sempre sai perfeito. Em seguida, cultive um respeito sincero por todas as pessoas, faça de si mesmo o alvo de suas piadas, e não os demais, e aprenda as coisas certas a dizer. Aja assim e nunca se cortará com o gume afiado de sua própria boca.

Acentue o lado positivo por meio dos conhecimentos de que dispõe. Esse é nosso programa para desenvolver e transformar sua ferramenta principal em um instrumento de confiança para obter sucesso na profissão de vendas.

Minha vida consiste em trabalhar com pessoas que têm o desejo, mas não o treinamento, de ganhar mais dinheiro. Em geral, trabalho em uma tribuna de seminário — exatamente como faço agora, em uma sala tranquila, escrevendo este livro —, mas o tema é sempre o mesmo: proporcionar o treinamento necessário. Depois de fazer isso, o resto fica por sua conta. Sei que posso fazer minha parte porque tive a oportunidade de treinar milhares de vendedores de alto gabarito nos Estados Unidos e em outros países. Eles tinham o desejo, mas não o

38 | COMO SER UM GRANDE VENDEDOR

treinamento ou a renda necessários. Então vieram ao seminário. Aprenderam. Usaram esse conhecimento diariamente. De repente, passaram a ter não só o desejo e o treinamento, mas também a sonhada renda.

Os momentos de glória em minha vida ocorrem quando pessoas recebem meu treinamento, vão para as ruas, obtêm o sucesso necessário, voltam e me contam.

Agora vou falar de alguns Campeões que fizeram exatamente isso.

Norma Bain teve grande sucesso em um terreno no qual poucas mulheres já haviam se aventurado: venda de carros novos. Em três meses, tornou-se a maior vendedora de sua agência e, não muito tempo depois, atingiu o nível mais alto em toda a indústria automobilística. Ela poderia ter datilografado formulários em troca de um salário insignificante e seguro, mas agora desfruta de sua renda, que está na casa dos seis algarismos.

Vejamos o caso de outro Campeão cujo sucesso pode deixá-lo espantado. Até os 18 anos, Robert Burns trabalhava no rancho do pai. Era um trabalho seguro, mas ele queria mais da vida além do que podia levantar com um forcado. Resolveu, então, ingressar em vendas e recebeu nosso treinamento. Recentemente, ao celebrar seu 23º aniversário, Robert ganhava mais de US$500 mil por ano em comissões de vendas. Não conheço palavra melhor para descrever isso do que *emoção*. É emocionante saber que, se você aprender a lição, sair para o mundo e fizer o que sabe que deve fazer, não haverá limite para sua renda. Pessoas me dizem com frequência que são jovens demais para trabalhar em vendas. Robert Burns não era.

Outros dizem que são velhos demais. Por isso vou contar o caso de Gertrude Nunn. Eu a conheci há sete anos, pouco depois de seu antigo patrão lhe dizer que estava ficando velha demais para o emprego e que devia se aposentar. Ela foi embora, ficou em casa durante um mês e, em seguida, concluiu que queria estar onde as coisas aconteciam. Gertrude não tinha experiência em vendas, mas, por uma feliz coincidência, ouviu falar de nosso treinamento e se matriculou. Hoje, sete anos depois, ela tem 75 anos de mocidade, ganha mais de US$100 mil por ano e nunca se divertiu tanto na vida.

Jimmie Walker é outro Campeão. Começou a aprender venda profissional de seguros aos 16 anos. No ano passado, Jimmie vendeu US$25 milhões em seguros de vida comuns, uma façanha comparável a correr a 1,6 quilômetro em três minutos. Quantas pessoas você conhece, de qualquer idade — quanto mais no começo da casa dos 20 —, que ganharam dinheiro suficiente para comprar uma grande equipe esportiva profissional? Jimmie Walker fez justamente isso.

Nosso Campeão seguinte, David Bernstein, tornou-se um dos quatro maiores no ramo de arrendamento de carros de luxo quando ainda era muito jovem. Durante anos, venho pregando a importância de se enviarem notas de agradecimento, mas nunca vi alguém que utilizasse essa técnica com mais eficiência do que David Bernstein, todas elas muito bem-escritas, sinceras, pessoais, o que causa forte impressão. David Bernstein, um verdadeiro Campeão.

À parte o fato de terem recebido o treinamento da Champions Unlimited, minha empresa, o que essas quatro pessoas têm em comum?

As 12 características do Campeão. No capítulo seguinte, estudaremos com atenção esses sinais que caracterizam o Campeão.

2. As 12 fontes do sucesso sensacional em vendas

Essas fontes são interligadas. Todas se tocam. Você não pode melhorar uma dessas características sem ajudar a si mesmo a aprimorar todas as outras; nem ignorar uma delas sem prejudicar seu potencial nas demais.

Primeira. Você reconhece os Campeões no momento em que cruzam sua porta. Estejam vestidos em estilo conservador, usando roupas da última moda ou metidos em qualquer coisa entre esses extremos, eles projetam uma impressão inconfundível de personalidade forte em seu vestuário e apresentação. Só em olhá-los, você já sabe que está na presença de uma força poderosa. Eles têm um senso de individualidade excepcional e uma sólida consciência de valor que impressionam muito mais do que a mera boa aparência. O que quer que a natureza lhes tenha dado e o tempo permitido conservar, eles o transformaram em uma *aparência* que impressiona e que não se esquece.

Segunda. Os Campeões que treinamos se orgulham muito da profissão de vendas e de si mesmos como seres humanos. Esse orgulho tem por base a maneira séria como assumiram suas responsabilidades e exploraram seu potencial. E são orgulhosos sem sentirem a menor necessidade de olhar com condescendência as pessoas menos eficientes.

42 | COMO SER UM GRANDE VENDEDOR

Ninguém é Campeão sem desenvolver um *orgulho* sincero de si mesmo e de sua profissão.

Terceira. Os Campeões irradiam confiança. Se você é novo em vendas, talvez pergunte: "Como posso ser confiante se não sei o que estou fazendo?"

Concordo que é preciso acautelar-se de sentir confiança quando não se tem ideia clara do que está realmente fazendo. Em quase todas essas situações, o excesso de confiança fará com que você escorregue ladeira abaixo. E se esse for seu problema, uns poucos escorregões pela ladeira farão com que atualize seus conhecimentos. E não haverá prejuízo. Você simplesmente terá oportunidades de desenvolver o senso de humor.

Mas sofrer de baixa confiança permanente representa um grande perigo. Todos os dias, à medida que for adquirindo habilidade, você precisa praticar para ser cada vez mais confiante. Lembre-se de que seus clientes, existentes ou em potencial, esperam de você apenas o domínio da área específica de expertise que lhe é conferido pelo conhecimento exaustivo de seu produto ou serviço. As pessoas com quem você entra em contato são influenciadas pela crença, pela convicção e pela confiança que você transmite em relação àquilo que oferece. Quando terminar este treinamento, você terá todos os instrumentos necessários para ajudar pessoas a tomarem decisões positivas, terá fé em seu valor e irradiará *confiança*.

Quarta. Gertrude Nunn resume uma das qualidades que ensino: calorosa e afetuosamente, ela lidera pessoas. Por acaso estou dizendo que ela é tão calorosa e boazinha a ponto de não conseguir levar uma pessoa a fechar um negócio? Claro que não. Os vendedores que estão no topo da profissão fecham calorosamente seus negócios.

Você talvez ache essa ideia intrigante, em especial se tende a considerar a profissão de vendas como um negócio que consiste em arrancar deslealmente o dinheiro de pessoas que não querem gastar.

Vamos falar sobre essa ideia, porque ela circula por aí e é verdadeira para milhões de pessoas. Ela nasce da atitude de uma minoria de vendedores que acredita que venda é pura e simplesmente agressão. No fim, esses abutres vão perdendo espaço na profissão para nova categoria de vendedores esclarecidos, que qualificam seus clientes em potencial, preocupam-se com seus clientes e providenciam para que, nas compras, recebam benefícios superiores ao dinheiro gasto. A mudança já está em curso. Vendedores treinados, que não querem nem precisam recorrer a práticas desleais, gradualmente estão substituindo a turma do tire-o-que-puder-do-idiota. Reconheço que é um processo lento e que ainda vai demorar a ser completado. Mas está em curso. E eu gostaria de alistá-lo na boa luta pela honestidade nas vendas.

Todos ouvíamos pessoas dizerem: "Eu vendia, mas não era suficientemente furão." Os ex-vendedores que dizem isso não compreendem que nunca aprenderam a descobrir o cliente em potencial, estabelecer contato e fazê-lo profissionalmente. Na verdade, muitos deles jamais aprenderam o significado, em vendas, da palavra qualificar. Assim, em desespero, tentaram fechar negócio com pessoas que, bem lá no fundo, sabiam que não deviam ser abordadas a respeito de seu produto ou serviço. Isso fazia com que esses ex-vendedores se sentissem como trapaceiros. Por serem, na essência, pessoas honestas, tiveram de evitar o sentimento de culpa; em vez de entrarem em um treinamento de vendas, saíram da profissão.

Os Campeões não sofrem desse problema porque nunca fecham negócios com pessoas que sabem que não devem comprar. O Campeão não intimida pessoas com calor humano. Suas técnicas são tão eficientes que, suavemente, lidera pessoas, levando-as a fechar negócios que as beneficiarão — e isso com autêntico interesse e calor humano.

Quinta. Quase todos os Campeões miram em apenas uma pessoa no que interessa à autoconfiança — eles mesmos. Sabem que vivemos em um mundo no qual muitas pessoas não querem nada e onde não há tanto envolvimento como devia haver. À parte as satisfações imediatas, há pessoas apáticas até mesmo no que diz respeito a seu bem-estar.

44 | COMO SER UM GRANDE VENDEDOR

Os Campeões sabem que, sozinhos, não podem alterar a cultura prevalecente. Por isso mesmo, flutuam na corrente da vida sem serem derrotados por problemas que não podem resolver. Preocupam-se, no desempenho de sua profissão, em prestar ajuda aos clientes e aos entes queridos. Muitos são ativos em outras causas, mas sempre tomam o cuidado de canalizar seus esforços para atividades em que possam ser bem-sucedidos. Em tudo o que fazem, acreditam em si mesmos e agem com *autoconfiança*.

Sexta. Campeões querem enriquecer. Isso mesmo, enriquecer. O Campeão quer a alta renda que lhe dará capital para os investimentos que o tornarão independente. Não há nada de errado em enriquecer, enquanto também se beneficiarem as pessoas a quem você serve ao longo do caminho. O verdadeiro Campeão modela seus valores e organiza seu estilo de vida, a fim de alcançar seu objetivo de *ficar rico*.

Sétima. Uma qualidade que não consigo medir, mas sei que está sempre presente nos Campeões, é o desejo ardente de realizar. Durante anos, gerentes de vendas têm pensado: "Se pudéssemos apenas medir até onde vai o desejo de uma pessoa, resolveríamos todo o problema de escolher os vendedores. Saberíamos quem continuaria a trabalhar, a despeito de problemas e desapontamentos, e quem cruzaria os braços e desistiria. Não iríamos mais suar com indivíduos que parecem capazes, dispõem de todos os instrumentos, menos o desejo, e que no fim acabam fracassando." Gerentes de vendas acreditam que seria maravilhoso se pudessem medir o desejo de uma pessoa, mas não há maneira de fazê-lo. Só você pode fazer isso e eis como se faz. Questione-se:

Quanta dor posso suportar, antes de desistir?

Quantos problemas posso enfrentar antes de parar, ir para casa e cair na cama?

Se você tem potencial para ser um grande Campeão, a resposta é que não desistirá por maiores que sejam a dor e os problemas, uma vez que essas coisas nada são em comparação ao seu *desejo*.

Oitava. Já discutimos este ponto, mas vamos discuti-lo outra vez porque ele constitui o cerne do sucesso. Os Campeões descobrem quais são seus temores e, com frequência, isso não é fácil, porque todos nós somos muito competentes para ocultá-los de nós mesmos. Os Campeões, porém, insistem. Descobrem o que temem. Em seguida, atacam o medo e o vencem. Uma vez feito isso, irradiam aquela confiança que nasce apenas ao se *vencer o medo*.

Nona. Vários vendedores só se sentem bem quando tudo está bem. Seu entusiasmo depende de outras pessoas e de fatos externos. Você é desse tipo? Se é, peço-lhe que pense profundamente no motivo pelo qual permite que sua vida seja levada aos trancos e barrancos pelos caprichos da sorte. Por que se considerar um mero passageiro em sua viagem pela vida? Você pode pegar o leme e traçar a rota que escolher para qualquer lugar aonde quiser ir.

Por que deveria se sentir bem apenas quando as coisas vão bem? Isso é exatamente o que você faz quando resolve permanecer na mediocridade. É o que faz o "vendedor" cuja ideia de venda consiste em permanecer onde está, até que chegue alguém e exija comprar. Na presença de um Campeão, você não tem como saber se as coisas correram bem para ele na hora, no dia, na semana ou mesmo nos meses anteriores. Portanto, de que modo ele pode esconder seus sentimentos? Bem, para começar, ele não os esconde. Está interessado na vida. É confiante. Sabe que terá problemas — se não for nesta semana, será na próxima. Sabe que, em um período de cinco anos, algumas temporadas serão melhores do que outras. Vive muito no presente, mas não esquece que o amanhã vai chegar na hora certa. Sabe que, não importa se está tendo boa ou má sorte naquele dia, a situação mudará — mas que não mudará seu desempenho superior, quaisquer que sejam as circunstâncias. É feliz. Tem o seu próprio sol. Não permite que pequenas coisas o aborreçam. Se tem um cliente irritado, sabe como tratá-lo. Resolve o problema. Esquece-o. O que passou, passou.

46 | COMO SER UM GRANDE VENDEDOR

E os Campeões sabem que, por mais sucesso que obtenham, ainda vão fracassar algumas vezes entre um e outro. Assim, quando fracassam, não têm de disfarçar seus sentimentos porque ainda estão cheios de *entusiasmo*.

Décima. Os indivíduos com grande potencial que treinamos se envolvem emocionalmente com as pessoas a que servem. Os Campeões de fato gostam de seus clientes e esse sentimento autêntico transparece de forma nítida em seus contatos com as pessoas para quem vendem. Esse é o motivo que torna o Campeão objeto de tantas recomendações elogiosas. Acho que nenhum vendedor jamais ganhou muito dinheiro em um mercado normal sem um rico fluxo de recomendações bemmerecidas. Vamos lhe ensinar as técnicas para conseguir várias boas recomendações, porque a maioria das pessoas não pensa em fazê-las por si mesmas, mas o segredo por trás da técnica é gostar de gente. Quando o comprador daquilo que você oferece vê a caixa registradora por trás de seus olhos, tilintando com as comissões se ele disser sim, automaticamente o combaterá. Em vez de dar a ele uma poderosa razão emocional para querer fazer o negócio (porque ele pode ver que você realmente se interessa pelo bem-estar dele), você lhe deu um motivo emocional não menos poderoso para evitar fechar a transação.

Conheci vendedores que odeiam pessoas. Entre os milhões que trabalham em vendas, há alguns milhares que não conseguem suportar seu semelhante. E alguns até conseguem ganhar um bom dinheiro. Mas jamais conheci um que não estivesse saltando de emprego em emprego, porque esses indivíduos odientos fazem inimigos mais rapidamente do que ganham dinheiro. Os Campeões, por outro lado, costumam permanecer por muito tempo em seu ramo. E utilizam parte das generosas comissões que recebem para cultivar a clientela. Tudo isso acontece porque eles são especialistas não só em vendas, mas também em *gostar de gente*.

Décima primeira. Você considera a rejeição uma espécie de ataque pessoal? Talvez um cliente que esteja cultivando, alguém a quem fez uma apresentação de vendas completa, resolva conversar com seu concorrente e lhe diga que telefonará na outra semana. Mas não apenas deixa de telefonar, como também muda o número de telefone. Quando você volta a procurá-lo na semana seguinte, descobre que ele já comprou do concorrente. Ou conhece alguém que diz "Estou realmente interessado" e, quando você chega uma semana depois para o encontro marcado, ele calmamente lhe diz que está usando outra marca de seu mesmo produto desde o dia seguinte ao primeiro encontro dos dois? Algo assim já lhe aconteceu? Se não aconteceu ainda, continue a trabalhar — porque vai acontecer.

As vendas são assim. O mundo dos negócios é assim.

Você não pode impedir situações desse tipo, mas pode treinar a si mesmo para recebê-las com equanimidade. *Campeões não consideram rejeições ataques pessoais.*

Décima segunda. Essa característica final dos grandes vendedores é também verdadeira no tocante às companhias em que trabalham. Todos eles acreditam na *educação continuada.* Estudam técnicas. Aprendem novas expertises. A administração da companhia encoraja a equipe de vendas a comparecer a seminários, a ouvir DVDs, a assistir a vídeos, a ler livros. Nunca é necessário insistir com um Campeão para que invista em sua mente. Ele sabe que o lugar para começar a melhorar o ambiente onde vive é dentro da própria cabeça. Se investir mais tempo, dinheiro e esforço em sua mente, coisas melhores começarão a gravitar em sua direção. Você fará viagens mais agradáveis, residirá em uma casa mais confortável, em um local prestigiado, e terá mais das coisas que o dinheiro pode comprar. Aliás, não estou apresentando uma ideia nova. Já dizia Benjamin Franklin: "Ponha na mente os trocados que tem na bolsa e a mente a encherá de ouro."

POR QUE VOCÊ NÃO PODE FRACASSAR

Mesmo que eu tenha visto acontecer repetidas vezes, ainda fico espantado quando volto à mesma cidade e vejo as mesmas pessoas sentadas ali, ocupadíssimas, tomando notas. Diverti-me um pouco com esse fato há alguns meses, em um de meus seminários, onde estavam presentes umas 1.500 pessoas. Um cavalheiro sentado na primeira fila parecia convencido. Eu disse a mim mesmo: "Aposto que ele vem há cinco anos seguidos."

Ali da tribuna, dirigi-me a ele e descobri que estava certo. Perguntei-lhe:

"Você trouxe todo o seu pessoal?"

"Tom, sou o principal vendedor de minha companhia, por isso acho que você julgará de algum valor o que vou dizer. Falei com todo mundo sobre este seminário, elogiei-o, mas apenas uns poucos de nossa equipe compareceram... e todos eles são grandes vendedores. Isso acontece todos os anos: as pessoas que necessitam nunca comparecem."

"Ouço a mesma história o tempo todo", concordei. "Mas suponhamos que um dos vendedores esforçados de sua companhia, um daqueles que mais precisam de treinamento, volte para casa hoje à noite e a esposa diga: 'O vaso sanitário entupiu. Vai custar caro para consertá-lo.' O que ele fará? Pode acreditar que não vai dizer: 'Que fique como está! Não posso arcar com essa despesa.' Ele vai mandar consertar."

É espantoso o número de coisas com que as pessoas resolvem gastar dinheiro, antes de investirem em si mesmas. Orgulho-me de você ter investido neste livro, mas o custo dele é apenas uma pequena fração do valor do tempo que você terá de aplicar, se quiser adquirir os conhecimentos nele apresentados. Embora possa obter em seu trabalho de vendas — multiplicado milhares de vezes — o dinheiro que gastou na compra deste livro, terá ainda de investir tempo para extrair os conhecimentos que ele reúne.

Não há maneira de eu lhe devolver esse tempo. O presente nunca mais voltará. Esse é o motivo pelo qual considero uma grande obrigação tornar minha mensagem tão poderosa e eficaz quanto possível.

É minha obrigação. E pesada. Da mesma forma que a sua o é. Cabe a você contribuir com o desejo de ser bem-sucedido.

Como você está lendo estas palavras, já sente o desejo de ser bem-sucedido ou pretende desenvolver esse desejo. Esse é o motivo pelo qual não pode fracassar — você quer ser bem-sucedido com ardor suficiente para investir tempo, dinheiro e esforço em se tornar mais produtivo.

Mas vivemos em uma cultura que nos faz um número enorme de solicitações, certo? Há sempre algo que demanda nossa atenção: o jogo de futebol no domingo, o programa de TV na terça, o boliche na quarta, o pôquer na quinta, a festa à qual não podemos faltar na sexta e a agitação da noite de sábado. No domingo, café da manhã e almoço, tudo em uma refeição só, jogo e a última tentativa de desfrutar o fim de semana. Como encontrar tempo para estudar os conhecimentos e praticar a expertise da competência?

O desejo exige tempo. Cancela suas reservas no esporte em que é mero espectador e consome seu tempo, lançando-o em campo para praticar o esporte mais emocionante de todos, aquele que você joga para vencer: o grande jogo da vida.

Talvez você queira jogar essa partida, e com garra, mas tenha medo de ser um pouco fraco no departamento de desejo. Isso é compreensível. Embora o desejo seja uma reação aprendida, é de grande e sutil complexidade.

COMO DESENVOLVER O DESEJO

Vejamos, a seguir, três métodos para desenvolver um desejo ardente de vencer que não pode ser contrariado. Eles funcionarão — se você quiser.

- O maior obstáculo ao desenvolvimento do desejo é nossa convicção de que nunca poderemos satisfazê-lo, de modo que o curso mais seguro consiste em desencorajá-lo e evitar a frustração. John Galbraith chama isso de "acomodação à pobreza" e observa que as pessoas sempre escolhem o nível econômico que aceitarão — e que nunca lhes é imposto. Você está se escolarizando, sem um momento de pausa, para aceitar o nível de prosperidade que tem ou fazendo um esforço extra para subir. Se você está se deixando levar pela ideia de que, no fim, seu navio alcançará o porto com ajuda de ventos benfazejos, isso pode ser terrível. Muita gente não quer aceitar o fato de que nosso navio não se moverá até que subamos a bordo, desfraldemos as velas e comecemos a traçar um curso. Os cubanos que fugiram de Castro com a roupa do corpo hoje são pessoas prósperas, e os migrantes do Vietnã e da Ásia, que praticamente atravessaram o Pacífico a nado para chegar aos Estados Unidos, estão conseguindo levar a vida. Se é assim, qual é sua desculpa?

O fato é que hoje não há desculpa para não se alcançar o sucesso nos Estados Unidos. E não houve, desde o dia em que Peter Minuit passou a perna nos índios e os expulsou de Manhattan. Se você não sente um forte desejo de melhorar de vida, está enganando a si mesmo e a seus entes queridos com falsas desculpas. Está escolhendo um nível de vida pobre em comparação ao que poderia ter com o esforço extra de que é capaz. Está tudo sobre seus ombros e não há maneira de transferir para outras pessoas nem um pouquinho dessa responsabilidade.

Conheço velhos agricultores que deixaram o campo e se tornaram ricos. Você acha que conseguiram fazer isso sem acreditar primeiro que poderiam ter sucesso em algo melhor do que colher frutas? Se suas ambições excedem em muito seus desejos realistas, converse consigo mesmo. Em seguida, converse muitas outras vezes. Convença-se de que poderá ter sucesso — e será bem-sucedido.

- Foque em desejos específicos. Faça acordos consigo mesmo: se eu fizer isso, obterei aquilo. Não se obrigue a trabalhar por nada.

- Trabalhe em etapas. Se nunca ganhou mais do que um salário mínimo, não fixe sua meta em US$500 mil no primeiro ano. Aponte para o nível de renda que o emociona muito, mas intimida apenas um pouco. O elemento fundamental é ter fé em si mesmo.

Tomara que você seja tão sincero quanto eu. Você tem uma profunda obrigação consigo mesmo e com seus entes queridos. A obrigação é o compromisso de aprender a lição contida neste livro. Assuma esse compromisso, cumpra-o rapidamente e comece a operar em todo o seu potencial. A menos que faça isso, não obterá a qualidade de vida que está a seu alcance.

EPR É A DIFERENÇA ENTRE TER E NÃO TER

Neste exato momento, você é tão bom quanto suas Rs, e não melhor. Mas suas Rs talvez não sejam muito boas porque você ainda não fez uma boa P. Mas, na verdade, é quase impossível fazer uma boa P, a menos que alguém lhe dê um bom E.

Meu trabalho neste livro é lhe dar um eloquente E e fazê-lo com tamanhos interesse e entusiasmo que você faça a P necessária para desenvolver uma R eficiente.

Deixe-me explicar isso.

Trata-se da teoria do estímulo, pausa e reação. Se você entrar no seu quarto hoje à noite, não vir que há um gato ali e pisar na cauda do coitado, dará um estímulo ao bichano. Seu gato terá uma reação imediata. Ele não vai parar para pensar: "Muito bem, eu me vingarei depois, mas, antes, é melhor fazer barulho e sair de baixo do pé dele." A resposta instantânea do animal é E-R, Estímulo-Reação.

Devido ao poder de nossa mente, nós, humanos, temos uma capacidade muito maior de reagir a estímulos. Podemos recebê-los, parar para pensar qual será nossa melhor reação e, em seguida, reagir. Em um pedaço de papel, anote a fórmula da reação humana:

$$E-P-R$$

Isso significa Estímulo-Pausa-Reação. Agora trace uma flecha para baixo a partir do P e, embaixo, escreva três palavras que podem fazer toda a diferença para você, que podem tornar suas pausas eficazes.

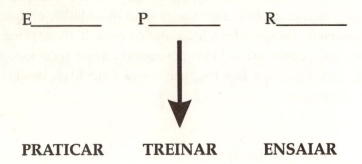

Em tudo o que resolver fazer, você será tão bom como a prática, o treinamento e o ensaio a que se entregou antes de executar a ação. O mais difícil que tenho a fazer com vendedores novos é convencê-los de que, se não sabem o que vão dizer ou fazer até estarem na presença do cliente, será tarde demais.

Vendedores gostam de improvisar. Isto é, vendedores medíocres gostam. Campeões gostam de ganhar dinheiro, por isso não improvisam — preparam-se. Intensamente.

Um dos motivos por que muitos vendedores novos pensam que podem improvisar e vencer tem origem na ideia equivocada que fazem da entrevista de vendas. Pensam em situações de venda como um encontro sem compromisso, com bastante tempo para contar piadas, bater papo sobre esportes e improvisar diante de desafios inesperados. O que esses novatos não compreendem é que, mesmo em uma entrevista sem pressa, a parte prática do negócio se desenvolve muito rapidamente.

E alguns compradores são tristemente famosos por manterem a conversa no nível de banalidades com vendedores que não conhecem ou de quem não gostam, a fim de evitar a apresentação dos argumentos de venda. Muitos compradores fazem isso. Se você vende um produto ou serviço comprado com regularidade pelo agente — suprimentos industriais, por exemplo —, pode ter certeza de que alguns deles têm seus vendedores favoritos. A menos que trace um plano muito bom, algo que desperte o interesse do outro, a fim de vencer esse jogo antes de cruzar a porta, os vendedores prediletos sempre passarão a perna em você.

Imagine o que aconteceria se eu entrasse em uma quadra com um jogador profissional de tênis depois de dizer que iria derrotá-lo.

Faria o meu saque, e a bola voltaria para todos os lugares, menos para aqueles em que eu me encontrava. Eu veria a bola chegando e pensaria: "Muito bem, corra para lá e devolva-a com aquela cortada." A essa altura, claro, bola e ponto estariam há muito tempo perdidos.

Considerando o triste estado de minha preparação, minha reação foi rápida, mas nem de longe rápida o suficiente. A diferença, claro, é que, para cada batida que dou na bola, o profissional já terá dado mais de 10 mil.

Não apenas isso, você poderia pensar; o profissional tem uma aptidão muito mais natural para jogar tênis do que Tom Hopkins. Não vou discutir esse ponto, mas discutirei se ele tem importância — por uma razão muito boa. Digamos que eu pudesse fazer o tempo retroagir até o primeiro dia em que aquele profissional bateu em uma bola e que, nesse exato momento, ele encerra sua carreira no tênis — digamos que, em vez disso, ele passou a nadar — e que eu tenha me lançado no tênis profissional. Não importa como eu me sairia no circuito de profissionais, eu ainda teria atingido 10 mil bolas para cada uma daquele cara que passou a nadar em vez de jogar tênis. Agora, neste dia, vamos jogar na mesma quadra. Estive jogando tênis em tempo integral durante muitos anos enquanto ele andou nadando como um louco no mesmo período. Ele mal sabe a diferença entre uma raquete e um banjo. O que aconteceria? Eu acabaria com ele em dois tempos, não obstante sua capacidade — ou habilidade — natural. O ponto é que a preparação exaustiva, incluindo o condicionamento mental e o desenvolvimento da confiança, representa o fator decisivo na maioria dos casos. Nos esportes, em vendas, em todas as atividades, a boa preparação raramente amarga uma derrota.

Qual o fator comum a todos os tipos de boa preparação?

54 | COMO SER UM GRANDE VENDEDOR

Velocidade.

A boa preparação desenvolve reações mais rápidas. Quando você reage com mais rapidez, melhora automaticamente a qualidade de sua reação. Isso acontece não apenas porque suas reações surgem com rapidez suficiente para fazer a diferença: uma vez que você não precisa agir precipitadamente, tem tempo de escolher a melhor reação e liberá-la com suavidade. E, enquanto faz isso, também tem tempo para pensar na manobra seguinte. Se está tentando improvisar, você simplesmente não consegue manter esse ritmo.

Os Campeões colecionam objeções. Gostam de ouvi-las de outros bons vendedores, ler sobre elas em livros e até mesmo inventá-las. Em todas as oportunidades, apreciam descobrir novas objeções — exceto quando estão com os clientes. E pode ter certeza de que, com a mesma rapidez com que descobrem novas objeções, desenvolvem suas melhores reações a elas. Mas não param por aí. Praticam, treinam e ensaiam as melhores reações. Mesmo antes de ouvir uma nova objeção em uma situação de vendas, já estão prontos para, no mesmo instante, disparar a melhor resposta a ela. Isso é profissionalismo e o tipo de pensamento e ação que traz dinheiro grosso.

A esta altura, talvez você esteja pensando: "Se isso é tão simples assim, por que todos os vendedores do mundo não agem dessa forma?"

A teoria é simples, mas sua aplicação, difícil, específica para cada tipo de produto ou serviço, encontrando-se em estado de evolução constante. O indivíduo não aprende algumas objeções, decora as respostas e, em seguida, desliga para sempre a atenção da díade objeção/resposta. O alerta constante para novas objeções e melhores respostas a antigas é algo característico do Campeão.

Seu cliente em potencial poderia dizer uma das coisas a seguir sobre seu produto ou serviço?

- "Há três anos nós o experimentamos (tínhamos um deles), mas ficamos desapontados com seu funcionamento."

- "O senhor sabe, não somos o tipo de empresa que toma uma decisão como esta de maneira apressada. Seu gravador de TV é lindo. Nós o adoramos, mas vamos ver outros modelos."
- "Seu preço é alto demais."

Certo, você pode examinar essas objeções comuns e dizer a si mesmo: "Um dia vou fazer um estudo de como responder a elas, mas, no momento, estou indo bem somente improvisando. Quando estou com o cliente, a adrenalina começa a circular e, às vezes, ocorrem-me coisas muito boas, mesmo."

Claro que ocorrem. Esse é o motivo pelo qual você está quebrando todos aqueles recordes de vendas. Ah, não está? Então, provavelmente um dos motivos por que não está é por andar improvisando suas reações às objeções, em vez de praticá-las, treiná-las e ensaiá-las. Ninguém jamais se tornou grande em vendas antes de se tornar grande em refutar objeções.

Quando se tornar profissional (o que significa deixar de jogar de graça e passar a jogar por uma considerável bolsa), mesmo sem parar ou pensar, você terá uma reação eficaz às objeções. Você fica igual ao gato em cuja cauda pisou. Seu estímulo é a objeção; a reação é instantânea e eficiente.

No capítulo sobre objeções, mostrarei reações comprovadas às negativas básicas, comuns em uma grande variedade de situações de vendas. Depois de concluir o trabalho de praticar, treinar e ensaiar suas reações a essas negativas padronizadas, você conhecerá bem o método. Então, poderá elaborar reações eficazes às objeções especificamente relacionadas com aquilo que você oferece, nessa ocasião e em seu território.

Estude exaustivamente essas reações padronizadas à objeção. Você vai ouvi-las todos os dias de sua carreira de vendas. Se jamais as estudou, ainda não sabe que todas as entrevistas de vendas bem-sucedidas seguem o modelo apresentado no diagrama a seguir.

O CAMINHO DA VENDA

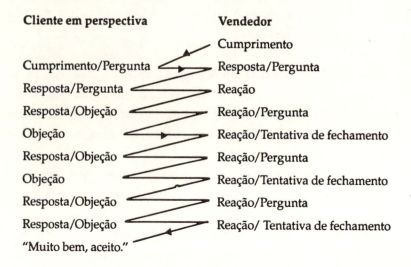

Claro que esse diagrama é altamente simplificado. A fase de cumprimentos, por exemplo, talvez inclua um longo período de banalidades, a fim de estabelecer um clima propício à comunicação. A menos que esteja vendendo algo no balcão, você terá de fazer mais perguntas e reagir bem a muito mais objeções do que indicamos no diagrama. Os elementos essenciais, porém, estão presentes, e o importante é o conceito, que expressa a essência simples da venda. A função do vendedor profissional consiste em saber o que o cliente em potencial pode perguntar ou objetar, que informações e reações atenderão melhor às esperadas perguntas e objeções e que argumentações de fechamento do negócio levarão o cliente em potencial a consumar a compra. Tudo se resume no seguinte: o cliente dizendo isso, você respondendo àquilo por algum tempo e ele indo embora com o DVD que você acaba de lhe vender. E por que isso aconteceu?

Porque você aprendeu exatamente o que ele diria e também o que você diria.

E isso nos reconduz à importância da prática, do treinamento e do ensaio. As técnicas que ajudaram milhares de vendedores estão contidas neste livro. As objeções e reações. Os fechamentos. Mas você não pode somente lê-los e esperar aplicar suavemente todo esse material quando visita o cliente em seu escritório, com o telefone tocando, ou em seu salão, a um marido e sua mulher enquanto os filhos fazem bagunça em volta. Leia superficialmente esse material e não será capaz de se lembrar de mais do que uma fração dele na mais relaxada e ininterrupta entrevista de vendas. Você tem que tornar seu esse material. Isso significa que você precisa:

- Praticar as palavras exatas que dirá até que elas lhe sejam naturais.
- Treinar a si mesmo para pronunciá-las com clareza e convicção.
- Ensaiar usá-las em situações tão parecidas com as reais quanto puder criar, trabalhando em cooperação com outras pessoas.

Depois de ter feito isso, estando profissionalmente preparado, você alcançará a alta renda porque, quando estiver diante de um comprador e ele lhe der o estímulo, você terá a reação imediata que o levará ao fechamento dessa venda. Você gostaria de ter isso, não é?

Então, faça o que eu disse. É muito simples. Prepare-se profissionalmente e ganhará o salário de um profissional. Mas não demore. Comece hoje mesmo, com convicção.

Essas palavras parecem familiares, não é? Elas foram usadas diversas vezes com muitos produtos e serviços a fim de apresentar benefícios que ajudarão pessoas a conseguirem o que desejam. Você comprou meu livro, mas comprará meus conceitos? Investirá o tempo e o esforço necessários para torná-los seus?

A vida é sua, e a decisão, também. Espero que você tome a decisão certa.

3. Faça a pergunta certa e conquiste o sucesso em vendas

Quando você trabalha com um novo cliente em potencial, não acha que deveria tentar obter dele várias pequenas anuências, antes de tentar conseguir a grande anuência que significa que ele vai comprar? Isso faz sentido ou não? Certamente faz.

Não seria útil dispor de uma técnica segura para dar início a um fluxo de pequenos assentimentos sempre que trabalhasse com possíveis compradores? É isso o que os assentimentos ou vínculos fazem, certo? E você está ficando um pouco cansado dessas perguntas todas, não?

Esse é o motivo pelo qual é tão importante não exagerar no uso da técnica do vínculo. Vínculos são extraordinariamente eficazes, mas, a menos que sejam usados com parcimônia, irritam as pessoas.

Os vínculos assumem quatro formas: clássica, invertida, interna e apêndice. Misturando bem as quatro, você pode usar em abundância essa técnica de alta eficácia sem ser notado. Vamos discutir os quatro tipos e sugerir exercícios para tornar o uso deles um de seus hábitos mais eficientes.

O VÍNCULO CLÁSSICO

Esse vínculo é acrescentado ao fim de uma sentença, como na seguinte:
"A economia de combustível é muito importante hoje, não é?"

Se o que você diz representa a verdade, como o cliente em potencial a vê, ele não reagiria concordando? E, quando concorda que alguma qualidade de seu produto ou serviço atende às suas necessidades, ele é levado para mais perto da compra, certo?

Veja a seguir 18 vínculos clássicos que serão úteis para você:

Não estão?	Correto?
Exato?	Não?
Admite?	Não é verdade?
Concorda?	Ou não?
Positivo?	Reconhece?
Não foi?	Não acha?
Sim?	Não é?
Certo?	Não pensa assim?
Não é inegável?	Não está?

Há outros, claro. Coloque-os com muito jeito no fim das frases e conseguirá milhares de respostas afirmativas. Vender é a arte de fazer as perguntas certas para conseguir os pequenos assentimentos que levam o cliente em potencial à grande decisão e ao grande "sim". Vender é uma função simples, e a venda final nada mais é do que a soma total de todas as concordâncias que você obtém, não é?

Agora, quero que você trabalhe comigo. O atleta profissional precisa fazer mais de uma coisa de cada vez. Seja no tênis ou no frescobol, o jogador tem de correr, olhar para a bola, levar o braço para trás e atingi-la no momento certo. O vendedor profissional também faz uma infinidade de coisas simultaneamente. Enquanto faz a apresentação do produto ou serviço, também pensa nos benefícios que vai citar e nas objeções e lembra-se do que disse no passado a fim de se proteger no futuro. A mente dele está trabalhando como um computador, exato?

Comece a ler as sentenças a seguir e, tão rápido possível, anote o vínculo na linha em branco. Faça esse exercício na frente de um espelho, verificando, de tempos em tempos, se inclina a cabeça de modo simpático quando diz os vínculos. Profissionais fazem mais de uma coisa ao mesmo tempo, correto?

Eis as frases com os exercícios de vinculação:

Numerosas companhias tecnologicamente avançadas hoje estão utilizando computadores, _____?

Seria uma vantagem você ter seu próprio sistema telefônico interno, _____?

A segurança da família é um assunto que preocupa a todos nós, _____?

Eles são divertidos, _____?

Basta simplesmente prática, _____?

Agora elas estão vendendo bem, _____?

Qualidade é importante, _____?

Você gostaria de se aposentar algum dia e apreciar as delícias da civilização, _____?

Temos de aprender a fazer várias coisas ao mesmo tempo, _____?

Depois de ter praticado algumas vezes, as vinculações certamente acabam, _____?

Aquela resolveu, _____?

Com o tempo, você pode formular centenas de perguntas que levarão seu cliente à decisão de desfrutar os benefícios de seu produto ou serviço, _____?

Em qualquer ocasião, Campeões devem ser capazes de formular 15 perguntas ligadas à sua oferta, _____?

Você é um Campeão, _____?

Ela escolheu algumas cores lindas, _____?

62 | COMO SER UM GRANDE VENDEDOR

Essa compra será uma excelente aquisição à sua carteira de investimentos, _____?
Segurança é importante para todos nós, _____?
Você está fazendo bem este exercício, _____?

Esses são os "vínculos" clássicos. Antes de passarmos para os outros tipos, certifique-se de que compreende bem a ideia seguinte:

Espere pelo estímulo positivo do comprador antes de usar os vínculos.

Se conseguir estabelecer um vínculo com o comprador antes de esperar pelo estímulo positivo, poderá ligá-lo a um fator negativo, certo? Meu produto, por exemplo, é uma linha de copiadoras de escritório e tenho um encontro marcado com o chefe de escritório da Makebux Corporation.

Resolvi vender para a Makebux um dos novos modelos SuperPow de minha companhia. A SuperPow não só faz excelentes cópias com rapidez, como também as separa e combina com grande velocidade. Quero vender esse modelo porque: a) sua venda implica uma gratificação extra; b) ela me dá pontos extras no concurso de vendas; c) não há nenhuma Super-Pow nessa parte de meu território e tenho certeza de que, se conseguir vender uma para a Makebux, isso quebrará o gelo. Todas essas razões são excelentes, mas são as minhas razões, e não as da empresa.

Quando guardo o carro no estacionamento da empresa, depois de uma longa viagem, a única copiadora que levo na mala do carro é a SuperPow. Não preciso de outra porque esse é o modelo que vou vender à empresa. Já tomei a decisão: a companhia vai comprá-la. Não só coloco a SuperPow em um estrado fácil de empurrar, como também levo uma pasta de apresentação lindamente digitada com o título "O que a SuperPow fará pela Makebux Corporation". Estou superligado na SuperPow. Vou conseguir vendê-la.

Logo que começa a entrevista, digo:

"O senhor quer uma copiadora que não faça somente cópias, como as outras, certo? Gostaria de uma que separasse e arrumasse enquanto copia, não?"

O chefe de escritório balança negativamente a cabeça:

"Não, nunca combinamos ou arrumamos coisa alguma neste escritório. Nossa subsidiária, no outro lado da rua, tem uma oficina gráfica completa, que faz essas coisas para nós. Tudo o que queremos é uma máquina compacta, livre de enguiços, que simplesmente tire boas cópias."

Viram como eu me destruí?

Não perguntei. *Disse*. Não esperei pelo estímulo positivo do cliente em potencial antes decidir seguir por um curso que me conduziu diretamente para o monte de lixo. O profissional fecha a apresentação ao receber o estímulo positivo do comprador e não o seu. Por mais que eu precisasse colocar uma SuperPow naquela parte de meu território, por mais que quisesse vencer aquele concurso de vendas, por mais que desejasse ardentemente aquela gratificação extra, a Makebux não vai comprar a SuperPow. Na metade do tempo que gastei sem vender nada, poderia ter obtido o pedido da empresa para nosso modelo de mesa SuperPup.

Poderia ter feito tudo isso se tivesse verificado antes da entrevista, ao telefone, quais eram as necessidades da empresa. Se isso não fosse desejável ou possível, deveria ter estruturado minha apresentação de modo que pudesse alterá-la para qualquer modelo que satisfizesse às necessidades da companhia.

O VÍNCULO INVERTIDO

Para obter variedade e mais vivacidade, coloque o "vínculo" no começo da frase. Antes de chegar à conclusão de que essa é uma prática simples demais, lembre-se de que estamos falando aqui a respeito de hábitos de fala que poderão ser usados rotineiramente na área rápida e difícil da entrevista de vendas. Uma boa mistura dos quatro tipos de vínculo não surgirá por acidente em suas entrevistas. O Campeão usa os quatro tipos de forma discreta e sem diminuir sua concentração no cliente. Um nível assim tão alto de habilidade exige ensaios.

64 | COMO SER UM GRANDE VENDEDOR

Utilize as frases do exercício de vinculação deste capítulo para pegar prática. Leia-as, refaça-as enquanto as lê e pronuncie-as em voz alta e de forma invertida. Às vezes, mudar uma ou duas palavras ajuda a melhorar a sentença. O primeiro exemplo é: "Numerosas companhias tecnologicamente avançadas estão usando hoje computadores, não estão?" Inverta a frase para: "Os computadores não estão sendo usados hoje por numerosas companhias tecnologicamente avançadas?"

O VÍNCULO INTERNO

A maneira mais discreta de esconder a vinculação é colocá-la no meio de uma sentença complexa. Isso é muito mais fácil de fazer do que parece. Vejamos um exemplo nas três formas.

Forma padrão, com o vínculo no fim: "Logo que pega o jeito, pode realmente controlá-lo, não pode?"

Forma invertida, com o vínculo no começo: "Não pode realmente controlá-lo bem, logo que pega o jeito?"

Forma interna, com o vínculo no centro: "Logo que pega o jeito, não pode realmente controlá-lo bem?"

Em outra variação da forma interna, o vínculo se torna mais óbvio: "Você pode realmente controlá-lo bem, não pode? Logo que pega o jeito?"

A fim de transformar qualquer sentença simples de vinculação na forma interna, é preciso apenas colocar as palavras no começo ou no fim. Vejamos a mais curta das sentenças dos exercícios de vinculação: "Eles são divertidos, não?" Coloque uma frase no início e obterá uma sentença complexa e uma vinculação interna:

"Quando se acostuma a eles, não são divertidos?"

Não é uma técnica difícil e usá-la manterá ocultos seus vínculos. Pratique com as sentenças dadas como exercício. Repasse-as, refaça cada uma delas como uma sentença complexa, com o vínculo no meio, antes ou depois da frase que acrescentou. Algumas dessas frases terão relação com o tempo:

"Agora que eliminamos aquele problema, você não está satisfeito
_____?"
"Na próxima semana, quando você receber a mercadoria, sua esposa
não vai ficar supercontente _____?"
"Logo que tiver novo modelo em sua casa, não pode exatamente ver
_____?"
"Nestes dias de inflação galopante, não são _____."
"Quando você _____."
"Depois que nós _____."
"Uma vez que você anda pensando em passar suas próximas_____
, não seria maravilhoso que _____?"

Pratique, treine e ensaie 15 perguntas com vínculo, elaboradas por você
mesmo. Em seguida, formule mais 15. Mantenha uma boa combinação
dos três tipos. Bem antes do que imagina, vai descobrir que os vínculos se transformaram em um hábito fácil de fala que aumentará suas
vendas, seu entusiasmo e sua conta bancária.

O VÍNCULO DE REBOQUE OU APÊNDICE

Nossa última técnica de vinculação é usada de várias maneiras. Na
sua versão mais simples, você acrescenta o vínculo às palavras que o
cliente em potencial pronunciou e que sejam positivas para a venda.

Cliente em potencial: "Qualidade é importante."
Você: "Não é mesmo?"

Ele disse isso, então deve ser verdade. Nas ocasiões em que os clientes
disserem algo útil para a venda, se você usar a técnica da vinculação,
conseguirá uma pequena concordância. Ou não?

Entendeu essa última técnica, não? Isso é grande, certo?, porque
significa que seus reflexos estão sendo afinados para o desempenho
regular com os vínculos.

66 | COMO SER UM GRANDE VENDEDOR

Não concorda que os estímulos nas oportunidades de vendas são rápidos e variados? São, não são?

Se isso for verdade, não devemos gerar todas as reações rápidas favoráveis às vendas de que somos capazes?

Claro que devemos. Esse é nosso objetivo em relação a todo o material contido neste livro. Não só o uso das quatro técnicas de vinculação pode se tornar um ato reflexo de sua parte, como também as demais técnicas que encontrará nestas páginas podem ser aprendidas tão bem a ponto de serem empregadas pronta e automaticamente em todas as situações em que possam ajudá-lo a vender. Se aprender bem essa lição, não poderá deixar de ganhar mais dinheiro, poderá?

E há uma boa combinação das quatro técnicas de vinculação nos últimos cinco parágrafos, não há? Você pode usar qualquer uma delas como trampolim para perguntas-apêndice que manterão seu cliente em potencial em movimento, a caminho do grande sim.

Quando você treinar a si mesmo para reconhecer oportunidades de perguntas-apêndice, antes de o cliente em potencial ter acabado de falar, quando puder, pronta e calorosamente, utilizar o vínculo apropriado, enquanto você mesmo fala, no dia em que puder fazer uma pergunta-apêndice que manterá o interesse do futuro comprador e o levará para mais perto da grande decisão, será possível realmente dizer que adquiriu, com essa técnica, a expertise do Campeão. E isso não é tão difícil de fazer. Uma vez que pode aumentar tanto e tão facilmente seu poder aquisitivo (e sem nenhum custo) com o domínio dessa técnica, você ficaria satisfeito com algo menos do que a expertise do Campeão?

Vejamos um exemplo de perguntas-apêndice usadas com vínculos-apêndice. Quando o cliente entra em sua loja, a questão da cor surge imediatamente.

Cliente: "Eu gosto de verde."

Você: "O verde não é mesmo uma cor incrível? Em nossos últimos modelos, estamos oferecendo uma seleção de três tonalidades de verde. Qual delas você prefere? Menta de Bali, Mar Irlandês ou Primavera de Acapulco?

Cliente: "Prefiro Menta de Bali. Parece a tonalidade mais relaxante."

Você: "Não é mesmo?"

Continue com outras perguntas-apêndice, que levarão o cliente para mais perto da compra do produto.

A técnica de perguntas-apêndice é especialmente eficaz no caso de clientes obstinados, que querem dominar a conversa. Ignore todas as declarações negativas para a venda que eles fizerem, a menos que seja forçado a corrigir alguma informação errada. Concentre-se em orientar o cliente para que faça declarações positivas, nas quais você possa ir de reboque.

Cliente: "Seus modelos parecem quadrados demais."

Você: (Evite concordar com uma declaração negativa.)
"Aquela é a nossa linha padrão, senhor. Se pudesse dar um passo até aqui, gostaria de saber sua opinião sobre o nosso novo Rompedor de Barreiras."

Cliente: "Bem, isso é o que eu chamo de estilo."

Você: "Não é verdade? Diga-me uma coisa, o senhor tem a mesma sensação que eu ao vê-lo daqui?"

Cliente: "Isso mesmo, parece a velocidade da luz presa ao solo."

Você: "Não é? Como o senhor acha que é o funcionamento dele?"

Cliente: "Bem, não sei... Mas gostaria de descobrir."

A maneira como você prossegue com o cliente, a partir desse ponto, dependerá de já tê-lo ou não qualificado e de sua política a respeito de demonstrações. Não obstante, usando habilmente as técnicas de vinculação para fazer perguntas-apêndice, você já conseguiu três pequenas concordâncias e se colocou em boa situação. E isso representa um grande progresso.

As oportunidades de vínculos e apêndice chegam e se vão com muita rapidez, de modo que é importante estar treinado para aproveitá-las

68 | COMO SER UM GRANDE VENDEDOR

logo. Por sorte, isso é fácil. No caminho para o trabalho ou para encontros, ligue o rádio de seu carro para ouvir o noticiário ou quaisquer programas em que declarações positivas são constantemente feitas e pratique em voz alta os vínculos e as perguntas-apêndice.

Utilize todas as conversas para pôr em prática o emprego de perguntas-apêndice. A conversa casual é ótima para esse fim. E não se esqueça da esplêndida oportunidade de refinar suas técnicas em todas as ocasiões em que comprar algo para si mesmo.

Durante anos, chamei a técnica seguinte de Alternativa de Escolha, mas gosto mais do novo nome que adotei, porque transmite duas ideias: movimento para frente e escolha. Independentemente do nome, é uma de minhas favoritas, tendo em vista sua eficácia e facilidade de uso.

O AVANÇO ALTERNADO

O Avanço Alternado é uma pergunta que sugere duas respostas, ambas confirmando que seu cliente em potencial está progredindo ao longo do caminho que você escolheu.

Se, em vez de fazer uma pergunta de avanço alternado, você faz outra fechada, de resposta sim ou não, qual delas seu cliente costuma escolher?

Não.

Nesse caso, temos algo em comum — todos pensamos que é mais fácil dizer não do que dizer sim. Esse é o motivo pelo qual o profissional utiliza o método do avanço alternado a fim de evitar perguntas que coloquem um *não* na boca do cliente.

Você pode usar esse conceito em situações banais e na grande sequência de fechamento. Na maioria das situações de vendas, é quase impossível realizar esse avanço sem antes marcar um encontro com o comprador. De modo geral, mais encontros marcados significam mais vendas — você concorda com isso?

É vital não perder encontros, que muitas vezes são evitados antes mesmo de começarem. Por essa razão o profissional nunca pergunta: "Posso ir aí esta tarde?"

Que resposta essa pergunta sugere à maioria dos compradores? "Não, hoje minha agenda está realmente muito cheia. Eu telefono para você quando tiver uma hora vaga." Sim, telefonará. Certo.

O profissional dá ao comprador duas opções: "Sr. Johnson, estarei na sua área esta tarde. O que seria mais conveniente? Eu poderia passar aí lá pelas 14 horas ou prefere que espere até as 15?"

Quando ele responder "Por volta das 15 horas seria melhor", você tem seu encontro marcado. E o conseguiu sugerindo dois assentimentos em vez de um não, que ele teria aproveitado de imediato.

Esses avanços alternados são belíssimos: "Sr. e Sra. Johnson, temos de marcar uma data de entrega. Qual seria a mais conveniente para os senhores, dia 1º ou dia 15?"

"Ah, vamos precisar dele no dia 1º." Quando o casal diz isso, já comprou, não?

Se sua venda exige algum tipo de depósito, não pergunte quanto gostariam de dar. Coloque a questão em forma de avanço alternado. Mas será preciso formular a pergunta de modo a se ajustar ao produto e à política da companhia. No caso de um jato de US$3 milhões, antes de deixar que pessoas voem nele, o representante de vendas as avalia, não?

Se estivesse vendendo jatos, você poderia dizer: "Que tipo de depósito o senhor gostaria de fazer?"

Mas o comprador poderia lhe mostrar uma efígie de Abe Lincoln e dizer: "Bem, tenho US$5 disponíveis aqui. Fico com o avião."

Você terá que adequar toda essa lição ao produto. Provavelmente, você diria: "Como o senhor sabe, a compra é substancial. O que o senhor prefere: um depósito de 5% ou 10%?"

O que o comprador vai aproveitar logo?

Cinco por cento.

Felizmente, era isso o que você queria. Caso contrário, refaça a pergunta de modo que o progresso alternativo seja uma pergunta que

COMO SER UM GRANDE VENDEDOR

dê ao cliente em potencial duas alternativas, nenhuma delas negativa. Ambas confirmam que ele está progredindo na compra.

Suponhamos que você forneça um dos serviços mais fantásticos que há para vender: seguros. Depois de toda a publicidade que esse produto recebeu no último século, surpreende que a pessoa comum ainda não saiba que precisa de um seguro. E o principal motivo pelo qual não sabe é que jamais conheceu um profissional dessa área.

Se eu estivesse sentado à sua frente (depois de ter feito o tudo que você está aprendendo neste curso), sorriria e perguntaria: "Sr. Johnson, a beneficiária será sua esposa ou o senhor tem um fideicomisso* familiar?"

Trata-se de um avanço alternado. Se ele respondesse "Quero que minha esposa seja a beneficiária", teria comprado o seguro de que necessita. Com o emprego do avanço alternado, de qualquer das duas maneiras, o cliente vai em frente na compra de seu produto ou serviço.

PERGUNTAS REFLEXIVAS DE FECHAMENTO DE NEGÓCIOS

Muitas coisas me aconteceram em meus primeiros seis meses trabalhando com vendas e hoje me parecem engraçadas — embora eu não tenha achado muita graça na ocasião. Naqueles dias, eu estrebuchava mais do que ria. O problema todo era que eu fizera uma única venda durante o semestre e minha renda média era de US$40 por mês. Naquela época, eu tinha 19 anos. Entregadores de supermercado ganhavam mais em uma semana do que eu em um mês. Pior ainda: eu sabia que aquilo fazia sentido: os entregadores sabiam o que estavam fazendo e eu, obviamente, não.

Você acha que eu me mostrava negativo, deprimido, pronto para desistir de tudo? Ora, se estava! Ou eu aprendia o que fazer e começava

---

*Estipulação em testamento na qual o testador constitui alguém como herdeiro, mas impõe que, em determinada condição, a herança seja transmitida a outra pessoa. (*N. do E.*)

a fazê-lo ou teria que renunciar a meus sonhos, aceitar um emprego com um limite de renda e jamais desfrutar das vantagens da profissão que havia escolhido. Foi uma época de tomada de decisão para mim. Na verdade, se eu não fizesse algo — e logo —, pressões monetárias me obrigariam a tomar uma decisão.

Certo dia, olhando pela janela do escritório, pensando, preocupado, em meus problemas, vi um carro esporte novo e reluzente entrar no estacionamento. Enquanto eu observava, desceu um rapaz impecavelmente vestido, que se dirigiu à nossa porta. Havia nele um ar de sucesso que me despertou curiosidade. Quando estávamos na recepção, perguntei-lhe o que ele fazia.

Irradiando uma aura de confiança que eu nunca vira antes em um vendedor, ele me disse que estava trabalhando na área de vendas.

"Como você está se saindo?", perguntei.

"Muito bem. Este ano já ganhei US$25 mil." Naqueles dias, isso era um bocado de dinheiro.

"Como você consegue?"

"Eu fecho negócios. Você sabe como fazer isso?"

"Não tenho boas roupas.", respondi e continuei, dizendo a ele que estava pensando em desistir da área de vendas, que este trabalho não era para mim.

Ele me escutou por algum tempo e perguntou:

"Você já ouviu falar em J. Douglas Edwards?"

"Não."

"Ele é o mestre do fechamento."

"Maravilhoso... Mas o que isso significa para mim?"

"Ele lhe ensinará o que dizer e o que fazer e, se aplicar esses conhecimentos, poderá ter grande sucesso em vendas."

"É disso que eu preciso." Na ocasião, a companhia para a qual eu trabalhava tinha um programa de treinamento que se resumia ao seguinte: "Continue a tentar." E nada mais.

O jovem bem-vestido sentou-se ali comigo e, na meia hora seguinte, convenceu-me a procurar o programa de treinamento de Edwards. O programa custava US$150, na época bastante de dinheiro

72 | COMO SER UM GRANDE VENDEDOR

para mim. Mas, por sorte, ele me convenceu dos benefícios e eu fiz o treinamento.

Depois de meia hora naquela sala de aula, compreendi quão pouco eu sabia sobre a profissão de vendas. Foi um seminário interessante, muito parecido com o que organizo todos os meses em diferentes cidades do Canadá e dos Estados Unidos. Antes de ser considerado apto, o participante tinha de aprender, palavra por palavra, as técnicas de fechamento de negócios.

Como alguns de vocês, no início tive dificuldade em aprendê-las. Em seguida, coisas que o Sr. Edwards dizia fizeram sentido para mim e pensei: "Por que não deveria aprendê-las, palavra por palavra? É tão pouca a concorrência nesse campo que eu poderia ser um dos melhores alunos."

De modo que comecei a estudar feito um louco, como se minha vida estivesse em jogo, e não como se fosse um exame para ganhar uma estrela no quinto ano do ensino fundamental. Duas horas de sono por noite, durante cinco noites. Então aprendi, tintim por tintim, essas técnicas de fechamento.

Ao voltar às vendas, tudo mudou. Eu sabia exatamente o que dizer, e isso fazia toda a diferença. Minhas vendas deslancharam, minha renda subiu às alturas, eu me aceitei como era e tudo de melhor começou a acontecer e a se reforçar mutuamente. Todas essas técnicas de fechamento de negócios estão neste livro. Coloque-as em prática e deixe que coisas maravilhosas aconteçam em sua vida. Mas, para usá-las, precisará conhecê-las por dentro e por fora. Uma leitura rápida não vai adiantar. Começaremos com pequenas perguntas de fechamento.

A TÉCNICA DO PORCO-ESPINHO

Entre as técnicas mais simples de fechamento, essa é a mais potente. Imagine um pequeno porco-espinho fuçando no mato, com todas as suas longas e finas agulhas eriçando-se do corpo. Se alguém o pusesse em um saco e o lançasse em sua direção, o que você faria?

Mandaria o saco imediatamente de volta.

A técnica do porco-espinho consiste em responder a uma pergunta do cliente com outra que o manterá no controle da entrevista e lhe permitirá levá-lo ao passo seguinte de sua sequência de vendas.

Talvez você pergunte: "Os clientes não ficarão aborrecidos, se eu não der respostas específicas às suas perguntas?"

Eis a minha resposta de porco-espinho: "Por que tem tanto medo de aborrecer os clientes quando sua principal preocupação deveria ser convencê-los, de modo que eles possam aproveitar os benefícios de sua oferta?"

Em todos os tipos de situação de vendas, é comum ouvir perguntas às quais só poderá responder com um sim ou um não — e que não o levarão a lugar algum. Constantemente também lhe pedirão informações que você pode dar — e nada conseguir. Em produtos e serviços, *quando será feita a entrega?* é uma pergunta comum e, em geral, perfeita para mandar o porco-espinho diretamente de volta ao comprador.

Cliente: "Os senhores podem fazer a entrega no primeiro dia do mês?"

Você pode responder: "Ah, claro, nenhum problema", e não conseguir nada. Mas o que o profissional responde quando o cliente faz essa pergunta?

Ele sorri e diz: "A entrega no primeiro dia do mês é o que mais convém às suas necessidades?" O profissional responde dessa maneira porque sabe que, se o cliente responder sim, é porque terá feito a compra.

Acredite ou não, alguns compradores em potencial não estão esperando uma entrega rápida. Talvez queiram apenas retardar ou distribuir seus investimentos e evitar os custos de armazenagem ou de instalação de seu produto até o último momento possível. Se isso acontecer, o porco-espinho faz com que os verdadeiros sentimentos apareçam sobre a entrega, certo?

Vejamos mais dois porcos-espinhos:

Cliente: "Esta apólice de seguro terá valor de resgate?"

Você: "O valor de resgate da apólice é uma de suas preocupações?"

74 | COMO SER UM GRANDE VENDEDOR

Cliente: "De maneira alguma. Não quero pagar nenhum extra por um valor de resgate."

Não é vital descobrir coisas assim? Com esse cliente, se continuar vendendo valor de resgate, como se ele entendesse o que isso significa, você não teria um bom resultado. O valor de resgate não é algo pelo qual uma pessoa gasta dinheiro, portanto não o considera um benefício. Venda-lhe prazo, fortaleça o relacionamento com ele, aumente seus conhecimentos e o valor da apólice mais tarde. Mas o cliente pode dizer: "O valor de resgate é uma necessidade, por isso me interessa." Nesse caso, você sabe como dar forma ao restante de sua apresentação de vendas?

Cliente: "Eu poderia resgatar essa apólice com um desconto?"
Você: "O senhor gostaria de resgatá-la com desconto?"

O Campeão sabe como tirar proveito da técnica do porco-espinho e como é importante fazer essas perguntas com um ar de cordial interesse. Mas o valor delas é destruído se forem usadas excessivamente, se forem lançadas ao candidato em um tom desafiador de tope-ou-cale-a-boca. Mas, se usá-las com discrição, elas lhe trarão bastante dinheiro. A técnica seguinte, muito poderosa, é empregada por muitos profissionais para iniciar quase todas as suas apresentações de vendas.

A PERGUNTA DE ENVOLVIMENTO

Você já pode estar usando com regularidade essa pergunta sem saber que se trata de uma técnica importante que tem um nome e uma longa história de sucesso. Se a pergunta de envolvimento lhe ocorreu naturalmente, isso é maravilhoso. Deixe que o sucesso anterior com ela o encoraje a explorar ainda mais esse método valioso. Formule perguntas de envolvimento em todas as suas entrevistas de vendas e descobrirá que é possível concluir mais negócios. Mas o que é uma pergunta de envolvimento?

*Toda pergunta positiva sobre os benefícios de
seu produto ou serviço que os compradores fazem
a si mesmos, depois de os possuírem, é uma
pergunta de envolvimento.*

Em outras palavras, uma pergunta de envolvimento implica posse. Quando o cliente faz uma pergunta de envolvimento antes de possuir o produto ou serviço, está confirmando a compra. Vamos verificá-la com o dono de um negócio que está pensando em comprar um avião a jato no valor de US$3 milhões.

"Sr. Kirkham, o senhor pensa em usar o avião apenas para o serviço de seus empregados, ou consideraria a possibilidade de arrendá-lo?"

Trata-se de um avanço alternativo, não é? Mas, em outro nível, também de uma pergunta de envolvimento. O Sr. Kirkham pode reduzir consideravelmente seus custos de propriedade arrendando o avião quando não for necessário às suas operações. Você quer que ele conheça muito bem essa opção antes de decidir comprá-lo ou não, e também plantar na cabeça dele pensamentos de propriedade.

Perguntas de envolvimento podem ser formuladas a respeito de todos os produtos e serviços. Para você, trata-se de um desafio e de uma obrigação elaborar perguntas de envolvimento para sua oferta — um desafio, porque nem todos os produtos se prestam a essa técnica com igual facilidade, e uma obrigação, porque você não pode operar no seu nível mais eficiente, a menos que possa citá-las a fim de ajudar seus clientes em potencial a comprarem seu produto ou serviço.

Não posso formular perguntas de envolvimento para seu produto ou serviço. Isso é bom. Você poderá escrever mais e melhores perguntas do que eu para envolver seus clientes porque você conhece aquilo que vende, a si mesmo e ao seu mercado. Há anos, quando eu era um rapaz de apenas 19 anos, fracassado em vendas, e me matriculei no seminário de J. Douglas Edwards, ele nos disse: "Se vocês querem se tornar profissionais, peguem meu material e escrevam sua própria versão em torno de seu produto e sua personalidade. É isso o que o profissional faz, certo?"

Sua oportunidade com a pergunta de envolvimento — e com todas as demais técnicas apresentadas neste livro — consiste em criar algo com que possa adquirir riqueza. Ponha o selo de sua personalidade, que não é igual a nenhuma outra, nos seus métodos de vendas. Crie, mostre suas criações — e fique rico.

Tomara que me permita estimular seus impulsos criativos. Sei que você é criativo. Todos nós temos esse dom em algum grau, mas alguns não o usam com muita frequência. Acredito profundamente no seguinte: *a criatividade começa com a imitação*. Michelângelo aprendeu suas técnicas imitando — isto é, estudando — os métodos de outros artistas antes de começar a criar obras-primas. Shakespeare foi ator durante muitos anos antes de se tornar dramaturgo: aprendeu a escrever peças representando-as. Mas as imitações desse gênio não pararam por aí. Muitos de seus trabalhos mais populares têm enredos inspirados por outros dramaturgos e nos quais pôs o selo de sua excepcionalidade.

Enquanto você estiver lendo minhas palavras, minhas técnicas de vinculação, minhas perguntas de envolvimento e minhas versões dos fechamentos clássicos, não fique aí em sua cadeira, dizendo a si mesmo: "Eu não poderia dizer isso. Não poderia usar essas palavras. Elas simplesmente não me representam."

Isso é maravilhoso. Significa que você pensa que há maneiras bem melhores de dizer coisas mais eficazes e argumentos mais fortes que podem ser apresentados. Se minhas palavras não são as suas, aproveite as ideias e frases que o ajudam, descarte o restante e escreva suas próprias palavras. Crie seu próprio material. Mas não se preocupe com o que é seu e com o que é meu nas palavras que usa. Concentre-se em elaborar técnicas eficientes, que funcionem, faça novos amigos e convença novos clientes das vantagens de sua oferta.

Um dos grandes desafios do treinamento de vendedores — e talvez de toda a educação — consiste em prover uma estrutura eficiente de técnicas, teorias, métodos e conhecimentos sem sufocar a criatividade dos educandos. Trata-se de um desafio que nem sempre é aceito — e a razão disso está tanto nos educandos como nos educadores. A maioria, quando enfrenta uma situação de aprendizagem, tem dois objetivos incompatíveis:

- Queremos que nos mostrem exatamente o caminho certo, a melhor maneira, a única maneira, de estudar esse conteúdo.
- Não queremos que nenhum sistema rígido nos seja imposto simplesmente porque nos colocamos em um estado de aprendiz.

Pense nisso. Com este livro, você quer aprender exatamente como dominar a arte de vender, mas não quer reproduzir de maneira servil as palavras de outrem em situações de vendas em que essas palavras não lhe seriam naturais.

Às vezes, você pode pensar que seria maravilhoso se tudo lhe pudesse ser explicado detalhadamente em sessenta passos simples para o sucesso em vendas. Mas você também saberia que, se isso pudesse ser feito, se as pessoas pudessem ler um livro e se tornar grandes vendedoras sem envolver antes, profunda e intensamente, seus meios formativos, talentos, originalidade, energia e entusiasmo, todos poderiam fazer a mesma coisa. O trabalho eficiente em vendas se tornaria tão mal remunerado quanto encher latas de sardinhas.

Você não quer ser igual a mim, falar como eu, vender como eu. Você quer ser você, falar como você e vender como você. O poder e a satisfação de adquirir novos conhecimentos e expertise residem em colocar neles sua marca. Meu objetivo ao escrever este livro é fazer com que você diga a si mesmo: "Agora domino as técnicas e os conceitos que me permitem ser um profissional. Agora vou escrever minhas próprias palavras para essas técnicas e torná-las minhas."

Se for sincero em querer se tornar um eficiente e altamente remunerado vendedor, você criará seu próprio produto acabado de métodos eficazes, com base na matéria-prima que encontra nestas páginas.

Os velhos garimpeiros dizem: "Há ouro naquelas montanhas." Dito isso, põem o equipamento no lombo do jumento, sobem os morros e extraem o ouro com pá e picareta. Mas não param por aí. Têm de

COMO SER UM GRANDE VENDEDOR

levar o minério e vendê-lo a alguém, que o refinará e o transformará em ouro puro.

Há minério de ouro nestas páginas, mas você deve tirá-lo e refiná-lo, para conseguir o brilho que culminará em vendas e alta remuneração.

O processo é simples. Aprenda minhas palavras, plante esses conceitos em sua mente e transforme o material em seus próprios e especiais sistemas para alcançar o sucesso. Quando aprender as lições contidas nestas páginas, você terá feito um bom trabalho para começar a se tornar um Campeão. Foi desafiado a ir muito mais longe. Aprender esses pequenos arremates, ou fechamentos, é justamente o começo do processo para transformá-los em seus.

FAÇA DUAS VOLTAS À DIREITA PARA O
SUCESSO EM VENDAS

Muitos vendedores que ainda não alcançaram o estágio profissional pensam que a venda profissional é o oposto do que realmente é. Ao ingressar no campo de vendas, você talvez tenha pensado: "Agora, meu trabalho é falar, falar e falar ainda mais."

E assim você começa: "Olha aqui, pessoal. Não desfia, não enferruja nem se rompe. Não pode fazer bolhas, quebrar ou pingar. Ah, vocês vão adorá-lo. É melhor comprar agora mesmo."

O vendedor profissional, o verdadeiro Campeão, sabe que as pessoas têm duas orelhas e uma boca — e que devem ser usadas igualmente. Isso significa que, depois de falar por dez segundos, deve desligar a boca, ligar os ouvidos e escutar durante vinte segundos. Ou seja, em vez de sepultar seus clientes em potencial sob um monte de palavras, você os encoraja a falar. Comparemos os dois métodos:

O vendedor comum falando:

"Este é o melhor que há. Nada no mercado pode se comparar a isso. Temos os melhores produtos porque estamos quilômetros à frente da concorrência. É melhor comprar logo."

"Este seguro fará mais pelo senhor do que qualquer outro que possa encontrar. É realmente melhor fazê-lo logo."

"Estes artigos estão à venda. Por que perder tempo procurando por aí? Os senhores não vão encontrá-los por menos."

Quando usa esses métodos, o que o "vendedor" está fazendo?

Está pressionando, não está?

Está argumentando. Está dizendo às pessoas o que elas não querem ouvir. Está tentando lhes enfiar goela abaixo palavras que obviamente atendem aos interesses dele, vendedor. Na verdade, está dizendo: "Estou aqui para fazer com que vocês comprem. O único motivo pelo qual estou fazendo isso é porque quero encher meus bolsos de dinheiro e não me importo se o que compram é ou não conveniente para vocês."

Táticas desse tipo afugentam rapidamente as pessoas, exceto aquelas que gostam de discutir.

O vendedor profissional, por outro lado, jamais dá às pessoas a impressão de que as está pressionando — pela razão muito simples de que nunca pressiona e sim conduz.

Não o faz falando o tempo todo, mas escutando durante a maior parte do tempo, fazendo perguntas hábeis. O Campeão conduz o cliente desde o contato inicial até o envolvimento feliz de comprar seu produto ou serviço. Em todo esse interrogatório alerta e objetivo, o verdadeiro profissional mantém uma atitude cordial de interesse e compreensão, que encoraja o cliente a se abrir e a fornecer livremente a informação desejada.

Você já comprou com um verdadeiro profissional? Talvez nunca tenha passado por essa experiência, porque os vendedores de fato profissionais são escassos — outro motivo pelo qual podem alcançar renda alta. Se você comprou algo de um verdadeiro profissional (antes mesmo de você ingressar no ramo de vendas), talvez nem se tenha dado conta disso. O vendedor foi tão sutil, relaxado, hábil, que você teve a mera impressão de que estava tratando com uma pessoa bem-informada e cordial. Mas um Campeão? Esse pensamento provavelmente não lhe ocorreu.

80 | COMO SER UM GRANDE VENDEDOR

Alguma vez ficou surpreso com a facilidade com que conversou com certos vendedores antes de comprar alguma coisa deles? Ele se mostrou alerta e interessado; você se sentiu à vontade com ele. Ao se lembrar dessas conversas, talvez pense que tinha o controle da situação e que o vendedor o seguia. Superficialmente, isso foi verdade — no começo. Em sentido mais profundo, porém, o profissional liderou o tempo todo, e o tempo todo você o seguiu.

Como isso aconteceu?

Tendo uma grande variedade de produtos ou serviços a oferecer, o profissional o encoraja a começar. Quando você escolhe a direção, ele se coloca sutilmente à sua frente e começa a conduzi-lo na direção dos vários caminhos abertos para a compra. Quando perguntas hábeis revelam qual dos vários caminhos é o melhor, o profissional o guia sutil e amavelmente para ele. E você acaba comprando.

USE AS DUAS OPÇÕES: PERGUNTAS QUE REVELAM E PERGUNTAS QUE CONDUZEM

Vendedores profissionais utilizam dois tipos básicos de pergunta:

a) perguntas que revelam;
b) perguntas que conduzem.

E, claro, esses profissionais altamente especializados costumam fazer uma única pergunta, que tanto conduz quanto revela mais informações sobre o cliente. Podem fazer isso porque conhecem perfeitamente o papel duplo que suas perguntas devem cumprir para que a entrevista de vendas seja bem-sucedida.

As perguntas de descoberta são tão simples e óbvias que tendemos a ignorar suas deficiências.

"Posso ajudá-lo?"

"Não, estou apenas olhando."

Muitos vendedores no ramo de varejo fazem essa pergunta e recebem cinquenta vezes por dia, a mesma resposta durante anos — e nunca deixam de fazê-la. Esse é o motivo por que continuam a vender alfinetes e fitas. No dia em que resolverem deixar de fazer essa pergunta, que convida ao não, eles se qualificarão para um cargo mais avançado em vendas.

"Bom dia. Se tiver alguma pergunta, me procure. Enquanto isso, pode olhar à vontade, pelo tempo que quiser."

Cliente: "Hummm... Eu estava pensando. O senhor tem..."

Às vezes, a melhor pergunta de descoberta, em certas situações, não acaba em um ponto de interrogação. É feita como uma afirmação, mas consegue com mais frequência a resposta que o vendedor deseja do que a pergunta direta. Se você trabalha em vendas externas, talvez nunca se encontre em uma situação na qual possa se sentir tentado a perguntar "Posso lhe ser útil?", mas constantemente ficará exposto a oportunidades de fazer perguntas que convidam a uma resposta negativa.

"Posso tirar o pedido para seu fornecimento do próximo mês?"

"Não, ainda temos estoque de sobra durante algum tempo."

Em vez de fazer uma pergunta que convida a uma resposta negativa, não é melhor formular uma verdadeira pergunta de descoberta?

"O senhor usa o médio ou o pequeno?"

"O senhor prefere a cotação do preço por um mês, três meses ou um ano?"

A primeira regra do interrogatório de descoberta é:

*Jamais faça uma pergunta que convide a uma
resposta negativa.*

Esse conceito é importante, de modo que vou lhe aplicar outro choque. O que é uma pergunta que convida a uma resposta negativa?

82 | COMO SER UM GRANDE VENDEDOR

*Uma pergunta que convida a uma resposta negativa
é toda aquela que pode ser respondida com
um sim ou um não.*

Se você dá ao cliente essa opção, marca pontos contra si mesmo. As pessoas escolhem o *não* sobre o *sim* entre 51% e 99% das vezes quando o vendedor lhes dá essa escolha.

COMO ASSUMIR O COMANDO COM
PERGUNTAS INDICATIVAS

Por um momento, vamos pensar na verdade. O que é a verdade? Essa pergunta vem sendo debatida há milhares de anos e ainda não se chegou a um consenso. Não vamos tentar resolver esse problema no sentido filosófico. Tudo o que quero fazer é enfatizar que, em assuntos corriqueiros, a verdade é aquilo que a pessoa pensa que é. Se acreditar que determinada gasolina é a única apropriada para abastecer o carro esporte que você ama como se fosse uma namorada, fará tudo para consegui-la. Estará disposto a pagar mais por ela. Talvez uma dúzia de outras marcas sejam melhores; mas a verdade é que não colocará nada em seu carro, salvo aquele combustível — não se puder evitar.

Assim, vamos concordar, como questão prática, que a verdade é aquilo em que acreditamos. Não estou sendo cínico, apenas pragmático. Podemos ter o melhor produto para o cliente. Não apenas o mais durável e o menos caro, mas também aquele com características únicas. Sabemos que ele precisa das características exclusivas de nosso produto. Essa é a realidade. E a verdade é que ele não comprará nosso produto a menos que acredite em tudo isso.

De que modo conseguiremos que ele acredite naquilo que sabemos ser a verdade?

Podemos dizer a ele. Podemos enfiar fatos por sua goela abaixo, queira ele escutar ou não. Podemos dizer a ele que o achamos estúpido porque não quer reconhecer a verdade de nossas palavras.

Pode ser que digamos tudo isso e ele continue incrédulo. Por quê? Porque dissemos a ele. O vendedor profissional trabalha de acordo com um conceito diferente, simples e eficaz:

Se eu digo isto, eles podem duvidar de mim;
Se eles dizem isto, é verdade.

Esse é o conceito básico da venda profissional e também o conceito subjacente ao uso bem-sucedido de perguntas que conduzem. Vendedores guiados por esse conceito nunca fazem com que os clientes pensem assim: "Seu vendedorzinho safado de fala mansa, eu sei por que você está me dizendo isso — quer que eu compre seu produto. Bem, não acredito em nada do que está dizendo, porque conheço gente de sua laia. Vocês dirão qualquer coisa para fechar a venda."

Quando você está enumerando fatos ao cliente, dizendo a ele como seu produto é fantástico e enaltecendo suas características e garantias, já notou que ele começa a se afastar? Por acaso notou seu rosto endurecer, os braços cruzados sobre o peito, os olhos saltando de um lado para o outro?

Quando isso acontece, você envia, mas ele não recebe. Você o perdeu — e ele simplesmente, ainda, não desapareceu.

Quando fala, a finalidade do vendedor profissional é encorajar o cliente a dizer e a fazer perguntas que promovam a venda. Vamos tentar alguns ângulos:

"O senhor está interessado na qualidade do produto que anda procurando, certo?"

Bem, essa pergunta, naturalmente, é do tipo sim ou não, mas não do tipo que convida a uma resposta negativa porque pessoas não respondem: "Não, não me venha com essa coisa de qualidade. Estou procurando algo que seja realmente uma porcaria."

Vejamos outro: "Se precisa do produto, vai querer que ele faça tudo o que a garantia diz, correto?"

"Certamente." Ninguém diria: "Ah, não, afinal de contas, geralmente queimamos a garantia. Quem precisa dela? Se o produto durar até eu chegar em casa, fico satisfeito."

"Uma reputação de profissionalismo é importante, não?"

Quantos clientes em potencial discordariam disso? "Ah, não, não queremos fazer negócio com profissionais. Eu prefiro comprar de alguém que não sabe o que está fazendo."

"Comprar de fornecedores que dão valor à sua reputação de confiança e honestidade é importante, concorda?"

"O quê? Você é honesto? Caia fora daqui." As pessoas não vão dizer isso, vão?

Esse é o motivo pelo qual profissionais não fazem afirmações. Eles perguntam.

Mas é preciso ter cuidado. Não solte este livro, corra para a rua e comece a disparar perguntas a todo cliente em potencial.

Controle seu entusiasmo o suficiente para chegar ao fim deste capítulo.

Como regra geral, é melhor perguntar do que apenas afirmar. Mas usar perguntas de modo eficiente é um pouco mais complicado do que isso.

Eis aqui o que é realmente eficaz e dá dinheiro:

a) Faça as perguntas de descoberta que revelarão quais benefícios o cliente busca de modo que você saiba de que produtos ou serviços específicos deve convencê-lo e como fazê-lo.

b) Faça perguntas de liderança, que levem o cliente a manifestar sua crença naquilo em que você quer que ele acredite sobre sua oferta. Se você diz, ele pode duvidar; se ele diz, então é verdade.

Mais um ponto antes de você fazer perguntas ao cliente: ele precisa saber a resposta a toda pergunta que você lhe faz.

Como se sente a pessoa quando você lhe faz uma pergunta à qual não sabe responder? Como você se sentiria se um vendedor chegasse a seu escritório para uma entrevista e dissesse: "Temos três tipos de máquinas: nossa Série G, com capacidade de plotação e impressão, a Série E, que é programável para mais de duzentas funções e operações, bastando ligar na tomada, e nossa Série Super, que dispõe de redução de difração de microrretícula e aceita modelos de instalação direta para insumo simultâneo de QKD. Em qual delas o senhor está interessado?"

Será que você pensa que o cliente dirá "Escute aqui, eu sou meio burro. Fico com o que você achar melhor. E tome meu talão de cheques. Preencha-o e eu assino"?

OS TRÊS PRINCÍPIOS DO PODER INQUISITIVO

PRINCÍPIO NÚMERO 1:

Sempre estabeleço uma relação antes de procurar obter o controle.

O tempo que isso levará varia muito, mas mantenha o seguinte em mente: você marcará pontos contra a venda se tentar conduzir imediatamente todos os clientes.

PRINCÍPIO NÚMERO 2:

Não dou a ele a oportunidade de pensar, ou de formular uma resposta diferente daquela que eu quero.

O que é preciso para isso? Preparação. Prática, treinamento e ensaio, de modo que você possa manter o interesse em uma crescente, enquanto faz com que tudo corra rapidamente. Além do mais, pratique, treine e ensaie a maneira como se recuperará de respostas erradas que o cliente talvez lhe dê. Algumas delas você pode ignorar; outras o obrigarão a mudar de curso. Planeje tudo de forma antecipada.

PRINCÍPIO NÚMERO 3:

Não posso levar as pessoas a tomarem decisões até que eu as tome.

Os clientes conhecem todos os produtos que você tem a oferecer? Se tem vários produtos ou serviços, quantos deles o cliente comum costuma escolher?

86 | COMO SER UM GRANDE VENDEDOR

Apenas um.

Muitos vendedores têm linhas de cinquenta a quinhentos produtos e uma amostra de cada um deles encheria vários caminhões. Mesmo os que têm linhas muito menores não podem levar consigo tudo o que vendem. É provável que você também não possa. Não deve ter que fazer isso, nem desejar fazê-lo, mesmo que pudesse.

Seu trabalho como vendedor profissional consiste em tomar decisões pelos clientes. Se você não as toma, por que eles precisariam de você?

Não precisam. Assim, permanecerão clientes em potencial para você e se tornarão clientes reais de alguém que pode tomar — e tomará — decisões por eles.

Talvez você tenha dificuldade com isso. Venho lhe dizendo para descobrir quais benefícios as pessoas querem e, em seguida, vender algo correspondente. Neste caso, onde se encaixa sua tomada de decisões?

Vou dar um exemplo para responder a essa pergunta. Suponhamos que, amanhã de manhã, você acorde com febre alta. Mal pode se mover e sabe que está realmente doente. Assim, obriga-se a sair da cama e vai cambaleando até o hospital mais próximo. O médico sorri para você e diz:

"Oi. Gentileza sua vir até aqui. Você está com uma aparência horrível. Tem ideia do que tem?"

"Não tenho a mínima ideia."

"Bem, isso não é problema. Há centenas de livros nessa estante às suas costas. Sente-se, fique à vontade e dê uma olhada neles. Vou ter de jogar um pouco de golfe agora e, com sorte, quando eu voltar, você deve ter descoberto qual é seu problema. Se puder fazer isso por mim, tenho certeza de que posso curar imediatamente o que o está incomodando."

Sujeito competente, não? Por mais doente que esteja, você vai se arrastar dali e procurar outro médico.

O que você faria se o arquiteto lhe pedisse para fazer uma planta detalhada de sua nova casa? Se o advogado lhe pedisse para redigir uma petição? Você não utilizaria o serviço de nenhum deles porque eles não são profissionais. Não estão solucionando problemas para você; não estão tomando decisões por você; nem estão descobrindo oportunidades que lhe sirvam.

Profissionais têm expertises que usam para solucionar problemas e criar oportunidades para seus clientes. Médicos curam doenças e criam oportunidades para as pessoas serem saudáveis e ativas; arquitetos solucionam problemas de espaço e criam oportunidades para seus clientes expandirem seu estilo de vida; vendedores profissionais solucionam problemas de produtos ou serviços e criam oportunidades para que os clientes aumentem sua produtividade, satisfação, segurança, renda, status e gozem de um monte de outros benefícios.

Em todos os casos, o profissional precisa ter um repositório mais amplo de conhecimentos, que possa ser útil a qualquer cliente. Isso significa que também deve ter meios de descobrir que parte desse conhecimento atenderá melhor às necessidades do cliente. Ele faz essa descoberta graças a uma rotina organizada, prática, de consultas. Um elemento vital no sucesso de todos os profissionais é a capacidade de isolar, compreender e definir os problemas e as oportunidades de cada cliente. Isso se aplica tanto a arquitetos, advogados, consultores de negócios e vendedores quanto a todos os demais profissionais. A fim de ajudá-los a isolar e, em seguida, compreender, os problemas e as oportunidades dos clientes, alguns profissionais desenvolveram uma rotina de consulta enganosamente simples. Parece até que ela não tem estrutura. Por que usar esse sistema? Porque descobriram que é o mais eficaz. Conseguem mais e melhores informações dos clientes usando maneiras relaxadas, casuais, do que por meio de um interrogatório direto. Outros profissionais preferem — e têm a habilidade de usar com sucesso — um método altamente estruturado e bem visível.

Seja o método sutil e indireto ou o que aborde diretamente o ponto importante, os profissionais controlam a entrevista de consulta. Sabem quais informações precisam obter de cada cliente e fazem o necessário para obtê-las. Basicamente, isso não difere no caso do médico, do advogado, do vendedor, do consultor de negócios — se forem competentes, têm mais a oferecer do que o cliente pode usar. Controlam a entrevista

88 | COMO SER UM GRANDE VENDEDOR

para tirar o máximo de seu tempo e do tempo do cliente e tomam as decisões por ele.

Pare por um instante e pense em quantos vendedores se veem diante de um possível comprador — vindo por recomendação ou espontaneamente — e, em seguida, permitem que ele os controle ao longo de toda a entrevista de consulta. Se conseguem chegar à fase de demonstração ou apresentação, isso se deve mais à sorte e à determinação do cliente de comprar do que a qualquer habilidade que manifestem. E, quando apresentam ou demonstram, mais uma vez permitem que o cliente controle a situação. O resultado é que os compradores em potencial raramente obtêm os benefícios de seus produtos ou serviços. Que vergonha!

Essas pessoas tendem a pôr a culpa de seus problemas nas mercadorias ou nos serviços que oferecem. "Simplesmente não somos competitivos neste mercado", costumam dizer. Mas, se alguém na companhia está interessado em dinheiro, como pode ser culpa do produto ou serviço? Se alguém na área de vendas pode vender, todos podem. Nada destruirá mais rapidamente seu futuro de vendas do que cair no hábito de responsabilizar o produto ou serviço que vende por sua própria falta de profissionalismo.

Um contador tem de conhecer impostos e procedimentos de negócios; o arquiteto precisa conhecer construção e projeto; todos os profissionais têm de conhecer bem seu campo de atividade — ou não?

Você precisa conhecer tudo isso em profundidade: seu produto ou serviço; seus sistemas profissionais para identificar clientes em potencial; seus procedimentos profissionais para diagnosticar as possíveis situações e isolar os respectivos problemas e oportunidades; e suas técnicas profissionais para superar objeções, demonstrar ou apresentar e, finalmente, fechar o negócio.

Tudo isso começa com conhecimento íntimo e detalhado daquilo que vende. Você não pode procurar os clientes a menos que conheça bem o que está oferecendo; não pode demonstrar ou apresentar de modo eficaz sem conhecer sua oferta; e não pode fechar o negócio a menos que conheça o que oferece — o produto ou serviço que vende.

Aproveite todas as oportunidades para conhecer melhor a sua oferta. Vá além disso. Crie oportunidades para aprender tudo sobre os usos, benefícios e oportunidades que seus produtos ou serviços oferecem e também tudo o que puder sobre suas limitações e problemas. Todos os produtos ou serviços proporcionam benefícios dentro de limites estreitos e são ineficazes fora deles. Todos também apresentam problemas. Se tentar ignorá-los, isso virá rapidamente à tona em circunstâncias que você não apreciará e com as quais nada lucrará.

Sua prioridade deve ser reunir um repositório formidável de dados sobre aquilo que oferece. Esse conhecimento incluirá a compreensão adequada da concorrência e o conhecimento superior das qualificações que seus compradores precisam ter. Sem esses conhecimentos, de que modo você pode decidir inteligentemente, por você e pela outra pessoa, se determinado candidato pode — ou deve — se tornar seu cliente? É impossível. Do conhecimento do produto nasce o dom de trabalhar com clientes daquela maneira eficaz e profissional que se reduz à alta renda.

O que o médico faz quando você o procura? Começa a fazer perguntas. Em seguida, usa o equipamento de diagnóstico para obter mais informações. Só depois de eliminar um grande número de doenças e se concentrar em uma única é que decide tratamento.

Não é isso o que você deve fazer? Começa fazendo perguntas ao cliente em potencial. Em seguida, usa seu equipamento de diagnóstico — que pode ser uma calculadora, um bloco de papel, uma fita métrica ou simplesmente seu cérebro, a fim de reunir mais informações. Em seguida, fica pronto para se concentrar no exato produto ou serviço que solucionará o problema do novo cliente ou dará uma nova oportunidade a essa pessoa.

As linhas de transmissão de seu profissionalismo são as perguntas que você faz. Na seção seguinte, vou lhe dar toda a base necessária para construir suas próprias linhas de transmissão.

DOZE DICAS SOBRE A TÉCNICA DE PERGUNTAS

Eis suas principais finalidades ao fazer perguntas a possíveis clientes:

Primeira: obter e manter o controle.

Segunda: delimitar as grandes áreas nas quais eles estão interessados e em que você pode ser útil. Em seguida, pergunta mais, a fim de delimitar a área estreita que constitui sua melhor oportunidade de servi-los e a fim de identificar o produto exato que pode fornecer ou o serviço específico que pode prestar.

Terceira: obter as pequenas anuências que darão início a uma torrente de pequenos acordos que engrossarão, transformando-se em um grande rio de aceitação de sua oferta.

Quarta: despertar nos clientes e lhes dirigir as emoções no sentido de realizar a compra. Em capítulo posterior, estudaremos esse assunto em detalhes.

Quinta: isolar as objeções. Só em casos muito raros, um possível cliente qualificado e devidamente tratado fará todas as objeções padronizadas à sua oferta. Apenas algumas ocorrerão ou serão importantes para determinado cliente. Ao delimitar as objeções relevantes e refutá-las de modo profissional, o Campeão sabe que o cliente qualificado não continuará a apresentar outras até que todas as imagináveis sejam feitas. Sempre haverá algumas. O Campeão as procura com todo interesse, em vez de evitá-las, cheio de medo.

Sexta: responder a objeções. Sem dúvida alguma, a melhor maneira de responder a uma objeção é reagir com uma pergunta do tipo porco-espinho, que, quando o cliente responde, mostra que a objeção não tem realmente importância — nem mesmo é vantajosa para ele.

Sétima: apurar quais benefícios o cliente em potencial comprará. Benefícios. Sim, isso mesmo, benefícios. Pessoas não compram realmente produtos ou serviços, mas benefícios, que elas têm a esperança de receber com a posse deles.

Oitava: admitir um fato. Se você diz, a outra pessoa pode duvidar de você; se ela diz, é verdade.

Nona: confirmar que (a) o cliente está dando prosseguimento à transação e (b) você deve passar à etapa seguinte na sequência de venda.

Décima: envolver o cliente em decisões de propriedade do bem ou serviço ou em pensamentos sobre o que oferece.

Décima primeira: ajudar os clientes a racionalizar suas decisões. E faz isso porque também quer que eles a tomem. Não estamos todos à procura de alguém que nos diga que precisamos daquele novo carro elegante, que merecemos uma casa melhor, que teremos benefícios e seremos elogiados por aquele novo vestido ou terno de US$500? Quando vemos aquela nova maravilha eletrônica, o aparelho faiscante, o barco de linhas aerodinâmicas, não alimentamos a esperança de que alguém apareça e nos explique como é necessário termos aquilo? Não queremos que alguém nos ajude a racionalizar nossos desejos e mostre a lógica que prova que esses desejos são válidos? Sim, faça perguntas para ajudar os clientes a racionalizar suas decisões — e faça também claras e firmes declarações nesse sentido.

Décima segunda: convencer o cliente a ir até a compra. Todos os fechamentos e arremates de negócios constantes do Capítulo 15 dependem, para seu potencial, de sua capacidade de fazer perguntas. Não cometa o erro de se concentrar exclusivamente no que dirá aos clientes. Não esqueça a importância vital de fazer as perguntas certas, de variar os métodos para se ajustarem às respostas deles.

Agora, passemos ao estudo de fórmulas que criam condições mais favoráveis às vendas.

4. Criando o clima de vendas

O Campeão só vende os benefícios e as características que o cliente em potencial quer comprar. Durante anos, venho observando esse ponto e estou convencido de que é fundamental ao sucesso: *não venda o que quer, venda o que o cliente quer.*

É espantoso ver como tantos vendedores apenas falam a respeito, explicam e tentam vender os aspectos das ofertas de que particularmente gostam.

- "Ah, simplesmente adoro o fato de que corta uvas", enquanto o cliente em potencial não liga a mínima para o que você gosta.
- "Sabe, tenho uma apólice igualzinha a esta em minha carteira de investimentos", enquanto o cliente não consegue entender o que isso tem a ver com a decisão de investimento dele, já que suas circunstâncias são diferentes das dele.
- "Quando o senhor coloca o produto da OPEP nesta máquina... cuidado. Vai lançá-lo de costas no assento. E os pneus vão sair cantando." E o cliente em potencial é um conservador que se preocupa com o alto custo do combustível e quer um carro econômico.

O Campeão não vende benefícios antes de descobrir quais o cliente quer. O vendedor comum mergulha logo na ladainha de vender benefícios e, inevitavelmente, faz também com que o cliente comece a pensar: "Nada disso tem a menor importância para mim." Mantenha essa rotina por algum tempo e o cliente vai embora se estiver em sua empresa, ou você vai embora se estiver na dele. Eu gostaria que você entendesse bem esse assunto. Quem paga por seu produto ou serviço? Você ou os compradores?

Nesse caso, devemos dar a eles o que eles querem. Isso faz sentido, não? Devemos vender a eles as características que farão as coisas que eles querem.

De que modo isso combina com meu ensinamento de que você deve tomar a decisão pelos clientes?

Muitíssimo bem. Pessoas querem mais do que podem ter. O dinheiro é apenas uma de nossas grandes limitações. O tempo é outra. As pessoas querem que seus carros sejam maiores por dentro do que por fora, que as refeições sejam mais deliciosas e engordem menos, que os investimentos apresentem maiores retornos e menos riscos. Querem tudo isso, mas você sabe que não podem tê-lo, de modo que é preciso decidir, entre seus muitos produtos e serviços, e entre os muitos desejos delas, qual produto específico será o certo para elas. Na maioria dos casos, você não tem tempo para mostrar tudo aos clientes, levá-los, passo a passo, por cada metro quadrado de seus conhecimentos até o único artigo que eles comprarão. Isso não é eficiente nem profissional, tampouco faz alguém ganhar dinheiro. O objetivo de sua entrevista de consulta (que pode ser umas poucas perguntas rápidas ao telefone ou uma longa entrevista no escritório de alguém) é diagnosticar o problema e determinar quais são as suas oportunidades. Depois da entrevista, você resolve como continuar. Esse processo requer que você decida não discutir uma ampla variedade de possibilidades que, graças à sua expertise, você já sabe que eles não comprarão de maneira alguma. Parte de seu serviço consiste em poupar o tempo deles e também o seu. Se você entrasse no consultório de um médico com o braço quebrado, não iria querer que ele tirasse uma radiografia de sua perna.

VENDA A QUEM PODE COMPRAR

Muitos vendedores passam horas infindáveis com pessoas que não podem dizer sim. Em vendas comerciais/industriais, governamentais, esse é um problema constante. Geralmente, você não pode entrar e conversar com a pessoa encarregada. Em muitos casos, vão lhe dizer que nenhum indivíduo, sozinho, tomará a decisão que você quer, que decisões desse tipo são prerrogativas exclusivas da diretoria, dos administradores ou de quem quer que seja. Quando lhe dizem isso, quase sempre insinuam que todos os membros do grupo decisório estão viajando ou não podem atender. Em suma, constituem um comitê inabordável.

O que você está ouvindo é a verdade — mas não toda a verdade. O comitê existe, reúne-se regularmente e pode tomar decisões. Todas as decisões importantes são aprovadas por ele e seus membros são, para todas as finalidades práticas, inalcançáveis por você. De acordo com a lei ou com os estatutos, todo o poder da organização é investido nesse grupo.

Não obstante, esses comitês inalcançáveis raramente exercem algum poder que seja importante para você. Eles o têm, mas não o usam, porque a complexidade é demais e o tempo de menos. Querendo ou não, os diretores, administradores e várias juntas disso ou daquilo têm de confiar nos anônimos gnomos dos bastidores, de quem eles recebem recomendações que podem aprovar ou não. Claro, os gnomos são anônimos apenas no sentido de que não assinam relatórios anuais nem são mencionados na história. *Suas assinaturas, porém, põem em movimento as ordens de compra.*

Em vendas, há poucas situações mais complexas e mais fáceis de pôr a perder do que o comitê inabordável. Em nenhuma outra área sua sensibilidade a pequenas pistas e a nuanças sutis de poder será mais bem-recompensada.

As organizações têm rotinas de compras que envolvem várias pessoas, muito tempo, muita burocracia. E tudo isso se move por canais muito bem-definidos, em completa conformidade com a lei e as

COMO SER UM GRANDE VENDEDOR

determinações de seus grupos governantes ou proprietários. Essa é a face que a organização mostra ao mundo e, em seus arquivos, ela tem documentação para provar que tudo foi feito de acordo com os estatutos.

Na realidade, contudo, pouquíssimas coisas são feitas assim, e as verdadeiras decisões são tomadas fora de canais arrumadinhos. A papelada para justificar as decisões é acionada depois do fato.

Os gnomos são espertos. Usam o engodo do comitê inalcançável em toda a sua extensão. E dispõem de outros métodos para frustrar ou bloquear os projetos ou as pessoas com quem não simpatizam.

A flexibilidade é vital nessas situações. A rigidez é um perigo para seu sucesso. Mantenha em mente as ideias apresentadas a seguir quando enfrentar a situação do comitê inabordável, e elas frequentemente o ajudarão a encontrar o caminho mas siga-as cegamente e elas poderão, às vezes, tirá-lo da estrada e atirá-lo do precipício.

- Os gnomos dos bastidores se sentem inseguros e têm ciúmes do poder que exercem ao capricho do comitê. *Faça o gnomo se sentir importante.* Nunca o deixe desconfiar de outra coisa a não ser que você está contentíssimo em trabalhar com ele, e não com quem quer que tenha o título ou a autoridade oficial.
- Você tem fé no valor e na importância de seu produto ou serviço para a organização. Você precisa deles, mas não permita que o ceguem para o fato de que os comitês inabordáveis, em sua maioria, vivem interessados demais em seus projetos favoritos para que se preocupem muito com o seu. Nunca insinue que pode tentar passar por cima do gnomo e chegar ao comitê, até que esteja disposto a aceitar a inimizade dele. A menos que, de alguma maneira, consiga chegar ao comitê inalcançável e convencê-lo de sua proposta (e, por definição, isso é impossível ou pelo menos impraticável), você provavelmente necessitará da cooperação do gnomo para fechar o negócio. Mantenha isso em mente desde o primeiro momento.
- Certifique-se de que está tratando com o gnomo certo, e não com algum esquentador de cadeira, cuja principal função é enxotar as pessoas com quem o gnomo certo não quer falar.

- Há dois tipos de gnomos: os que gostam de mostrar seu poder, comprometendo-se, e os que nunca se comprometem. Nunca tente obter um compromisso definitivo de um gnomo relutante — isso é impossível. E, quanto mais tentar, mais se prejudicará.
- Se não puder convencer o gnomo em um tempo razoável e se achar que a organização vale um pouco mais de seu tempo, tente passar por cima dele. Se não conseguir meios de chegar a alguém no comitê inabordável, por meio de amigos, ligações políticas ou por perseguição direta e persistente, passe por cima do gnomo e aborde alguém suficientemente forte para levar sua proposta adiante. Você se arrisca a torná-lo seu inimigo, mas o que tem a perder? Já perdeu — ou não conseguiu obter — o apoio dele. Neste momento, não há outro caminho senão subir.

No Capítulo 12, demonstrarei as estratégias que você pode usar para superar o problema de descobrir a pessoa certa com quem tratar. Não esqueça que a dificuldade na escolha da pessoa certa a quem vender não se limita a vendas para empresas. O mesmo problema infesta vendas a varejo e famílias.

Suponhamos que você esteja lidando com um casal. Está se saindo admiravelmente bem com um dos cônjuges — está convencendo por completo essa pessoa —, mas a realidade é que o outro cônjuge é quem dará o verdadeiro e definitivo sim. Seu trabalho consiste em descobrir qual dos cônjuges tem o poder de dizer sim no caso de sua venda particular e conseguir esse sim sem levar a segunda pessoa a dizer não.

Nas vendas a varejo, com frequência você encontrará três tipos de família:

Família de um só chefe;

Família nuclear (mãe, pai e filhos);

Família numerosa (a família nuclear mais os parentes).

A menos que você seja membro de uma grande família ou conheça uma delas, talvez não saiba que sua influência ainda é muito grande entre nós. Aquele senhor idoso e tranquilo acompanhando o jovem casal talvez seja quem decide.

98 | COMO SER UM GRANDE VENDEDOR

NÃO VENDA LÓGICA — DESPERTE EMOÇÕES

Muitos tentam vender seus produtos usando a lógica — e somente a lógica. Preste bem atenção a isto:

As pessoas raramente compram com lógica.

Alguns vendedores pensam que muitas coisas são compradas e vendidas sem emoção alguma. Quem, por exemplo, fica emocionado com miúdos de porco, bagas de cacau ou algodão em fardo? Pois especuladores ficam e apostam pesadamente que podem passar a perna no futuro. Produtores ficam; preocupam-se com estoques em alta e preços em queda. Usuários ficam; incomodam-se com estoques em queda e preços em alta. Até nos produtos e serviços mais sem encanto, fortunas e reputações estão sendo criadas — e perdidas.

O que dizer de itens padronizados de prateleira, que atendem a necessidades tradicionais?

A falta de diferenciação entre ofertas competitivas significa que os fatores emocionais, muito provavelmente, serão ampliados, não diminuídos. Quando o comprador faz encomendas, pode se entregar a favoritismo, acertar velhas contas, ou simplesmente bancar o caprichoso, sem receio de criar problemas para si mesmo. Em tais situações, o papel da arte de vender assume maior importância e adquire um novo aspecto.

AGARRE A MUDANÇA QUANDO ELA ACONTECER

Qual é o processo emocional que conduz o indivíduo à compra? Podemos dizer que começa com uma modificação na autoimagem do comprador. Ou seja, o comprador se vê de uma nova maneira. Se a compra projetada é pequena, basta que a mudança seja pequena, mas, se é grande em relação à sua renda, a mudança na autoimagem que torna a compra possível será grande. Uma mudança desse tipo pode ocorrer com grande rapidez, no intervalo de minutos — ou mesmo de segundos. Campeões são hábeis em notar essas mudanças na autoimagem no momento em que ocorrem, durante as entrevistas de venda. Rapidamente, reforçam a nova ideia do comprador de que pode ter ou desfrutar de algo, que parecerá bem e será cumprimentado, que merece, necessita e de que vale a pena possuir o novo e maravilhoso artigo de que gosta. Quando você notar essa ansiedade oculta, reforce a autoimagem da pessoa. Faça isso e ela não só gostará de seu produto como também o desejará e compreenderá que não poderá ficar sem ele. E o comprará.

Aqui, cabem algumas palavras de cautela, porque essa é a técnica mais comum e mais explorada de venda. É automática em bazares orientais, amplamente utilizada em butiques e ouvida com muita frequência em toda parte em que vestuários e acessórios são vendidos a varejo.

"Fica muito bem na senhora", dizem — e dizem isso a respeito de tudo que você experimenta. Às vezes, dizem isso sem sequer olhá-la de relance.

É triste quando uma técnica excelente é inteiramente arruinada por total falta de sinceridade e descuido. Ainda assim, quando usada da maneira correta, é poderosa. Requer atenção e exige disciplina, mas, se isso for observado, produz resultados. Eis como usá-la:

Em primeiro lugar, mostre-se realmente interessado em fazer o melhor possível pelo cliente e demonstre esse interesse formulando perguntas que lhe revelarão o que ele está buscando. Transcenda as limitações de seu próprio gosto e preferência. Reconheça que o que é certo para você não é certo para todos e faça um verdadeiro esforço para ver o mundo através dos olhos do cliente.

Em segundo, use seu conhecimento especializado a fim de orientar o cliente a obter a melhor solução que ele possa ter e que seu estoque possa fornecer.

100 | COMO SER UM GRANDE VENDEDOR

Em terceiro, espere por estímulos positivos da parte do cliente. Quando os receber, se acreditar que ele descobriu algo que o ajuda a conseguir o efeito que porventura quiser, reforce sua imagem sobre a compra. Evite as frases já tão batidas que ele ouviu milhares de vezes; mantenha-se longe das palavras nas quais ele deixou de acreditar há anos. Concentre-se no cliente. Diga palavras sinceras e positivas que espelhem a excepcionalidade dele, cliente, e você não só fechará a venda como também garantirá um cliente que vai recomendá-lo e que será seu comprador no futuro. A chave para isso é se disciplinar para esperar o insumo positivo do cliente. Se você não agir assim, descobrirá que está oferecendo algo de que ele não gosta e, quando menos esperar, será flagrado em uma rede de evidente insinceridade.

Eu pensava em vendas no varejo quando escrevi isso, mas os princípios se aplicam a todo o trabalho de venda, porque a constante em todas essas situações é que você vende para pessoas. Máquinas não compram lá muita coisa.

Se você se apega aos fatos, se cultiva incessantemente seus clientes com a lógica e evita despertar suas emoções positivas, o que acontece?

O simples fato de você ser vendedor desperta neles emoções negativas, e eles começarão a combatê-lo. Seus clientes em potencial ou estão emocionalmente a seu favor ou contra você — e pode dividir suas chances de vender a eles por 100 se estiverem contra.

Em meus seminários, peço à plateia que me dê as razões emocionais que levam as pessoas a comprar. No início, o público dava as seguintes sugestões:

> "Elas têm dinheiro para comprar."
> "É do tamanho certo."
> "Os preços estão subindo."
> "Atende às suas necessidades."

A maioria das pessoas me oferece várias razões lógicas para justificar uma compra, antes de me dar um único motivo emocional. Isso me leva a pensar que os vendedores, de modo geral, põem ênfase demais no fato e pouca na emoção. Se não fôssemos o feixe agitado de emoções que somos, compraríamos tudo com base exclusivamente na lógica — e este mundo não seria chato demais?

"Têm dinheiro para comprar." Eles nunca pensarão se podem ou não comprar até que você os envolva emocionalmente em querer o produto.

"É do tamanho certo." O que isso importa se não quiserem o produto?

"Os preços estão subindo." Sim, estão, e essa é uma forte razão emocional para o cliente guardar seu dinheiro e não simplesmente comprar o que não quer.

"Atende às necessidades deles." Pode atender ao que você pensa que eles necessitam, mas, ainda assim, vão comprar apenas o que querem.

Emoção. É aí que está o segredo. A menos que você desperte emoções positivas, o cliente despertará as negativas — e você perderá a venda. Mais uma vez, pergunto, quais são as emoções positivas de compra?

Em um de meus seminários, uma jovem inteligente que estava progredindo bem como vendedora, disse: "Estilo." Peguei logo o motivo.

"Todos temos que usar roupas em sociedade, certo? Essa é a razão lógica para se gastar tanto dinheiro com roupas. Mas algum de nós compra o material mais barato que nos mantém quentes, abrigados e cobertos? Certamente não. Compramos o estilo que nossa autoimagem nos diz para comprar. Compramos emocionalmente."

Outra mocinha sugeriu: "Cor."

"Não há dúvida de que a cor é uma das emoções da compra. Em roupas e artigos para o lar, é comum que pessoas se preocupem mais com a escolha de cores do que com um produto em particular, e essa atitude contagia, em certo grau, a maioria das compras. Cores fazem declarações a respeito das pessoas que as usam, circulam com elas, sentam-se entre elas nos lares e escritórios. Todos nós temos sentimentos a respeito de cores e compramos aquelas de que mais gostamos."

Indaguei a cerca outra emoção de compra e um homem disse: "Orgulho de propriedade."

102 | COMO SER UM GRANDE VENDEDOR

"Claro", concordei. "Seres humanos adoram possuir coisas. Trata-se não apenas de orgulho de propriedade, mas de orgulho de si mesmo. É não só uma emoção potente de compra, como também algo fácil de despertar. É isso que o vendedor faz quando diz: 'Seus amigos vão saber realmente que o senhor venceu na vida quando o virem dirigindo este carro, não?' E tudo o que realmente necessitamos é de um simples transporte. Em sentido mais profundo, muitos querem e necessitam de todo o status que podem arrancar da posse de um automóvel. E compramos o que queremos, se dispomos de meios para isso."

A fim de fazer um curso completo de emoções que vendem, sente-se com seus filhos em uma manhã de sábado e estude os comerciais nos programas a que eles assistem. Você verá publicidade que toca diretamente as emoções. A situação se desenvolve mais ou menos assim:

Stevie, 7 anos, está ali quando aparece um comercial. No vídeo, Johnny Powerful* se dirige diretamente ao menino: "Você quer ser igual ao Johnny Powerful, não quer? Então, diga à mamãe para comprar Ookie-Gookies. Você precisa de Ookie-Gookies para ficar igual ao Johnny Powerful." E ele flexiona os músculos. Isso acontece ininterruptamente em todos os comerciais.

Em seguida, vemos o pequeno Stevie andando pelo corredor do supermercado em companhia da mãe, olhando em volta à procura de itens interessantes. De repente, ele vê uma caixa de Ookie-Gookies. Stevie não diz: "Vejamos os ingredientes listados na caixa antes de resolvermos comprar. Muito bem, tiamina, riboflavina, niacina... Ei, está cheio exatamente das coisas de que mais precisamos."

Stevie não faz isso, faz? O que ele vê é a caixa de Ookie-Gookies e o parrudo Johnny Powerful flexionando os músculos. De modo que o pequeno Stevie berra: "Mamãe, eu preciso de OOKIE-GOOKIES!" Stevie foi convencido não lógica, mas emocionalmente.

A lógica nas vendas é uma arma sem gatilho. Você pode girá-la no dedo o tempo que quiser, mas não pode dispará-la. A emoção é outra

---

*O nome é uma invenção do autor, que brinca com o estereótipo de pessoa bem-sucedida que geralmente aparece nos comerciais da TV. (*N. do E.*)

arma em vendas, mas com gatilho. Pode atingir o alvo com ela. Cada vez que gera uma emoção positiva, você puxa o gatilho em outro tiro certeiro no fechamento da venda. Eis uma lista das emoções de venda mais gerais, efetivas e poderosas:

> Cor e estilo
> Orgulho de propriedade
> Vaidade
> Segurança
> Prestígio e status
> Ambição
> Mudança de emprego
> Pressão de iguais (procurar ter um padrão de vida igual ao dos vizinhos)
> Autoaperfeiçoamento
> Saúde
> Amor à família
> Aumento da família
> Diminuição da família

Nenhuma habilidade que você possa adquirir em vendas aumentará mais seu poder aquisitivo do que aprender a despertar em seus compradores essas emoções de maneira positiva para a venda que pretende fazer. As palavras exatas que usará dependerão de sua oferta, sua personalidade, seus compradores e das condições do mercado. Estude cada uma das emoções apontadas e faça uma lista de perguntas provocadoras a serem feitas aos compradores. Se está vendendo carros de luxo, deve adotar várias abordagens e muitas dessas emoções. Mas, se vende tubos plásticos a empreiteiros paisagistas, terá dificuldade em descobrir outra pergunta que provoque emoção, além de segurança.

Você vê aquela novidade, aquele produto fora de série. Não há outra razão para possuí-lo além do fato de, subitamente, desejá-lo. Em seguida, emocionalmente, você fabrica razões, razões urgentes, para

104 | COMO SER UM GRANDE VENDEDOR

conseguir. Mas as razões explicarão por que você quer aquilo? Claro que não. A função delas é *provar* que você *necessita* daquele produto — para sua satisfação, pelo menos. E é espantosa a rapidez com que fará isso, se o novo produto for suficientemente bom.

Coloque este lembrete entre suas notas principais e releia-o com frequência:

Emoções positivas estimulam vendas; as negativas as destroem.

Enquanto trabalha para desenvolver a habilidade de despertar emoções nos clientes, mantenha sempre em mente esse conceito. É possível destruir vendas com tanta rapidez quanto criá-las pelo uso desajeitado, ou pela falta de controle, do ambiente emocional. Lembre-se também que seus atos e gestos, suas palavras e o modo de pronunciá-las, sua apresentação pessoal e suas roupas são os pontos que provocam emoções em seus clientes em potencial — queiram eles ou não o produto. As pessoas reagirão emocionalmente a você. E não estou brincando quando digo que é importante que não reajam com medo, raiva ou repugnância. Observar vendedores se aproximando de clientes em potencial como se tivessem acabado de cair de um caminhão de lixo faz a gente jurar que eles não compreendem que os compradores também têm sentimentos. Eles sofrem os efeitos do medo quando o vendedor se aproxima com energia demais; ficam furiosos quando são tratados com condescendência e sentem-se enojados quando o vendedor não se revela profissional.

Vou dar um exemplo. Imagine-se entrando em um salão de vendas com sua esposa. A vendedora o recebe com as seguintes palavras: "Oi. Eu sou Pat Swifty. Que bom que veio aqui, senhor! Olá, bondade sua também vir, madame. Marido e mulher? Casal bonito. Como estão hoje?"

Se uma estranha disparasse palavras desse tipo, você não sentiria um toque de medo, raiva ou repulsa? "Oh, oh... Este crocodilo está querendo nos devorar. Que história é essa de sermos casados ou não? E quem é que quer esses cumprimentos falsos?"

Suas entrevistas de venda não precisam de ainda mais medo. Suas possibilidades de sucesso não serão melhoradas por uma injeção de raiva. Seus clientes em potencial tampouco podem ser convencidos caso se sintam desdenhosos ou enojados.

Mas eu o estou levando agora por um território perigoso. Por um lado, é de suma importância que você saiba bem com que facilidade os sentimentos negativos podem ser despertados e como são perigosos para suas expectativas de venda. Por outro, é igualmente vital que você não fique tenso a esse respeito, ou a tensão produzirá um efeito negativo sobre o cliente e destruirá suas chances de convencê-lo. A solução para esse problema consiste em compreendê-lo. Fazendo isso, você pode realizar os movimentos corretos, trabalhar com as vantagens que estão sempre do seu lado e convencer usando sentimentos positivos, em vez de ser derrotado pelos negativos que você mesmo despertou.

Tudo o que você diz cria imagens na mente dos clientes em potencial. Ou seja, se usa palavras que eles compreendem, se eles estão ouvindo e escutando o que você diz — e não nos preocupamos tanto quanto devíamos com considerações desse tipo —, suas palavras criarão imagens na mente deles. Uma vez que a vida é complicada e variada, assim também serão as imagens que você evocará. E muito. Mas estamos olhando para essa imensa variedade de imagens do único ponto de vista de fechar a venda, o que simplifica a seguinte questão: todas as imagens que nossas palavras constroem na mente do cliente ajudam ou prejudicam nossas possibilidades de venda. Por meio desse padrão, todas as imagens ou são positivas ou negativas para a venda.

Vejamos a força relativa das negativas e positivas. São praticamente iguais em poder? Em outras palavras, dez imagens negativas contrabalançarão dez positivas e o deixarão ainda no jogo? Ou uma única imagem positiva compensará cinco ou dez negativas?

O oposto está mais próximo da verdade: uma negativa pode liquidar muitas positivas. Se você está convencido de que pode despejar em cima do cliente todas as negativas que quiser, porque é mais esperto do que ele, e se tem certeza de que sempre pode salvar a venda inundando-o de positivas quando bem quiser, pense na floresta seca

106 | COMO SER UM GRANDE VENDEDOR

que é destruída por um único cigarro lançado de um carro. Esse é o enorme poder da imagem negativa. O Campeão não brinca com ela. Uma única frase impensada dita ao cliente pode destruir sua chance de venda. Como eu já disse, pisamos agora em território perigoso — embora seja um terreno que você tenha de tratar sempre com compradores em potencial. Não estamos criando problemas aqui — apenas enfrentando a realidade.

Compreenda o problema. Quando trabalha com estranhos, não é possível saber quais são seus pontos sensíveis e, se tentar adivinhar, terá mais palpites errados do que certos.

Desse modo, jogue na certa. Receba-os com um sorriso agradável, mas sem ser forçado, e uma atitude tranquila. Não lhes faça cumprimentos; não pergunte questões pessoais; não os receba com um ar de servilismo. Leia novamente as palavras da imaginária Pat Swifty. Ficou chocado quando eu disse que aquelas palavras provocavam medo, raiva e repugnância?

Pat diria que estava sendo apenas boazinha. Não honesta, talvez — apenas boazinha. Mas o que suas palavras e modos transmitiram ao casal?

Desprezo, não amabilidade. Os atos da vendedora disseram ao casal que ela os considerava tolos, que cairiam a seus pés por um cumprimento bajulador e um sorriso falso. O casal foi bem sensato para perceber imediatamente o que ela sentia. A maioria das pessoas é sensata. Talvez não expresse o pensamento em palavras. E não tem de fazer isso: a lógica não tem lugar nisso e as emoções trabalham rapidamente. Você perde toda a chance de vender a alguém, se o receber provocando imagens negativas. Antes de compreender o que fez, a pessoa já foi embora e você nunca mais terá a oportunidade de reparar o dano. Na verdade, no caso da maioria das pessoas, na maior parte das situações de venda, é muito pequena a possibilidade de que esse tipo de dano venha a ser reparado, ainda que o cliente o escute por algum tempo.

Jogue na certa. Seja sempre profissional quando receber as pessoas. Faça isso e fechará mais vendas. O Campeão compreende que tem de eliminar os receios dos clientes, sem criar outros. Precisa despertar emoções positivas, sem gerar as opostas. Finalmente, deve fornecer a lógica que justificará a decisão emocional do cliente de comprar. O Campeão sabe que jamais chegará a esta última fase sem criar emoções positivas, as quais triunfarão sobre as negativas.

Um modo de fazer com que isso aconteça mais vezes consiste em evitar palavras de rejeição. Muitos não compreendem como é comum destruírem as vendas usando certas palavras que provocam medo na mente dos clientes. Vamos estudá-las na seção seguinte. Quando você falar com compradores, aprenda a inspirar confiança, e não apreensão.

SUBSTITUA PALAVRAS DE REJEIÇÃO POR OUTRAS QUE ESTIMULAM

Centenas de milhares de vendedores desconhecem as palavras de rejeição, ou — o que é muito pior — conhecem, mas continuam a usá-las para impedir que mais dinheiro entre em seus bolsos. Mas vamos definir melhor o que estamos dizendo:

> *Uma palavra de rejeição é qualquer termo*
> *que provoca medo ou lembra ao cliente que*
> *você está tentando vender alguma coisa.*

Quando ouvem palavras de rejeição, a reação dos clientes frequentemente é: "Ah, não... Estamos apenas olhando. Não temos pressa. Estamos apenas passando o tempo."

Se você está bem adiantado na sequência de venda quando deixa escapar uma palavra de rejeição, os clientes dirão algo do tipo: "Voltamos depois. Vamos pensar no caso. No momento, estamos apenas coletando informações. Telefonaremos quando chegarmos a uma decisão."

Palavras de rejeição realmente não funcionam bem. Fazem com que você assuste tanto os clientes que a maioria rejeita a você e à sua oferta. Se está usando palavras de rejeição, não precisa de inimigos — tem a si mesmo. Vejamos algumas dessas palavras horríveis:

CUSTO OU PREÇO

Sempre que seus clientes o ouvirem dar informações sobre o valor nos seguintes termos:

"O preço é US$99 mil." ou
    "Custa US$85",
    Sabem o que vem depois. Você vai fazer pressão, tentar induzi-los a tomar uma decisão, esforçar-se para vender. Esse é o motivo pelo qual o profissional o chama de:

INVESTIMENTO TOTAL

O que você faz quando investe?
    Coloca o dinheiro de modo que lhe traga renda ou outros benefícios, certo?
    O que você faz quando paga um preço ou incorre em um custo?
    Gasta dinheiro, não? Paga por bobagens e presentes de grego, assume despesas, acumula contas e joga fora dinheiro que nunca mais verá.
    Nesse particular, a expressão favorita do profissional é investimento total. Mas, como qualquer outra palavra ou técnica, pode ser usada com exagero. Contudo, há várias alternativas que lhe permitirão banir para sempre de seu vocabulário de vendas as palavras custo e preço:

> VALOR, AVALIADO EM
> À DISPOSIÇÃO POR, DISPONÍVEL A
> OFERECIDO POR, OFERECIDO A
> VALE

A fim de evitar confusão e perguntas indesejáveis, use com cuidado essas alternativas. Se disser: "Este modelo vale US$975", o cliente pode se sentir inspirado a perguntar: "Muito bem, mas por quanto menos posso comprá-lo?"

A maneira de contornar essa dificuldade depende de suas técnicas de venda. Se você fornece preços de uma lista impressa e o cliente sabe que sua companhia observa uma política de preço único que elimina pechinchas ou abatimentos, pode lançar um olhar ao papel e dizer algo como:

"Aquele modelo vale US$975."
"Estamos pedindo US$975 por aquele modelo."
"Aquele está avaliado em US$975."
"Pode ser comprado por US$975."
"Estamos oferecendo aquele modelo por US$975."

Anote exatamente como vai usar esses termos e imagine-se nas situações habituais em que se discutem preços. Se considera isso trabalho demais, então também acredita que dá trabalho demais ser profissional. Nesse caso, quais são suas chances de alcançar a renda de um profissional?

PREÇO DE TABELA, TABELADO

Essas duas expressões são tabus, exceto em situações de revenda, quando há uma tabela de preços a varejo e outra de preços por atacado, mais baixa. Para todo mundo nesta feliz sociedade de descontos, se você diz preço *"de tabela ou tabelado"*, os clientes pensam que você está sugerindo que peçam um abatimento. Falar em *preço de tabela ou tabelado* é ainda mais destrutivo se você deixou claro que os preços são fixos. Neste caso, sempre que pronuncia tais palavras horríveis, você diz ao interlocutor que é melhor ver o que a concorrência tem a oferecer, antes de comprar de você, porque talvez ela ofereça um desconto.

Use as mesmas expressões que mantêm a venda em andamento para evitar o *"preço de tabela e o tabelado"* que utilizou para evitar pronunciar as palavras preço e custo.

ENTRADA

Se você anda à procura de uma palavra que semeará o medo no coração de todos os clientes, *entrada* será uma escolha esplêndida. Mas, se quiser reduzir o medo, e não aumentá-lo, fale como um profissional. A expressão correta é:

INVESTIMENTO
INICIAL

PRESTAÇÃO MENSAL

Esse é outro termo extraordinariamente eficaz para fazer exatamente o que você não deseja, que é aumentar o medo de seu cliente. A maioria das pessoas tem pavor de prestações. Já existem coisas demais para pagar. Quando veem essas duas palavras, pensamentos relampejam em sua mente?

Suas contas.

Você se vê olhando para uma pilha de contas que devora seu salário todos os meses. "Droga, estou cheio de tantos pagamentos. Como seria bom se eu já tivesse acabado de pagar. Para começar, nunca deveria ter comprado aquela porcaria."

Prestação mensal é um termo de contabilidade entre os mais empregados pelos cobradores. Vendedores profissionais dizem:

INVESTIMENTO
MENSAL

CONTRATO

Ao ouvir a palavra *contrato*, o que aparece de imediato na mente do comprador? Processos judiciais. Salas de tribunal. Juízes decidindo seu destino. Advogados enviando cartas. Problemas sérios.

O Campeão não chama isso de contrato. Chama-o de:

ACORDO
OU
PAPELADA

Vejamos outra palavra terrível. E essa, agora, pode surpreendê-lo. Palavras de rejeição não são termos estranhos, eventualmente usados, apenas uma vez por mês, mais ou menos, são? Estou atacando o vocabulário que você usa todos os dias, certo? Agora vou descarregar as baterias contra uma palavra ainda mais fundamental.

COMPRAR

Por favor, entenda que ninguém quer comprar, mas apenas possuir. Alguns vendedores sobrecarregam suas apresentações de vendas com frases mais ou menos assim:

"Logo que comprar, podemos providenciar uma entrega rápida."
"Quando comprar nosso produto, vai ficar muito satisfeito."
"Pessoas que compram meus produtos têm garantia."

O que o cliente sente quando é atingido por essas palavras? "Se eu comprar isso, vou ter de gastar dinheiro — e não quero gastar dinheiro algum. Tudo o que eu quero é esse produto. O que eu quero é ter mais benefícios e menos problemas."

Profissionais sabem que pessoas querem possuir coisas, de modo que falam frequentemente nisso. A compra é a dor; a posse é o prazer. Assim, elimine a dor e diga:

POSSUIR

Vamos reescrever as três frases mencionadas anteriormente, substituindo a dor da compra pelo prazer da posse:

"Se decidir possuir este produto, podemos providenciar uma entrega rápida."

"Quando for o proprietário de nosso produto, o senhor vai ficar muito satisfeito."

"Quando for o proprietário de um de nossos modelos, o senhor também terá meu comprometimento, porque acredito que seja minha obrigação prestar um serviço de primeira classe a meus clientes."

O desejo de posse é um anseio profundo. Trata-se de algo forte demais para que se permita que seu uso dependa apenas do que pega no ar, por acaso, na atmosfera carregada de uma entrevista. O profissional planeja e pratica exatamente como associará a imagem da posse direto a todos os possíveis pontos fortes de venda. Isso significa que o Campeão redige as sentenças que atingirão sutilmente seu objetivo, repetindo apenas a ideia de posse, enquanto varia todos os demais elementos. O que o Campeão vai querer repetir é:

"Quando for o proprietário de nosso produto, o senhor ficará feliz com o valor de revenda. Quando for o proprietário de nosso produto, ficará feliz com nossa manutenção. Quando for o proprietário de nosso produto, ficará feliz com sua durabilidade."

Elabore um conjunto de palavras formadoras da ideia de propriedade que lhe permita reforçar continuamente essa potente força de compra, mas sem lembrar ao cliente que seu objetivo é lhe vender algo. Redigir as sentenças que evitarão que sua técnica se torne óbvia demais não demandará muito tempo seu. Em alguns minutos, é possível treinar o uso dessas sentenças que vendem, até que se transformem em algo natural. Mas, por mais tempo que isso leve, fazê-lo colocará mais dinheiro em sua conta bancária do que simplesmente bater papo com os colegas em torno da máquina de café. Vejamos mais cinco construções de imagens de propriedade que você deve adicionar às três já recomendadas, como detentores do poder de venda:

"Esse aspecto de revenda é exclusivo de nossa companhia e inerente a todos os nossos modelos. Assim, quando você escolhe o que *quer possuir*, pode estar certo de que também leva o *poder de revenda*."

"Todos aqui temos orgulho da reputação de nossa companhia no que se refere a serviços. É tão importante para nós quanto para os *proprietários* de nossos produtos e, quando você for um deles, tenho certeza de que ficará bem satisfeito com a maneira como aplicamos nosso conceito de *comprometimento total com as necessidades de serviço daqueles que possuem nossos produtos.*"

"Como a lucratividade de seu negócio depende de uma máquina, sua durabilidade é fundamental, certo? Quando o senhor for *dono* de uma de nossas Banhards e depender de seu bom funcionamento, a durabilidade é uma das qualidades que mais apreciará."

"Hoje, espero apresentar a você um produto que aumentará em muito suas oportunidades, quando o *possuir.*" Antes de "quando o possuir", também pode acrescentar "de aumentar os lucros", ou qualquer outro argumento de venda que queira enfatizar com esse fraseado.

"Quando descobrir o modelo que *gostaria de possuir* — e estou certo de que o temos em estoque agora mesmo —, o senhor ficará muito satisfeito em saber como é baixo o investimento inicial." Ajuste a oferta a seu produto ou serviço: "Quando descobrir o modelo que gostaria de possuir, ficará muito satisfeito com nossa garantia." Se você vende um serviço, pode construir a frase nos seguintes termos: "Quando escolher o serviço que deseja, ficará muito satisfeito com quanto tempo, que hoje dedica a questões administrativas, vai sobrar para tratar de outros assuntos mais importantes."

Todos os valiosos argumentos de venda que puder apresentar a respeito de sua oferta podem ser associados à imagem de propriedade. Se você não consegue estabelecer a conexão entre o benefício e a alegria de possuir, é porque ou o argumento não é suficientemente importante para mencionar, ou não se sente entusiasmado o bastante com seu produto ou serviço. Em alguns casos, claro, você terá de estabelecer a conexão

114 | COMO SER UM GRANDE VENDEDOR

de maneira negativa: "Se o senhor tiver um de nossos alarmes contra roubo, não terá de se preocupar com..."

Reforce ao máximo sua capacidade de venda. Amarre seus argumentos mais fortes de venda ao amor fundamental e muito humano de possuir coisas. Claro que você não vai descarregar esses argumentos, um atrás do outro, em cima do cliente. Salpique as palavras construtoras da imagem de posse em todas as suas entrevistas, incorporando-as sutilmente a outros aspectos da sequência de vendas. Mais uma vez, lembro a vocês os perigos de se usar qualquer técnica em excesso, permitindo que os clientes em potencial notem esse fato. Sempre que isso acontece, eles se sentem tentados a resistir à sua habilidade de vendedor — e, em todas as ocasiões em que for divertido para ele combatê-lo, você perderá.

É possível camuflar, em parte, a técnica de construção da imagem de propriedade reservando sua palavra mais forte — possuir — para seus argumentos de venda mais fortes. Nos argumentos menos importantes, é possível substituir a palavra *possuir* por uma das palavras ou frases mostradas a seguir em *itálico*:

"Quando descobrir o modelo que *quer colocar em sua sala de visitas* — e estou certo de que o temos neste exato momento, em nosso vasto estoque —, a senhora vai ficar impressionada com nossa ampla seleção de acabamentos."

"Quando este vestido *for seu*, vai ficar bastante satisfeita ao notar a maneira como impressiona as pessoas."

"Quando *tiver este padrão em suas paredes*, ficará muito satisfeita com a aura que transmite ao seu lar."

"Depois de *instalar este modelo em seu escritório*, o senhor ficará muito contente com o tempo que poupará."

"Se *adotar este serviço*, ficará muito feliz com o desempenho e a eficácia de seu departamento de logística."

"Se escolher nosso serviço, descobrirá que *acrescentamos um importante ativo ao patrimônio líquido de sua companhia*."

"Quando *colocar esta beleza em sua garagem*, o senhor..."

"Logo que *levar este modelo para casa*, o senhor..."

"Se *adquirir* este serviço, acabarão todas as suas preocupações com eventuais paralisações."

"Quando *contar com o nosso serviço*, pode ter certeza..."

"*Quando for seu*, o senhor saberá que seus problemas de sobrecarga serão coisas do passado."

"Quando *tiver* um de nossos funcionários em sua equipe — mas não em sua folha de pagamentos —, o senhor ficará espantado com a reputação que conseguirá, por cortar custos em sua companhia."

"Esse método de venda de serviço com base na tarefa é facilmente adaptável a numerosos produtos — simplesmente substitua por pessoas sua máquina eficiente para economizar custos."

A última técnica demonstrada faz dois apelos emocionais separados a assalariados, que trabalham para companhias das quais obviamente não são donos. O segundo é o mais poderoso porque toca a emoção mais importante que condiciona o assalariado. Essa emoção é manifestada por uma pergunta em que eles pensam durante todas as suas horas de trabalho: De que modo posso aumentar meu prestígio, segurança e poder? O nome disso é ambição.

No nível mais superficial, significa: O que vou ganhar com isso? Não me refiro a subornos. Poucos compradores de empresas recebem suborno e nada é mais desastroso do que oferecer algo assim quando não se espera. Você tem toda a liberdade para suportar as consequências, porque estou convencido de que nenhum emprego vale a ignomínia de ter de oferecer suborno para mantê-lo. Há algumas coisas nesta vida com as quais você nunca deve brincar, e uma das principais é sua própria integridade.

A maioria dos executivos, funcionários, compradores, embora honesta, é motivada pela ambição — e por essa ambição do tipo o-que-eu-vou-ganhar-com-isso? Por que eles deveriam aprovar a compra de seu produto ou serviço hoje, em vez de submeter sua proposta a um comitê, pedir tempo para estudar o assunto ou enfiar tudo na cesta de lixo tão logo você saia pela porta? Porque em sua oferta há algo

116 | COMO SER UM GRANDE VENDEDOR

para eles, uma vez que, se a companhia tiver benefícios, eles obterão um pouco de glória por terem feito a encomenda. Desenvolva a habilidade de amarrar a compra de sua oferta ao progresso pessoal do comprador e ficará espantado com o aumento do número de vendas que conseguirá a organização. Mas tudo isso requer sensibilidade, sutileza e esforço.

Embora importante, não se esqueça do poder do apelo emocional da última sentença citada. É vital lembrar que a maioria dos compradores reage de modo significativo à construção da imagem de propriedade, mesmo que não sejam os donos das companhias ou organizações para as quais compram. Esse fato tem origem em uma espécie de instinto tribal. Até certo ponto, todos os que trabalham para uma organização sentem a força gravitacional do grupo, a lealdade, o senso do "nós-contra-eles". É a força elementar que mantém coeso o grupo que sobrevive por muito tempo, seja a família, a companhia ou qualquer outra organização. Quanto mais elevada for a posição do indivíduo, mais forte será esse sentimento. Uma vez que o comprador da organização tenha certo status, certamente reagirá a imagens que reforcem o senso de propriedade, porque sente forte lealdade ao grupo, mesmo que possa se queixar a você do emprego que tem.

VENDIDO OU VENDER

Não é provável que uma pessoa lhe dirija um sorriso feliz e diga: "Espere só para ver o que um comerciante me vendeu hoje." Não, você nunca ouvirá palavras pronunciadas com entusiasmo, mas escutará com frequência: "Espere só para ver o que comprei hoje." No nível emocional, *comprei* é muito mais do que o tempo passado do verbo *comprar* — é o tempo presente do verbo *possuir*. Comprar é fazer dieta, possuir é estar magro. Descrever o que se acaba de comprar é um meio disfarçado, mas seguro, de alardear o que se possui porque, embora vangloriar-se de ter bens seja algo de mau gosto, é socialmente aceitável ficar louco de entusiasmo com uma nova aquisição. E as pessoas adoram fazer isso. Na verdade, trata-se de uma importante necessidade emocional que compradores estão sempre procurando satisfazer, embora poucos a compreendam e menos ainda a admitam. Se seu produto ou serviço for adequado ao emprego dessa técnica (quase todos são), faça os deveres necessários para incluir essa potentíssima arma em sua sequência de vendas. É um arrasa-quarteirão.

Quando pessoas falam *eu comprei hoje*, estão realmente dizendo: "Espere só até ver a nova marca de status que tenho a partir de hoje." Fizeram algo. Agora querem que todos as admirem por sua sabedoria, estilo e poder — e não vão querer, de bom grado, repartir a glória com o vendedor que as convenceu. Por quê? Porque não querem reconhecer que nenhum elemento adicional, exceto seus próprios desejos e decisões, foi determinante para sua escolha. Mantenha isso em mente quando falar com alguém que conhece a pessoa a quem você vendeu. Evite dizer: "Vendi isto ou aquilo a ele." Quando você diz *"Vendi"* significa que é o tal, que puxou o comprador da rua e o obrigou a assinar na linha que riscou em vermelho para que o idiota pudesse encontrá-la. Isso é o mesmo que caçar furtivamente no território do comprador. Receba a glória do pessoal que está a seu lado e deixe o comprador ter a glória do lado dele.

Alguns vendedores dizem a clientes em potencial: "O senhor provavelmente gostaria de saber quem mais usa nosso serviço. Bem, eu gostaria que soubesse que, na semana passada, eu o vendi à família Martunian, que mora nesta rua."

Isso leva o comprador a pensar: "Você pode ter vendido aos Martunians, mas não vai me vender coisa alguma, meu camarada." Ele o está combatendo porque não quer que você faça nada por ele. Se algo tem de ser feito, ele mesmo quer fazê-lo.

Vender produz efeito semelhante. A palavra cria a imagem de um indivíduo escorregadio, fingido, que ludibria e toma nosso dinheiro. Um profissional nunca vende coisa alguma a ninguém; e consegue que as pessoas fiquem *muito interessadas*. O comprador de semblante impenetrável fica mais satisfeito quando obtém melhores produtos, de modo que, mesmo no nível de empresa, o Campeão consegue deixar os clientes envolvidos e satisfeitos, em vez de lhes vender algo.

118 | COMO SER UM GRANDE VENDEDOR

Você pode conseguir que pessoas diferentes fiquem envolvidas e contentes, o dia inteiro, mas, se submeter a mesma pessoa à mesma frase, repetidas vezes, vai cansá-la. Elimine *vender* e *vendido* explorando variações desses temas:

MUITO INTERESSADO

ADQUIRIDO (COMPRADO, PEDIDO OU ENCOMENDADO) POR MEU INTERMÉDIO

AJUDADO A OBTER

ACONSELHADO OU CONSULTADO

TRABALHOU COMIGO NOS ACERTOS

AJUDADO (OU ASSISTIDO) O COMPRADOR ELIMINANDO SUAS DIFICULDADES

PROVENDO CONHECIMENTOS TÉCNICOS OU FORNECENDO INFORMAÇÕES (VITAIS, NECESSÁRIAS, ÚTEIS)

TENDO A HONRA (O PRIVILÉGIO, O DESAFIO) DE AGIR COMO SEU REPRESENTANTE, AGENTE OU INTERMEDIÁRIO

PREPARADOS OS DETALHES

Evite parecer pomposo e arrogante e faça com que o que diz combine com o que fez. "Tive o privilégio de ser consultado a respeito daquela aquisição", soa ridículo se você vende mobília sem pintura em uma feira de desconto, mas não se vendeu na loja. Se diz que "ajudou nos detalhes de uma compra de muitos milhões", talvez pensem que você é um mero escriturário.

Vamos mostrar algumas dessas sentenças em ação, a fim de provar como podem facilitar seu trabalho:

"O senhor provavelmente gostaria de saber se alguém aqui por perto dispõe de nosso serviço. Conhece a família Martunian, que mora aqui mesmo nesta rua? Ótimo. Todos eles ficaram muito satisfeitos com o nosso Plano Seis... Eu sei porque combinaram tudo comigo. Gostaria de telefonar para eles agora mesmo e confirmar se estão satisfeitos com nosso serviço?"

Ao novo gerente de fábrica de uma de suas antigas contas: "Sr. Klein, aqui fala Frank Macy, da Lift-Trucks-for-Less. Há dois anos sua companhia adquiriu, por meu intermédio, um Gruntless Marvel. Estou telefonando para saber se o caminhão ainda está funcionando 100%."

A uma pessoa recomendada que lhe telefona pela primeira vez: "Sim, no ano passado tive o privilégio de conseguir uma excelente oportunidade para o Sr. Raiche."

Compare essas declarações com "sim, vendi a ele". Em seguida, pratique as frases que encherão seus bolsos de dinheiro, porque despertarão confiança em vez de medo e antagonismo.

CONVERSAS E PECHINCHAS DE VENDEDOR

Vender tem sido minha profissão há quase duas décadas. E eu a adoro. Mas não adoro ouvir falar em conversas fiadas e tramoias de vendedor. Algumas pessoas em nossa profissão insistem em projetar o pior estereótipo com que já nos rotularam: o indivíduo de sorriso frio que pensa como um tubarão, fala como um camelô e anda em volta de nós esbanjando conversa fiada.

"Sim, senhor, tenho outra oferta sensacional hoje à noite."

"Escutem só o que tenho a dizer sobre este produto absolutamente ímpar."

"Depois que ouvir o que tenho a dizer, o senhor vai saber que fez o melhor negócio da cidade."

Quando resolve se expressar em termos baixos, você se rebaixa. O que você diz mostra o que pensa sobre si mesmo.

COMO SER UM GRANDE VENDEDOR

Nada de conversa-fiada ou de promessas mirabolantes. Esforce-se para que as pessoas ouçam sua argumentação de venda e observem sua demonstração. E não lhes ofereça vantagens impossíveis. Se fizer isso, focará a atenção delas no preço e despertará expectativas que terá de reduzir mais tarde — se puder — para fazer a venda. Convide as pessoas a:

OUVIR A DEMONSTRAÇÃO QUE PREPAREI PARA SUA COMPANHIA

PARTICIPAR DA DEMONSTRAÇÃO

APROVEITAR A MARAVILHOSA OPORTUNIDADE QUE TEMOS PARA VOCÊS

Se não acredita que palavras criam imagens mentais, despertam emoções e fazem com que as coisas aconteçam, vendas é a profissão errada para você. Conversas-fiadas e pechinchas são lixo verbal, e usá-las não só cria poderosas imagens na mente dos que ouvem, como também reforça imagens antigas, ou cria novas, precisamente onde produzem o maior dano: em sua própria mente.

Se você é viciado em usar conversas e oferecer vantagens descabidas, tem uma excelente oportunidade de descobrir o poder de imagens, atitudes e emoções que as palavras criam na mente. Aproveite a oportunidade, mas, após, siga minha próxima sugestão e eu lhe prometo que sua expertise de vendas e seu poder aquisitivo aumentarão significativamente. Mas, antes de passarmos à sugestão, vamos explorar as raízes desse problema.

Há profundas razões emocionais para você querer usar a conversa-fiada e oferecer vantagens mirabolantes, em vez de adotar uma atitude mais positiva a respeito de sua profissão. Examine essas razões. Enfrente-as de forma criativa. Faça isso e romperá as cadeias que o impedem de se transformar em um grande vendedor. Você talvez precise demonstrar que é esperto e duro e talvez tenha outras necessidades que o levem a conversar e a oferecer vantagens que não pode cumprir.

TOM HOPKINS | 121

Mas esse é um hábito dispendioso. No nível prático, essas necessidades inferiores estabelecem limites ao que você pode ganhar e realizar. E isso acontece por causa de três verdades fundamentais:

> *O modo como você se sente a respeito do que faz determina grande parte do que sente a respeito de si mesmo.*
> *O modo como se sente a respeito de si mesmo é a imagem que determina a eficiência com que você trabalha.*
> *A eficiência com que trabalha determina quanto você ganha.*

Acabe com as conversinhas e os negócios da China. Comece a pedir às pessoas que ouçam sua apresentação de vendas, observem sua demonstração e pensem na oportunidade oferecida. Em outras palavras, comece a mostrar respeito — em vez de desprezo — por seu trabalho e por seus clientes em potencial. Faça a mudança e ganhará mais dinheiro.

Você vai descobrir que é um desafio eliminar esses hábitos por completo de seus pensamentos e de sua fala. O fato de não usá-los com os clientes não mudará sua atitude subjacente. A fim de realizar a mudança, terá de bani-los de seus pensamentos, de todas as conversas, por mais casuais que sejam, especialmente de sua conversa com outros vendedores. Esta última parte será a mais difícil, mas sua nova atitude mostrará claramente a seus colegas que você quer vencer, não fracassar. Isso o aproximará dos vencedores e o afastará dos perdedores, o que sempre é um bom movimento. Não se engane a esse respeito. Se sente a necessidade de resolver seus problemas recorrendo a conversas-fiadas e promessas mirabolantes, não será fácil parar — a menos que esteja decidido a ter sucesso. Neste caso, achará isso fácil, eficiente e agradável.

Minha sugestão é simples. A própria essência da venda é o poder das palavras têm de criar imagens mentais favoráveis. Use esse poder. Reserve alguns momentos agora para formar três imagens positivas da seguinte maneira: relaxe, feche os olhos e veja-se vestido e arrumado de acordo com seu ideal de vendedor. Em seguida,

122 | COMO SER UM GRANDE VENDEDOR

imagine que: 1) está fazendo uma apresentação suave; 2) está realizando uma demonstração bem-organizada; e 3) está oferecendo sua maravilhosa oportunidade a pessoas que a querem, necessitam e podem pagar por ela. Torne vívidas todas essas imagens positivas e específicas em sua mente e dê-lhe os nomes de *apresentação, demonstração* e *oportunidade*.

Sempre que ouvir falar ou pensar (claro, você não vai usar essas palavras) em *conversa-fiada* ou *pechincha*, expulse imediatamente da mente essa imagem e substitua-a pela imagem positiva apropriada:

- Agora estou fazendo uma apresentação maravilhosamente eficaz
- Olhe para mim, fazendo esta demonstração perfeita;
- Que ótima oportunidade tenho para oferecer a essas pessoas.

É possível aplicar esse método a uma grande variedade de imagens negativas. Assuma o controle. Use o bom para expulsar o mau.

Mas isso não vai acontecer da noite para o dia. Espere um mês. Se disser as palavras *conversa-fiada* e *pechincha*, ou mesmo pensar nelas sem imediatamente substituir a imagem negativa por uma positiva, recomece tudo. Continue até controlar essas imagens por trinta dias consecutivos. Em seguida, conte o dinheiro que o uso deliberado de imagens positivas o fez ganhar.

ASSINAR

Nossa última palavra de rejeição é a pior de todas porque afunda seu barco tão perto de casa que você já pode sentir o cheiro dos biscoitos no forno e ouvir o ronco de seu velho cão. No caso de vendedores que constantemente recebem um balde de água fria por causa da palavra "assine", o pior de tudo é que nunca sabem o que continua fazendo seu barco afundar.

O problema começa sem aviso, quando você já navegou até o fechamento do negócio e atirou a âncora. Cobriu todos os pontos. Tudo correu bem. Você acabou de preencher o formulário que o cliente precisa aprovar, antes de ser completada a venda — e neste momento fica nervoso. Mas esconde o nervosismo, vira o formulário para o cliente e empurra-o na mesa em sua direção. "Tudo pronto. Agora, simplesmente faça o favor de assinar nessa linha e vamos começar a providenciar o seu pedido."

De repente, o sorriso do cliente perde o entusiasmo. Ele olha por um momento para o formulário. Pigarreia e murmura: "Humm, hummm, bem, hã... Meu pai sempre me disse para ler as letrinhas miúdas antes de assinar alguma coisa."

O problema é que foi exatamente isso o que o pai — ou a avó, o advogado ou a esposa — lhe disse. De modo que, quando diz: *"Assine aqui"*, você desperta uma reação automática de defesa, que o faz pensar: "Se eu não tiver cuidado, acabarei assinando minha própria sentença de morte. Bem, isso não vai acontecer porque não vou assinar um contrato que só atende aos interesses da companhia sem ler cada letrinha dele."

E é justamente isso o que ele passa a fazer. Uma das primeiras cláusulas o faz se lembrar de uma questão de imposto que precisa verificar e, em seguida, observa outro ponto sobre o qual vai querer consultar o advogado — e, de repente, não há mais possibilidade de ele assinar o contrato naquele encontro.

Você não deixa a peteca cair, claro. Mas acontecem coisas que estão fora de seu controle. Para começar, o advogado dele está de férias. Quando ele volta, você está longe, trabalhando na feira comercial mais importante do ano. Antes que acabe de explicar tudo e negociar com os conselheiros, surge um novo fato. Algo acontece na economia, seu preço sobe drasticamente ou uma nova tendência abala a indústria dele — e agora também o ambiente emocional está errado. A demora e a mudança roubaram toda a novidade e a animação de sua oferta e, de repente, o negócio não parece mais tão oportuno para o comprador. Chegou a hora de dizer adeus à venda, que teria sido feita se você não houvesse dito *Assine aqui* várias semanas antes.

124 | COMO SER UM GRANDE VENDEDOR

Mesmo que seu acordo de venda seja um simples pedido, *assinar* é sempre uma palavra que assusta. O Campeão nunca, nem sutilmente, sugere que o cliente tem de assinar alguma coisa. Em vez disso, pede que:

DÊ "OK" NA PAPELADA
APROVE O FORMULÁRIO
AUTORIZE O ACORDO
ENDOSSE AS CÓPIAS DO ARQUIVO

Há um pequeno mas importante detalhe a ser observado quando você entrega o contrato para o cliente, sorri amavelmente e diz: "Se quiser, por favor, dar o ok na papelada, vamos começar a providenciar imediatamente o seu pedido."

Certifique-se de que ele assine o nome, e que não escreva simplesmente ok.

Tomara que você invista o tempo necessário para dominar bem este tópico, porque formar o hábito de usar palavras realmente positivas na dimensão emocional lhe dará uma força muito poderosa em todas as situações de vendas.

O CONCEITO DA TRÍADE: COMO MULTIPLICAR SUA EFICIÊNCIA

Muitos vendedores só têm uma mensagem de venda. E, como ela funciona bem com alguns clientes, esquecem o fato de que fracassa com a maioria.

Suponhamos que sua apresentação básica leve cerca de cinco minutos. Claro, você a modifica um pouco para se ajustar à situação de cada cliente, mas, basicamente, faz a mesma apresentação, da mesma maneira, para todas as pessoas. O estilo que você sempre adota pode ser descrito como vivo, prático e agradável.

Muito bem. Você escolheu um estilo que funciona entre 30% e 60% das vezes. (Funciona no sentido de lhe permitir fazer a venda se todo o resto correr bem.) Agora, passemos aos outros 40% e 70% insensíveis a tipos vivos, práticos e agradáveis, com seus sapatos lustrosos e sorrisos alegres.

"Espere um minuto", você pode estar pensando a esta altura. "Tipos esquisitos não compram meu produto. Trabalho apenas com gente séria."

Talvez seja assim, mas algumas dessas pessoas sérias vêm conversando com tipos vivos, práticos e agradáveis várias horas por dia durante vinte anos — e agora sentem o peso do tempo. Sentem vontade de dar um tiro no pé para fugir da linha de frente sempre que um vendedor transpirando os maneirismos padronizados cruza sua porta. Por isso, irradiam pedidos de socorro — contam piadas ou histórias tristes —, na esperança de que sua mensagem seja ouvida e compreendida.

E raramente é.

O vendedor comum tem sua antena de recepção de sinais bem-esticada sempre que participa de uma entrevista de vendas, embora não ouça muita coisa, além de estática, porque está pensando demais em si mesmo e no que vai dizer. Por esse motivo, deixa de captar a mensagem, continua obstinado em sua apresentação padrão e logo depois sai arrastando os pés, sem fechar pedido algum. O Campeão também estica a antena. A mensagem lhe chega alta e clara, porque está focado no cliente. Sabe muito bem o que vai dizer para pensar nisso quando estiver frente a frente com a oportunidade. Na verdade, o Campeão tem três versões do que está ali para dizer. Se mantiver a mente clara, captará facilmente a mensagem, escolherá a versão de sua apresentação que melhor se ajusta à atitude do cliente e, logo depois, vai embora com um pedido bem-guardado no bolso.

Seja um Campeão. Use o conceito da tríade. Elabore e pratique três variações de todos os aspectos de sua sequência de vendas. Talvez você esteja variando um pouco sua abordagem nestes dias, mas aumentará significativamente sua capacidade de ajustar palavras e atos a cada cliente se trabalhar de modo consciente para desenvolver reações triplas.

126 | COMO SER UM GRANDE VENDEDOR

Mas vou explicar isso melhor, porque não estou simplesmente dizendo que você tem de formular três respostas a todas as objeções (embora esse, certamente, não seja um mau objetivo). Recomendo apenas que pratique três maneiras de elaborar cada boa resposta para cada objeção. Uma frase pode conter gírias ou palavras coloquiais, outra pode ser refinada e ter palavras mais elaboradas e a terceira apresentar linguagem fluida e clara.

Mas o conceito da tríade não para aqui. Todas as três sequências da resposta única podem ser proferidas em tom rápido, médio ou lento. Você pode falar baixinho, em tom normal ou alto. Sua atitude pode ser respeitosa, cordial ou agressiva. Há 81 variações de uma única resposta a uma objeção ($3 \times 3 \times 3 \times 3 = 81$). Quando aplicar essa ideia a todos os aspectos de sua apresentação, rapidamente desenvolverá um estoque tão grande de respostas que será fácil encontrar o ajuste perfeito para cada cliente. (Perfeito no sentido de que, se houver um meio de completar a venda, você o fará.)

Comece com sua apresentação básica e formule três variações. Eis aqui um conjunto de possibilidades:

1) Casual, relaxado e alerta.
2) Vivo, prático e agradável.
3) Sério, franco e pessoal com o grande número de pessoas que, automaticamente, evitam os papagaios de companhia e trabalham apenas com outros seres humanos em uma base íntima de respeito mútuo, que reconhece a individualidade recíproca.

Essas variações têm enfoque emocional. Agora, examinemos o seu conteúdo. Mais uma vez, é fácil pensar em uma divisão em três.

1) Técnico

Esse tratamento dá grande ênfase às inovações tecnológicas de seu produto. Explore aspectos de impostos e custos, caso se apliquem à situação. Apele para as emoções em termos muito práticos.

2) Mistura equilibrada

Abordagem moderadamente técnica que emprega forte apelo às emoções, feita em linguagem comum.

3) Nível emocional

Apelo direto às emoções em linguagem simples, com algumas pitadas de detalhes técnicos para temperar.

A tríade apresentada se aplica ao que você diz. A maneira como diz proporciona outra grande oportunidade de obter poder de venda pela capacidade de se adaptar instantaneamente a todas as situações. A fim de conseguir isso, desenvolva três maneiras de transmitir sua mensagem:

1) Leve

Você pode relaxar no tratamento sem ser desleixado e mostrar-se engraçado sem exagerar. Conheci vendedores que preferiam rir a vender. Dê suas risadinhas a caminho do banco, mas só use humor em situações de vendas para promovê-las, não para se divertir.

Se humor não é seu ponto forte, não se preocupe — ele vai chegar com o tempo. Enquanto isso, cultive a abordagem relaxada, que o levará a fechar o negócio com seus clientes mais informais, que não suportam uma atitude formal demais.

2) Médio

Uma postura cordial, alerta e prática é seu melhor começo com antigos clientes de temperamento caprichoso e com os novos, que ainda não são bem conhecidos.

3) Pesado

Prepare-se para falar rápida e concisamente em situações de alta pressão. Coisa alguma funciona aqui, exceto osso e músculo, servi-

COMO SER UM GRANDE VENDEDOR

dos em frases curtas e claras. Nada de piadas, frases empoladas, ou termos técnicos que agridem. Pratique bastante essa abordagem e ficará surpreso com a frequência com que a usará e com o número de vezes em que vencerá com ela.

Esse é o conceito da tríade. Parece complexo, mas não é. Tudo o que você tem a fazer é treinar a si mesmo para pensar em termos de três: três caminhos para todos os tesouros; três soluções para todos os problemas; três possibilidades em todas as oportunidades.

Faça isso e não deixará de multiplicar sua eficiência, reduzir suas frustrações e aumentar sua renda.

OS SENTIDOS QUE VENDEM EMOÇÕES

Quantos sentidos você tem?

Visão. Audição. Tato. Paladar. Olfato. Intuição. O Campeão faz tudo para envolver o maior número possível de sentidos. Ora, se você é o tipo de pessoa que simplesmente fala, fala, FALA, quantos sentidos está pondo em jogo?

Apenas um, a audição, com um pouco de visão. Mas, passado algum tempo, o cliente também se cansa de olhá-lo. Esse é o motivo pelo qual o Campeão opera com base na seguinte teoria, que você faria bem em estudar com atenção:

Quanto mais sentidos você põe em jogo, melhores serão as possibilidades de fechar a venda.

Em todo este livro, você vai encontrar técnicas para ajudá-lo a mobilizar mais sentidos do cliente a serviço do produto ou serviço que oferece. Nesta conexão, vou falar a respeito de um Campeão que tive o privilégio de treinar. Esse jovem se tornou rapidamente o número um na revenda de casas em seu estado.

Você conhece os truques do negócio imobiliário — bandeiras e sinais de flechas em esquinas estratégicas a fim de orientar a pessoa a chegar à casa que está à venda. E, claro, um vendedor está lá para ajudar as pessoas a se interessarem por aquela casa ou por qualquer outra unidade na área.

Assim que decidiu elevar seu volume muito acima da média, esse jovem também resolveu rever toda a sua programação de vendas, a começar pelos princípios elementares. Perguntou a si mesmo: "Qual foi o menor denominador comum que esteve presente em todas as vendas que fiz até agora?"

No princípio, achou que era algo como uma pessoa precisar de casa ou ter dinheiro. Mas estava recebendo muitas pessoas que atendiam a esses requisitos. Apareciam, viam — e iam comprar em outro lugar. Procurando mais, deu-se conta de que o mais baixo denominador comum — a condição que levava o cliente, além de procurar a casa, a comprá-la — era algo específico que acontecia.

O cliente ficava muito interessado na casa. Em primeiro lugar, examinava-a emocionalmente; em seguida, esclarecia os detalhes necessários— na cabeça ou no papel — que levavam à compra.

Quanto mais pensava, mais se convencia de que isso acontecia sempre antes de fechar a venda. Logo que começou a procurar esse sinais, aprendeu a reconhecê-los, mesmo naqueles que tendem a esconder seus sentimentos.

Qual o combustível que alimentava seu interesse até o nível crítico da animação de compra?

Informações. No sentido mais amplo possível da palavra.

E de que modo essas informações chegavam à mente do cliente?

O jovem não precisou de muito tempo para descobrir que os psicólogos não afirmam ter completa compreensão de todos os processos sutis em ação em nossos sentidos, emoções e mente. Em vista disso, resolveu não ignorar nenhum dos sentidos no planejamento da comercialização de seu produto. Tomou essa decisão, ainda que se mostrasse contrária à maneira tradicional de fazer a coisa, mesmo que requeresse pensa-

130 | COMO SER UM GRANDE VENDEDOR

mento, planejamento e esforço, e mesmo que nenhum de seus colegas ou concorrentes estivesse colocando isso em prática.

Esse jovem descobrira o fato de que um fio curto e reto liga aquilo que nossos sentidos procuram àquilo que a mente decide. Então, passou a agir de acordo. Começou a carregar esse fio curto e reto com todas as mensagens que podia transmitir.

Empregou métodos muito simples para atingir esse fim, portanto os prosaicos são sempre os melhores. Você já entrou em uma casa à venda em um dia de muito calor e encontrou fogo queimando na lareira? Provavelmente não. Isso parece uma ideia estúpida.

Mas veja o que acontecia quando pessoas vestindo roupas leves entravam na casa e descobriam o pequeno fogo queimando alegremente: uma expressão de surpresa aparecia em seus rostos. Era nessa ocasião que o vendedor sorria cordialmente, como se concordasse com elas e dizia: "Vocês estão querendo saber por que acendi a lareira com esse calor?"

Será que não existe grande probabilidade de elas responderem que sim e, desse modo, o gelo seria quebrado?

Ele continuava: "Vou explicar. Quero fazer o possível para que todos os que vêm aqui experimentem as emoções das quatro estações. Minha esposa e eu gostamos realmente do estalido do fogo na lareira em uma noite de inverno. E vocês, o que acham?"

Isso é envolvimento? As pessoas se lembrarão daquela casa? Ou do vendedor?

A resposta às três perguntas é sim.

Claro que ele não havia chegado àquela casa uma hora antes, trazendo uma braçada de lenha úmida e um quarto de litro de óleo diesel para acender o fogo. Com um pouco de pesquisa, aprendera a fazer pequenos fogos que continuam a queimar a tarde inteira com pouca atenção e desprendem um delicioso aroma de madeira queimada durante todo o tempo.

Mas ele não parava por aí em sua campanha para despertar todos os sentidos do cliente. Depois de selecionar algumas músicas românticas, ele as tocava nas casas que estavam à venda. Na cozinha, usava sempre o macete da baunilha (queimava algumas gotas no forno) para impregnar o local com um odor agradável que evocava imagens de calor, abrigo e boa comida caseira. Verificava de que maneira cada quarto podia ser mais bem-iluminado. Em todas as casas, procurava formas diferentes de atrair compradores em potencial, usando todos os sentidos.

E o que ele conseguiu acrescentando esse alto nível de envolvimento pessoal em todas as suas ofertas?

Uma boa porcentagem de pessoas que vinham às suas casas entravam em contato porque notavam que ele era diferente, inteligente, interessado. Não precisava lhes dizer isso; elas mesmas percebiam. Um trabalho primoroso nessas casas fez com que fosse recomendado por muitos clientes, o que o elevou ao máximo em prestígio, poder aquisitivo e satisfação pessoal.

E ele fez isso explorando todos os sentidos de seus clientes, a fim de eliminar aquela poderosa emoção chamada medo e, em vez dela, criar uma gama de emoções positivas, que os faziam querer tratar com ele, e não com seus concorrentes. O que ele fez — e faz — é a própria essência do que o vendedor Campeão pratica: utiliza todos os sentimentos construtivos e calorosos possíveis para que seus clientes sintonizem emocionalmente com ele, até dizerem: "Eu quero isto, quero isto, QUERO."

5. Por que não faço o que sei que deveria fazer?

Faça a si mesmo essa pergunta. Faça-a com seriedade porque seu futuro depende da resposta. Até que comece a pôr em prática o que sabe que deve fazer, você vive sob os efeitos de uma lei contra o sucesso que impôs a si mesmo.

Por trás da pergunta, há o seguinte problema: de que modo posso me obrigar a fazer o que sei que devo fazer? Vamos logo lhe dizer como, mas, em primeiro lugar, antes de partir para o modo, pare um pouco para compreender o porquê.

Muitas vezes, você se fez perguntas como as duas citadas. Todas as pessoas que trabalham com vendas também as fazem, à exceção dos grandes vitoriosos (que estão fazendo o que sabem que devem fazer) e dos derrotados (que se treinaram a não fazê-las mais). Você não é membro deste último grupo por muitas e importantes razões que não conheço e por uma que tenho de conhecer: você está lendo estas palavras. Isso significa que abriu a mente a novas ideias, que está disposto a mudar sua maneira de fazer as coisas quando descobrir uma mudança que o ajude.

Quando iniciou sua carreira em vendas, o que você tinha de sobra?

Entusiasmo.

134 | COMO SER UM GRANDE VENDEDOR

Lembra-se? Desejo ardente. Empolgação. O sentimento de "Prepare-se, mundo, porque estou chegando. Agora que consegui esta maravilhosa oportunidade em vendas, não há limites àquilo que posso fazer".

Sim, naquela ocasião você sentia entusiasmo e desejo. Sim, estava ansioso e interessado para fazer logo o que iria fazer. Não havia problema em levantar da cama pela manhã, pois queria começar logo. Você tinha tudo o que era necessário para o sucesso, menos um item: conhecimento. Simplesmente não sabia o que estava fazendo. Mas tudo bem, o entusiasmo compensava essa lacuna.

Depois, o que aconteceu?

Passaram-se alguns meses. Você aprendeu o que precisava a respeito do produto, a se movimentar no território, como descobrir contas, os problemas que surgiam. Mas, enquanto reunia esses conhecimentos, o que aconteceu com seu entusiasmo?

Diminuiu um pouco, certo? Mas o seu produto ainda é tão novo para os clientes como no dia em que começou — só não é mais novo para você. Você viu não apenas os aspectos negativos de todas as indústrias, companhias e produtos, como também teve tempo para se demorar neles, para deixar que eles dominassem seus atos.

Seu ganho de conhecimento foi quase igual à sua perda de entusiasmo, levando seu desempenho a um nível médio — muito abaixo de seu potencial. Isso porque, não se engane a respeito, debaixo de sua pele, um Campeão luta para sair, alguém que chega na frente, que ganha muito dinheiro e que coleciona vitórias.

De modo que agora você sabe o que fazer, mas não está fazendo. Por quê? Na maioria das empresas, a falta de conhecimento específico do produto para um cargo de vendas não constitui o problema principal para vendedores que ali trabalham há meses. E provavelmente também não é para você. Motivar-se para fazer o que já sabe que deve fazer é o principal problema.

Por que isso é verdade?

Porque o que você deve fazer não é aquilo que quer fazer. Se fosse, estaria fazendo.

Agora, chegamos ao ponto-chave da questão:

Por que você não *quer* fazer o que sabe que deve fazer?

A razão pela qual não o faz é o fato de estar em conflito consigo mesmo. Esse conflito surge porque o empurrão para frente de seus desejos e necessidades não consegue dominar o puxão para trás de seus medos e apreensões.

Um pouco mais adiante, vamos estudar em detalhes esses desejos e necessidades. Eles são os motivadores e todos os sentem. Vamos também esmiuçar os desmotivadores que todos nós sentimos. Diante de um desmotivador, você sente medo ou fica apreensivo — e esse é o motivo pelo qual eles são tão poderosos. Podem fazer sua boca ficar seca, fazer seus joelhos tremerem como vara verde e acender com um fogo em seu estômago — ou podem agir de modo suave e sutil para deixá-lo sem ação. São poderosos, é verdade. Essa é a razão pela qual vamos estudá-los logo.

Quase todas as pessoas que buscam o sucesso sofreram os efeitos desse conflito em algum momento de sua carreira e muitos convivem com eles durante toda a vida. Talvez não possamos pôr um fim a essa batalha permanente. Mas podemos decidir se seremos derrotados todos os dias, se perderemos sempre, se venceremos algumas vezes ou se venceremos sempre. Não podemos, claro, vencer em todas as vendas. De vez em quando, forças que estão além de nosso controle nos custam uma venda. Tudo bem até aí. O problema é perder sempre para os mesmos velhos medos e apreensões não solucionados.

Pense nisso. Na privacidade de seus pensamentos, pergunte a si mesmo se esse conflito não é o principal obstáculo para você se tornar um grande vencedor. Não é a falta de capacidade nem a falta de conhecimento do produto, mas simplesmente a omissão em fazer o que sabe que deve fazer.

No entanto, é surpreendentemente fácil eliminar esses medos e apreensões quando se sabe como fazê-lo. O primeiro requisito implica reconhecer que você é igual a todo mundo — que também os sente. Eles talvez não apareçam. Na maioria das pessoas, não se mostram. Mas as pessoas à sua volta os têm e você também. Reconhecer esse fato

136 | COMO SER UM GRANDE VENDEDOR

é o primeiro obstáculo a ser superado. O segundo consiste em decidir que não vai deixar esses medos e apreensões removíveis se colocarem entre você e o que você quer da vida.

Tomada essa decisão, continue a ler. Procure descobrir como fica deprimido. Estude o inimigo, descubra seu ponto fraco e, então, ataque-o para se livrar dele. Aprenda o que há sobre motivadores e como usá-los, sobre desmotivadores e como derrotá-los. Pouco depois, você começará a fazer o que sabe que deve fazer. Fará isso naturalmente e sem grande tensão, porque agora você quer fazer.

COMO VOCÊ FICA DEPRIMIDO

Algumas vezes, você se sente abatido? Existem ocasiões em que simplesmente não consegue se levantar e se obrigar a fazer o que sabe que deve fazer? Dias que simplesmente gostaria de passar longe do escritório, sem entrar, se esconder? Alguma vez você teve esses sentimentos? Vou lhe mostrar como os adquiriu.

Aposto tranquilamente que você não estaria na profissão de vendas se não quisesse ganhar dinheiro. E é outra aposta segura que concordará com a seguinte afirmação:

Quando estou deprimido, não ganho tanto dinheiro como quando estou entusiasmado.

Se aceitou essa ideia, acredito que topará também a seguinte: *Se puder reduzir o tempo em que me sinto deprimido e aumentar aquele em que me sinto entusiasmado, ganharei mais dinheiro.*

Observe que eu não disse "Aumente seu entusiasmo e, automaticamente, você reduzirá a depressão". Milhares de reuniões de promoção de vendas, realizadas todos os meses, provam que o entusiasmo transmitido da tribuna é perdido pouco antes de os vendedores deprimidos do grupo saírem pela porta. Na ferrugem da depressão gerada pelo conflito, você pode pintar o volume que quiser de entusiasmo, porque a tinta sempre vai descascar. O entusiasmo, porém, cola-se à vigilância, ao conhecimento, à finalidade. Esse é o motivo pelo qual faço a seguinte afirmação com absoluta confiança: "Reduza a depressão e, automaticamente, aumentará o entusiasmo." É enorme a diferença entre essas declarações enganosamente parecidas: enquanto a segunda funciona, a primeira não produz resultado. Adotar a primeira recomendação leva aos parcos frutos do fracasso; seguir a segunda gera as riquezas e as satisfações do sucesso.

Claro que você deve fortalecer seu entusiasmo de todas as formas razoáveis. Mas, antes de se lançar a essa útil atividade, verifique se o entusiasmo tem uma superfície limpa à qual possa se colar. Em primeiro lugar, remova com um jato de areia a depressão de sua mente.

Mas, para isso, você precisa saber exatamente como fica deprimido.

Examinamos de perto o conflito que provoca uma frustração que aumenta gradativamente até deprimi-lo. Chamo esse processo de "forjar a corrente de depressão", porque se trata de uma série de eventos. Como em qualquer corrente, para destruir seu o poder de sustentação, basta quebrar um elo. Eis o processo pelo qual você vem forjando, no seu íntimo, a corrente da depressão. Os degraus que o fazem descer para a depressão são os seguintes:

1. Consciente de seus desejos e necessidades, você se motiva — e faz alguma coisa. Imagine a si mesmo dando partida em um carro esporte de alta potência.

2. Consciente de seus medos e apreensões, você se desmotiva — e se detém. Seu carro esporte está atolado na lama até as calotas, as rodas patinam e você não vai a parte alguma.

3. Vendedores à sua volta estão se movendo, mas você não, e a frustração aumenta com rapidez. Você vê o que eles estão fazendo, sabe o que deve fazer, mas, quanto mais quer, mais difícil é obrigar-se a fazê-lo. No carro esporte, você acelera ao máximo e lança para os lados um bocado de lama. Mas não se move. Em vez disso, afunda-se cada vez mais. Sua frustração sobe às alturas e você esmurra o volante furiosamente.

COMO SER UM GRANDE VENDEDOR

4. Como não conseguiu fechar vendas nem satisfazer seus desejos e necessidades, você perde a fé em seu produto, na companhia ou — o que é ainda pior — em si mesmo. Quando qualquer uma dessas coisas acontece, a frustração que o corrói por dentro se transforma em depressão. É como se você desistisse de acelerar o carro para sair do atoleiro, desligasse o motor e resolvesse seguir a pé pela lama.

5. Agora você está deprimido demais para adotar qualquer curso de ação eficiente por si mesmo e permanece nesse estado de imobilidade até que algumas forças externas o arranquem dele.

O motorista de um carro esporte enfrentando o simples problema mecânico descrito sairia imediatamente pela lama à procura de um reboque. Mas nós somos lentos em procurar ajuda quando sofremos de depressão no trabalho com vendas, porque a solução do problema não é óbvia. Na verdade, talvez nem mesmo reconheçamos que temos um problema comum, que pode ser solucionado com facilidade.

Se você está deprimido agora com seu desempenho em vendas, se já esteve no passado ou se pensa que estará no futuro, precisa revisar as fontes de motivação.

OS MOTIVADORES

O primeiro motivador do grande vendedor é o dinheiro.

E por que é um motivador? Porque permite que você obtenha as coisas que quer e de que necessita. Dinheiro é bom.

Repita isto em voz alta:

Dinheiro é bom.
Dinheiro é bom.
DINHEIRO É BOM.

O dinheiro é bom enquanto o que você ganhar for diretamente proporcional ao serviço que presta. É bom, mas em si mesmo não o fará feliz. Tudo o que faz é lhe dar oportunidades para conseguir aquilo que o fará feliz. E, enquanto procura, será muito mais feliz com dinheiro do que sem ele, concorda?

O segundo motivador é a segurança.

A Teoria da Autorrealização de Maslow constitui o fundamento da maioria dos cursos motivacionais. Ela ensina que o ser humano comum se esforça diariamente para atender às suas necessidades físicas, ou seja, obter segurança. Na sociedade primitiva, a segurança podia ser um rebanho de cabras; na sociedade atual, segurança é algo comprado com dinheiro. Sem ele, você não pode comprar roupas. Se andar por aí nu em pelo, concorda que se sentiria um tanto inseguro? Se não usa a qualidade e o estilo certos de roupa em determinada ocasião, sente-se igualmente inseguro. Desse modo, o dinheiro é um tremendo motivador, tanto como medida direta de sucesso como na qualidade de provedor do senso de segurança.

O terceiro motivador é a autorrealização.

Praticamente todas as pessoas querem se realizar, mas quase ninguém quer fazer o necessário para isso. Acredito que, em toda parte, as pessoas se dividem em dois grupos: realizadores e não realizadores.

Os realizadores constituem apenas 5% do mundo e os não realizadores contribuem com o restante. Isso porque o não realizador está conseguindo a não realização, que é uma realização para ele. Assim, o não realizador acha muito fácil aceitar sua incapacidade de conseguir algo de real valor e significado. Pessoas que não têm nada tendem a conseguir o que pensam merecer: nada.

Muitos de nós foram criados em meios com entes queridos — mães, pais, irmãos, irmãs — maravilhosos e íntegros. Mas, talvez, também não realizadores.

Se for assim, tudo bem — para elas.

Somos orientados para a realização, mas talvez tenhamos aprendido com os não realizadores em nossa família e adotado as mesmas características. Não nos preocupemos aqui em tentar salvar nossos bem-amados — isso não pode ser feito. A vontade de realizar não é algo que se possa impor de fora; a energia precisa vir de dentro. Você tem essa energia, ou não estaria lendo estas palavras. Seu exemplo, quem sabe, pode inspirar seus entes queridos. Seu sucesso talvez torne possível para eles abrir as portas do conhecimento e da oportunidade. Mas você não pode impor a eles a vontade de realizar. Você não conseguirá nada de valor duradouro ao empurrar um não realizador pelas portas do conhecimento e das oportunidades se ele não estiver ansioso para cruzar esse umbral.

Está pronto para deixar de ser um não realizador? Está pronto para se juntar à elite de 5% da população que conquista o direito de desfrutar as coisas boas da vida?

Por meio de seminários, DVDs, e agora também deste livro, tivemos a felicidade de treinar gente que estava cansada de ser comum, pessoas prontas e dispostas a ingressar na elite, que queriam estender os braços para agarrar mais, indivíduos decididos a pagar o preço em mudança e esforço pessoal. Espero que você tenha decidido que já é tempo de deixar de ser comum, de procurar obter a grandeza inerente a todos os seres humanos.

O quarto motivador é o reconhecimento.

Trata-se de um motivador interessante e, muitas vezes, penso que é o mais importante para nossa categoria de vendedores. Pessoas farão mais por reconhecimento do que por qualquer outra coisa. Todos precisamos de reconhecimento: maridos, esposas, filhos, até mesmo o chefe. Todos precisamos. Quando você era menino, por que dava cambalhotas no quintal? O que você queria obter?

Reconhecimento. "Ei, papai e mamãe, olhem para mim, olhem só o que estou fazendo!"

Em nossa busca por reconhecimento quando somos adultos, participamos de jogos muito mais complexos. Os carros que guiamos, as roupas que usamos, os restaurantes em que comemos, os lugares que visitamos e inúmeras outras coisas são meios que usamos para obtê-lo.

Seria possível argumentar que quase todas essas coisas são necessidades. Talvez. A pessoa poderia alegar que gosta dessas coisas em si. Certamente. Mas, sem a necessidade de reconhecimento, será que viveria tão obcecada com estilo e personalização?

Todos nós ansiamos por reconhecimento e o queremos. Isso explica por que esse motivador tem um poder tão grande. Muitos gerentes de venda melhoram o desempenho de sua equipe mais com reconhecimento do que com qualquer outro motivador. E ainda mais gerentes conseguem pouco resultado porque o usam muito pouco, tarde demais e também de forma muito descuidada. Para ser eficiente em um quadro de vendedores, o reconhecimento deve ser autêntico. Imediato. Feito com sinceridade e sem favoritismo. Sua qualidade e valor devem estar em consonância com o que foi realizado.

A aceitação pelos demais é o motivador número cinco — e esse é perigoso.

Você sabe quantas pessoas se esforçam diariamente para ser aceitas por todo mundo? Nos casos de muita gente, incluindo as pessoas na área de vendas, esta é a principal motivação delas — e sua maior fraqueza. Mas todos nós queremos ser amados, certo?

Algo interessante acontece com todos os novos vendedores, qualquer que seja seu produto ou serviço. Quando você é novinho em folha na companhia (e talvez também novato na profissão de vendas) e começa seu trabalho cheio de entusiasmo, quem está ali para aceitá-lo ou rejeitá-lo?

Estão estacionados ali os realizadores ou os não realizadores? São os 5% ou os 95%?

Que grupo vive no escritório? Que grupo está na rua em busca de mais negócios?

142 | COMO SER UM GRANDE VENDEDOR

São grandes as probabilidades de que alguém diga: "Agora, deixe que eu lhe conte como as coisas realmente são por aqui." Quando isso acontecer, você talvez pense que há uma chance em vinte de que essa pessoa seja um realizador, mas talvez não o veja durante semanas. Essas pessoas estão ocupadas, fazendo coisas que as tornam grandes. Quando finalmente você é apresentado a um dos 5%, ele poderá dizer o seguinte, e não muito mais: "Que bom tê-lo conosco! Esta companhia é muito legal e você vai se dar bem por aqui. Prazer em conhecê-lo. Até mais!"

Algumas pessoas da companhia vão dizer a você que o treinamento deste livro não vai ajudá-lo. Dizem isso sem ter feito um experimento honesto com esses conceitos e técnicas. Depois de folhear rapidamente estas páginas em busca de algo para ridicularizar ou distorcer, alguns dirão isso. Sem mesmo abrir o livro, outros farão a mesma afirmativa. Esses indivíduos são perdedores e querem que você se junte a eles. A última coisa que desejam é que você se reúna aos vencedores. A fim de lhe mostrar por que isso é importante para eles, vou contar o caso de Jack Bumyears.

Jack está no departamento de vendas de sua nova companhia há quase 11 anos — e não aprendeu uma única nova técnica de vendas em 120 meses. Quando você começa, todos na companhia, do presidente para baixo, querem que você seja bem-sucedido, exceto Jack e seus amigos. Toda vez que um novato chega do nada e alcança êxito, Jack enfrenta uma pergunta difícil: "Esse novo palhaço conseguiu. Por que eu não consigo?"

Jack sabe tão bem qual é a resposta a essa pergunta quanto qualquer outra pessoa: ele é um não realizador porque se recusa a ser eficiente. Mas essa é a única resposta que ele não pode aceitar. Fazê-lo implicaria reconhecer que seus hábitos e métodos de trabalho teriam de ser drasticamente mudados antes que ele pudesse ser bem-sucedido. E isso é algo doloroso demais, apavorante demais para se pensar. Muito mais fácil é atribuir o sucesso do novato ao favoritismo, à pura sorte, à falta de ética — tudo o que afaste de si a culpa.

No entanto, por mais que Jack seja engenhoso a respeito de suas desculpas, por mais tempo e esforço que dedique para mantê-las aceitáveis, a verdade está sempre ali, lutando para se libertar.

Depois que isso acontece uma ou duas vezes, Jack, automaticamente, fica apreensivo sempre que um novato demonstra potencial. Pessoas atentas, esforçadas e ansiosas por aprender têm o péssimo hábito de obter sucesso rápido, aprendeu Jack, o que o obriga a reiniciar outra dolorosa busca de explicação aceitável. A dor chega à sua mente subconsciente e exige libertação. Jack começa, então, a agir de acordo com uma melancólica e falsa crença: que a melhor maneira de lidar com o sucesso de outras pessoas é evitar que ele seja reconhecido. Em pouco tempo, ele atinge um alto nível de não realização, tornando-se hábil em acabar com a ambição entre os colegas. Todas as fraquezas observadas na pessoa interessada são muito bem-exploradas. A pressão dos colegas é sutilmente orientada contra todos aqueles que demonstram ter sinais de energia. Se parece que essas técnicas estão fracassando, Jack e seus amigos se tornam subitamente frios e evitam o vencedor em perspectiva tanto quanto possível. É aqui que o vendedor ambicioso, que sente a forte necessidade de ser aceito por seus iguais, corre grande perigo, já que o preço da aceitação pelos colegas é se tornar comum. Só os fortes podem resistir a essa pressão; só os fortes podem pagar esse preço adicional do sucesso.

A profissão de vendas é uma das poucas em que a pessoa pode ingressar se aposentando. Em geral, as pessoas se aposentam para não fazer mais nada. Se alguém atacar a utilidade deste livro, procure saber quanto essa pessoa ganha. Se não está ganhando o mesmo que você, então acaba de encontrar um Jack Bumyears.

Cerque-se de gente que se parece mais com a pessoa que você quer vir a ser. Mesmo sem se dar conta disso, você se torna mais parecido com as pessoas de suas relações e menos com aquelas que evita, à medida que o tempo vai passando. Inconscientemente, você capta pequenas e grandes maneiras de realizar — ou não realizar — com as pessoas com quem mantém contato diário. Sem querer, você incorpora atitudes e ideias e absorve tudo, de pequenos detalhes a grandes conceitos, que o estimularão a maiores realizações — ou o afundarão ainda mais na não realização.

Não conviva com pessoas cujo timbre financeiro e emocional seja de nível inferior ao seu. Você precisa crescer. Elas não. Por isso mesmo, não conte com elas para expandir horizontes ou buscar inspiração. A escolha dos colegas certos implica escolhas difíceis. Mas temos de nos desviar de pessoas ainda mais complicadas do que nós, ou continuaremos a absorver sua influência, seus conselhos, suas deficiências. Responsabilidades familiares são uma coisa; a escolha de seus amigos é outra completamente diferente. Relacione-se com pessoas positivas. Já é muito difícil se manter onde está para poder subir. Não torne as coisas ainda mais difíceis — possivelmente, difíceis demais — tentando puxar para cima uma penca de perdedores.

Está tentando fazer com que todos gostem de você?

Está se contendo um pouco em sua campanha para o sucesso porque não deseja irritar certas pessoas que lhe disseram não gostar de gente que assume logo a dianteira?

Por quê? Você não pode se dar o luxo de ser popular com os perdedores.

Anote os nomes das pessoas com quem passa a maior parte do tempo. Examine com muito cuidado a lista e pergunte a si mesmo se cada uma delas é emocionalmente positiva para você. Coloque em uma segunda lista aquelas que não são positivas e pense em outras pessoas com quem conviver e não com elas. Se você resolver substituir algum dos atuais colegas negativos por outros, novos e entusiasmados, ficará espantado em ver como esse processo se desenvolve sem esforço, se agir gradualmente. Nada de rompimentos frontais. Nada de discussões francas. Simplesmente torne-se menos disponível às pessoas negativas e preencha o tempo economizado com atividades que o colocarão em contato com gente nova e positiva. Algumas dessas pessoas positivas se tornarão suas amigas.

O sexto motivador é a autoaceitação, que é o cálcio dos ossos de nossa personalidade. Muitos mantêm esses ossos fracos, tornando sua autoaceitação dependente da aprovação de outrem. Ossos fracos dificultam a vida. Confundir autoaceitação com aceitação pelos demais complica tudo.

Você talvez tenha problemas em pensar em autoaceitação de maneira que não implique aceitação pelos demais. Muitos não se aceitam, embora poucos jamais deixem de se rejeitar. A alimentação positiva depende dos demais; a negativa, nós mesmos preparamos. Esse é um sistema fadado ao fracasso.

Quanto mais nos esforçamos para vencer dessa maneira, mais vulneráveis nos tornamos. As pessoas percebem nossas necessidades, exploram nossas fraquezas em proveito próprio e decidem se vamos vencer ou fracassar. Pense bem a quem vai pedir aprovação. Se você se deixa levar à procura de alguém que seria ameaçado por seu sucesso, prepare-se para ter grandes problemas.

A autoaceitação é o estado de ser autêntico. Você chegou. Não aonde alguém mandou que chegasse. Você chegou exatamente aonde queria chegar. A autoaceitação ocorrerá no dia em que as opiniões dos demais não controlarem mais você. É o dia em que você começa a se fazer ouvir, quando não concorda. É a noite em que você, de repente, toma a decisão de passar as férias na Europa; é a manhã em que fica na cama porque quer. É a hora em que diz adeus a todos os jogos que não quer jogar, em que acaba com os papéis que não quer viver. É o minuto em que, finalmente, destranca seu potencial, torna-se você, sabe que se tornou autêntico, e que é completa e gloriosamente você mesmo. Isso não parece emocionante?

Poucas pessoas chegam lá.

Por que tantos não conseguem atingir a autoaceitação?

Porque não limitamos o número de pessoas das quais temos de receber aprovação.

Porque exigimos mais aprovação do que o mundo está disposto a nos conceder — e nos enfraquecemos na vã tentativa de obtê-la.

Porque não compreendemos como é importante nos aceitar como somos. Alguns percebem vagamente o que está faltando e obrigam-se a se aceitar.

Essas pequeninas vozes dentro de nossa cabeça, porém, continuam a nos reduzir às nossas verdadeiras proporções, por mais fanfarrões, agressivos ou obstinados sejamos.

Sim, é difícil se tornar autêntico, até aprender a viver confortavelmente com o volume possível de aceitação das demais pessoas. Até que possa deixar de se preocupar com isso, você não poderá se tornar autêntico.

E jamais conseguirá autoaceitação, o estado em que melhor funciona e é mais feliz, até obter algum reconhecimento e reforçar sua autoimagem. E não conseguirá reconhecimento até que tenha alguma realização para mostrar. E nunca terá realizações, a menos que desenvolva um sentimento de segurança. E não o terá até que comece a ganhar algum dinheiro.

Mas você pode obter dinheiro, segurança, realização, reconhecimento e aceitação — e continuar sem autoaceitação. Você provavelmente conhece pessoas bem-sucedidas que têm tudo isso, menos a última.

Todos nós lemos a respeito de artistas que atingiram o estrelato e, em seguida, cometeram suicídio. Tinham dinheiro, segurança e fama, o que é definido como reconhecimento e aceitação pelos demais — mas não conseguiram obter autoaceitação. Todos gostavam deles. Ou seja, todos menos um: essa única pessoa odiava aquilo que havia se tornado para obter o que pensava que queria.

Também há o suicídio em vida que tantas pessoas infligem a si mesmas, quando sua ânsia pela satisfação dos seis motivadores deixa longe o que podem conseguir. Aqueles que acreditam ter direito a essas coisas como dádivas reagem da mesma forma quando o mundo se recusa a lhes dar tudo o que desejam. Voltam-se para hábitos e atitudes destrutivos e roubam sua vida da produtividade, da alegria e do significado que poderia ter. Não se derrote antes de começar a lutar: não exija satisfação imediata muito maior do que aquela que você pode imediatamente obter.

Esses são os seis motivadores básicos — emoções poderosas, profundas, entranhadas, que impulsionam a todos nós. Selvagens, elas nos afogam; controladas, ou domadas, nos fornecem energia ilimitada. Estude-as.

Elas afetam você de muitas maneiras: na superfície, nas águas rasas, nas profundezas de seu ego. É impossível compreendê-las e dominá-las completamente.

Como ponto de partida, lembre-se de seu passado. Sinta-o. Ele determinou onde você se encontra neste momento; seu futuro imediato será o passado que determinará o futuro mais distante. Enquanto mergulhamos mais nestas páginas, por favor, observe que estou escrevendo a você sobre sua vida. O tempo passa na mesma velocidade para todos — apenas parece passar mais lentamente nas favelas do que em Monte Carlo. Onde você estará daqui a cinco anos? Faça um plano e cumpra-o, para se colocar onde deseja estar em cinco anos. E não se esqueça de atualizar esse plano quinquenal pelo menos uma vez ao ano.

OS DESMOTIVADORES

Agora, vamos falar a respeito do motivo pelo qual pessoas não conseguem obter todas as coisas que se sentem motivadas a buscar. Abra sua mente porque o primeiro desmotivador é comum à maioria de nós. Você sabe quantas pessoas têm tanto medo de perder a segurança que não tem de renunciar a ela para conseguir a segurança maior a que aspiram?

Mas o que é segurança exatamente? É realmente possível tê-la?

Acredito que não há outra segurança além daquela construída dentro de si mesmo; que você está seguro apenas na medida de sua capacidade de travar a luta chamada vida; que você não pode estar mais seguro do que sua capacidade de lidar com a insegurança lhe permite ser.

148 | COMO SER UM GRANDE VENDEDOR

Isso significa que você tem de renunciar ao que tem para conseguir o que quer. Agarrar-se a tudo que você tem frequentemente significa que isso é tudo o que vai ter. Essa assertiva se aplica tanto aos negócios como a questões pessoais: posses, responsabilidades, oportunidades e relacionamentos.

Significa que você gastará dinheiro para ganhar dinheiro. Isso é verdade em todos os negócios. Você pode ser representante de vendas de uma grande empresa, mas, em essência, está construindo sua própria clientela, seu próprio negócio. E o profissional sabe, o Campeão sabe, que um investimento é necessário — não só de tempo, mas também de dinheiro. Em outro capítulo, discutiremos alguns métodos de gastar dinheiro para ganhar mais dinheiro: usando os correios, por exemplo. Poucos vendedores iniciantes usam os correios com tanta eficiência quanto poderiam e deveriam. E por que não fazem isso? Basicamente, porque não estão dispostos a renunciar a uma parte do que têm para obter o que querem. Querem obter a notável proeminência em vendas que gera grandes rendimentos, juntamente com segurança, reconhecimento e aceitação, mas não querem renunciar agora a nada do que têm a fim de conseguir o que desejam ter no futuro.

Isso não é estranho? É como se não acreditassem que o futuro jamais chegará. Ou que não encontra espaço em sua vida. Para ser melhor do que o presente, seu futuro precisará de espaço. Ele tem de ser construído. E tem de ser pago. Talvez você não necessite de uma campanha postal. Mas precisa investir em sua credibilidade, que se manifesta, entre outras coisas, em suas roupas e apresentação pessoal. Precisa investir na construção de seus conhecimentos e na expertise de vendas. O sucesso mostra que é sucesso. O sucesso sabe como realizar o trabalho. Quando você tem tudo isso trabalhando em seu favor, há alguma dúvida de que vencerá?

Assim, o primeiro desmotivador é o medo de perder a segurança, o medo de perder o que você já tem.

A fim de combater esse medo, lembre-se de que todos os relacionamentos, todas as expertises e todas as posses requerem algum grau de atenção — ou você as perderá. Se você se recusa a renunciar a tudo o que tem agora, de onde virão o espaço, o tempo, o dinheiro e a energia para as novas realizações? Para ter um queixo liso, é preciso raspar a barba.

O segundo desmotivador é o medo do fracasso. A maioria das pessoas tem problemas com ele. Eu também tive, no começo de minha carreira.

Você quer aprender um método que garantirá que nunca fracassará em obter aquela entrevista, que nunca deixará de produzir uma apresentação de impacto, que nunca deixará de fechar a venda? Posso ensinar isso com a maior rapidez.

Eis como: nunca pegue o telefone, nunca faça uma apresentação, jamais tente fechar um negócio.

Você pode evitar falhas simplesmente sem nunca tentar. Quantas pessoas na profissão de vendas estão se escondendo todos os dias da possibilidade de um eventual fracasso?

Vou dar um exemplo pessoal. A primeira vez em que me vi diante de uma plateia foi em uma peça escolar, no segundo ano do ensino fundamental. Eu ia fazer o papel do Príncipe Encantado. Tinha de circular pelo palco, agitar uma espada de borracha e beijar a princesa. Isso aconteceu no emocionante segundo ano do ensino fundamental. Mamãe e papai estavam lá. Meus parentes e todos os meus amigos também. Eu me sentia emocionado por ser o astro. Nos bastidores, na noite da peça, atrás das cortinas, nas minhas calças e em meu pelerine cor de púrpura, meus sapatos pintados de prateado e a espada cravejada de joias, eu estava pronto para o papel. Mas lembre-se de que eu nunca tinha encarado uma plateia.

De repente, chegou o momento da minha participação. Entrei no palco.

Fiquei paralisado.

Não consegui me mover.

Finalmente, vieram e me levaram. Bem, pode estar certo de que a experiência foi traumática. Daquele momento em diante, senti fobia de aparecer na frente de um grupo. Eu simplesmente me recusava a fazê-lo.

Muitos anos depois, fui convidado por uma grande empresa a falar em público. Seu pessoal ouvira falar de meu grande volume de vendas e a empresa escreveu: "Você gostaria de vir até aqui ensinar seus métodos ao nosso quadro de vendedores?"

Deixei a carta de lado. "De jeito nenhum. Não falo na frente de ninguém."

Mas um homem que era muito importante disse: "Tommy, faça o que mais teme e você vencerá o medo."

Pense nisso. (Não estamos falando aqui em desafiar o perigo do ponto de vista físico, na busca perigosa por sensações.) Pense em algo que você deveria estar fazendo profissionalmente, em algo que não faz por causa do medo. Imagine-se fazendo, com habilidade e sucesso, o que você teme. Se puder realmente se convencer de que vai fazer logo tal coisa, experimentará alguns sintomas de medo.

Ou talvez você não seja capaz de levar o que estou dizendo muito a sério — porque o medo de fazer o que teme pode ser grande demais. Às vezes, temos de deixar que as ideias cozinhem em nosso cérebro, antes de servi-las. Mas não deixe essa ideia se perder. Anote-a e guarde-a juntamente com seus cartões de crédito:

Faça o que mais teme, e você vencerá o medo.

Leia essas palavras em todas as oportunidades. Algum dia, quando estiver pronto para agir e ansioso para vencer o medo, elas subitamente se apossarão de você. Neste dia, você estará convencido da seguinte triste verdade: *Se você não controlar o medo, o medo o controlará.* Prepare-se com afinco, desafie seu medo e vença-o, de uma vez por todas. Em retrospecto, parecerá fácil. E, cada vez que vencer um medo, achará mais fácil ainda desafiar e vencer o seguinte. Mas nem sempre se vence na primeira vez. Prepare-se para isso também. O importante é atacar aquele medo pela primeira vez. Depois disso, não é mais ladeira acima o tempo todo.

Mas você tem de passar por essa primeira vez. Quando decidi vencer o medo, fazendo o que mais temia, tive de concordar que ele estava controlando minha vida. Então, telefonei para a companhia que havia me convidado e disse que aceitava o convite.

Isso aconteceu um mês antes da data marcada para minha palestra. Passei aqueles trinta dias como se estivesse no corredor da morte, desejando em todos os momentos não ter feito aquilo. Quanto mais se aproximava do momento da palestra, maior era o meu pânico. *"O que vou dizer?"*, continuava a me perguntar *"Por que fui fazer isso comigo mesmo?"*

À noite, quando escrevia o que iria dizer, lia em voz alta o material. Em seguida, rasgava-o e recomeçava do zero. Finalmente, alguém me disse para colocar tudo aquilo em fichas de 7×12cm. E foi o que eu fiz.

Na noite anterior ao meu primeiro discurso, não dormi nada. Na manhã seguinte, entrei no grande auditório. Lá estavam umas 3 mil pessoas. Nos bastidores, fiquei escutando enquanto me apresentavam. E o que eu comecei a reviver? Meu fiasco no segundo ano do ensino fundamental. Apresentaram-me. Adiantei-me. Por falar nisso, se você não é um orador profissional, peça que consigam uma tribuna, isso lhe dá alguma coisa à qual se agarrar. E a plateia não verá seus joelhos tremendo.

Bem, então olhei para minhas anotações e quase as deixei cair. Em nenhum momento olhei para a plateia. Continuei simplesmente a falar. Minha palestra deveria durar 45 minutos. Em apenas oito, eu já havia coberto todos os pontos.

Aquela primeira vez foi pavorosa. A segunda vez, horrível. A terceira, razoável. Na quarta vez, a plateia bateu um pouco de palmas. Na quinta, permaneceu sentada. Agora, depois de falar dia após dia para o melhor grupo que conheço, os vendedores, acordo pela manhã cheio de prazer. De animação. Tudo isso por ter dominado, lá no início, o medo do fracasso.

Quantas pessoas você conhece que não tentam porque sentem medo de fracassar? Não é triste que muitos de nós fiquem resignados, em vez de aceitarem as rejeições momentâneas exigidas pelo sucesso? Se você vai aproveitar uma única ideia deste livro, que seja esta; faça-a sua e ela o recompensará, em mil vezes, seu custo de leitura: "Tenho muito orgulho de meu futuro para perdê-lo por causa de derrotas."

O terceiro desmotivador é a desconfiança de si mesmo. Este tem um interesse todo especial para nós que trabalhamos com vendas. Antes de entrar nessa área, você provavelmente disse a amigos e parentes que talvez fizesse isso. E o que foi que ouviu?

"Vendas? Está pensando em trabalhar com vendas? Para viver disso? Sabe o que isso significa? Banquete ou fome. Jantar a galinha em uma noite e as penas na noite seguinte. O que há com você, está maluco?"

Escutar esse refrão algumas vezes pode plantar as sementes da dúvida em seu cérebro e, antes mesmo que comece, acabar com seu entusiasmo. Esse medo pode estimulá-lo a um esforço maior — ou levá-lo a procurar um lugar macio para cair. "Muito bem, vou experimentar trabalhar com vendas", responde você a seus amigos e parentes. "Vou me dar uma chance. Se eu gostar, tudo bem. Caso contrário, negócio acabado... Tento outra coisa."

O problema é que você ouve as próprias palavras quando ressalva assim seu compromisso com vendas. Em outra seção deste livro, um método simples para convencer as pessoas é posto nas seguintes palavras: "Se elas dizem, é verdade." Esse método também trabalha para nós, a nosso favor ou contra nós. Você não pode entrar na área de vendas com uma atitude do tipo vou-fazer-uma-tentativa e ver-como-é-a-coisa sem debilitar sua resolução de fazer as coisas difíceis (como enfrentar a rejeição) que devem ser feitas, se quer obter sucesso.

Diga às pessoas que você resolveu fazer carreira em vendas. Nada de *se* ou *mas*. Comprometa-se com o sucesso em vendas. Não fique se envaidecendo do que vai fazer, mas também não se poupe de um esforço absoluto. Não preveja seu próprio fracasso e depois não saia por aí dizendo como é competente em profecias.

E não tenha como alvo ser alguém comum. Se fizer isso, é o que será. Quando você é novato, com pouca ou nenhuma venda, ser comum pode parecer um lugar seguro e bem-sucedido para estar. Mas não é. E não é pelo seguinte motivo: na maioria das companhias, um terço dos vendedores faz dois terços dos negócios. (Obviamente, as cifras exatas variam de ano para ano e de companhia para companhia — embora não muito.) Isso é ótimo para o terço superior, mas os dois terços de baixo de todas as forças de venda têm de viver com a renda gerada por um terço das vendas de uma companhia.

Isso quer dizer duas vezes mais pessoas dividindo metade do dinheiro. Cada vez que o membro do grupo de baixo ganha US$1, o de cima ganha US$4. A menos que você esteja no lado certo dessa partilha, é tentador culpar a política da companhia por essa enorme diferença. Resista a essa tentação. Ceder a ela o cega para três verdades que todos os grandes vendedores conhecem: 1) a administração da empresa odeia depender de tão poucos vendedores para tantas vendas; 2) a administração não pode colocá-lo no grupo superior, só você pode fazer isso; 3) se você é comum, está ganhando apenas um quarto do que o grupo superior provou ser possível ganhar com seu trabalho.

Você deixa de ser mediano, ou comum, no dia em que decide se tornar um Campeão. Deixa de ser igual à maioria no dia em que se compromete com um esforço total para atingir o nível de sucesso que deseja, porque a pessoa comum nunca assume esse compromisso. Após tomar essa decisão e assumir o compromisso, você começará a encarar as rejeições de modo diferente. Quando não conseguir uma entrevista, não pergunte a mesma coisa que o vendedor comum: "O que fiz de errado?"

Quando as pessoas que se recusam a conversar com você entram em sua loja ou área de exposição e, em seguida, vão embora, não pergunte: "Onde foi que eu *errei*?"

Quando você demonstra ou faz sua argumentação de modo eloquente e entusiasmado, até que o cliente em potencial se anima e depois, com jeito, o leva até a porta, não se pergunte: *"Onde foi que eu errei?"*

Não pergunte simplesmente porque isso reforça a dúvida que tem de si mesmo. Com reforço suficiente, a dúvida de si mesmo se transforma em convicção negativa.

E se você está nas garras da convicção negativa, acredita que tudo o que fizer será errado; e, ao errar, tudo fracassará; por conseguinte, você fracassará. Isso é convicção negativa, e todas as situações de vendas proporcionam amplas oportunidades de pegar esse vírus, caso você se exponha a ele. Ela é especialmente perigosa no caso dos novatos em vendas. Se aproveitarem todas as oportunidades para se perguntarem o que fizeram de errado, repetirão a pergunta muitas vezes em seus primeiros meses.

O que o Campeão pergunta quando fracassa é:

"Onde foi que eu acertei?"

E continua a fazer o que fez certo, mantém sua coragem, supera a rejeição, tenta de novo e começa a vender. As vitórias, então, se empilham até sepultarem todas as dúvidas sorrateiras sob uma pirâmide de convicção positiva. A maioria das pessoas não se move porque está desmotivada pelas dúvidas que alimentam acerca de si mesmas, que se transformam em convicções negativas. Daí em diante, não pergunte "Onde foi que eu errei?", mas sim, "Onde foi que eu *acertei*?".

"Espere um minuto", você diz, "estou na janela do salão de exposição, pegando um bronzeado e me sentindo bem quando esse não comprador entra, me cria toda sorte de dificuldades e, em seguida, vai embora. Até o momento em que ele entrou, eu estava me sentindo bem. Agora estou me sentindo arrasado. Naturalmente, vou perguntar. 'Onde foi que eu errei?' Todo idiota pode entender isso."

Qualquer idiota pode fazer essa pergunta. O Campeão, o membro do grupo de elite, porém, não deixa que sua autoestima ou atitude corajosa se rasteje, onde qualquer estúpido pode pisar nela.

O quarto desmotivador é a dor da mudança. Trata-se do mais duro e obstinado dos desmotivadores que meus grupos de seminários precisam aprender a dominar. Espero que você também faça um esforço especial para vencê-lo.

Por que parece que a mudança sempre implica dor? Costumamos resistir à mudança porque ela significa que parte de nosso antigo "eu" tem de morrer para que nasça outro, novo e desconhecido. Lamentamos a perda do conhecido, enquanto sofremos as dores do nascimento do estranho. Ainda é tudo muito primitivo.

Algumas pessoas resistem à mudança porque sofreram os efeitos de fatos inesperados e dolorosos, talvez na infância. Na vida adulta, isso encontra eco em declarações do tipo *"Não gosto de surpresas"* e na tendência de se defender do desastre atacando a mudança.

E resistimos porque, quase instintivamente, acreditamos que mudar e envelhecer estão, de algum modo, ligados. "Se simplesmente pudéssemos deixar de mudar, poderíamos permanecer jovens", diz essa desesperada e comovente esperança humana. Você vê essa vã esperança em gente jovem e velha, que adota o estilo de cinco ou vinte anos passados, que se apega aos maneirismos e pontos de vista do ano anterior, que se agarra, obstinada, a métodos que se mostraram eficazes em tempos que não voltam mais. Há lugar para nostalgia em nossas vidas. Ela pode ser confortadora e divertida. Mas até negociantes de antiguidades têm de acompanhar as mudanças para permanecer no negócio.

Pessoas não são as únicas a combater a mudança. As empresas fazem isso também — e as nações. Mas, de qualquer modo, o mundo muda.

Inúmeras vezes ouvimos comentários estúpidos do tipo "É assim que as coisas são"; razões sem sentido como "Sempre fizemos as coisas desta maneira"; e o absurdo completo "Não vou mudar". No entanto, as forças inevitáveis da mudança estão modificando o que é, ao tornálo não lucrativo e lançando na obsolescência a pessoa que não muda. Podemos combater essas forças e obter em seu desfavor umas poucas vitórias temporárias — mas não podemos ganhar a guerra. No fim, ou mudamos ou seremos derrotados.

156 | COMO SER UM GRANDE VENDEDOR

O sucesso evita as lutas que você não pode vencer. Em vez de se lançar contra forças imbatíveis, você as emprega para conquistar vitórias. O sucesso adora a mudança.

Assim, não antagonize a mudança; ao contrário, faça-a trabalhar por você. Isso é mais fácil de dizer do que de fazer, porque todos tendemos a lutar contra ela com emoções fortes e usá-la em prol de razões intelectuais menos poderosas. Mas há maneiras de quebrar esse hábito. Veja como transformar a mudança em uma força poderosa e positiva em sua caminhada para o topo:

1. Examine o problema de frente, analisando seu medo emocional da mudança. Separe conscientemente os sentimentos a respeito de melhorar seus métodos de trabalho daqueles de perder o que lhe é familiar, dos anos que passam, de enfrentar o estranho e o novo.
2. Conserve a melhor parte do que é antigo em sua vida, de modo a ter um forte alicerce emocional sobre o qual construir a mudança.
3. Transforme em hábito experimentar coisas novas, quando não tem de fazer isso.
4. Todos os dias, diga a alguém que você se adapta rapidamente a novas ideias, que gosta de experimentar coisas novas, que está sempre aprendendo, mudando, crescendo. Continue a dizer isso e vai acabar acreditando, agindo e fazendo com que isso se torne realidade.
5. Conquanto haja um elemento de dor em todas as mudanças, aquelas que lhe são impostas por estranhos machucam muito mais do que as iniciadas você mesmo. Em vez de ficar parado esperando que o próximo machado da mudança caia sobre você, seja o gume cortante da mudança positiva e melhore sua vida.

Meu objetivo não é pedir que você mude, mas que seja feliz. Se está infeliz, suporte a dor passageira que a mudança traz. No entanto, se não puder tolerar a dor necessária da mudança, então simplesmente seja feliz. Ou, se não pode porque sua felicidade está se esvaindo, reconheça que está começando a sentir a dor da mudança que lhe é imposta por terceiros. Essa situação é muito comum na vida. A melhor — e talvez a única — maneira de combater esse desânimo é assumir o comando de seu futuro e mudar você mesmo a situação.

Vai haver alguma dor em colocar a seu serviço as ideias contidas nestas páginas. Enfrente-a. Vou pedir a você que aprenda coisas que não está colocando em prática agora, que faça coisas que nunca fez — tal como pedir a encomenda.

Você sabia que há vendedores em toda parte que nunca pediram a seus clientes em potencial que comprassem? Nunca. Nem uma única vez. Em sua próxima entrevista de vendas, não olhe em volta à procura desse vendedor. Olhe-se primeiro em um espelho.

Todos nós temos certas ideias e valores. Nós somos o que somos e não vamos mudar. Vou lhe dar um exemplo. Hipoteticamente, digamos que, por motivos de saúde, é uma decisão prudente você perder peso agora. Suponhamos que você esteja 20 quilos acima do peso. Caso se sinta feliz de ter esses quilos de excesso, então continue assim e nem de longe pense em dieta. Contudo, se não está feliz com o peso extra, seria aconselhável fazer alguma coisa a esse respeito, concorda?

No dia em que resolver fazer dieta, você vai sentir um pouco de dor. E continuará a senti-la até perder aqueles 20 quilos. Mas depois, quando caminhar pela rua e todos lhe perguntarem como conseguiu isso, você terá um sorriso no rosto e dirá: "Ora, não foi nada de mais."

Pare de ler este livro por um instante e anote em uma folha de papel:

A dor da mudança é esquecida quando surgem seus benefícios.

Isso se aplica a todas as mudanças. Assim que as faz, a dor desaparece. O exemplo perfeito é o da jovem mulher que da à luz pela primeira vez. Muitas vezes, enquanto o parto está em curso, ela assume um forte compromisso: *Nunca mais*. Mas depois que um lindo bebê, a criação do amor conjunto, seu e do marido, lhe é entregue e ela o abraça e cuida dele, não há dúvida, dois anos depois estará de volta na mesma sala de parto. Isso também acontece com todas as mudanças positivas.

158 | COMO SER UM GRANDE VENDEDOR

Lembro-me de quando andava à procura de clientes, dia e noite. Não gostava de fazer isso mais do que qualquer vendedor — não, até que fiz e o dinheiro começou a entrar em grande quantidade.

A dor da mudança é esquecida assim que você faz o que se comprometeu a fazer. Além do mais, está em jogo também a emoção de assumir o comando, positiva e eficientemente, de sua vida. Mas agora examine a situação com todo o cuidado. Veja como surge o conflito. Todos queremos os motivadores, mas não conseguimos superar os desmotivadores.

"Quero ganhar muito dinheiro para ter segurança, me sentir realizado, ter algum reconhecimento e ser aceito pelas pessoas com quem tenho contato. Quando tiver tudo isso, com certeza me aceitarei e me sentirei bem comigo mesmo. Mas não vou renunciar à segurança que tenho agora. Não me sinto bem... Mas não sou infeliz. De modo que não vou voltar a telefonar para aquelas pessoas..."

- "Se eles não querem nosso equipamento de áudio em suas casas, azar."
- "Se não querem estender que nossos carros são os melhores na estrada, problema deles."
- "Se são incapazes de compreender que nosso sistema de telefonia interna será mais conveniente e lhes economizará dinheiro, é uma pena. O problema agora é deles, não meu."
- "E se eu não telefonar de novo para eles, não podem me dar um sonoro *não*."

Assim, é mais fácil deixar o telefone no gancho do que suportar o medo do fracasso, o medo de receber um *não* na cara.

"Assim, é melhor eu não telefonar. Além do mais, já disse praticamente a todo mundo que acho que não devia estar fazendo esse tipo de trabalho. Minha mãe continua a perguntar por que eu não conduzo as coisas com calma. E meu pai sempre diz: 'Por que você trabalha tanto? Não precisa fazer isso.' Claro, ele nunca chegou a ser coisa alguma na vida... Mas é feliz... Bem, mais ou menos. De modo que não vou telefonar para eles dessa vez."

Ao surgir a oportunidade de retomar a venda com o cliente, volta a velha cantilena, que sempre termina com a seguinte decisão: "De modo que, desta vez, não vou telefonar para eles."

"Seja como for, os compradores com quem temos de fazer negócio nesta companhia são insuportáveis... Mentes de seis volts tentando ocupar empregos de 110 volts. Eu tenho 12 anos de formação entre faculdade e doutorado, mas esse idiota para quem devo telefonar agora não consegue entender que sou o menino maravilha e que ele tem o cérebro de um débil mental. Ele age como se tivesse inventado o chip de silício, mas, sem sua autoridade de comprador, ele não seria ninguém. E é por causa desse tipo de gente que devo mudar? De jeito nenhum."

E quem perde com isso?

Eu perco. Por causa de minha incapacidade de tolerar a dor que a mudança envolve, perco não só esta, como também um bom número de encomendas semelhantes ao criar o hábito da derrota autoimposta. Sempre que arrumo um pretexto para ficar fora de uma corrida, em vez de correr e me arriscar a não ganhar, torno mais profundo esse padrão de derrota. E, quando a oposição entre motivadores e desmotivadores se transforma em conflito na mente, o resultado é o estado transitório chamado frustração.

"Eu me sinto tão frustrado. Quero ganhar mais dinheiro, mas não vou deixar este emprego por nada."

"Estou tão frustrado, mas não vou rever a agenda. Se não me telefonarem, o azar é deles."

Assim que você fica frustrado, o estágio seguinte é aquele, muito interessante, chamado ansiedade. Trata-se de um nome bonito para dor emocional. Algumas pessoas expressam ansiedade em palavras como: "Simplesmente não posso suportar mais esta pressão." Outros, em silêncio, deixam que a dor fervilhe em seu íntimo.

O próximo estágio é a zona de perigo. Muitos de nós entramos e saímos dela todos os dias.

160 | COMO SER UM GRANDE VENDEDOR

Quando, em toda a sua vida, você se sentiu mais confortável?

No ventre de sua mãe.

Bem, isso é segurança. Sua própria piscina, todo alimento que você podia desejar e nada de impostos a pagar. De repente, chega o dia em que você entra neste mundo. O que está ali para recebê-lo quando você chega? Uma boa palmada — sua primeira rejeição.

Depois, cortam seu cordão umbilical.

Você sabe quantas pessoas andam por aí à procura de um lugar para ligá-lo de novo, como se fosse uma tomada? Pense nisso. Se não pode suportar o medo da insegurança, renunciando à segurança, se não pode tolerar a possibilidade de que o rejeitem quando for fechar um negócio, se não pode enfrentar o fato de que tem algumas dessas dúvidas, se não quer mudar e desenvolver a própria técnica, talvez você não permaneça por muito tempo nessa zona de conforto. Vou dar um exemplo.

Sou seu gerente de vendas. Você e o resto do quadro de vendas de nossa filial estão aqui para aquela festa sempre emocionante, nossa reunião semanal. Posso aguentar *dor* e *ansiedade* até a marca de 700. Nessa escala, quando tomo meu banho de chuveiro e penso "Vou fazer uma grande reunião com aquela turma esta manhã. Vou realmente motivá-la", o ponteiro marca 50. "A produção não está indo muito bem... Ninguém está ganhando muito dinheiro, mas o grupo é realmente bom."

No café da manhã, decido ver qual é minha situação na Bolsa de Valores. Depois de hesitar um pouco, procuro saber. No jornal da manhã, localizo a ação que meu corretor me garantiu que manteria minha família velejando no Caribe pelo resto de nossa vida. Ela acaba de ter uma queda de 50%. De repente, meu medidor de dor e ansiedade acusa 150. Minha mulher desconfia de que algo está errado, olha por cima de meu ombro para o jornal e vê a notícia. Então, passa a dizer, em termos não muito agradáveis, o que pensa de minha capacidade de escolher ações e também que meu cérebro é feito de um único ingrediente que não funciona muito bem. O ponteiro do medidor de D e A sobe para 300.

Quando entro no carro, percebo que já estou atrasado. Então, piso no acelerador. Um policial me pede para encostar. Estou tão tenso que não procuro convencê-lo com uma explicação. (Na próxima vez que um policial mandar você encostar, antes que ele o aborde, diga a ele com um grande sorriso: "Policial, por favor, desculpe-me por incomodá-lo apenas com uma multazinha.") Mas estou nervoso demais, até mesmo para isso. De modo que a multa eleva meu medidor de D e A para 500. Quando, finalmente, chego à reunião com vinte minutos de atraso, você já está lá. O telefone toca. Você atende e diz:

"Tom, é para você."

"Vou atender no meu escritório e volto logo", respondo.

É o gerente regional, ligando para me dizer como vão as coisas no nosso escritório e para me dar um pouco de inspiração motivacional. Algo mais ou menos assim: "Hopkins, você sabe que o desempenho de sua filial é o mais baixo de toda a nossa rede? Seu pessoal não está trabalhando, seus gastos com publicidade são absurdos e você, de modo geral, me parece incompetente. Se não conseguir que esse seu pessoal se mexa, pode começar a pensar em procurar outro emprego!"

Desligo. Pela parede de vidro do escritório, vejo o grupo de vendas à espera da reunião semanal. Volto à sala com meu medidor de D e A em 750, bem na zona de perigo. Há tanta adrenalina passando em meu corpo que estou reduzido a duas opções: fugir ou lutar. Uma vez que, literalmente, não fazemos mais isso nos negócios, o que resta são os equivalentes atuais: retirar-me ou mostrar-me hostil. Não vou me retirar, de modo que a reunião será diferente do que eu havia planejado mais cedo. E desenvolve-se mais ou menos assim:

"Bom dia. Vocês, rapazes, sabem que nossa produção está falhando? Nossos resultados são os mais baixos da rede. Aviso a vocês todos... Falei com o gerente regional... Escutem isso e escutem com atenção... Se me chutarem para fora daqui, vou levar vocês todos comigo!"

De repente, sinto-me muito bem. Derrubei o ponteiro do medidor de D e A para 50 usando a hostilidade para me livrar do excesso de dor e ansiedade. Livrei-me deles. Mas para quem os transferi? Para você e

162 | COMO SER UM GRANDE VENDEDOR

para os outros vendedores. Levei vocês todos para a marca dos 750 e para suas zonas de perigo.

É vital que todos aprendam a lidar com situações desse tipo. Não se enganem. Em todos os tipos de venda, alguém vai descarregar em cima de vocês uma boa quantidade de dor e ansiedade todos os dias. Diariamente.

A maneira de enfrentar e superar essa situação é compreender que tudo o que se deve fazer é vencer a dor e a ansiedade. Faça isso e permanecerá em sua zona de conforto. Por quê? Porque só existem duas zonas: a de conforto e a de ansiedade. É preciso estar em uma ou em outra. Dor e ansiedade não são reais até que vocês permitam que machuquem. Mas, se vocês não permitirem isso, elas não os machucarão. Compreendam que terão de enfrentar experiências dolorosas, todos os dias. Essas experiências terão o potencial de criar ansiedade em sua mente — se vocês mesmos resolverem fazer isso, concentrando-se no sentimento de dor e ansiedade, bem como evitando qualquer risco de fracasso. Se decidirem se concentrar em fazer algo construtivo, que transformará suas oportunidades em realidade, permanecerão na zona de conforto, porque suas mentes estarão concentradas em fazer, não em sofrer.

Você lidou com pessoas que se aborreceram com você. Com clientes insatisfeitos. Todos os vendedores ativos experimentaram isso muitas vezes. Nada de esconder os fatos. Enquanto você permanecer na área de vendas, terá de lidar com pessoas aborrecidas com você. Ninguém que navega pelos mares do sucesso pode evitar esse fato. Ele ocorre fora de você e, com frequência, está fora de seu controle. A ansiedade ocorre apenas dentro de sua cabeça, você pode controlar preocupações desse tipo.

Você teve clientes a quem se dedicou de corpo e alma e que continuam insatisfeitos. Eles dizem isso a você sem meias palavras, talvez até mesmo de forma rude. Podem ir além, com um telefonema cruel ou uma carta enviada a seu chefe. Isso o coloca na zona de perigo, e muitos vendedores, nessa situação, começam a se retirar ou se tornam hostis.

No capítulo seguinte, você vai aprender uma fórmula gradual. Utilize-a sempre que alguém cancelar um encontro, não aceitar uma data de entrega, afirmar que não quer nada com seu produto, dizer um *não* incisivo todas as vezes. Aplique essa fórmula a todas as rejeições que receber e você começará a esperá-las ansiosamente, em vez de fugir delas. Parece difícil de acreditar nisso, não? Então, passe para o capítulo seguinte e veja por si mesmo.

6. Aprenda a amar o não

Qual foi a primeira palavra que seus pais lhe ensinaram? A palavra *não*, certo?

E de que modo lhe ensinaram o significado de *não*? Infligindo dor no seu bumbum. Por que os pais fazem isso conosco? Por que não gostam de nós? Ou será que é porque nos amam?

Eles nos amam, é claro. E sabem que podemos nos machucar, a menos que nos ensinem a evitar certas coisas. Sendo assim, para nosso próprio bem, gravam o significado em nossa mente da única maneira possível: fazendo-nos temer o não.

Hoje, o que está entre você e tudo o que deseja de sua carreira de vendas?

A palavra *não*.

O problema que aflige a maioria de nós nesse particular é fundamental: adotamos a atitude errada no tocante à mais fundamental de todas as palavras. Essa atitude, adotada desde o início da infância, sobrevive em nossa vida muito depois de passada sua utilidade.

Não cometa o erro de encarar apenas de leve esse problema. Solucioná-lo fará mais por seu desempenho do que aprender uma dúzia de novas maneiras de fechar negócio. Isso é verdade porque você não concede a si mesmo muitas chances de usar esses fechamentos, até atualizar seu conceito de não.

É improvável que um dia você tenha pensado nesse assunto. Poucas pessoas pensam. Faça isso agora, enquanto estiver lendo estas palavras de maneira ativa, inquisitiva. Não vou provar a você que *não* é bom, e não mau. Vou mostrar por que a reação cheia de medo ao *não* aprendida na infância tornou-se seu caminho para lugar nenhum quando adulto. Vou demonstrar como é possível acabar com essa velha reação negativa e apontar uma atitude nova e positiva, uma atitude que transformará o *não* em sua estrada real a toda parte do sucesso.

Procure se lembrar do tempo de criança. Houve ocasiões em que seu pai e sua mãe entraram na zona de perigo deles?

Claro que houve. Uma pequena diferença de opinião entre eles tornou-se uma rusga que se transformou numa discussão média e explodiu em uma briga aos berros. Conforme já dissemos, quando a pessoa chega à sua zona de perigo, tem apenas duas opções: retirar-se ou lutar. Se isso aconteceu entre seus pais em uma manhã de dia útil, provavelmente seu pai foi trabalhar. Ou seja, ele se retirou.

Sua mãe ficou em casa e tinha de se tornar hostil. Disse-lhe para não mexer na frigideira. Mas, quando ela chega à cozinha, lá está você, pequeno patife, caminhando na ponta dos pés para mexer na dita-cuja. E o que aconteceu em seguida?

Sua mãe poderia ter dito: "Querido, venha aqui, sente no colo da mamãe. Eu amo você, amor. E porque amo, não quero que você machuque seu corpinho. Se puxar aquela frigideira, vai se queimar todo. Bem, uma vez que não pude me comunicar de modo eficiente com você, querido, vou provocar dor no seu bumbum para ajudá-lo a compreender. Eu disse *não*." E tome palmada.

Como o tempo e a paciência, tanto naquele tempo quanto agora, sempre são tão escassos, nossos pais geralmente deixavam de fora todo o parágrafo anterior e fixavam-se apenas na parte do "Eu disse *não*" e na palmada.

Isso acontece centenas de vezes a todas as pessoas. Sem essa disciplina protetora, poucas crianças se tornariam adultos em nossa sociedade mecanizada. Assim, como salmos da infância, é martelado em nós o fato de que *não* significa rejeição — e que rejeição dói. *Não* é ruim.

Depois, entramos na escola. Já sabemos alguma coisa sobre pressão dos colegas e lá ela se torna feroz. Na escola, queremos ser iguais a todo mundo. Se alguém arregaça as mangas, é melhor arregaçarmos as nossas também. Se é hora de usar um cinto fininho, melhor usá-lo. Se o grupo prefere certa marca de sapatos, ou estilo específico de roupa, na escola aprendemos a usá-los para sermos aceitos por nossos iguais. Lembra-se?

Minha mãe — e eu tenho uma mãe maravilhosa — tinha um fetiche por lancheiras. Talvez eu não usasse as melhores roupas na escola, mas tinha a melhor lancheira. Como naquela época a gente se mudava bastante de casa, iniciei a quinta série em outra escola. Quando cheguei lá, no primeiro dia, balançando minha bela lancheira, os garotos apontaram para mim e berraram: "Olha lá aquele idiota usando lancheira." E gargalharam. As lancheiras estavam fora de moda; o que se usava eram sacolas de papel.

É claro que eu queria ser aceito pelos colegas e também deixar minha mãe feliz. Desse modo, saía de casa com minha linda lancheira, escondia-a em um beco e ia a pé para a escola com meu lanche em um saco de papel. O plano deu certo. Não houve nenhum problema em casa, e a turma me aceitou. Consegui deixar todo mundo feliz.

Isso é algo que todos nós queremos fazer, concorda? Mas, em vendas, haverá ocasiões em que você não conseguirá agradar a todos. E também momentos em que seus clientes, antigos e em potencial, vão usá-lo para aliviar as ansiedades que têm. Alguém ou alguma coisa os colocou na zona de perigo, antes que você cruzasse a porta. Ele vai ficar ali, não irá embora. Assim, torna-se hostil e despeja todas as suas ansiedades em você. Esse é um dos aspectos do trabalho em vendas do qual pouco ouvimos falar. Abre oportunidades, embora o vendedor comum não considere essas situações como tais. Na verdade, elas lançam o vendedor comum, imediatamente, em sua zona de perigo. Uma vez nela, ele só pode se retirar e perder a venda ou tornar-se hostil e perdê-la também. De qualquer modo, a atitude do vendedor comum é destruída naquele dia, ou por mais tempo. Muitas pessoas, no geral capazes, abandonaram o ramo de vendas porque não conseguiam enfrentar desafios desse tipo.

Quando um cliente em potencial ou antigo explode por uma bobagem ou se mostra difícil sem qualquer razão aparente, significa que essa pessoa foi empurrada para sua zona de perigo — embora não tenha sido por você. Ele precisa de alguém para fazer o papel do bandido que não está ali.

Rejeite o papel de bandido para si e pegue, em vez disso, o do mocinho. Você pode vencer se for o mocinho. E vou lhe contar como, em instantes.

Quando enfrenta um cliente em potencial que subitamente se tornou hostil, o vendedor comum fica ansioso, em virtude de sua própria dignidade. Se ela requer que grite antes de se retirar, ele grita; se ela permite uma retirada em passos duros e silenciosos, é o que faz — na verdade, em ambos os casos, ele nada consegue com aquele cliente em particular.

O Campeão vê a situação por uma ótica inteiramente diferente. Ele logo percebe que o cliente está sofrendo, que combater a hostilidade do outro com mais hostilidade é contraproducente, que sua própria dignidade não está em jogo. Como ser humano, quer ajudar a aliviar a dor do cliente; como homem de negócios, deseja afastar a dor, a fim de conquistar seus objetivos.

Vejamos como o Campeão vence ao aceitar o papel de mocinho: mantém-se calmo, ouve com toda a atenção e, na primeira oportunidade, toca no âmago do assunto.

"Sr. Cliente, tenho a impressão de que o senhor está mais perturbado com alguma coisa que nada tem a ver comigo ou com minha empresa do que com o assunto que estamos discutindo. (Não pare.) Sei como são essas coisas. Por que não me conta o que o está incomodando? Acho que isso tornará a coisa mais fácil para nós dois. O senhor precisa desabafar, e falar com alguém que não esteja diretamente envolvido pode ser uma boa maneira de esclarecer seu raciocínio sobre o problema. Quer me contar o que houve?"

Fale em tom claro quando pronunciar essas palavras e não se apresse. O cliente hostil geralmente protesta um pouco — nega que tenha um problema ou finge ignorar suas palavras. Em seguida, se você demonstrar empatia autêntica, é possível que ele comece a falar sobre o que o está preocupando. Uma vez iniciado, ele provavelmente usará todo o tempo disponível contando-lhe tudo. Não se preocupe. Ele o convidará a retornar ou dirá algo assim: "Mas já basta de problemas meus. O que o senhor tem para me vender?"

E então você diz:

"E quanto isso me custaria?" Ao que ele prossegue:

"Vamos passar por cima da conversa mole habitual. Você sabe quais são nossas necessidades. Sua máquina pode dar conta delas?", ao que você responde que sim. E isso é verdade, claro, ou você não estaria lá.

"Muito bem, vou fazer o pedido da máquina. Passe por aqui na próxima vez que andar por estas bandas... Posso ter uma boa dica para você", diz o cliente.

O Campeão sabe quando sua apresentação mais eficiente é não fazer apresentação alguma.

COMO REJEITAR OS EFEITOS NEGATIVOS DA REJEIÇÃO

Quem trabalha na área de vendas sabe que ser capaz de superar os efeitos nocivos da rejeição é vital para o sucesso nesse campo. O que precisamos é de um sistema que nos permita fazer isso o tempo todo. E ele existe. Eu o chamo de Fórmula do Campeão para Rejeitar a Rejeição.

Se você se concentrar nessa fórmula quando for rejeitado, vai se sentir bem, e não mal. Você talvez não concorde comigo nesse caso. Muito bem, não use minha fórmula — se está constantemente lá fora se arriscando a rejeições, encontrando-as com frequência, superando-as e fechando vendas. A menos que esteja fazendo tudo isso, você precisa da fórmula. Não a combata; use-a. E use-a de todo o coração — pois, se o fizer, ela fará seu desempenho de vendas subir como um foguete.

Passo um: Como primeiro passo no uso da fórmula, determine o valor monetário de cada rejeição que recebe. Não posso dar a você esse valor porque este livro é escrito para todos os tipos de vendas, e os valores

COMO SER UM GRANDE VENDEDOR

mudam com o tempo. Mas, para dar um exemplo de como se faz isso, digamos que ganhe US$100 por venda fechada.

$$1 \text{ venda} = US\$100$$

Passo dois: Campeões operam de acordo com razões. Como profissional de vendas, você conhece a própria razão entre contatos e fechamentos de negócios, ou seja, com quantas pessoas você tem de entrar em contato para fechar uma venda. Manter-se informado acerca dessa lógica requer pouco esforço e proporciona informações valiosas. Por exemplo, uma queda na razão o alerta para o fato de que há problemas em sua rotina, antes mesmo de se tornarem sérios. Mas esse é um assunto a ser mais bem-discutido em outro capítulo. Por ora, vamos supor que você entre em contato com dez pessoas para fechar uma venda, o que significa que sua razão entre contatos e fechamentos é de 10 para 1.

Todos os Campeões tentam melhorar seu percentual de desempenho entre contatos e fechamentos, obviamente, mas a razão 10:1 adotada neste exemplo é razoável em muitos tipos de vendas. Vamos prosseguir. Funciona da seguinte maneira:

$$1 \text{ venda} = US\$100$$
$$10 \text{ contatos} = 1 \text{ venda}$$
$$\text{Logo,}$$
$$1 \text{ contato} = US\$10$$

Você não é pago pela venda, mas pelo contato.

Esse não é um modo estranho, distorcido ou absurdo de encarar a atividade de vendas — é a realidade. Você tem de fazer dez contatos para fechar uma venda. Nenhum contato significa nenhuma venda, que, por sua vez, significa nenhuma renda. A renda não é iniciada pelas vendas, mas pelos contatos. Assim, por que você deve se convencer de que recebe US$100 por uma venda, mas nada por um contato? Esse raciocínio não apenas é contraproducente, como também inverídico. Mas não me venha com artimanhas. A diferença entre um Campeão e um vendedor mediano reside na maneira como encaram coisas desse tipo.

Assim, faça como os Campeões: condicione-se com ideias vencedoras. Use a fórmula apresentada. Talvez sua média seja de 12 contatos e US\$240 por venda; se for assim, por cada rejeição autêntica de contato que recebe, você ganha US\$20. Descubra seu próprio valor monetário e condicione-se antes de cada visita e após cada rejeição. A recompensa é inerente ao seguinte fato: você fará mais visitas de contato porque sofrerá menos dor ao fazê-las, e suas visitas serão melhores porque você estará mais relaxado. Pouco tempo depois, notará que está gostando da coisa. Nesse momento, começa realmente a deitar e rolar. Estará fazendo cinco, dez ou vinte visitas no tempo que passava olhando fixamente para a parede, procurando pensar em razões para não fazê-las. Suas vendas estarão nas alturas. E você estará se divertindo, porque vencer é divertido.

Isso não é estimulante?

Toda vez que ouvir um não, você ganha uma soma específica em dinheiro: o valor monetário para você de uma rejeição. É nesse momento que você compreende que o *não* é bom, que é no *não* que se encontra o dinheiro.

Isso mesmo, o *não* é bom. Não é uma palmada forte no bumbum de um bebê, que persiste nas ansiedades do adulto. Ouvir um bocado de negativas significa que você está em órbita, ganhando dinheiro, dirigindo-se ao seu objetivo. Chegará o dia em que a palavra *não* soará como doce música para seus ouvidos.

Concentre-se no valor monetário da rejeição e começará a esperar por ela com prazer. Como eu disse, Campeões e vendedores comuns diferem principalmente na maneira como reagem a situações básicas, como a rejeição. Se você considerar que cada rejeição vale US\$10 e encarar a situação de frente, alguns clientes lhe darão US\$200 ou US\$ 300 por terem simplesmente aparecido. Entendeu bem o que eu disse?

Comece a ascensão rumo ao sucesso mudando de atitude no que diz respeito à rejeição. Bem, eu sei que algumas pessoas, em virtude

172 | COMO SER UM GRANDE VENDEDOR

de sua formação, ficam petrificadas diante de uma rejeição. O que fazer neste caso?

FAÇA O QUE MAIS TEME E VOCÊ VENCERÁ O MEDO.

Se obrigar a si mesmo a lidar com a rejeição — se permitir a si mesmo senti-la e superá-la uma vez, duas ou três vezes, começará a compreender que, afinal de contas, ela não é tão terrível assim. De repente, descobrirá que consegue lidar com ela sem sentir dor — e se perguntará por que um dia deixou que o medo da rejeição bloqueasse seus objetivos.

AS CINCO ATITUDES RELATIVAS À REJEIÇÃO

Campeões dos Estados Unidos e do Canadá que compareceram a meus seminários me escreveram a respeito dessas cinco atitudes. Suas cartas repetem sem cessar a mesma história:

"Tommy, segui seu conselho e decorei as cinco atitudes relativas à rejeição. Ao adotá-las, tornei-me capaz de lidar com mais dor pessoal, mais aborrecimentos relativos aos negócios, mais conflitos emocionais, mais problemas, mais pressões — e, ainda assim, continuo a progredir."

As atitudes em questão farão o mesmo por você, *caso você absorva esses conceitos.* Lê-los rapidamente e depois continuar a viver como antes não surtirá o menor efeito em você. A fim de absorvê-los, é preciso gravar as palavras em sua mente. Quando necessitar deles — e quando estiver disposto a usá-los —, os conceitos estarão à mão, prontos para revolucionar suas atitudes quanto à rejeição, capazes de plantar as sementes do sucesso em cada vaso de fracasso que venha a encontrar.

Anote-as em cartões. Leia-as em voz alta. Grave-as na memória. AS CINCO ATITUDES RELATIVAS À REJEIÇÃO PRECISAM SER APRENDIDAS PALAVRA POR PALAVRA. A fim de torná-las ainda mais emocionantes e poderosas, forneço três alternativas para cada

TOM HOPKINS | 173

atitude. Selecione a versão (A, B ou C) com que se sente mais à vontade. Em seguida, memorize suas cinco novas atitudes sob medida, em relação a todos os resultados diferentes do sucesso. (Substitua *fracasso* por *rejeição* em todos os casos em que esta última palavra expressar mais exatamente o que sente.)

Primeira atitude relativa à rejeição:

a) Jamais considerarei fracasso como fracasso, mas apenas como uma experiência de aprendizagem.
b) Jamais verei fracasso no não sucesso, mas sim uma experiência de aprendizagem.
c) Sempre considerarei o não sucesso uma experiência de aprendizagem.

Segunda atitude relativa à rejeição:

a) Jamais considerarei fracasso como fracasso, mas apenas como a retroalimentação negativa de que necessito para mudar de curso.
b) Jamais verei fracasso no não sucesso, mas instrução para atingir meus objetivos.
c) Descobrirei os dados necessários para corrigir meu curso em todos os não sucessos.

Terceira atitude relativa à rejeição:

a) Jamais considerarei fracasso como fracasso, mas apenas como uma oportunidade para desenvolver meu senso de humor.
b) Jamais verei fracasso no não sucesso, mas apenas uma oportunidade de desenvolver meu senso de humor.
c) Procurarei logo descobrir algum humor no meu não sucesso.

Quarta atitude relativa à rejeição:

a) Jamais considerarei fracasso como fracasso, mas apenas como uma oportunidade de colocar em prática minhas técnicas e aperfeiçoar meu desempenho.

174 | COMO SER UM GRANDE VENDEDOR

b) Jamais verei fracasso no não sucesso, mas apenas a oportunidade de colocar minhas técnicas em prática e aperfeiçoar meu desempenho.

c) Valorizarei a oportunidade de colocar em prática minhas técnicas e aperfeiçoar meu desempenho que cada não sucesso me oferece.

Quinta atitude relativa à rejeição:

a) Jamais considerarei fracasso como fracasso, mas apenas como o jogo que tenho de jogar para vencer.

b) Jamais verei fracasso no não sucesso, mas apenas uma parte do jogo que tenho de jogar para vencer.

c) Considerarei sempre o não sucesso parte necessária do jogo que estou jogando para vencer.

Agora, analisemos essas cinco atitudes relativas à rejeição, a fim de maximizarmos nossa capacidade de rejeitar o fracasso.

1. **A experiência do aprendizado.** Quando você sai à procura de clientes potenciais e é rejeitado, quando se apresenta e faz sua demonstração sem fechar a venda ou quando a realiza e, em seguida, algo faz com que a encomenda seja cancelada por uma decisão da empresa, o que lhe ofereceram?

Algo de grande valor: uma lição na arte de vender, a prática, que é específica ao momento, ao lugar e àquilo que você vende, ou seja, às condições competitivas e econômicas deste mês, ao seu território e ao seu produto ou serviço. Não se recuse a aprender a lição: você pagou por ela com a perda da venda.

Algumas vezes, você terá de fazer uma pequena pesquisa para aprender a lição; em outras ocasiões, ela é óbvia. Mas você sempre terá de pensar profundamente nela. De qualquer modo, reserve tempo e energia para analisar os fatos e estudar a lição pela qual você pagou com uma venda, em vez de cruzar os braços e lamentar-se: "O que eu fiz de errado? Por que perdi aquela venda?"

A lâmpada elétrica precisou daquele volume imenso de esforço físico e mental para ser inventada. A principal dificuldade era criar um filamento que queimasse por um período considerável. Antes de solucionar esse problema, Thomas Edison realizou — e fez anotações detalhadas a respeito — mais de mil experimentos que não resultaram em uma lâmpada elétrica na prática. Continuou tentando. Finalmente, conseguiu um filamento que emitia luz durante uma hora, um dia, uma semana — e nós recebemos de presente a invenção que fez mais por nossa vida do que qualquer outra.

Perguntaram a ele: "Como o senhor se sentiu, ao ter fracassado mais de mil vezes?"

Eis o que ele respondeu: "Eu *não* falhei mil vezes; aprendi mil maneiras que não funcionavam." Isso não é espantoso? Tudo depende do modo de encarar a situação. Descobri que os grandes Campeões, os homens que auferem altas rendas, são indivíduos que mudaram suas atitudes e aprenderam a lidar com as mesmas pressões e apreensões que costumam derrotar a maioria das pessoas.

Todas as vezes que for rejeitado, de qualquer maneira, diga a si mesmo:

Nunca vejo o fracasso como fracasso, mas apenas como uma experiência de aprendizagem.

2. Corrigindo o curso das coisas. Se você está perdido, precisa de retroalimentação negativa para trazê-lo de volta ao caminho certo. Todos tivemos clientes que se apaixonaram por tudo que mostramos a eles: "Ah, eu gosto deste. E este é sensacional. Olhe só para isto. Fantástico." Nunca nos fazem uma objeção ou nos dão retroalimentação negativa, tornando-se quase impossível fechar negócio com eles. Você pensa que eles vão comprar tudo na loja, até que, então, partem, com as mãos abanando.

Todas as manhãs, tomamos uma decisão sobre nossa atitude naquele dia quanto à rejeição. Podemos tomá-la pessoalmente e destruir nosso dia ou jogá-la fora e continuar a trabalhar. Você decide isso todos os dias. Eu faço a mesma coisa.

Em meus seminários de vendas, adoto uma analogia que acredito que realmente transmite o que quero dizer. Baseia-se no torpedo moderno que procura o alvo. Quando ele é disparado do submarino, um dispositivo em seu nariz se fixa no alvo e o guia através de quaisquer zigue-zagues que ele precise fazer para acertar.

Suponhamos que eu seja o torpedo. Mais adiante, está o alvo. Fui disparado pelo submarino e parto a toda pela água. Imediatamente, desvio-me do curso. Então, o dispositivo de localização se mexe e me dá o seguinte aviso: "Não, por aí não."

Em seguida, eu me viro um pouquinho demais e saio do curso outra vez. E o dispositivo emite outro aviso: "Não, não por aí." Viro-me cada vez que sou rejeitado e, em seguida, lá está ele: o alvo. Cheguei ao meu objetivo. *Ka-blam!* Uma terrível explosão. Adeus, alvo!

O que aconteceria se o torpedo interpretasse a rejeição como algo pessoal? O que ele faria?

Voltaria para casa.

Veja como funciona a coisa. Um torpedo é disparado.

"Você está fora do curso, torpedo."

"Não consigo suportar isto", responde o torpedo. "Vou voltar para casa."

Alguém no submarino, então, berra: "Ah, droga! Lá vem um que não conseguiu aguentar a situação." *Ka-blam!* Uma terrível explosão. Adeus, submarino!

Em nossos estudos acerca do comportamento de vendas, descobrimos inúmeros padrões regulares. Um deles surge quando vendedores que trabalham externamente entram em suas zonas de perigo porque não conseguem lidar com a rejeição que faz parte de seu trabalho. Onde, então, começam a passar cada vez mais tempo?

Em casa.

Um número muito grande de vendedores se esconde em casa. Ou volta para casa cedo. Ou seus almoços duram três horas, para se esconderem da dor da rejeição.

O que mais o torpedo poderia fazer se não conseguisse lidar com a rejeição?

Poderia explodir no submarino. Pessoas fazem isso na área de vendas. Quando não conseguem mais suportar a situação, explodem no escritório ou no salão da loja. *Ka-blam!* Uma explosão ensurdecedora. Adeus, emprego!

O torpedo poderia decidir nadar em círculos. Vendedores fazem isso em todas as indústrias. "Acho que vou simplesmente dar uma volta por aí e acalmar os nervos. Mas não vou falar com ninguém hoje. Ora, lá vem aquele cara intransigente que está muito interessado em nosso modelo 360. Ah, que sorte, ele está olhando para o outro lado! Posso me esconder no banheiro, antes que ele me veja."

Por que alguém que trabalha na área de vendas faria algo assim? Porque a possibilidade de ter de lidar com outra rejeição é mais do que a pessoa pode aguentar.

Ao enfrentar o mesmo cliente que destrói emocionalmente o vendedor comum, o Campeão se torna criativo e assume a seguinte atitude: "Muito bem, Sr. Intransigente, faça o que quiser. Pode começar com seu blá-blá-blá. Isso não significa nada para mim. Mas eu vou usar seu estímulo negativo para descobrir um modo positivo de refutar suas objeções e *fechar a venda.*"

Não faz mais sentido reagir dessa maneira, em vez de rastejar para um buraco e se esconder? Por que permitir que a rejeição o destrua? Por que bloquear a retroalimentação negativa? Sinta-se grato por ela. Receba-a, mude de curso e atinja o alvo — ou um alvo diferente. É divertido.

É realmente emocionante quando você sabe que não aceitará uma negativa, quando sabe que assumiu o comando de sua carreira, quando sabe que se levantará sorrindo depois de receber nove rejeições consecutivas, dizendo:

Jamais considerarei fracasso como fracasso, mas apenas como uma retroalimentação negativa necessária para mudar de curso.

3. **Humor.** Esta é uma das minhas atitudes favoritas no que diz respeito à rejeição e acho que a uso mais do que qualquer outra. Enquanto escrevia este livro, também estive trabalhando ativamente em um novo seminário nacional que minha empresa está organizando. Como o seminário tem muito a ver com a mente e as emoções, a Tom Hopkins/Champions Unlimited contratou uma equipe de psicólogos altamente qualificados para fazer uma revisão no material que será estudado. E todos os profissionais envolvidos com a questão emocional afirmaram que esta terceira atitude pode fazer mais para mantê-lo em movimento progressivo do que qualquer outro conceito.

Você já teve alguma experiência traumática com clientes que praticamente o arrasaram? Se a resposta for sim, quando isso aconteceu, você se sentiu tão mal que simplesmente não pôde voltar a telefonar para eles. Estava liquidado. Não queria ouvir novamente o nome daquelas pessoas.

Mas o que você estava fazendo três semanas depois?

Rindo de sua derrota. Dizendo às pessoas: "Você devia ter visto aquilo. Que mancada! Fui procurar aqueles clientes e..."

Três semanas depois, é hilariante. Toda a mágoa desaparece logo na primeira vez que você conta a história e ri de seu desastre. Infelizmente, até que possa fazer isso, você mesmo é um desastre: ficará cavando a terra com o nariz, o entusiasmo em baixa e sua capacidade de lidar com a dose diária de rejeições reduzida a zero. Então, as semanas que transcorrem entre o desastre e a gargalhada são perdidas.

A vida não tem de ser assim. Ria mais cedo. Esta é a chave. O riso alivia a dor da ansiedade. Todo tipo de humor ajuda, mas a graça que faz com suas próprias mancadas, fracassos e desventuras realiza o trabalho mais do que maravilhoso de dissolver a ansiedade.

Todos os grandes tipos que conheci tinham um maravilhoso senso de humor. Adoravam encarar a realidade e viam nela um volume incomum de humor. Rir é bom. Ria mais. Mas não ria cedo demais.

Se você recebe o telefonema de um cliente que acaba de comprar e o homem diz "Estamos pensando em cancelar o pedido", esta não é a ocasião adequada para gritar de alegria e contar mais piadas. Em primeiro lugar, faça o possível para manter a venda. Se, mesmo assim, fracassar, procure o lado bem-humorado.

Se você é novo na profissão de vendas e ri sempre que algo sai errado, você vai rir um bocado. Enquanto as risadas tiverem a ver diretamente com o trabalho e você agir de modo eficaz entre uma venda e outra, por que não? Estará mantendo a atitude certa e aprendendo rapidamente. Ocasiona o próprio fracasso acreditar que, se não doer, você não está trabalhando.

Eu lhe dei a chave: ria logo de seus problemas. No princípio, terá de se esforçar para rir, quando preferia chorar. Mas esse também é um hábito baseado na atitude que você resolveu tomar. Se está disposto a assumir o comando de sua vida, pode criar os hábitos com os quais deseja viver. Quando o sucesso lhe escapar, olhe sempre para o lado bem-humorado e diga a si mesmo:

Jamais considerarei fracasso como fracasso, mas apenas como uma oportunidade de desenvolver meu senso de humor.

4. **Prática.** Sempre que você demonstra ou apresenta algo, mas os clientes não compram, o que foi que lhe deram, em vez de uma encomenda?

Uma oportunidade de praticar. Muitos não compreendem a importância disso. Pessoas cujas vendas estão abaixo de seu potencial tendem a zombar da necessidade da prática, e essa é uma das razões que jus-

180 | COMO SER UM GRANDE VENDEDOR

tificam suas vendas em baixa. Se seu desempenho fosse perfeito, suas vendas poderiam ser outra coisa que não sensacionais?

O desempenho perfeito é muito mais do que uma conversa memorizada de vendas. Nenhuma demonstração ou apresentação será mais do que medíocre se não incluir a decisiva participação dos clientes, uma participação bem conduzida e orientada pelo vendedor. Isso exige prática e conhecimento exaustivo do que você vende. Seja trabalhando com possíveis compradores na loja, em casa, em sua área de atuação, no escritório deles ou ainda em outra localização, sempre que estiver com um cliente que disser não, você terá pelo menos a possibilidade de ir embora e dizer:

Jamais considerarei fracasso como fracasso, mas apenas como uma oportunidade de praticar minhas técnicas e aperfeiçoar meu desempenho.

Após cada rejeição, ignore os aspectos negativos; foque seus pensamentos nos aspectos positivos e siga em frente. Faça isso imediata, automática e firmemente. Esse é um dos poucos hábitos preciosos que tornam certo o sucesso. E é um hábito que você pode aprender. Desenvolva-o.

5. **O jogo**. A venda é um jogo de porcentagens, uma questão de números. Depois de anos, descobri que uma única regra domina todas as organizações de vendas: aqueles que se arriscam a ter mais fracassos trabalhando com mais gente ganham mais dinheiro; por outro lado, os que se arriscam menos, recebem menos.

Se você se arriscar com frequência ao fracasso, vai fracassar também com frequência. Isso é inevitável. É inerente ao sistema, assim como o efeito percentual: em certo número de tentativas, você obtém sucesso. Considerando isso verdade, tudo o que você deve fazer é aceitar o fato de que o sucesso exige uma porcentagem de fracassos. Assim, quando seus esforços forem premiados com não sucessos, diga a si mesmo:

> **Jamais considerarei fracasso como fracasso, mas apenas como o jogo que tenho de jogar para vencer.**

Se você conhece beisebol, sabe quem é Ty Cobb. Em seu melhor ano, ele conquistou 94 bases em 144 tentativas. Pense nisto: a cada três vezes, ele teve sucesso em duas; em 66% das vezes, ele conseguiu. E foi sobre recordes assim que ele construiu uma lenda duradoura. Apenas 66%.

Vamos falar de outro jogador. Max Carey teve sucesso em 90% das vezes; em seus melhores anos, conquistou 51 bases em 54 tentativas. Que porcentagem! Mas hoje ninguém mais se lembra mais dele. Na vida, o que conta não é o número de vezes que você fracassa, mas o número de vezes que continua a tentar. Se o velho Max tivesse ignorado o próprio ego e tentado mais, teria sido o número um.

O MANTRA DO CAMPEÃO

Agora vou dizer qual é a filosofia básica da Tom Hopkins/Champions Unlimited. É dela que vivemos. É o que nos transforma em Campeões e também transforma os vendedores que temos o privilégio de treinar.

> **Não sou julgado pelo número de vezes que fracasso, mas pelo número de vezes que tenho sucesso. E o número de vezes que tenho sucesso é diretamente proporcional ao número de vezes que posso fracassar e continuar a tentar.**

Faça mais do que simplesmente ler esse mantra. Estude-o. Deixe-o penetrar em sua mente. Deixe-o modificar a maneira como você encara todo o resultado que não seja o sucesso. Eu adoraria que você decorasse esse mantra. Por favor, ponha o livro de lado, copie o mantra em um pedaço de papel e coloque-o em sua carteira ou bolsa. Trabalhe com ele e com as cinco atitudes relativas à rejeição; grave-os em sua mente e,

COMO SER UM GRANDE VENDEDOR

então, seu desempenho e sua renda darão um salto adiante. Do fundo do coração, acredito que Campeões são Campeões porque aprenderam a alimentar sua energia superando mais fracassos.

Revise as cinco atitudes relativas à rejeição e ao fracasso e use-as sempre que assumir um risco ou praticar um ato que resulte em menos do que uma vitória.

1. Jamais considerarei fracasso como fracasso (rejeição como rejeição), mas apenas como uma experiência de aprendizagem.
2. Jamais considerarei fracasso como fracasso, mas apenas como a retroalimentação negativa de que necessito para mudar de curso.
3. Jamais considerarei rejeição como rejeição (fracasso como fracasso), mas apenas como uma oportunidade para desenvolver meu senso de humor.
4. Jamais considerarei fracasso como fracasso, mas apenas como uma oportunidade para colocar em prática minhas técnicas e aperfeiçoar meu desempenho.
5. Jamais considerarei fracasso como fracasso, mas apenas como o jogo que tenho de jogar para vencer.

7. A procura de clientes em potencial com e sem recomendação

Quantos vendedores de sua empresa passam a maior parte do tempo no escritório, como se fossem baleias encalhadas? Refiro-me àqueles que fazem perguntas como:

"Quem devo visitar hoje?"
"O que devo fazer hoje?"
"Tomara que apareçam logo alguns clientes que queiram comprar."
"Como seria bom se a companhia me desse mais indicações."
"Nossa publicidade é uma piada. Como posso procurar gente se não fazemos boa publicidade? Ninguém nos telefona depois de ter lido nossos anúncios."
"Não sei o que fazer."

É triste, mas o vendedor comum não acredita realmente que na área de vendas a pessoa seja a chave para todas as portas. Preferem dizer: "Tudo se resume às pessoas que você conhece", sem se dar conta de que a maioria das pessoas pode ser conhecida — se apenas quiserem se dar o trabalho de entrar em contato com elas.

Use o telefone. Pegue seu carro e vá a lugares onde existem pessoas que precisam de seu produto ou de seus serviços. Ou se não sabe quem especificamente visitar, use o telefone ou as pernas para descobrir outras pessoas fora do escritório.

Recentemente, coordenei um seminário de vendas intenso, um curso de três dias de duração. No fim, eu me sentia física e emocionalmente exausto. No momento em que as últimas pessoas saíam do auditório, aproximou-se de mim um senhor na casa dos 60 anos, que me disse que estava em vendas há quase quarenta. Eu notara que ele havia feito inúmeras anotações durante as palestras e achara estranho que alguém com aquela experiência toda estivesse tão interessado em aprender coisas novas, que viesse se submeter a um treinamento.

"Gostei muito de seu seminário, Sr. Hopkins. O senhor, no entanto, poderia tê-lo resumido."

"Foi tão longo assim?"

"Não. Aprendi muito. Mas, em apenas dois minutos, o senhor poderá revelar à sua plateia um segredo que lhe garantirá o sucesso." Estendeu bem os braços. "Depois de dedicar quarenta anos a esse negócio, conheço o segredo do sucesso de vendas."

"Espere aí", retruquei. "O senhor conhece o segredo? Por favor, me escute. Minha vida se resume a ajudar vendedores. Por favor... Conte-me esse segredo."

Depois de me olhar por um momento, ele disse:

"Tom, é exatamente isso o que vou fazer."

Formou-se uma carga de expectativa no ar — talvez até mesmo de reverência — quando esse grande mestre da arte de vendas foi até o quadro-negro, pegou um giz e desenhou a seguinte figura:

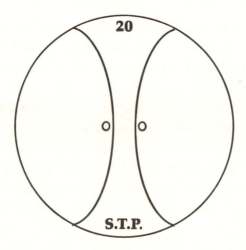

"É isso aí, Tom."

Enquanto eu olhava para o desenho, a carga de reverência tomava conta da sala. Depois, olhei em volta, na esperança de que não estivesse sozinho com aquele homem. Estava. Sorrindo cordialmente, perguntei:

"Então é esse o grande segredo, hein?"

"Exatamente. Todos os meses você fala para milhares de indivíduos que estão lutando para vencer em vendas, certo?"

"Certo, mas uma grande porcentagem já se encontra na faixa do bom para o melhor. Comparecem aos meus seminários porque querem se tornar ainda melhores."

"Exato... Estou nessa categoria, e você tem muitas técnicas esplêndidas para nos ajudar. Mas o fato é que as técnicas de nada valem se não forem colocadas em prática. Se conseguir fazer com que entendam isso, vai atingir seu objetivo de ajudar todos aqueles que o ouvem a se tornarem bem-sucedidos em vendas."

"Sim, mas..."

Ele ergueu um dedo.

"Tom, se você conseguir motivar as pessoas a usarem meu segredo, elas vencerão todos os obstáculos à riqueza." Fez um desenho exuberante no ar. "E o segredo é o seguinte: Procure vinte pessoas *pessoalmente*, todos os dias."

De repente, o ar voltou a ficar carregado. Ele bateu as mãos e continuou:

"Consiga com que façam isso e não terão como fracassar."

Ele tem toda razão. Todos os meus anos em vendas me convenceram disso. Até hoje, nunca ouvi uma fórmula para o sucesso que supere esta em verdade, simplicidade e praticabilidade. Todos os dias, aproxime-se de outras vinte pessoas e, em breve, você será um vitorioso. A chave para ganhar mais dinheiro é *procurar mais pessoas*.

É um fato curioso que, embora poucos vendedores não neguem o que foi dito nos parágrafos anteriores, muitos não agem de acordo com esse princípio. Sabem que têm de procurar um grande número de pessoas para obter sucesso; querem ser bem-sucedidos, mas não saem para conhecer gente. Por que não? Trata-se do antigo medo de rejeição

COMO SER UM GRANDE VENDEDOR

de que falamos no capítulo anterior. Mas, a essa altura, estou certo de que mudou de atitude. Agora você sabe que todas as vezes em que é rejeitado ganha dinheiro de verdade.

Por isso, você está pronto para sair e conhecer essa boa gente que precisa de seu produto ou serviço. Está pronto para cruzar o próximo umbral rumo ao sucesso, que se chama identificar o cliente em potencial.

Vender consiste em descobrir pessoas a quem vender e vender às pessoas descobertas.

Fácil, não? Vender se resume a isso, a nada mais que isso. Essa ideia merece destaque, bem como a seguinte:

CONHEÇA SEUS ÍNDICES E FAÇA UM ESFORÇO PARA MELHORÁ-LOS

Todos os negócios bem-sucedidos utilizam índices, ou razões. Sua atividade de vendas é um negócio. Por conseguinte, você precisa usar índices para ter sucesso. Se isso lhe provoca dor no complexo de inferioridade que contraiu ao ser reprovado em matemática no ensino médio, relaxe. Definindo ou não com precisão a palavra, você já vem usando índices com muita frequência. Mas pode usá-los de modo eficaz se conhecê-los melhor. Vou explicar.

Um índice, ou razão, é simplesmente uma fração de alguma coisa em comparação a outra. Vamos supor que você tenha duas contas de poupança. Uma paga 6% de juros. Isso significa que o juro que seu dinheiro rende tem a mesma relação com o volume total de dinheiro em sua conta que há entre seis e cem. Essa relação é um índice, ou razão. Pode ser escrita de várias maneiras sem alterar a relação entre os dois números:

6:100

6/100

6

100

6 por cento
6%
0,06
0,060

Os índices nos negócios são frequentemente expressos em porcentagem porque assim fica fácil compreender e comparar. Vamos fazer isso com suas duas contas de poupança:

Banco	Taxa de juros	Importância depositada	Juros ganhos
A	5%	$8.979,80	$448,99
B	6%	$332,00	$19,92

Poucas pessoas podem olhar para essas cifras e dizer imediatamente qual banco está pagando a taxa de juros mais alta. Mas, se compararmos as duas razões, a resposta torna-se imediatamente clara:

Banco	Taxa de juros
A	5%
B	6%

Você utiliza índices desse tipo quando decide se vai comprar o carro esporte que faz 48 quilômetros por galão ou a camioneta que custa a metade, mas só faz 38 quilômetros com o mesmo volume de combustível. Claro, você quer o carro esporte; por sorte, a lógica praticamente o obriga a comprá-lo.

Índices que o ajudam a dirigir seu negócio de vendas são coisas sérias. Vejamos alguns que você deve estar acompanhando — e procurando melhorar:

Telefonemas a clientes/tempo consumido
Telefonemas a clientes/entrevistas marcadas

188 | COMO SER UM GRANDE VENDEDOR

Entrevistas marcadas/vendas
Horas trabalhadas/dinheiro ganho
Telefonemas a clientes no mês passado/renda deste mês

Vejamos sucessivamente cada um desses índices básicos. Quando estiver bem familiarizado na direção de seu negócio de vendas com esse método, talvez descubra outros índices mais importantes do que esses para seu ramo específico de atividades. Se for assim, ótimo. Use-os. O importante é o seguinte: suas atividades podem ser expressas como índices que, quando estudados, lhe mostrarão como empregar melhor seu tempo. Se você não os está acompanhando, significa que não está no leme de seu barco.

TELEFONEMAS A CLIENTES/TEMPO CONSUMIDO

Podemos ser espantosamente engenhosos em encontrar maneiras de não procurar clientes quando nos sentamos para localizá-los por telefone — ou em ter o tempo bloqueado para sair e fazer isso. Se você realmente quer ser bem-sucedido, discipline-se. Isso significa estabelecer níveis razoáveis de desempenho e obrigar-se a atingi-los.

TELEFONEMAS A CLIENTES/ENTREVISTAS MARCADAS

Como cifra inicial bastante aproximada, o índice em todos os tipos de venda é de 10:1. Ou seja, faça dez telefonemas: consiga uma entrevista. Não pergunte no escritório qual é o índice certo em seu negócio. Perdedores não procuram clientes em potencial justamente porque são isso mesmo e vencedores tampouco o fazem mais, porque vivem muito ocupados com o atendimento a clientes por recomendação, que conseguiram formar através da procura. Faça uma estimativa de sua própria média de acertos. Comece com a suposição de que dez bons telefonemas de prospecção lhe renderão uma boa entrevista e parta daí.

ENTREVISTAS MARCADAS/VENDAS

Mais uma vez, 10:1 é uma média aproximada, embora varie muito de negócio para negócio. Vendedores que fazem o circuito de contas tradicionais podem andar dias seguidos para conseguir uma encomenda em cada parada; os que visitam companhias de aviação vendendo aviões podem passar anos entre uma venda e outra. A maioria opera bem distante do recebimento rotineiro de encomendas, em um extremo, e equipes assalariadas de vendas, no outro. Uma vez apurado seu índice nessa atividade, estude-o em conjunto com o índice anterior. Se está conseguindo muitas entrevistas mas poucas vendas, talvez esteja perdendo antes de cruzar a porta dos clientes porque não os avaliou corretamente. Ninguém pode esperar ganhar dinheiro vendendo às pessoas erradas.

HORAS TRABALHADAS/DINHEIRO GANHO

Pelo menos duas vezes ao ano, é preciso fazer uma análise detalhada de exatamente quanto tempo se leva trabalhando, em comparação com o que está ganhando. Será preciso manter uma programação bem minuciosa para extrair os fatos e só você pode fazer isso. Se está querendo realmente ganhar dinheiro, faça um exame frio do tempo em que está sendo produtivo, em comparação ao tempo que passa tomando um cafezinho. A maneira como usa o tempo determina o quanto paga a si mesmo. Faça um exame sincero desse assunto duas vezes ao ano. Talvez você queira introduzir mudanças.

TELEFONEMAS A CLIENTES NO MÊS PASSADO/ RENDA DESTE MÊS

A ideia aqui é enfatizar a influência direta que o número de telefonemas que você faz agora exerce sobre o quanto leva para casa no dia seguinte. É de suma importância utilizar o intervalo temporal certo. Descubra quanto tempo leva desde o contato inicial com o cliente interessado comum até o dinheiro em seu bolso. Esse intervalo pode ser de três

190 | COMO SER UM GRANDE VENDEDOR

meses ou mais. Alguns vendedores fracassam porque não sincronizam o pensamento com o tempo envolvido em seu negócio.

Campeões criam métodos simples para acompanhar seus índices de desempenho pessoal, como os já sugeridos, mas não fazem isso apenas por curiosidade. Reúnem as informações necessárias por razões práticas — de modo que possam reconhecer as oportunidades enquanto estiverem frescas e solucionar problemas antes de se tornarem intratáveis.

Vejamos como isso funciona. Suponhamos que você seja relativamente novo no negócio, mas que já tenha adquirido algum jeito em procurar clientes, qualificá-los, demonstrar e fechar o negócio. Está fazendo com regularidade uma venda para cada dez clientes contatados. Estamos falando aqui de pessoas que você encontra, e não que entram em sua loja.

Se fizer um telefonema por dia, conhecerá cerca de trinta pessoas por mês e fechando três vendas no mesmo período. Agora, o que acontecerá se você resolver dar dois telefonemas por dia?

Suas vendas passam para seis por mês e sua renda duplica.

Suponhamos que eleve novamente o nível de desempenho e passe a dar quatro telefonemas por dia.

Suas vendas vão saltar para 12 por mês, e sua renda, mais uma vez, duplicará. De modo que, se estava ganhando US$1 mil por três vendas antes, agora está recebendo US$4 mil por 12 vendas — e sentindo-se muito bem.

Quando menciono essas cifras em meus seminários, posso ler em vários rostos mensagens como:

"Não posso fazer quatro telefonemas por dia."
"Em meu ramo, dois telefonemas por dia é o máximo."

Se você pensa assim, discordo. No começo, todos os Campeões em potencial devem combater esse tipo de pensamento negativo. Uma dica: sente-se e formule uma programação que lhe permitirá duplicar as vendas. Em seguida, jogue fora essa programação e faça outra adicionando um telefonema por dia. Planeje o tempo e a organização que lhe permitirão cumprir essa segunda escala. Você pode fazer isso. Basta reunir desejo, disciplina e determinação.

Você, então, fechará negócio com certa porcentagem de pessoas que conhecer. Seu objetivo deve ser aumentar essa porcentagem. Mas sejamos realistas. Com toda a franqueza, digo que não posso lhe mostrar como fechar negócio com todas as pessoas com quem estabelecer contato. Em uma economia livre, é impossível fechar dez negócios em dez tentativas. Por isso mesmo, chega o momento em que tentar elevar a porcentagem dessas pessoas é mais decepcionante do que realista, uma ocasião em que deve concentrar seus esforços para conseguir mais clientes em potencial a quem aplicar esse índice.

Meu objetivo como treinador e autor não é que você feche negócios em 99% das vezes. Você não pode fazer isso. Quero, sim, que você eleve as porcentagens e aumente sua renda — e você conseguirá isso fazendo mais telefonemas ou visitas.

Por que não menos e melhores telefonemas?

Porque mais é melhor. Se atletas profissionais treinassem apenas 20 minutos por dia, quanto tempo suas carreiras iriam durar?

Há outro ponto de que você deve lembrar — e agir de acordo. Um Campeão sempre faz uma visita bem-sucedida após uma rejeição.

Por quê? Se você para por causa da rejeição, o que leva consigo?

Rejeição.

O Campeão está decidido a manter sua atitude de vencedor. Se torná-la dependente de uma nota negativa, a atitude vencedora será prejudicada pelo resto do dia.

Enquanto você lê essas palavras, imagino o que pensa. Está pensando: "Eu talvez tenha de telefonar para quatro pessoas, ou mesmo para mais gente, antes de obter uma reação positiva."

Exato. Então, telefone. É isso o que o Campeão faz. É isso o que os 5%, os grandes, os realizadores, fazem.

Há outra ocasião em que você precisa telefonar até conseguir uma reação promissora. Todas as vezes que você faz uma venda a um de seus clientes antigos ou em potencial, o que precisa fazer?

Substituir essa pessoa.

192 | COMO SER UM GRANDE VENDEDOR

Depois de completar a venda, o Campeão diz a si mesmo: "Preciso encontrar mais dois clientes em potencial para ocupar o espaço deixado pela pessoa a quem consegui vender."

A descoberta de novos clientes se divide em duas partes: com ou sem recomendação. Em primeiro lugar, vamos tratar da favorita do Campeão.

CLIENTES POR RECOMENDAÇÃO

Faça a si mesmo a seguinte pergunta: entre esses grupos, com qual é mais fácil fechar negócio?

Pessoas que acabam de chegar da rua?

Indivíduos que aparecem depois de um anúncio?

As dicas vêm em recomendações que sua companhia lhe dá, com mensagens como: "Vá pegá-los, camarada."

Ou as pessoas que lhe são indicadas por algum cliente satisfeito com seu produto ou serviço?

A dica recomendada é a mais fácil de resultar em negócio. Na verdade, você passará apenas metade do tempo vendendo a clientes recomendados previamente, qualificados, em comparação a outros indicados pela companhia e não qualificados anteriormente. Este é um fato interessante. Lembre-se dele.

Ainda mais interessante é o fato de que os Campeões fecham negócio com 40% a 60% dos clientes recomendados e qualificados. Compare isso com os resultados que obtêm trabalhando com indicações não recomendadas e não qualificadas. A taxa de sucesso do Campeão com os clientes recomendados é cerca de 400% a 600% mais alta do que com os não recomendados. Sendo esse o caso, causa espanto que os Campeões sejam também líderes no recebimento de recomendações?

O fato de estar lendo este livro constitui forte indicação de que um de seus objetivos imediatos é duplicar sua renda — ou multiplicá-la por um fator ainda mais alto. Para que isso aconteça, os clientes recomendados têm de desempenhar um grande papel em seu futuro, certo? Muito bem. Vamos trabalhar e aprender como criar um fluxo rico desses bilhetes de loteria. Depois de ter fechado uma venda, você alguma vez perguntou ao comprador algo como: "O senhor conhece alguém que possa estar interessado em _____ (o artigo que ele acaba de comprar)?"

Você já fez isso, claro. Quantos responderam de modo afirmativo?

Não muitos, certo? Muito provavelmente, a maioria respondeu de modo vago, mais ou menos assim: "Neste momento, não consigo me lembrar de ninguém."

Um Campeão fecha negócios duas vezes mais rapidamente com clientes recomendados do que com os não recomendados.

Os clientes estão lhe dizendo a verdade absoluta. Mas, se você acredita naquele velho ditado, "dize-me com quem andas e te direi quem és", sabe que eles lidam com pessoas que são farinha do mesmo saco. Ou seja, a maioria de seus amigos tem renda e interesses semelhantes — o motivo, aliás, pelo qual são seus amigos. Quase todos os seus compradores conhecem pessoas que se sentiriam interessadas em comprar o que eles compraram — mas eles "simplesmente não conseguem pensar em ninguém" naquele momento.

E por que não conseguem? Porque você lhes deu todo o mundo para que olhem com sua mente. Não causa espanto que não possam dizer: "Ah, sim, Zack me disse que queria..." As pessoas geralmente mantêm o olho fixo em coisas internas logo depois de comprarem algo e sua animação exclui a possibilidade de que se lembrem do que Zack queria.

Muitas companhias dizem a seus novos vendedores: "Peçam a seus compradores que o recomendem a outra pessoa."

De modo que você pergunta: "O senhor conhece alguém a quem eu possa fazer uma demonstração de meu produto?"

Quando a quinta pessoa responde que não, você conclui: "Isso não funciona." E logo deixa de perguntar.

Vou mostrar a você o que o Campeão faz. O que vou mostrar é a espinha dorsal do sistema de identificação de clientes que ele utiliza. Quando dominar essa técnica, você vai sair com clientes qualificados,

COMO SER UM GRANDE VENDEDOR

recomendados, depois de cada venda. Mas terá de seguir com todo cuidado cada passo. Outro requisito: terá de usar essa técnica de modo casual, sem intimidação. Do contrário, seus clientes se fecharão, não querendo ou não podendo ajudá-lo.

FICHÁRIO DE CLIENTES RECOMENDADOS

Você vai necessitar de algumas fichas de 7×12cm, do tipo que se vende em papelarias. Com essas fichas em mãos, você deve reunir todas as informações necessárias para construir uma clientela. Vou mostrar os passos e como utilizá-los.

1. Isole perfis para que os clientes possam vê-las.
2. Anote na ficha o nome da pessoa recomendada.
3. Faça perguntas qualificadoras.
4. Solicite seu endereço.
5. Se o endereço não for conhecido, peça para consultar o catálogo telefônico.
6. Peça-lhes que telefonem e marquem a entrevista.
7. Se demonstrarem nervosismo e se recusarem a falar, pergunte se pode usar seus nomes quando telefonar para a pessoa recomendada.

A encenação de papéis que se segue mostra como o sistema funciona. Nela, John e Mary Harrison acabam de comprar um novo automóvel do bom e velho Tom. Os Harrison estão extasiados com o novo carro. Eles estudaram comigo as condições, claro, e foram hábeis e competentes nisso. Você pode acreditar: precisei conhecer meu produto e saber como fechar a venda. Mas tudo correu bem. Os Harrison conseguiram a cor e as condições que procuravam. Consegui envolvê-los emocionalmente na compra e os ajudei a racionalizar a sabedoria da decisão de possuírem o que queriam. Desse modo, eles estão felizes.

Costuma-se conseguir uma recomendação pela primeira vez imediatamente depois de concluída a venda, que também é a melhor ocasião na maioria dos casos. Alguns Campeões, porém, vendem artigos que exigem planejamento demorado, instalação e período de manutenção, preferindo trabalhar com os recomendados durante todo esse período. Diferentes Campeões escolhem oportunidades distintas para reunir recomendações. Como este será o principal elemento em seu sucesso cada vez maior, a questão vital é identificar algum elemento específico na sequência de venda que sempre lhe desperta o interesse de obter recomendações. Nunca se esqueça de que todas as pessoas que possuem seu produto ou serviço conhecem alguém que também pode possuí-lo. Tudo o que você precisa conseguir na venda é o nome da pessoa recomendada.

Leia a encenação de papéis a seguir e veja como o sistema funciona.

Os Harrison estão sentados à minha frente, do outro lado da mesa, e eu tenho comigo as fichas de 7×12cm e uma esferográfica, enquanto concluo o negócio.

Tom: "Bem, John e Mary, estou feliz mesmo, por causa de vocês dois. Vejo que estão realmente felizes com o novo carro. John, vou lhe fazer uma pergunta: você pratica algum esporte, tem um hobby ou atividade de grupo?"

John: "Gosto de jogar boliche."

Tom: "Você joga boliche! Que maravilha! Diga-me uma coisa. Quando você jogou na semana passada, alguém do seu time falou em possuir um carro como este que vocês têm agora, ou você acha que alguém poderia se sentir tão feliz com um novo carro, quanto você e Mary parecem estar?"

John: "Bem, conheço um cara que precisa de um carro novo."

Tom: "É mesmo?"

John: "Ele pode ficar interessado, sim. George Zack."

Tom: "George Zack. Hummm. Mary, agora eu gostaria de falar um momento com você." (Não anoto o nome de George Zack assim que John fala. O motivo é que isso provoca aquele conjunto de receios do tipo "O que você está fazendo?" Mas estou com o nome George Zack bem guardado na mente. O que me interessa agora é um cliente recomendado pela esposa dele.) "Mary, você participa de alguma organização, tem hobbies, bridge, algo assim?"

Mary: "Eu jogo bridge."

Tom: "Mesmo? Bem, quando jogou bridge pela última vez, ouviu alguma outra jogadora comentar que ficaria tão contente com um carro novo, quanto você está?"

Mary: "Bem, eu tenho uma boa amiga, Lorna Tellis, que realmente precisa de um carro novo."

Tom: "Lorna Tellis, muito bem. John, por que você acha que George Zack se interessaria por um novo carro?"

John: "Bem, para começar, eu andei no carro dele. O jeito como anda... Puxa! O carro já tem mais de 220 mil quilômetros rodados."

Tom: "Caramba! Mas não é um carro antigo, é?"

John: "Não, de jeito nenhum. E nunca será."

Tom: "Muito bem. Você faz parte de uma turma que joga boliche todas as semanas, certo? Então, conhece bem o George?"

John: "Acho que sim."

Tom: (Esta é uma pergunta não intimidadora, que confirmará se o Sr. Harrison conhece bem George Zack e que também informará muita coisa sobre ele.) "Quantos filhos George tem?"

John: "Três. Dois meninos e uma menina. São ainda muito jovens."

Tom: "Nesse caso, ele tem um carro de tamanho médio, certo?"

John: "Exato. E provavelmente precisa pelo menos de um desse tamanho, ou talvez maior, quando comprar outro."

Tom: "Que idade o filho caçula deve ter?"

John: "Ah, uns 7 anos, eu acho."

Tom: "Nesse caso, ele pode querer um carro um pouco maior. Onde ele trabalha, você sabe?"

John: "Ele é engenheiro de solos na Femmes and Loess."

Tom: "Humm. Ótimo! Mary, você acha que Lorna estaria interessada em um carro novo?"

Mary: "O marido dela é tão pão-duro que não vai comprar um carro para ela." (Os dois riem.)

Tom: "Hoje em dia, ter um carro só é raridade. Vocês sabem que nos Estados Unidos uma família típica tem 2,5 carros? Será que ele sabe disso?"

Mary: "Obviamente, não."

Tom: "Acho que ela deveria dizer isso a ele, não?"

Mary: "Com certeza."

Tom: "Você conhece bem a família dela? Quantos filhos são?"

Mary: "Dois. E outro a caminho."

Tom: "Ah, um a caminho. Logo serão três, de modo que vão querer um carro maior também. Mas, como ele é pão-duro... Claro, estamos brincando, e eu não diria isso... Você acha que há alguma possibilidade de ele se interessar pela questão da economia?"

Mary: "Sim."

Tom: "Excelente. Acho que sei o que ela adoraria ter e o que ele toparia. Sabem o que eu gostaria que vocês fizessem por mim, John? Sabe qual é o endereço de Zack?"

198 | COMO SER UM GRANDE VENDEDOR

John: "Eles moram em Mainsail, mas não tenho certeza do número."

Tom: "Escreve-se M-A-I-N-S-A-I-L, não? Certo. E onde Lorna mora?"

Mary: "Na Roosevelt High, em Margrave."

Tom: "Muito bem. Gostariam de tomar uma xícara de café fresquinho? Preto, ou com creme e açúcar?"

John: "Preto para nós dois."

Mary: "Isso mesmo."

Tom: "Preto? Por que não fazemos outra coisa?" (Tom pega o catálogo telefônico.) "Vou pedir um favor a vocês. Enquanto vou buscar o café, podiam verificar o endereço deles para mim? Vocês se importam?"

Mary: "Claro que não."

Tom: "Tome esta ficha." (Entrega-a à Sra. Harrison.) "Eu sempre uso fichas para anotar esse tipo de informação, de modo que sempre as trago comigo. Olhe aqui outra ficha." (Entrega-a ao Sr. Harrison.) "Bem, vou buscar o café. Volto logo."

(Passam-se alguns minutos.)

Tom: "Pronto, chegou o café. Ah, vocês pegaram os endereços! Ótimo, ótimo! Quando peço a um novo comprador, que se sente feliz com seu novo carro, que dê um telefonema a amigos falando a esse respeito, esses amigos geralmente querem que eu lhes mostre um carro igual. Vocês se importariam de telefonar para eles? Seria muita gentileza se vocês fizessem isso."

John: "Tudo bem."

Tom: "Maravilha. Há um telefone naquela mesa ali. Por que você não liga rapidinho para o George, enquanto Mary e eu conversamos mais um pouco? Depois, vou pedir a Mary que telefone para Lorna. Ficarei realmente grato."

Nesse exato instante, vou mudar o tom porque nem sempre ouvimos boas notícias desse tipo. Em vez de pronta anuência em telefonar, suponhamos que os Harrison se entreolhem e recuem. Não querem telefonar. Vou recomeçar do ponto em que lhes pedi para telefonar:

Tom: "... Eu adoraria se você pudesse dar um rápido telefonema para o George, dizendo a ele que vou passar por lá."

John: "Bem, hã... Acho que não o conheço tão bem assim para telefonar."

Tom: "Compreendo perfeitamente."

John: "Seria um pouco constrangedor."

Tom: "Entendo." (Observem que rapidamente abandono esse curso e não os pressiono de jeito nenhum após demonstrarem relutância em telefonar. Deixando a rejeição logo para trás, é bem provável que você consiga a aprovação deles para a segunda melhor alternativa. Na fala, em uma situação real, não haveria pausa entre "Entendo" e o que se segue.) "Posso lhes fazer um pedido? Vocês se importariam se eu mencionasse seus nomes?"

John: "Para nós, tudo bem."

Tom: "Vocês não se importam? Acho maravilhoso. Vou telefonar para ele. Na verdade, podem ter certeza de que vou telefonar. E eu lhe prometo também, Mary, que não vou esquecer Lorna. E vou dizer que prometi a você telefonar para ela. Posso?"

Mary: "Claro."

Tom: "Bem, mais uma vez, muitíssimo obrigado a vocês. Desejo que tenham dias muito felizes com o novo carro."

Compreenda que é preciso dar todos os sete passos (referidos antes da encenação de papéis) para ter sucesso com o sistema de fichário de clientes recomendados. E isso só funciona se seus compradores tiverem

200 | COMO SER UM GRANDE VENDEDOR

atingido um nível razoável de satisfação com seu produto ou serviço. Claro que funciona melhor com compradores muito entusiasmados, mas algumas pessoas são incapazes de mostrar entusiasmo. Talvez elas estejam simplesmente satisfeitas, ou tão satisfeitas em possuir seu produto que, se você levar o pedido de recomendação da forma sugerida, elas concordarão, sem maiores problemas.

Enquanto lia a cena, o que você pensou? Acha que os Harrison queriam ajudar o vendedor? Acredito que a maioria das pessoas, se você lhes pedir corretamente, o ajudará a fazer tudo, dentro dos limites razoáveis. Concorda? Quando você está perdido em seu carro e pede informação, o que as pessoas fazem? Começam a apontar. Muitas virão até seu carro e, enquanto você se prepara para ir embora, continuarão a falar, simplesmente para lhe prestar um favor. Milhões de pessoas fazem isso por estranhos.

As pessoas que você conhecer em situações de venda o ajudarão ainda mais — se gostarem de você e confiarem em suas palavras, se o que você vende for o que elas procuram — e se você lhes der oportunidade.

Você teria receio de fazer o que eu fiz naquela cena imaginária? Eu a repeti centenas de vezes em situações reais de vendas, mas me lembro bem das primeiras vezes porque tive medo. É natural temer o que nunca se fez antes, mas não é prudente deixar que isso o detenha. Leia a cena em voz alta, até memorizar todo o padrão e poder usá-lo com aquela facilidade confiante à qual as pessoas não podem resistir.

Prepare-se exaustivamente e sua taxa de sucesso com esse poderoso sistema fará verdadeiras maravilhas por suas vendas e por sua renda. Note que pedi que memorizasse o padrão, ou modelo, e não as palavras. Ser capaz de repetir as palavras como um papagaio não o ajudará muito, pois todas as entrevistas em que poderá conseguir recomendações serão diferentes, orientadas pelas diferentes respostas dos clientes às suas perguntas e declarações. Memorize o padrão, de modo que possa usá-lo instantaneamente em qualquer situação e *ainda consiga a informação*. A profunda compreensão de seus objetivos nessa entrevista e o que deve fazer para atingi-los são vitais para que esse sistema funcione. Observe que aproveitei todas as oportunidades para fazer uma pequena piada ou sair pela tangente, a fim de evitar que se acumulassem tensões. Observe também que minha atitude não foi intimidadora durante toda a entrevista, mas que, ainda assim, eu a mantive sob controle. Nessa situação, a linha reta não é o caminho mais curto para o ponto no qual você quer chegar. Houve piadas e desvios, mas em nenhum momento eu me perdi do caminho traçado.

Capte a sensação dessas cenas e, a seguir, escreva o roteiro de uma entrevista de obtenção de recomendações, baseada em seu próprio produto ou serviço. Resolva o que vai dizer primeiro, imagine quais respostas seus clientes possam dar e anote respostas eficazes que pode formular, a fim de mantê-los na direção de seu objetivo, de obter sólidas recomendações.

Repito o que já disse: prepare-se muito para as entrevistas de obtenção de recomendações. A situação parece enganosamente fácil, mas não permita que isso o leve a cair em uma atitude de superioridade. Haverá tempo suficiente para isso depois que você houver dominado a técnica e tiver todos os clientes recomendados de que pode dar conta.

Ao estudar a cena anterior, note com que cuidado isolei perfis para os Harrison, sondando áreas que trariam à sua mente amigos e clientes que poderiam recomendar. Quantos nomes John teria de repassar para cobrir toda a sua turma de boliche? E com quantas pessoas Mary joga bridge? Em ambos os casos, estamos falando em números muito pequenos de pessoas, em comparação com todas aquelas que John e Mary conhecem. E, em reuniões sociais, pessoas não falam com freqüência sobre automóveis? Mas esse foi apenas um exemplo. Esqueça os automóveis e pense em seu próprio produto ou serviço.

Vamos supor que você venda a executivos. Você não acha que o executivo que acaba de comprar um novo sistema de computador almoça com executivos de outras companhias?

Claro que sim. E o que ele faz quando almoça com um colega, logo depois de ter aprovado a compra de um computador? Conta um pouco de vantagem.

"Esta manhã, aprovei o contrato de compra de um computador. Vai nos custar US$250 mil, mas vai prestar um serviço e tanto."

202 | COMO SER UM GRANDE VENDEDOR

"Qual foi o que escolheu?"

"O Bytebarfer 2001. Ele tem algumas características fantásticas."

"Sabe de uma coisa? Também teremos de atualizar a rede de computadores."

Escolhemos amigos entre pessoas com o mesmo status, as mesmas preferências e necessidades que nós. Quando gostamos do produto ou serviço de alguém, é provável que nos mostremos um pouco. Nossos amigos ficarão interessados porque têm os mesmos interesses que nós. E ninguém tem tempo de se tornar especialista em tudo. Por isso mesmo, precisamos confiar em quem conhecemos para obter grande parte das informações que norteiam nossas decisões de compra.

Esse conhecimento das características dos compradores pode ser facilmente transformado em uma grande vantagem na obtenção de recomendações:

- Se sua rotina exige visitas após a venda (a fim de fiscalizar a entrega ou prover treinamento, por exemplo), pergunte ao comprador o nome dos amigos a quem contou sobre a compra.
- Se não exige essas visitas, pergunte ao comprador a que amigos tenciona falar sobre a compra. (Ou seja, alardear a compra — mas, claro, nunca use a palavra *alardear* com um cliente.)

Em ambos os casos, a ideia é focar a atenção do comprador sobre os amigos que seriam os melhores candidatos a possuir o que ele acaba de comprar de você. Logo que esses rostos estiverem no primeiro plano da mente dele, você descobrirá que não será difícil extrair a informação de que tanto necessita para uma recomendação sólida.

Mas quais resultados você pode esperar desse sistema de fichário de compradores recomendados?

A resposta depende mais do nível de competência em vendas a que você aspira atingir — e para o qual está disposto a planejar, praticar, trabalhar — do que de qualquer outra coisa. Um único sucesso com o sistema o marca como um indivíduo promissor, que pode chegar aonde quiser em vendas. Quando conseguir uma recomendação por venda, você se aproximará da metade superior da comunidade de vendas. Quando conseguir, em média, duas recomendações, terá chegado aos 20% superiores. Ao atingir três, já estará nos 10% mais altos. Quatro recomendações por venda o colocam no círculo encantado dos 5% que realmente ganham dinheiro. Qualquer coisa acima disso — cinco recomendações ou mais por venda — proclama que você é um dos realmente grandes.

Concordamos, é claro, que o cliente recomendado é o melhor tipo para se trabalhar. São pessoas que já o aceitaram. Tudo o que você tem a fazer é despertar seu interesse pelo produto ou serviço — algo que sabe que eles precisam e que dispõem de meios para comprar.

Mas você talvez esteja pensando: "Eu não poderia usar esse sistema de catálogo. Simplesmente não consigo me imaginar fazendo esse papel."

Mas, antes de ceder a essa emoção, examine com muito cuidado seus sentimentos. Verifique se realmente deseja pagar entre US$25 mil e US$100 mil por ano para satisfazer esse tipo de capricho. Não se engane a esse respeito — você não pode ignorar uma técnica poderosa, básica, como o sistema de catalogação de clientes recomendados, sem pagar um preço muito alto. Não estou dizendo isso para fazê-lo se sentir mal — nem ocultando para que você possa se sentir bem. É preciso ter ciência de que aceitar, na profissão que escolheu, um nível de competência inferior ao que pode atingir lhe custará uma enorme quantia em dinheiro.

Mas há ocasiões em que não é realista adotar esse sistema, levando em conta seu nível de maturidade e experiência, em comparação aos clientes com quem trabalha. (Se for esse o caso, talvez você deva pensar em vender em outra área, na qual se sinta confiante. E sempre poderá voltar à sua linha atual, depois que desenvolver mais confiança e expertise. Desafios que você supera dão um grande impulso à sua carreira; os que o derrotam o mantêm imobilizado.)

Se não vai procurar conseguir clientes por recomendação, você dependerá da fonte de compradores que discutiremos em seguida.

IDENTIFICAÇÃO DE CLIENTES NÃO RECOMENDADOS

Trata-se das dicas que você obtém quando não usa o sistema de recomendação. Tenha isto em mente: elas não são pessoas pré-qualificadas, de modo que você só fechará negócio em cerca de 10% dos casos. Por isso mesmo, quero lhe mostrar não apenas como obter essas dicas, mas também como pré-qualificar as pessoas a quem elas se referem. Mas vamos nos entender bem em um em ponto específico. Por favor, note o que implica pré-qualificar alguém, o que intitulamos de dica:

Uma dica é pré-qualificada quando sabemos que estão presentes todos os requisitos emocionais e lógicos para que a pessoa se beneficie com seu produto ou serviço.

Já dissemos: a venda depende de emoção apoiada por lógica. A emoção surge em primeiro lugar e é seguida pela lógica. Nunca acontece de modo inverso. Você pré-qualifica as pessoas descobrindo se existe ou se pode ser criada a emoção necessária para levar a venda até o fim. E também precisa descobrir se existe ou se pode ser criada a lógica necessária que inclui, mas não é limitada pela capacidade de pagar.

Descobrir essas coisas é como pegar uma ave com a mão — se você partir como um louco batendo os pés e agitando os braços, a ave voa para longe antes mesmo de você se aproximar. Mas, se aproximar-se sorrateira e silenciosamente e atirar a rede, você pegará muitas aves.

Vejamos algumas informações a serem obtidas sobre os clientes em potencial e que constituem importantes fatores de qualificação na venda de inúmeros tipos de serviços e produtos:

1. Emprego.
2. Situação conjugal.
3. Número de filhos.
4. Produto ou serviço que possuem no momento.

Se conseguir descobrir o que eles têm agora, na maioria dos casos isso significa que saberá o que eles vão ter depois, concorda?

Todos os tipos de produtos e serviços têm seu conjunto próprio de fatores qualificadores vitais. Você provavelmente conhece os que são importantes na seleção das pessoas que terão maior probabilidade de comprar o que você vende. Se não tem uma ideia clara de quem compra o que você vende, uma de suas principais prioridades deve ser pesquisar o assunto. Um estudo cuidadoso das vendas feitas por sua companhia deve colocá-lo rapidamente a par de tudo o que precisa saber neste particular.

TÉCNICA NÚMERO UM DE BUSCA DE CLIENTES NÃO RECOMENDADOS

O ciclo da coceira

Esta é uma técnica interessante para descobrir clientes em potencial, e não uma doença de pele. Não envolve clientes recomendados e eu a recomendo com frequência, esteja você trabalhando ou não com esse tipo de cliente, uma vez que é um modo de gerar dicas préqualificadas.

No ramo imobiliário, o giro médio é de três a cinco anos. Ou seja, a família típica se muda a cada três a cinco anos. Podemos, portanto, dizer que a pessoa comum sente a coceira de se mudar a cada cinco anos. Se você está no ramo de automóveis, sabe que as pessoas pegam a coceira de comprar um carro novo a cada 30 meses. O pessoal que vende equipamentos de escritório sabe que seus clientes mudam o equipamento, em média, a cada três anos. Há ocasiões em que a coceira é mais constante para a maioria das pessoas, mas será que alguém pode tê-la mais cedo?

Certamente. Esse é o motivo pelo qual o Campeão se mantém em contato com todos os seus antigos clientes. Claro que ele faz isso. Esses compradores representam um grupo importante entre os poucos selecionados no mundo que o brindaram com sua confiança, e o Campeão sabe que tem um laço especial com eles, de modo que providencia para estar presente quando a coceira atinge essas pessoas especiais.

206 | COMO SER UM GRANDE VENDEDOR

Quando você começa a ajudar seus antigos compradores a pegar a coceira de comprar novamente?

Inicie sua campanha para atualizar os antigos compradores 60 dias antes da ocasião em que a comichão se torna mais aguda.

Se é uma casa ou alguma coisa no ciclo de cinco anos, você começa realmente a procurá-los quatro anos e dez meses depois; se está no ramo de automóveis, você começa de fato a campanha para que a coceira comece depois de dois anos e quatro meses; se seu produto for um tipo de equipamento para escritório, você começa a visitá-los depois de 34 meses. Como alternativa, ou nos ciclos mais longos, tente despertar seu apetite depois de 95% do ciclo que deu origem à antiga compra. Por exemplo, você está certo de que seu ciclo médio é de seis anos. Inicie a campanha da coceira depois de cinco anos e oito ou nove meses. Quanto mais longo for o ciclo de coceira, maior será a variação. Isso significa que o ciclo mais longo requer uma margem de segurança maior, de modo que você esteja presente antes de os clientes começarem a procurar em outra parte.

E, naturalmente, o Campeão nunca se despede definitivamente de seus clientes, deixando que se passem anos sem renovar a convivência com eles. Visitas, telefonemas, correspondência, almoços — esses são alguns dos métodos adotados para manter contato com a clientela. Se você não mantém contato, não tem clientela; seus ex-compradores são almas perdidas à procura de um novo lar.

Quando sugiro que você deixe passar 95% do ciclo mais longo, estou simplesmente indicando um ponto de partida. Não há ocasião ideal para que volte a estabelecer contato com antigos compradores que podem lhe dar a melhor oportunidade de fazer vendas de substituição. O tempo ideal exato — para sua oferta, área e personalidade — só pode ser descoberto por meio de tentativas e erros.

Se o que vende requer semanas ou meses de projeto, fabricação sob medida, recrutamento de pessoal ou algo assim, você deve levar em conta esse período; se a oferta diz respeito a um produto mais facilmente disponível na prateleira, talvez seja melhor começar a trabalhar mais perto do tempo da coceira.

Observe que o ciclo da coceira de produto difere de seu equivalente de serviço e que todos os ciclos variam de lugar para lugar no caso do mesmo artigo. Numerosos fatores influenciam esse intervalo: fatores sazonais, as condições econômicas em geral, o nível de renda das pessoas com quem você trabalha e, especialmente, a personalidade dos compradores individuais. Mas é muito fácil superar essas complexidades, desde que você as enfrente da maneira certa. Eis o processo:

Primeiro. Verifique qual é o ciclo de coceira básico do produto com os clientes de sua área. Mostrarei como fazer isso, mas, por ora, suponha que tenha descoberto o ciclo básico com o qual vai trabalhar.

Segundo. Considere os fatores ligados ao calendário. Algumas vendas são afetadas por datas fiscais, como o fim do ano, o último dia para apresentação da declaração do imposto de renda, a data de lançamento do novo imposto sobre estoques. As vendas da maioria dos produtos e serviços são afetadas ligeira a intensamente pela mudança das estações. E, claro, o Natal exerce grande influência sobre a compra discricionária, retardando, de modo geral, todas aquelas que não acelera. Você simplesmente examina todas essas questões e ajusta à ação a ser tomada. Ou seja, resolve se acelera ou retarda a programação de renovação de contatos levando em conta esses fatores.

Vamos supor que você tenha um ciclo básico de trinta meses e, no caso de determinado grupo de compradores, descobre que, se voltar a entrar em contato com eles, para provocar aquela coceira, 28 meses depois coincidirá com a estação das festas. Como seu artigo não é do tipo de presente de Natal, você tem duas opções. (Deve decidir vários meses antes.) Ou restabelece contato com os futuros coçadores depois de 26 meses, em setembro ou outubro, ou espera até janeiro. O que fazer?

A resposta é simples. Se esperar até janeiro, alguns dos antigos compradores já estarão comprometidos com outra coisa. Busque estar

208 | COMO SER UM GRANDE VENDEDOR

presente, pronto para começar, quando eles começarem a sentir vontade e, em seguida, estabeleça outro contato em janeiro.

Terceiro. Sempre que completar uma venda, leve em conta a personalidade do cliente em relação ao seu ciclo básico de coceira. Tipos impacientes (e também aqueles que estão fazendo carreira rapidamente) tendem a sentir a coceira mais cedo do que a média; pessoas mais moderadas (e cujas carreiras seguem um curso fixo) tendem a se coçar menos do que a média. Eis como transformar esse conhecimento em vantagem:

Quando fizer a primeira venda, procure verificar se o comprador é impaciente, médio ou conservador. (Ponha todos os casos duvidosos no grupo médio.) Quando sincronizar o pensamento com esse comprimento de onda, vai descobrir que cerca de 10% a 20% dos compradores vão lhe parecer do tipo nervoso. Marque-os para retomar contato mais cedo. Mais ou menos um número igual de compradores dará a impressão de ser conservador. Reserve-os para manter contato mais tarde. (Classifique os compradores em relação uns com os outros, não com o que você pensa ser o normal para a população do país.) Os 60% a 80% remanescentes formam o grupo médio, com quem deverá entrar novamente em contato dois meses antes de se encerrar o ciclo da coceira.

"Parece maravilhoso", você pode estar pensando, "mas como vou saber qual é o ciclo de coceira do meu produto? Ninguém no escritório jamais falou nisso."

Como determinar o ciclo de coceira
para seu produto ou serviço

Isso vai levar um dia inteiro. Mas, enquanto está apurando qual é o ciclo de coceira de seu produto ou serviço, também vai recolher um bom número de dicas qualificadas.

Vamos supor que eu tenha começado a trabalhar na Champion Mame Sales. Vendo barcos. Como sou novo, uma das primeiras coisas que quero descobrir é o ciclo de coceira com que vou trabalhar na empresa de barcos. Você pode adotar, em seu produto ou serviço, o mesmo método empregado aqui.

Começo fazendo uma pesquisa nos arquivos da companhia. Hoje, a maioria das companhias mantém pastas sobre todos os seus clientes. Descubra onde estão os arquivos, examine-os e comece a dar telefonemas. A seguir, mostro o método para estabelecer o diálogo em um telefonema.

Se você passar um único dia fazendo o que mostro a seguir, e, nesse período, telefonar para todos os clientes que puder, não só descobrirá o ciclo de coceira de seu produto como também outras coisas interessantíssimas sobre as quais vou falar a respeito. Desse modo, acompanhe-me agora enquanto examinamos o arquivo dos antigos compradores de barcos da Champion Marine.

A primeira pasta me parece interessante. Diz que um cavalheiro chamado Max Polk comprou, há 18 meses, um Spee-D-Ski. Sem perder tempo, telefono para ele.

Tom: "Bom dia, Sr. Polk. Meu nome é Tom Hopkins e estou trabalhando na Champion Marine Sales. O senhor, há 18 meses, é dono de um de nossos barcos Spee-D-Ski e estou telefonando para saber se continua satisfeito com ele."

Sr. Polk: "O Spee-D-Ski é o melhor barco que minha família já teve."

Tom: (Animando-se.) "Que bom ouvir isso! Estou realizando uma breve pesquisa de mercado para fazer nossas projeções para o próximo ano. O senhor teria a bondade de me ajudar, respondendo a algumas perguntas?"

Sr. Polk: "Sim, pode perguntar."

Tom: "Antes de comprar o Spee-D-Ski, o senhor tinha outro barco?"

Tom: "Claro que sim... Um Fastwater-16."

210 | COMO SER UM GRANDE VENDEDOR

Tom: "É mesmo? Há quanto tempo o senhor gosta de barcos?"

Sr. Polk: "Bem, Sr. Hopkins, desde que nos mudamos para esta área, há uns 15 anos."

Tom: "Quantos barcos o senhor já teve nos últimos 15 anos, Sr. Polk?"

Sr. Polk: "Deixe-me ver... Bem, mais ou menos uns cinco, acho, contando com o Spee-D-Ski."

Tom: "Mais ou menos cinco barcos. Eu também queria saber se o senhor já conhece a nova linha de modelos do Spee-D-Ski."

Sr. Polk: "Vocês já lançaram uma nova linha? O que há de errado com o modelo que comprei? Ele tem tudo o que uma pessoa pode querer."

Tom: "Foi isso o que pensamos, até que vimos o Spee-D-Ski II. É trabalho da mesma equipe de projeto e de engenharia, e essa equipe simplesmente não é do tipo que dorme sobre os louros."

Sr. Polk: "O senhor quer dizer que mudaram um pouco o estilo?"

Tom: "É verdade que agora existe maior variedade de estilos, mas as mudanças importantes não são tão óbvias assim. Elas se resumem a aspectos como refinamento na construção do casco, que permite uma guinada mais segura e mais suave em alta velocidade, em mar agitado. Na verdade, introduziram certo número de progressos técnicos que só alguém como o senhor, que realmente conhece o velho Spee-D-Ski, pode compreender bem. E há muitas novas opções que não tínhamos antes. Gostaria que eu lhe enviasse um folheto?"

Sr. Polk: "Claro que gostaria. Seria muito bom conhecer os novos modelos."

Tom: "Ótimo. Vejamos... O senhor ainda mora na Slalom Way?"

Sr. Polk: "Exatamente, no número 1.218."

Tom: "É esse o endereço que temos aqui, 1.218. A Slalom Way cruza com a Flying Bridge Road, não?"

Sr. Polk: "Sim."

Tom: "Preciso ir a Flying Bridge esta tarde. O senhor se importaria, enquanto eu estiver na vizinhança, se eu desse um pulo até aí com o folheto e para dizer olá? Serei o encarregado de sua conta a partir de hoje."

Sr. Polk: "Tudo bem, mas tem de ser rápido... Estou me aprontando para viajar. Mas gostaria de ver seu folheto com os novos modelos."

Tom: "Maravilha. Passo aí por volta das duas. Ou três seria mais conveniente para o senhor?"

Sr. Polk: "Qualquer hora, desde que antes das quatro."

Tom: "Será um prazer conhecê-lo, Sr. Polk. E obrigado pela ajuda em minha pesquisa."

Sr. Polk: "Tudo bem, Sr. Hopkins. Também espero ter o prazer de conhecê-lo."

Qual é o ciclo de coceira dele?

A fim de obtê-lo, divida simplesmente o período envolvido (no caso do Sr. Polk, 15 anos) pelo número de vezes (cinco) em que comprou o item em questão. A resposta é o ciclo do Sr. Polk — expresso em anos — para aquele tipo de barco.

O que você procura é o mesmo que o Campeão busca: o ciclo de coceira típico de um produto específico, comprado por um grupo definível de pessoas. Vou explicar adiante o que é um grupo definível, mas, em primeiro lugar, vamos discutir aquilo com que pode contar na média que estabelece o ciclo que procuramos.

212 | COMO SER UM GRANDE VENDEDOR

Vamos supor que as três primeiras pessoas lhe digam que um Speep-Ski foi o primeiro barco que compraram. Não só isso, como também que não sabem quando — se é que algum dia — vão comprar outro. De que modo você as coloca na média?

Não coloca. Deixa-as de fora. No dia que passa informando-se sobre o ciclo, você precisa falar com pelo menos vinte pessoas — e todas elas lhe darão respostas diferentes. Mas faça o que o Campeão faz. Descarte todas as perguntas atípicas e concentre-se no ciclo de coceira médio do proprietário interessado, habitual, de seu produto ou serviço.

Enquanto passa o dia, você descobre o que é importante para os proprietários. E pode descobrir mais de um ciclo médio. Por exemplo, os proprietários de barcos Spee-D-Ski talvez possam ser divididos em dois grupos facilmente definidos: os participantes ativos (em regatas e esqui aquático) e os não participantes. Os participantes podem trocar de barco a cada dois anos, ou mesmo a cada estação, enquanto os não participantes os conservam por três anos. Agora que separou os proprietários em grupos definíveis, em ciclos de coceira diferentes, você sabe onde concentrar seus esforços, não?

O Sr. Polk é um exemplo perfeito do ciclo em ação. Ao longo de um extenso período, ele provou que não pode passar mais de três anos sem que a coceira de possuir um barco novo e mais incrementado o leve, com o talão de cheques na mão, até a doca.

Percebeu os passos que dei para conseguir essas informações vitais?

A primeira coisa que disse foi que sabia por quanto tempo ele possuía o produto ou o serviço que me levava a dar o telefonema.

A segunda, que telefonava para saber se ele continuava satisfeito com o produto ou serviço.

Após essas preliminares, passei a verificar quais produtos ele possuía antes do atual e quantos possuíra em um período específico.

Agora, você sabe como apurar o ciclo de coceira de sua oferta. Mas, antes de fazer isso, vamos estudar outra técnica.

TÉCNICA NÚMERO DOIS DE BUSCA DE CLIENTES NÃO RECOMENDADOS: ADOÇÃO DE ÓRFÃOS

Adoção de órfãos? Antes que você chegue à conclusão de que confundiu este livro com outro, deixe-me assegurar que esta técnica é uma mina de ouro se você estiver disposto e for capaz de usá-la. Por favor, anote esta ideia:

> *Quando descubro órfãos,*
> *adoto-os imediatamente.*

Explico: todas as companhias apresentam elevada taxa de renovação de suas forças de vendas. Quando deixam uma empresa, o que os vendedores deixam também?

A clientela.

Bem, sabemos que muitas pessoas fracassam em vendas porque não fazem o acompanhamento necessário. Você concorda com isso? Mas os vendedores que fracassaram em sua companhia fizeram algumas vendas, e a clientela abandonada por eles pode se transformar em uma mina de ouro. Claro, se a sua companhia distribui territórios específicos, você terá de se guiar pelas circunstâncias. Caso contrário, encontrará nos arquivos diversas pessoas como o Sr. Polk, que precisam de alguém para servi-las.

Eis uma dica que o levará diretamente para a galeria mais rica da mina. Os registros de sua companhia podem estar organizados por sobrenomes de clientes, pelas cidades em que moram, pelo produto que compraram ou de qualquer outra maneira não relacionada ao ciclo da coceira — mas, em algum lugar, há registro da época em que essas pessoas compraram. Descubra o ciclo que se aplica ao que você está fazendo e, em seguida, localize o registro de quem comprou o quê — e quando comprou. Leve o encarregado do arquivo para jantar, bajule o contador-chefe, infiltre-se furtivamente — se tiver de fazer isso —, mas consiga uma cópia desses registros. Uma vez que tenha essas informações em seu poder, estará a meio caminho de ganhar muito dinheiro.

Exerça seu direito aos salvados. Você não teve de suar durante trinta meses enquanto esses órfãos chegavam ao ponto mais doloroso de seu ciclo de coceira; eles estavam fazendo isso por conta própria, antes de você ingressar na empresa. Caia sobre eles.

Tenho recebido cartas de pessoas de todo o país me dizendo coisas assim: "Caro Tom, assim que comecei a examinar as pastas de vendedores que deixaram a empresa, minha renda disparou. Telefonei para esses clientes abandonados, mantive contato, peguei as dicas pré-qualificadas e fechei negócio com uma alta porcentagem deles."

Por que essas dicas estavam pré-qualificadas? Porque você representa o produto ou serviço com que os clientes estão satisfeitos e os arquivos que tem em mãos estão cheios de detalhes a respeito deles. Você se encontra na situação perfeita para resolver eventuais pequenos problemas deles, para aconselhá-los sobre manutenção, para aperfeiçoar as razões de entrar em contato novamente com eles.

Mas é de suma importância o modo como você realiza esse trabalho de restabelecimento de contato. Vou esclarecer este ponto. Se você está na área de vendas comerciais, industriais ou de qualquer outro tipo que envolva produtos grandes ou transações em larga escala, isso significa que trabalha com gente ocupada, certo? Diariamente, você conversa com executivos, profissionais liberais ou homens de negócios independentes que dão muito valor a seu tempo. As pessoas que se sentam em bancos de parque e veem o mundo passar não são, em geral, os tipos que tomam decisões sobre a compra de gráficas próprias, instalação de novos computadores ou substituição dos jatos da empresa, certo?

Você concorda que o tipo de pessoa que compra o que você vende recebe muita correspondência? O que o executivo de empresa — o médico, o engenheiro, o investidor, o homem de negócios muito ocupado — faz com uma carta de alguém que escreve para se apresentar como novo representante de uma companhia da qual comprou no passado?

Manda colocá-la na cesta de lixo. Mais ou menos 99,9% das vezes, o papel está a caminho do esquecimento assim que o destinatário o reconhece. Livrar-se de papel é muito fácil para nós. As pessoas a quem você vende têm de se livrar de uma grande quantidade de papel todos os dias, ou serão sepultadas por ela.

E o que esse tipo ocupado faz quando o novo representante telefona na hora em que está mais ocupado?

"Obrigadoportelefonaradeus." E desliga.

Isso acontece em 80% das vezes que o novo representante nada mais tem a comunicar do que a sua existência ao antigo comprador. Por quê? Porque a segunda coisa mais fácil é se livrar é um telefonema.

Qual é a coisa mais difícil de se livrar?

De um corpo.

Esse é o motivo pelo qual você deve comparecer com o corpo quando restabelece contato com os antigos clientes de antigos vendedores. Essas pessoas ocupadas — ao contrário de qualquer outro grupo de clientes em potencial que você possa encontrar — já demonstraram que precisam, querem, beneficiam-se e podem pagar pelo que você oferece. E, se você puder selecionar os que atingiram o estágio certo no ciclo, saberá que a maioria está começando a se coçar por toda parte. Assim, entregue o corpo. Seu corpo. Vá visitar pessoalmente esses órfãos.

Se necessário, telefone para a secretária do executivo, a fim de marcar uma entrevista, mas certifique-se de ter pronta uma resposta convincente para a inevitável pergunta da secretária: "A respeito do quê?" Porque, se você disser "Quero simplesmente me apresentar", não vai conseguir a entrevista nem a secretária vai pô-lo em contato com o chefe para que você faça perguntas do tipo pesquisa de mercado.

Esse é o motivo pelo qual o Campeão vai visitá-los. Um número surpreendentemente grande de pessoas é abordado com muito mais facilidade simplesmente quando se vai procurá-las onde estão do que seguindo-se a rotina de solicitar uma entrevista. Mas, em primeiro lugar, você tem de examinar os arquivos.

Vamos supor que sua companhia seja bem típica nesse aspecto. Você apurou que o ciclo da coceira é de três anos; o arquivo contém um grande número de órfãos; você pode localizá-los facilmente pela data em que compraram o produto ou serviço. Mas não apenas isso:

você também fica surpreso com as riquezas que encontra: os arquivos estão estourando de compradores que não voltaram a ser procurados por até dez anos. Por onde começar? Não seria melhor começar a trabalhar com os antigos arquivos de pessoas que compraram há nove anos, antes que passe ainda mais tempo?

Esqueça-as. Elas não são mais órfãs. Se sua oferta tem realmente um ciclo de coceira de três anos, essas pessoas, há muito tempo, fizeram ligações para satisfazer suas necessidades de atualizar o produto ou serviço.

Comece exatamente na marca de três anos e progrida pelas pessoas que começam justamente a se coçar, até que tenha visitado todos os órfãos que tenham comprado até dois anos e dez meses antes. Só então deve passar aos compradores que fizeram suas últimas aquisições há mais de três anos. Comece com os compradores de 37 meses atrás e vá recuando, até que os resultados não justifiquem mais o esforço. No caso da maioria dos produtos, isso não leva muito tempo, se você tiver determinado exatamente o ciclo de coceira.

A fim de acelerar o processo de visitar os órfãos que estão se coçando para que voltem a encomendar seu produto ou serviço porque o compraram há dois anos e dez meses — e estão vermelhos com tamanha coceira — faça telefonemas discretos, a fim de apurar se ainda estão respirando e piscando nas mesmas velhas barracas. Alguns terão se mudado. Em vendas impessoais, isso, em geral, representa um beco sem saída. Em vendas comerciais e industriais, isto significa simplesmente que o Sr. Newhouse agora está tomando as decisões que eram tomadas pelo Sr. Oldbarn. Quando a velha copiadora que o Sr. Oldbarn comprou para sua companhia começa a apresentar defeito, o Sr. Newhouse começa a se coçar para obter o modelo mais recente, no mesmo ciclo que teria influenciado o Sr. Oldbarn, caso ele não tivesse se aposentado.

Vamos supor que você esteja pensando: "E se eles não estiverem com a coceira?"

O Campeão acredita que é sua obrigação ajudar as pessoas ocupadas a notarem que têm um caso grave de coceira. Começa a visitá-las, telefonar para elas e fazer todo tipo de coisa para lhes despertar o interesse e fazê-las compreender que podem curar aquela coceira voltando a encomendar ou a substituir o produto ou serviço.

A fim de ser um Campeão, você precisa conhecer — e acreditar profundamente — as razões irretorquíveis pelas quais essas pessoas devem:

- Substituir aquelas velhas máquinas de soldagem pelos modelos mais recentes, que trabalham 20% mais rapidamente e economizam uma quantia X de custos trabalhistas...
- Trocar seu velho carro por um novo, que lhe proporcionará mais quilometragem e maior conforto...
- Livrar-se daquele sistema ultrapassado que, embora fosse uma maravilha há três anos, simplesmente não pode se equiparar ao sistema que hoje você pode oferecer para satisfação da empresa.

Descubra as razões que tornam o produto ou serviço que você oferece hoje muito superior ao melhor disponível há três anos. Faça esse esforço e encontrará as razões. Três anos atrás, eles compraram o melhor — mas o melhor hoje é o mais moderno. Você quer que eles tenham o melhor, não quer? Então, faça seu trabalho. Mostre a essas pessoas — que já demonstraram fé em sua companhia por comprarem produtos seus há três anos — que seu produto novinho em folha é o mais moderno no mercado, que prestará a elas mais benefícios do que seus antigos modelos atuais. Você pode fazer isso, não pode?

É certo que pode — porque você é um profissional. Na próxima vez em que entrar em seu escritório, vá direto aos arquivos e comece a procurar pelas pessoas que compraram sua oferta de vendedores que não estão mais na companhia. Adote essas pessoas. Transforme-as em seus clientes. Faça com que desejem o que compraram de sua empresa. Em seguida, deixe-as interessadas e entusiasmadas com a renovação do pedido de sua oferta.

TÉCNICA NÚMERO TRÊS DE BUSCA DE CLIENTES NÃO RECOMENDADOS: PROGRESSO TÉCNICO

É claro que você usa a atração do progresso técnico quando conversa com pessoas que fecharam seu ciclo de coceira. Mas agora estamos falando do progresso técnico como técnica de busca de clientes, específica por direito próprio.

Você sabia que praticamente todos os produtos já se tornaram obsoletos na mente de seus criadores no momento em que entram em produção?

Nessa ocasião, eles já estão sondando o futuro e pensando: "Como poderemos torná-lo melhor?" Sabem que, se não fizerem isso, alguém o fará. E, claro, esses engenheiros, projetistas e inventores não estão prontos para desarmar suas tendas e se retirar. Querem permanecer onde estão e continuar a inventar, projetar e produzir as surpresas de amanhã.

Muitos produtos acabados se tornam rapidamente obsoletos; alguns duram um pouco mais antes de serem superados. Raramente os produtos acabados se desgastam ao ponto de não poderem mais ser usados. É mais comum que seus proprietários estejam acostumados ao que há de melhor e se desfaçam do produto quando começa a requerer manutenção frequente ou mesmo quando surge algo melhor. Isso se aplica a todos os produtos acabados, de calculadoras a superpetroleiros. As pessoas que podiam pagar pelo melhor quando surgiu o modelo anterior de seu produto ainda continuam a poder pagar. Na verdade, muitas vezes não conseguem comprar outra coisa que não seja o melhor. Às vezes, isso significa que um trabalhador guia um carro velho a fim de ter dinheiro para comprar a mais moderna motocicleta cross, uma vez que as corridas com esse equipamento são seu hobby. Ele não pode comprar outra coisa que não seja a melhor moto, exatamente pela mesma razão que as grandes companhias de aviação não podem ter outra coisa que não sejam os jatos mais modernos — uma vez que ambos estão competindo.

Nos Estados Unidos — na verdade, em todo o mundo livre —, todos queremos o melhor, o mais moderno, o mais chamativo, o mais novo, o mais rápido, o de melhor desempenho. Eu preciso disso — não é assim que todos se sentem?

Nisso, estou com você. Todos nos sentimos da mesma maneira. Um excelente exemplo dessa técnica poderia ser obtido comigo, caso algum vendedor estivesse atento o suficiente para aproveitar financeiramente a oportunidade que eu representava. Mas ninguém andava pensando nisso e eu tive de descobrir por acaso o progresso técnico — como milhões de pessoas fazem todas as semanas, porque nós, vendedores, não estamos fazendo nosso trabalho tão bem quanto deveríamos. Vejamos como tudo aconteceu.

Sou um aficionado por futebol americano. Há alguns anos, enquanto andava por um shopping olhando as ofertas, vi algo que me deixou paralisado. Ali estavam! Jogadores de futebol de 2 metros de altura na tela de televisão. Eu disse a mim mesmo: "A coisa é tão realista que quase sinto que serei machucado também." (Saiba que isso aconteceu duas semanas antes do Super Bowl.)

Depois, continuei a pensar. Por quê? Porque eu queria aquilo, embora, logicamente, soubesse que não precisava daquilo. Eu não passo muito tempo em casa e não havia razão para querer outra coisa senão meu aparelho de 42 polegadas. Eu queria aquilo. *Eu queria aquilo*. Então, tive uma visão: todos os amigos em minha casa para assistir ao Super Bowl, todos hipnotizados por aquela tela gigantesca.

De modo que eu disse: *"EU PRECISO DAQUILO."* Entrei na loja e a comprei. Na minha mente, na ocasião, havia uma vaga ideia dos motivos lógicos pelos quais desejava aquela TV. Só mais tarde compreendi que exemplo perfeito de emoção ditando uma "razão lógica" para a compra aquilo fora — e sou o primeiro a reconhecer que minha razão para comprar foi o tipo de lógica mais conservadora. Mas ela persistiu em minha mente por tempo suficiente para que eu fizesse a compra e — quer saber? — não me arrependi do que fiz porque a compra me deu muito prazer.

Aquele era um aparelho de TV caro. E tenho certeza de que deve ter rendido uma grande comissão para o vendedor que me atendeu. O ponto é o seguinte: por que a loja de televisão em que comprei meu aparelho de 42 polegadas permitiu que eu encontrasse por acaso uma TV de tela plana na loja de outro comerciante?

Aquilo representava um progresso técnico em altíssimo grau. Por que o vendedor que me convenceu a comprar o velho aparelho de 42 polegadas — e ele conhecia meu status — não tentou me convencer a comprar uma TV de tela plana? Nenhuma tentativa foi feita antes ou depois de eu ter comprado meu aparelho de tela gigantesca. Ninguém em toda aquela área aproveitou esse sensacional progresso técnico. Ninguém pegou o telefone para conversar com todas as pessoas abastadas da área que poderiam pagar, com prazer, as vantagens daquele progresso fantástico. Todos permaneceram simplesmente onde estavam e esperaram que pessoas que podiam pagar pela inovação entrassem em suas lojas por iniciativa própria. Enquanto esperavam, não vendiam. E, ao esperarem, perderam a oportunidade de vender às pessoas que, por acaso, entravam em outra loja.

Alguém devia ter me telefonado e dito: "Sei onde você vai estar em três semanas — pregado no chão, em frente a um aparelho de TV, assistindo ao Super Bowl, certo?"

"Certo, mas..."

"Que tal assistir aos jogos em uma tela tão grande que faz com que os jogadores pareçam ter dois metros de altura... e tudo isso em sua própria casa?"

Eu teria respondido: "Venha até aqui e me conte mais."

Quando tiver um novo produto — ou um produto antigo em novo estilo ou com uma nova característica —, telefone para todos aqueles que já o possuem. Claro, seja discreto. Se antes os vendia em pacotes de 12 e agora os vende em dúzias, não telefone para contar esse progresso fantástico.

E será preciso um pouco de jeito. Quando se trabalha com gente, é preciso reservar alguns minutos para descobrir alguma coisa sobre seus interesses e valores. Anote essas informações em fichas de 7×12cm. No próximo ano, quando sair aquela novidade sensacional — na qual nem mesmo está pensando agora —, poderá consultar seu fichário, telefonar para as pessoas e dizer: "Sei onde você vai estar dentro de três semanas... e espere só até ouvir mais a respeito dessa novidade sensacional. Estou telefonando justamente para lhe informar a esse respeito."

Evidentemente, você telefona primeiro para os antigos clientes. Em seguida, procura descobrir meios de chegar a pessoas com quem nunca falou e de despertar seus interesses na novidade fantástica. Tivesse eu sido o vendedor desses aparelhos quando saiu a TV de tela plana, teria telefonado para todos os médicos, advogados e dentistas em minha área, e a todas as outras pessoas que eu imaginasse ter condições de pagar pelo produto.

Mas é tarde se você espera até que a inovação esteja exposta em sua loja antes de começar a pensar em meios de explorá-la. Se você vende para uma companhia que está lançando novos produtos o tempo todo, comece agora mesmo a compilar uma lista de pessoas a quem telefonar quando tiver uma inovação especialmente importante para vender.

Progresso técnico. Que maneira interessante e lucrativa de obter novos negócios.

TÉCNICA NÚMERO QUATRO DE BUSCA DE CLIENTES NÃO RECOMENDADOS: JORNAIS LOCAIS

Um Campeão não se demora nas profecias de catástrofes, na destruição e no desespero que congestionam a primeira página. Ele simplesmente lê o jornal local para fazer negócios. E lê com uma caneta na mão, porque dezenas de pessoas publicam, em todos os números, uma mensagem de grande importância para todos os Campeões. A mensagem é: "Preciso de ajuda." Mas, claro, isso nunca é escrito exatamente com essas palavras.

Vou dar um exemplo. Os jornais publicam muitas pequenas notícias a respeito de pessoas que foram promovidas, uma vez que essa é uma das maneiras que utilizam para formar suas próprias clientelas. É possível contar com um fluxo regular dessas notícias. Examine o artigo exposto e envie a cada uma dessas pessoas uma breve nota de parabéns. Você acha que elas vão apreciar isso?

Não só apreciarão o bilhete, como também provavelmente se mostrarão muito receptivas se você pegar o telefone um dia depois de receberem a nota e lhes perguntar se pode ajudá-las em alguma coisa.

Uma história que ouvi de J. Douglas Edwards mostra como essa abordagem pode ser transformada em uma fonte de renda substancial por vendedores de grande variedade de produtos e serviços. Um dos amigos íntimos de Doug é jogador profissional de beisebol e recebeu um dos maiores salários já pagos a alguém da categoria para ir jogar em outro clube. Na cidade para onde ele ia, os jornais publicavam artigos de meia página, falando sobre sua chegada e dizendo que ali ele iria fazer um segundo lar para a família.

Bem, do que um atleta profissional bem pago iria necessitar na nova cidade?

Uma casa. Se você trabalha no ramo imobiliário, eis um ótimo candidato para o melhor bairro onde você vende casas.

Móveis e acessórios para a casa. Se você trabalha para uma empresa de decoração de interiores, móveis, carpetes ou muitas outras coisas de que uma casa necessita, essa é uma dica quente.

E o que dizer dos terrenos? Uma quadra de tênis, uma piscina, pátios, tratamento paisagístico — esse homem vai precisar de todo tipo de produto e serviço para sua nova casa.

De que mais ele necessita? O dinheiro sempre abre buracos em nossos bolsos, e esse homem está bem provido. Ele não vai andar a pé pela nova cidade ou para a casa que continua a manter na cidade onde residia. Assim, precisa de um carro. E, uma vez que atletas gostam de se ver na TV, ele vai precisar de um gravador de vídeo. Naturalmente, ele não vai querer perder os detalhes, de modo que a principal candidata é uma TV de tela plana.

Com casa e carro novos, de que ele vai precisar no ramo de serviços? Não só o tratamento paisagístico e a decoração de interiores de que já falei, mas também de seguro para a casa, o carro e os bens, bem como para cobrir os riscos a que estará exposto na nova cidade. E ele subiu várias alíquotas na escala de renda. Agora está jogando em uma nova liga de oportunidades em impostos e investimentos, de modo que é bem possível que venha a precisar de conselheiros em assuntos fiscais e de investimentos. E sua esposa vai precisar abrir contas nas melhores lojas da cidade, além de adquirir certo número de itens e serviços apropriados à nova situação de vida.

Você sabia que nós, Campeões, podemos ajudá-lo a gastar todo esse dinheiro do passe? E, enquanto fazemos isso, providenciarmos para que ele e sua família obtenham o máximo benefício com isso?

Agora, veja só o resultado. O jogador de beisebol chegou à nova cidade várias semanas depois de o artigo ter aparecido nos jornais locais. Mais tarde, Doug perguntou-lhe se muitos vendedores não o haviam sufocado de atenções. O jogador respondeu que, tanto quanto sabia, nenhum vendedor o havia procurado como resultado dos artigos publicados nos jornais. Ele e a esposa haviam chegado à nova cidade e procurado satisfazer às suas necessidades exatamente como qualquer outra pessoa teria feito: pedindo recomendações a conhecidos, andando de carro pelas ruas, descobrindo coisas e consultando os catálogos.

Onde estávamos quando eles chegaram à cidade?

Sentados em nossas lojas, à espera de que alguém — qualquer pessoa — aparecesse.

Com grande frequência, são as publicações pequenas, locais, que proporcionam a maior parte das dicas ao vendedor atento. O Campeão não procura notícias sobre a última catástrofe em Cabul, Karachi ou Kimpo quando lê rapidamente esses jornais. Anda à procura de notícias sobre seu território de vendas ou área de comércio: quem foi transferido para a cidade, quem foi promovido, quem ganhou um prêmio, quem está desenvolvendo um novo projeto. É isso que o Campeão quer saber.

Examine os pequenos jornais locais que encontra na soleira da porta e joga fora sem ler. Alguns estão transbordando de notícias locais. E leia também jornais especializados que cobrem certas indústrias ou áreas. Eles podem se mostrar ricas fontes de indicações. Obviamente, se você é ativo no negócio de iates, já está lendo o jornal local sobre as notícias náuticas — mas, se vende seguros, móveis finos, objetos de arte e encanamento de luxo? Pessoas que podem comprar iates não compram roupas na Goodwill, e o dentista que está ganhando todas as regatas é, quase certo, um grande consumidor em outras áreas da vida. É possível que ele necessite de seu produto ou serviço — e ficará feliz em receber uma nota de congratulação por sua última vitória.

Mas o que dizer das pessoas que chegaram em segundo ou terceiro lugares — ou simplesmente participaram da regata? Elas também são grandes gastadoras e ficarão ainda mais satisfeitas ao saber que alguém notou que elas competiram.

Outras dicas úteis são publicadas diariamente em sua área — e a melhor fonte delas talvez sejam publicações que você nunca pensou em ler. Se você trabalha em qualquer ramo de vendas pessoais, amplie seus horizontes mentais. Procure novas fontes impressas de dicas.

TÉCNICA NÚMERO CINCO DE BUSCA DE CLIENTES NÃO RECOMENDADOS: REIVINDICAÇÃO DO DIREITO DE PROPRIEDADE

Depois de ler essa história sobre o jogador de beisebol amigo de Doug, você talvez esteja pensando: "Se eu esperar até que algum novato chegue ao clube (ou a qualquer organização local), será mais difícil fazer amizades naquele lugar a tempo de conseguir o negócio. Talvez seja melhor começar a trabalhar alguns clubes agora mesmo — antes que as novas pessoas que vão receber publicidade cheguem. Assim, quando aparecerem, eu já serei uma pessoa conhecida e terei a primeira oportunidade de abordá-las."

Isso é tudo o que existe na técnica de reivindicação do direito de propriedade. Você se torna conhecido, aprende como tudo funciona, familiariza-se com organizações cuidadosamente selecionadas, nas quais se sente à vontade e conhece pessoas pré-qualificadas — por renda e interesses — para comprar sua oferta. Esta é uma das melhores técnicas que conheço, porque você pode reivindicar o máximo de propriedades de que puder dar conta. Todas elas serão minas de ouro de contatos e de sólidas dicas pré-qualificadas. Sim, não há limite a quantas organizações é possível reivindicar, mas não seja como os garimpeiros dos velhos tempos que andavam pelos desfiladeiros montados em um burrico, chapelão sobre a cabeça, marcando com estacas todos os terrenos que viam. Não reivindique mais territórios do que aqueles que pode explorar de modo lucrativo, em vez de querer demais e perder em todos.

Mas lembre-se de que, com essa técnica, será necessário algum tempo até começar a extrair minério do solo. Desse modo, comece a trabalhar imediatamente. Dedique algumas horas todas as semanas para desenvolver esse método. Dedique tempo suficiente para fazer com que sua presença e sua influência cresçam em clubes e organizações que escolheu para o emprego dessa técnica, mas não permita que esse projeto em médio prazo o impeça de trabalhar seus clientes em potencial que estão prontos para comprar, tirando deles tudo o que for possível.

Quantas organizações posso reivindicar? E como explorar isso?

Examine tantas organizações quanto puder antes de decidir sobre as respostas a essas questões. Continue a procurar até encontrar uma organização que lhe ofereça encorajamento e oportunidade. Ter um sem o outro é inútil. Localizado um desses grupos, a melhor maneira de trabalhar com ele será sugerida por si só. Seja tão ativo quanto possível. Se for um clube campestre ou social, ingresse como sócio e ofereça-se voluntariamente para trabalhar — não há melhor maneira de marcar sua presença. Se for uma organização em que não quer ou não pode entrar, comece a levar seus membros para almoçar, envie-lhes notas de agradecimento, preste favores a eles, torne-se útil. Se for a pessoa certa para esse grupo, saberá que música cantar. Se não sabe, passe para outro. Um único clube pode lhe oferecer mais contatos do que você dar conta, ou talvez você aprecie e goste mais de trabalhar com vários deles. Se resolver reivindicar companhias — travando conhecimento com seus diretores de pessoal, por exemplo —, é possível que possa trabalhar, de modo eficaz, com vinte ou trinta delas. A única regra nesse particular é fazer o que for mais eficaz no seu caso.

Mas qual é o melhor tipo de organização para reivindicar?

Isso depende de sua oferta, de suas preferências, de sua personalidade. É quase ilimitada a faixa de organizações em que você pode penetrar: companhias privadas, associações comerciais, obras de caridade,

COMO SER UM GRANDE VENDEDOR

grupos religiosos, clubes campestres e sociais, associações de esportes amadores e profissionais, grupos de interesses especiais, clubes de serviço, partidos políticos, clubes de hobbies e sociedades culturais. A fim de determinar qual é o melhor grupo para você, compare o custo em tempo, dinheiro e energia para se estabelecer em uma organização que lhe interessa com os benefícios que espera sob a forma de contatos e dicas. A análise lhe proporcionará a resposta certa.

TÉCNICA NÚMERO SEIS DE BUSCA DE CLIENTES NÃO RECOMENDADOS: ENCONTROS DE TROCAS

O maior desperdício de espaço em muitas cidades norte-americanas costumava ser o cinema do tipo drive-in. Embora fossem cercados por milhares de residências, esses hectares de terra pavimentada para nada mais serviam senão para acumular impostos durante o dia. Uma pessoa criativa, porém, teve uma ideia e nasceu o encontro de trocas.

As origens dessa ideia estão perdidas no tempo. Talvez tenham havido feiras ambulantes antes que surgissem cidades para abrigá-las. As pessoas adoram o colorido, a diversidade e a animação da compra, venda e troca ao ar livre de artigos artesanais ou pechinchas inesperadas.

Você sabe que pode facilmente criar uma fonte para algumas de suas melhores dicas de vendas ao promover seu próprio encontro de trocas? E pode fazer isso em pequena escala, não lhe custando nada mais do que um pequeno esforço.

A ideia é se reunir regularmente para trocar dicas com vendedores cuidadosamente selecionados que trabalham em campos diferentes. O número ideal é de quatro a seis pessoas. Com mais do que isso, a situação sai do controle.

Vejamos como organizar essa extraordinária fonte de novos negócios:

Selecione quatro, cinco ou seis bons vendedores em ramos mutuamente benéficos e acerte com eles o local e o horário. Toda a técnica se resume a isso.

"Mais devagar com o andor", talvez você pense. "O que quer dizer com 'ramos mutuamente benéficos'? Como devo selecionar bons vendedores? E exatamente como funciona esse festival de trocas?"

Ramos mutuamente benéficos

Os melhores ramos onde selecionar seus parceiros de trocas são aqueles que interessam aos mesmos tipos de clientes para quem você vende. Enquanto não forem concorrentes, os parceiros de seu grupo de trocas podem vender em campos afins aos seus ou operar em indústrias inteiramente diferentes. O importante é que os clientes deles tenham os mesmos interesses gerais, necessidades e poder aquisitivo que os seus. Se você vende utensílios domésticos no varejo, não conseguirá muito — nem poderá dar muito — de alguém que venda computadores grandes escritórios. Mas poderá trocar muitas dicas com vendedores nos ramos de tapetes, móveis e vendas de casas.

A seleção de bons vendedores para o encontro de trocas

É preciso saber escolher pessoas que você realmente apreciará e que lhe renderão lucros. Suponhamos que a maioria de meus clientes seja composta por executivos que, em geral, dirigem carros luxuosos, embora esta não seja minha linha. Suponha que, por motivos fiscais ou outros, muitos desses executivos talvez arrendem seus carros. Assim, alguém com quem eu desejaria contar em meu grupo de trocas seria um bom vendedor no campo de arrendamento de carros de luxo. Por quê? Porque posso ajudá-lo — e, se posso ajudá-lo, ele também pode me ajudar.

Muito bem, agora identifiquei um dos campos que quero que esteja representado. Mas como entrar em contato com um grande vendedor do ramo?

Telefone para os gerentes de vendas de companhias de arrendamento até obter sucesso. É possível que consiga isso em seu primeiro telefonema. Diga ao gerente o que quer fazer e pergunte com quem

228 | COMO SER UM GRANDE VENDEDOR

você deve entrar em contato na empresa dele para formar seu grupo de trocas. O gerente vai pô-lo em contato com alguém que possa aproveitar as dicas que colher em seu encontro — o que significa que você vai conseguir um grande vendedor.

A fim de obter boas recomendações para seu círculo de trocas, vá até os altos círculos. Se telefonou para um gerente de vendas que mereça esse título, ele vai gostar do fato de você ser suficientemente criativo para iniciar um encontro de trocas e desejará que sua empresa se beneficie, indicando uma pessoa muito capaz.

COMO FUNCIONA O ENCONTRO DE TROCAS

1. Reúnam-se semanalmente. A menos que façam isso, o encontro não se transformará em hábito.
2. Reúnam-se sempre no mesmo horário e lugar. De outro modo, o tempo gasto com os arranjos acabará com a ideia.
3. Marque o encontro como a primeira atividade da manhã. Vocês nunca conseguirão se reunir regularmente em qualquer outra ocasião. Exclua as pessoas que não conseguem aparecer a tempo. Seu encontro de trocas se destina a pessoas que querem apenas fazer negócios.
4. A reunião para o café da manhã em um local central da cidade é o arranjo mais conveniente para esse tipo de encontro. Não permita que ninguém pague toda a conta — cada um deve pagar a sua parte.
5. Não fiquem enrolando. O encontro não é uma desculpa para matar tempo. A menos que ele seja curto, animado e útil, estará fadado ao insucesso.
6. Todos os membros devem se comprometer a trazer duas boas dicas a cada encontro. Mas, às vezes, isso não acontece. Combinem que, de qualquer modo, a pessoa será bem-recebida. É melhor o membro do grupo chegar com apenas uma dica do que não chegar. Essa pessoa deve, então, sentir-se obrigada a trazer três dicas no encontro seguinte.

TOM HOPKINS | 229

7. Na reunião, as dicas são trocadas. Como grupo, vocês procuram concordar que a pessoa que pode explorar primeiro a dica é aquela que deve ter a preferência para fazê-lo.

8. Os membros devem assumir o forte compromisso de seguir pronta e completamente todas as dicas que receberem. O sistema de encontros não perdurará, a menos que todos os seus membros extraiam dele benefícios sólidos.

9. Nada destrói mais rapidamente um grupo assim do que o fato de se dividir entre os que só dão e os que só recebem. Se você perceber que isso está acontecendo, fale em particular com os recebedores. Convença-os a mudar de orientação ou elimine-os do grupo.

10. Nenhum grupo de encontros pode sobreviver caso se transforme em um muro de lamentações. Não tolere pessimismo ou depressão. Deixe claro que o encontro de trocas é o trampolim para um dia de venda eficaz e ganho de dinheiro, e que um indivíduo sem o entusiasmo não é bem-vindo.

Estive em encontros de trocas na condição de vendedor e sei que estive nos grupos de outras pessoas como líder. Claro, só fui saber disso muito tempo depois. De modo que, de ambos os lados, sei como funcionam.

Mas você talvez esteja pensando que esses encontros só dão certo no caso de produtos. Não é verdade. Vou mostrar como funcionam em serviços. Tenho um advogado, um conselheiro de investimentos e um assessor financeiro. Sei que eles fazem parte de um grupo de trocas porque, não muito tempo depois de começar a trabalhar com um deles, descobri que também trabalhava com os outros dois — e todos eles me interessaram em função das boas oportunidades.

O grupo de trocas é interessante e divertido, além de ser grande fomentador de negócios. Depois que tiver seu primeiro grupo fluindo e ganhando dinheiro para você todas as manhãs de segunda-feira — quem sabe? —, você desejará organizar outro para as manhãs de quinta.

TÉCNICA NÚMERO SETE DE BUSCA DE CLIENTES
NÃO RECOMENDADOS: FAÇA A MANUTENÇÃO
DE SEU DEPARTAMENTO DE SERVIÇOS

Se você vende algum tipo de produto mecânico ou eletrônico, é bem provável que sua companhia conte com um departamento de serviços. Isso significa que os proprietários de seu produto podem ligar quando o antigo modelo começar a apresentar defeito. Bem, o que acontece quando os custos de manutenção de uma máquina sobem? A produtividade baixa — e seu proprietário começa a se coçar para comprar uma nova.

Verifique com o departamento de serviços e descubra quem está telefonando em busca de assistência. Esses telefonemas lhe dão a oportunidade perfeita para visitar os clientes e despertar seu interesse em um novo modelo que funcionará melhor, sem paralisações.

Essa possibilidade pode ser uma grande fonte de novos negócios para o vendedor atento. Um bom exemplo disso aconteceu comigo há pouco tempo. Tenho um aparelho de som portátil que levo em minhas viagens, porque gosto muito de música. Como viajo muito, os objetos são tratados de qualquer jeito. Quando uma pequena porém necessária parte de meu som quebrou, dei-me conta de que não conseguiria ouvir mais música nele até que fosse consertado. Assim, levei-o à loja em que o havia comprado.

Depois de dizer o que queria, o vendedor respondeu:

"Este aparelho está com muito tempo de uso. Talvez seja uma boa ideia o senhor comprar um novo."

"Ele não está em exposição", respondi, "Não me importo com a aparência dele, enquanto tocar bem."

O vendedor encolheu os ombros e emitiu uma nota de conserto. Deixei a loja.

Dois dias depois, recebi um telefonema de outro vendedor da mesma loja. Ele me disse:

"Eu o conheço, Sr. Hopkins. O senhor é o cavalheiro que anda por aí treinando vendedores."

"O próprio."

"O senhor quer esperar até voltar à cidade, ou gostaria de levar um novo aparelho de som em sua próxima viagem? Um com um som realmente maravilhoso, em comparação ao seu atual?"

"Eu gostaria de ter um novo aparelho, mas não sei o que faria com o antigo."

"Tenho uma ideia. Seu escritório, pelo que vejo, fica bem em frente à nossa loja."

"Exatamente."

"Se me conceder cinco minutos, irei até aí lhe mostrar algo que vai gostar muito."

Imagine o que levei comigo em minha viagem aérea do dia seguinte! Isso mesmo, um novo aparelho de som. Não só porque tinha melhor aparência, mas sobretudo porque o som era incomparavelmente superior. E não o queria, de fato — mas, de repente, tive de adquirir um deles. O vendedor não despertou meu interesse de forma lógica. Apelou para minha emoção quando me mostrou o aparelho e deixou que eu ouvisse o som. Quando menos esperava, estava levando um novo aparelho comigo em minhas viagens aéreas.

Mas o que dizer do primeiro vendedor, aquele que emitiu o pedido de conserto? Inicialmente, ele teve um bom ângulo de disparo, mas não puxou o gatilho. Eu me encontrava ali na loja, a não mais de 3 metros do aparelho novo que comprei dois dias depois da visita do vendedor competente.

O mesmo sistema funcionará em seu benefício se você criar o hábito de examinar os pedidos de serviço. Se sua companhia conta com um departamento assim, acompanhe-o todos os dias, e ele fará um bom serviço de manutenção em sua conta bancária.

CINCO MANEIRAS DE PAIRAR NO AR
ATÉ QUE ESTEJA PRONTO PARA VOAR

Essas são minhas técnicas de busca de clientes não recomendados — sete métodos poderosos que podem deslanchá-lo rapidamente para uma alta produção. Mas e se você não tiver a confiança necessária para aplicar qualquer um deles? O que fazer se você está convencido de que é simplesmente um tipo preguiçoso? A preguiça é um estado de sentir ou de ser. É como um casaco — você pode tirá-lo quando quiser. Se seu jogo é fingir que tem uma doença chamada preguiça, por favor, fique com ela. Quanto mais insiste em cavar a terra com o nariz, mais você facilita as coisas para nós, que queremos ter todos os dias um bom dia de trabalho.

Vamos supor que, por uma razão qualquer, você não esteja pronto ou disposto a iniciar, agora mesmo, uma forte campanha de busca de novos clientes. Se está numa situação em que não surge negócio algum, você está morto. Ou terá de mudar de atitude ou mudar de emprego, porque não vai conseguir um centavo sequer com o que está fazendo.

Mas talvez você se encontre numa situação ou território em que um grande fluxo de negócios corre em sua direção sem o menor esforço de sua parte para conseguir clientes: dicas fornecidas pela companhia, novas encomendas de clientes tradicionais, coisas assim. Os métodos que discutirei em seguida permitirão que você conserve esses negócios, e até mesmo que os amplie, enquanto constrói sua confiança e aprende o necessário a respeito de seu produto ou serviço. Estude e pratique com afinco, especialmente as técnicas apresentadas neste livro, e chegará o dia — e talvez se surpreenda em constatar, será cedo — em que não poderá evitar colocar todas elas em ação. Quando isso acontecer, você descobrirá, de repente, que está correndo a toda velocidade pela estrada da renda alta. Prepare-se vigorosamente, tenha confiança e obterá sucesso.

Eis como manter a situação sob controle até estar pronto para iniciar sua campanha pelas grandes recompensas financeiras:

1. Envie a todos os clientes uma nota de agradecimento.

Faremos um estudo exaustivo dessas notas de agradecimento no Capítulo 16.

2. Resolva rapidamente os problemas que surgirem.

Se algum cliente tiver problema com seu produto ou serviço, trate disso na mesma hora.

3. Telefone imediatamente para quem ligou para você.

Um dos principais problemas da maioria dos vendedores é que eles não querem receber mensagens e retornar as ligações. Faça esses telefonemas agora. É a única maneira de você construir uma clientela.

4. Mantenha todas as promessas feitas.

A fim de fazer uma venda, alguns vendedores prometem tudo.
"Ah, claro. Cuidarei desse ajuste."
"Deixe comigo, pois esse item será incluído."
"Pode contar comigo."
Mas, se puderem evitar, não farão uma única das coisas que prometeram. Dessa maneira, você nunca conseguirá uma recomendação.

5. Mantenha contato.

Telefone ou visite regularmente seus clientes. Cartas e prospectos não resolverão tudo, porque você não tem a retroalimentação dos desgostosos ou daqueles que estão sendo trabalhados pelo concorrente. Telefone para eles. Escute o som de seus ciclos de coceira.

A maioria de meus principais Campeões envia aos clientes uma espécie de correspondência pelo menos uma vez a cada três meses. A maioria dos altos produtores na área dos automóveis dispõe de uma nova brochura da companhia que, entre quatro e oito vezes por ano, é distribuída pelo correio à sua lista de clientes certos ou em potencial. Quase todas as grandes companhias produzem regularmente material impresso que se destina a ser enviado por seus vendedores.

Divida qualquer força de vendas em produtores inferiores, médios e altos. Se estudar o que eles realmente fazem com o material que se destina a ser enviado pelo correio, descobrirá que só os grandes

234 | COMO SER UM GRANDE VENDEDOR

produtores fazem isso. Todos os outros perdem o entusiasmo muito antes de o material chegar ao correio. Para essas pessoas indolentes, simplesmente há detalhes demais a tratar.

Um dos melhores vendedores de seguros que treinamos — e treinamos milhares deles — envia todos os meses uma circular para seus clientes. Ele mesmo a escreve. A circular se dirige precisamente à sua clientela e trata com exclusividade de negócios. Não faz desenhos nelas. Em vez disso, faz um resumo dos princípios básicos de seguros e apresenta muitas novas ideias e vantagens no campo dos impostos, ideias que desenvolve nas pesquisas realizadas continuamente. (Ele é um profissional, de modo que trabalha para conhecer mais a respeito do serviço que seus clientes.) E lhes conta as últimas novidades em planos de pensões. Se você trabalha neste campo, sabe como os planos de pensões são importantes para a venda de seguros. Esse homem consegue um fluxo constante de recomendações, bem como novos negócios com antigos clientes, ao mesmo tempo que a circular mantém seu nome diante dos olhos de clientes que não estão pensando em fazer, no momento, mudanças em seus planos de seguros e pensões. Mas farão — quando completarem o ciclo de coceira.

A circular é reforçada por um telefonema a cada seis meses e por uma visita pessoal uma vez por ano. Use esse programa até farejar mudanças, quando, então, deve entrar rapidamente em ação. Deve ter uma clientela leal, cujo número aumenta rapidamente. Isso é manter contato. Sem a circular, teria de aumentar o número de telefonemas e de visitas a clientes inativos — a um custo de tempo significativo que representa dinheiro.

Há apenas três maneiras de manter contato com os clientes: enviar coisas, telefonar ou visitá-los. A melhor mistura dessas operações depende de suas circunstâncias, mas é rara a situação de vendas que não se beneficia de uma combinação dos três métodos.

Uma ou várias vezes por ano, sua empresa pode lhe fornecer novas e lindas brochuras de quatro cores. Várias empresas lhe fornecerão circulares ou revistas com seu nome impresso. Muitas se encarregam também das remessas. Mas essa mala direta profissional tende a ser jeitosa demais, institucionalizada demais, impessoal demais e genérica demais para ser usada isoladamente. O que você precisa é de um programa de correspondência que se concentre em seus clientes e nas oportunidades e problemas particulares de sua área de ação. Com uma circular que você mesmo escreva, feche a lacuna entre o cliente e os interesses especiais de sua companhia. Ou, a cada noventa dias, escreva uma única carta pessoal que descreva um novo progresso técnico e providencie para que um serviço especial de digitação a personalize para toda a sua lista de clientes.

Isso não precisa ser mais um aborrecimento seu porque você não tem nem o tempo nem a habilidade necessários para criar seu próprio material de mala direta. Em vez de ignorar o problema, resolva-o. Organize um grupo de vendedores em seu escritório — ou em uma empresa não concorrente —, a fim de compartilhar os benefícios e as despesas na preparação de uma circular para todos, uma circular que, depois, possa ser personalizada para sua área de atuação e no nível geral das várias clientelas. O custo para você será uma fração da renda que está perdendo por não usar mais, de modo eficaz, o sistema de mala direta.

Todos esses sistemas de correspondência podem produzir bons resultados com pequenos esforços. Mas não substituem por completo o contato pelo telefone e pela visita. Use o correio para manter contato e conservar sua imagem fresca na mente dos clientes; use o telefone e as visitas para obter a retroalimentação vital de que precisa, a fim de chegar a tempo de aplicar um bálsamo na coceira dos compradores e aumentar o saldo em seu talão de cheques.

Se estivesse vendendo jatos executivos ou aviões particulares, eu atuaria da seguinte maneira: sempre que recebesse informação de que alguém estava ingressando nos mesmos círculos que nossos proprietários, eu entraria em órbita. Garanto que entraria em contato com essa pessoa. Ela receberia um folheto, mas esse seria apenas o começo. Eu a levaria de avião para almoçar em algum lugar exótico. Massagearia seu ego. Iria convencê-la de que deseja ardentemente o prestígio que vem com a posse de um jato pessoal ou da empresa.

236 | COMO SER UM GRANDE VENDEDOR

O problema é que essas pessoas simplesmente não compreendem que precisam do produto — que sua posição exige isso. Por isso, providenciaria para que descobrissem isso. E esse não seria o meu trabalho?

O mesmo procedimento se aplica a uma ampla variedade de produtos e serviços. O tempo e o dinheiro que você investe, naturalmente, devem ser proporcionais à comissão que espera receber com o fechamento do negócio.

Espero que você perceba a seriedade que estou tentando injetar na questão da busca de clientes em potencial, porque esta é a força vital da venda. Sem dúvida, você conta, em sua força de vendas, com pessoas que nunca geraram uma única dica de modo independente. Existem pessoas que não pegarão o telefone para ligar para um possível cliente. E outras que não sairão do escritório para descobri-los — simplesmente não se movem até que alguém as chame. Esperam que, de algum modo, a companhia faça isso por elas.

"Dê-me mais algumas dicas. Dê-me. Dê-me."

Se você é feito do material de que os Campeões são feitos, você mesmo construirá seu negócio, porque sabe que essa é a única maneira. Você o construirá com clientes satisfeitos, com as coceiras que aliviam, com o fichário de clientes recomendados, a adoção de órfãos, o progresso técnico, os jornais locais, a ocupação de territórios, a troca de informações e, acima de tudo, cumprindo tão bem suas responsabilidades para com os clientes que merecerá, com toda justiça, as recomendações e o sucesso que as acompanha.

Confiar em si mesmo, e não na empresa, é a única maneira realista de desenvolver sua própria posição pessoal, não é?

8. Como descobrir fortuna e felicidade pelo telefone

É surpreendente constatar como tão poucas pessoas, em qualquer escritório de vendas, realmente compreendem a função do telefone. Assim que pegam o jeito de teclar ou apertar os botões — geralmente aos 3 anos —, as pessoas desligam o cérebro e deixam que a boca funcione no piloto automático quando utilizam esse aparelho excepcional.

Você realmente terá de abrir a mente neste capítulo, porque será impossível discutir todas as técnicas relacionadas ao uso do telefone no seu caso e ajustá-las a seu produto ou serviço. Você mesmo terá de estirá-las, torcê-las e martelá-las, moldando-as para que se acomodem às suas necessidades. Tudo que posso fazer é fornecer os conceitos básicos e oferecer-lhe maior compreensão sobre o modo como pode se apresentar mais profissional e eficazmente no uso desse potente meio de áudio que se encontra em todas as escrivaninhas.

O telefone é seu segundo mais importante instrumento de venda — depois de sua boca. Não obstante, por motivos que não consigo entender, poucos vendedores estudam realmente a técnica do uso do telefone. Apenas os muito ambiciosos fazem isso: os Campeões em potencial. O vendedor típico, indivíduo que precisa desesperadamente de maior habilidade no uso do telefone, não se dá o trabalho de estudar as técnicas ligadas a esse aparelho fundamental.

238 | COMO SER UM GRANDE VENDEDOR

Contudo, é necessário mais do que mero conhecimento da técnica. A fim de utilizar o telefone de modo eficaz, é preciso também conhecer suas limitações. O pior engano que o vendedor comum comete a esse respeito é acreditar que o telefone pode substituir o contato pessoal com o cliente. O Campeão está convencido de que, no que interessa à eficácia, nenhuma voz estranha que venha por um fio pode substituir a presença física. Mas vejamos a primeira de várias ideias que vamos destacar, para que você possa compreendê-las melhor.

Preciso conhecer pessoalmente todos os clientes qualificados e interessados que telefonarem.

Este deve ser seu objetivo em todas as conversas com pessoas que telefonem, demonstrando interesse por sua oferta e deem algum sinal de que estão qualificadas para a respectiva compra.

As companhias investem somas vultosas em programas com o objetivo de criar esse tipo de telefonema: publicidade nos meios de comunicação de massa e nos catálogos telefônicos, cartazes, mala direta, feiras de amostras e outras promoções. Todo esse dinheiro é desperdiçado e todos esses anúncios que se destinam a fazer com que o telefone toque resultam em nada se, quando o telefone de fato tocar e você responder, não conseguir marcar um encontro com o interlocutor.

Alguns vendedores pensam que não é problema deles quando parte do orçamento de publicidade da companhia é gasta inutilmente. Não poderiam se enganar mais. É impossível transformar cada telefonema em uma venda, mas, se você não conseguir fazer com que cada telefonema que recebe resulte em algo para você e sua companhia, os dois se enfraquecem. Nada permanece imutável neste mundo dinâmico. Diariamente, tudo continua a crescer — ou começa a morrer. Se você passa anos de sua vida ajudando uma companhia a morrer, em vez de voar, você está fazendo o mesmo a uma parte insubstituível de si mesmo. Não pode nem mesmo recuperar a semana anterior — quanto mais reviver os últimos cinco anos. Faça com que seu tempo conte enquanto pode — e a única ocasião de fazer isso é agora mesmo e no futuro.

Cada vez mais, anúncios são redigidos a fim de produzir telefonemas solicitando mais informações, como primeiro passo na venda. Se souber como usar o telefone, essas chamadas podem facilmente se transformar em vendas para você.

Examinemos o processo desde o início.

1. Qual é a ocasião certa para responder ao telefonema?

Talvez você ria, mas de fato existe o momento certo de atender o telefone. Se o levantar antes mesmo de o primeiro toque cessar, você amedronta certas pessoas e leva outras a pensar que está ansioso demais. Se deixa que toque de seis a 16 vezes, elas pensarão que você não está trabalhando naquele dia. A ocasião perfeita, profissional, de atender o telefone é no terceiro toque.

2. Que tipo de imagem sua voz cria?

Quando atende com um tom e de um modo que sugerem que você sofre de alguma doença, os clientes não vão querer encontrá-lo. Esse é o motivo pelo qual o Campeão responde com certa animação, com uma nota feliz na voz, com algum entusiasmo. Qualquer que seja a catástrofe em que você se envolveu, sempre que atende o telefone no escritório você pode estar falando com alguém que quer ser ajudado por sua oferta. Se é uma pessoa madura, controlada, competente, você poderá pôr de lado as preocupações imediatas enquanto conversa alegremente com o interlocutor.

Essa é uma das razões para responder ao terceiro toque. Ao primeiro, pare o que está fazendo, clareie a mente e prepare-se. É uma dica simples. Basta um pouco de prática e de conhecimento. Selecione uma imagem mental que o agrade — uma grande esperança, um objetivo específico, uma realização sólida da qual se orgulhe — ou até mesmo apenas um bom sentimento do qual se possa recordar vividamente. Faça sua escolha e, quando ouvir o telefone tocar, interrompa o que

240 | COMO SER UM GRANDE VENDEDOR

está fazendo no instante e projete na mente essa imagem. Use-a para engrenar uma nova marcha, de modo que possa falar em tom vibrante e alerta, que revela que você pode oferecer o melhor produto ou serviço disponível e que está ansioso para conhecer pessoalmente a pessoa interessada. Com um pouco de prática, você vai descobrir que a imagem mental inspiradora precisará surgir na mente apenas por uma fração de segundo, antes de realizar seu maravilhoso trabalho.

3. Descubra o que motiva o interesse da outra pessoa

Deixe que o interlocutor diga o motivo pelo qual está telefonando. Ele pode se referir a um anúncio ou perguntar algo sobre um item específico. Você pode responder mais ou menos assim:

"Sim, senhor, estamos recebendo muitos telefonemas sobre o nosso novo Whippledipper. Tem sido realmente muito grande o interesse."

E, então, você prossegue para o passo seguinte.

4. Diga ao interlocutor para esperar, enquanto obtém informações para ele

Mas faça isso apenas se puder ser de forma sutil. O profissional procura uma oportunidade para pedir ao interlocutor que espere na linha, a fim de concatenar seus pensamentos, como se estivesse dizendo a si mesmo: "Muito bem, essa pessoa parece muito interessada... Agora, qual deve ser a minha melhor estratégia?"

De modo que, se puder, mande-o esperar logo no início da conversa. Mas tome nota cuidadosamente do seguinte: nunca o mantenha na espera por mais de 17 segundos.

O que acontece quando você o deixa esperando por um minuto ou mais? Quando você volta à ligação, simplesmente não é mais o mesmo ser humano. Se o interlocutor ainda estiver na linha, não vai parecer o mesmo indivíduo. O rugido de raiva que você ouve não é o movimento inicial de uma bela sinfonia bem-sucedida de venda. Espera longa é igual a venda perdida.

5. Procure saber o nome do interlocutor

Isso é importante por várias razões, inclusive porque é muito útil para criar comunicabilidade com o interlocutor, chamando-o pelo nome. O Campeão sempre faz o possível para saber o nome da pessoa. A melhor maneira de descobrir o nome é simples e é importante usar as palavras exatas, como vemos a seguir.

Quando interromper a espera, diga: "Obrigado por ter esperado." Retribua sempre cortesia com cortesia.

Então, prossiga: "Aqui está falando _____" e diga seu nome. (Claro, você não fará isto se o interlocutor lhe perguntou o nome logo que ligou.)

Faça uma pequena pausa. O interlocutor pode responder dando seu nome. Mas não tente forçar isso esperando — simplesmente lhe dê a oportunidade de dizer o nome, se isso for o natural a se fazer a essa altura. Caso contrário, prossiga em tom cordial e confiante:

"Posso saber quem está falando, por favor?"

Dessa maneira, em geral você consegue o nome se o interlocutor estiver realmente interessado em você e em sua empresa para a venda em questão, contanto que você tenha sido cordial.

6. Responda à maioria das perguntas com uma pergunta e guie o interlocutor para um encontro pessoal

O encontro pretendido pode exigir que você vá à casa do cliente, na hipótese de ser uma venda pessoal ou de interesse de toda a família; pode implicar a vinda dele à sua loja para conhecer o produto anunciado por sua companhia; envolver sua ida ao escritório do interlocutor, caso seja uma situação de venda à empresa; ou mesmo encontrar-se com ele em local público. Qualquer que seja o caso, você sempre deverá procurar obter a entrevista. Bem, responder a perguntas com perguntas significa que você adota qual técnica?

A do porco-espinho.

Por exemplo, quando uma pessoa telefona e diz:

242 | COMO SER UM GRANDE VENDEDOR

"Vocês ainda estão oferecendo aquele preço especial pela copiadora? Ainda está à venda?"

Um Campeão nunca responderia com um sim ou não a essas perguntas. Em vez disso, perguntaria:

"Essa copiadora é do tipo que o senhor estava esperando encontrar?"

"Sim, é."

"Ótimo. Hoje ou amanhã poderei dar todas as explicações que o senhor desejar. O senhor gostaria de vir ao nosso salão de exposição ou prefere que eu vá até aí?"

Essa é a técnica do porco-espinho, mas também a de Avanço Alternado, certo? Isso significa potência dupla.

7. Quando o encontro estiver marcado, confirme novamente todos os detalhes

Quero chamar sua atenção para um ponto importante: estudos comprovaram que apenas uma pequena porcentagem de pessoas segue um conjunto de instruções quando as recebe apenas uma vez. Você concorda com isso? Quando você marca encontros, o que costuma acontecer? Ou você esquece tudo, ou seu interlocutor não grava exatamente seu endereço. Ele também pode esquecer a hora do encontro ou talvez o seu nome. Esse é o motivo pelo qual o profissional sempre volta a confirmar tudo. Insista para que o interlocutor anote todos os detalhes importantes.

Eis o que o Campeão diz:

"O senhor tem um lápis à mão? Seria importante se anotasse os detalhes pertinentes."

Você sabe quais são esses detalhes. Eles incluem o nome do vendedor, o endereço do escritório, a hora e tudo o mais que se fizer para que o interlocutor entre em contato com você.

TOM HOPKINS | 243

8. O Campeão lança uma segunda âncora depois que o encontro é marcado e confirmado

Este último passo é de peculiar importância se você vai esperar pelo cliente em seu salão de vendas ou numa cafeteria que seja conveniente para ambos. Outros 10% das pessoas manterão o encontro se souberem que você pode telefonar para elas caso não apareçam. E, claro, sempre é possível acontecer algo que inviabilize a elas manter o encontro. De modo que, depois de confirmar os detalhes, você deve dizer:

"Se algo inesperado acontecer e eu tiver de pedir ao senhor para mudar o horário de nosso encontro, para qual número posso telefonar?"

Qualquer que seja seu produto ou serviço, há pelo menos uma chance na ordem de 50% de que você precise telefonar para obter dicas. O verdadeiro Campeão, independente do que venda, sabe que o telefone pode aumentar significativamente seu volume de negócios. De modo que vive pendurado no telefone em todos os momentos possíveis, ligando para novos contatos.

Por isso, vamos discutir esse tipo de telefonema.

TELEFONEMAS QUE VOCÊ DEVE DAR

Quase todas as pessoas respondem quando o telefone toca. Até mesmo vendedores que têm receio de fazer telefonemas atendem quando o telefone toca. Na verdade, ficam tão ansiosos para que alguém telefone que chega a ser patético.

Por que vendedores se retraem diante da ideia de buscar clientes pelo telefone, mas vibram diante da possibilidade de conversar com o mesmo tipo de pessoa quando recebe, em vez de iniciar o telefonema? Quando se pensa nisso, percebe-se que, no particular, há algo muito estranho. E a situação se torna ainda mais estranha à medida que você se aprofunda nela.

244 | COMO SER UM GRANDE VENDEDOR

Afinal de contas, esses vendedores trabalham para ganhar a vida. Sabem que ganharão dinheiro se conseguirem mais compradores. Também sabem que descobrirão mais compradores usando o telefone para localizá-los. A busca de clientes se resume ao seguinte: você pega o telefone e liga para todos os compradores possíveis, até localizar um que mereça ser visitado. Vai visitá-lo e, então, consegue que ele transfira dinheiro para sua companhia. Parte desse dinheiro é paga a você sob a forma de comissões. Essa é a essência da venda, correto? Tudo começa com a busca de clientes.

Ainda assim, há vendedores que não querem se dar esse trabalho. Não podem ter medo do telefone porque cresceram com esse meio de comunicação por perto e, agora, existe um aparelho à distância de um braço, na sua mesa. Estão acostumados com ele. Sabem que não morderá, explodirá nem desprenderá mau cheiro. Mas essa coisa tem o hábito irritante de produzir um som alto. Quem consegue cochilar confortavelmente em uma cadeira de escritório com esse som irritante azucrinando os ouvidos? Pior ainda, se não tirá-lo do gancho e descobrir por que alguém o está incomodando, certamente vai ser objeto de olhares zangados e insultos murmurados daqueles que estiverem próximos. E isso, se tiver sorte. Se não tiver, o que ouvirá mesmo são gritos. Por outro lado, sempre há a boa possibilidade de que a chamada não traga trabalho ou problemas — pode ser uma ligação errada e resolvida facilmente, ou apenas um amigo querendo bater papo. A maioria das pessoas já solucionou esse problema há muito tempo. De modo geral, é melhor atender quando ele toca.

No entanto, fazer o telefonema é diferente. Não adianta fingir que não é. Para começar, é você quem incomoda quando liga. Não adianta dizer "Por que você está me enchendo?" quando é você mesmo quem faz a ligação.

Talvez você pense que essa é a razão pela qual não busca clientes pelo telefone. Não é. Ah, claro, há de fato aquela vaga inquietação que todos sentimos no começo, quando procuramos clientes pelo telefone. É trabalho ladeira acima, e não um escorregão ladeira abaixo; trata-se de um movimento para fora, e não de um recolhimento para dentro. Mas é dessa maneira que se escalam montanhas e se ganha dinheiro.

Não se torture com esses pesadelos em dia claro dizendo a si mesmo que não tem a tenacidade necessária para procurar clientes pelo telefone. Não é disso que você carece e nem é preciso ter muita coragem e agressividade para ser um garimpeiro de clientes bastante eficaz. É preciso, sim, ter conhecimento. Se você tem medo de procurar clientes, é porque ainda não sabe como fazê-lo.

A primeira coisa a lembrar é a seguinte: você sempre pode dizer "Desculpe tê-lo incomodado" e desligar. E certifique-se de que, em sua mente, isso põe um ponto final ao problema. Afinal de contas, você apenas telefonou para a pessoa; não arruinou sua vida.

A segunda coisa a lembrar é que você deve ter sempre em mente o objetivo do sucesso, não do desempenho. Vou explicar. Se, como objetivo, você escreve "A partir das nove da manhã, vou dar 15 telefonemas à procura de clientes", pode fazer justamente isso e não conseguir nada.

Estabeleça um objetivo de sucesso: "Amanhã às nove, vou começar a telefonar para procurar clientes e continuarei até conseguir marcar três encontros para fazer uma demonstração de meu produto a pessoas que acho que podem e devem comprá-lo." Proponha-se um objetivo razoável de sucesso e tente atingi-lo. Pare para as refeições. Volte para casa à noite, mas continue a batalhar até atingir sua meta de sucesso.

A terceira coisa a lembrar é que, antes de começar a telefonar, você precisa de uma fórmula eficiente para iniciar a conversa e uma boa lista de nomes e números. Suas possibilidades de sucesso não serão melhores do que sua fórmula e lista. Se não conseguir bons resultados após dez telefonemas, pare, reexamine a lista e a fórmula, e pense em fazer mudanças. Por resultados compreendo marcar encontros, ser solicitado a telefonar mais tarde ou receber nomes de pessoas que poderão estar interessadas. Não deixe que algumas ligações infrutíferas o desencorajem. Ou seja, não permita que alguns estranhos — chatos que você nem mesmo quer conhecer — o levem a dar as costas ao sucesso. Aceite o fato de que falará com pessoas que não ficarão contentes em conversar com você. Seja profissional quando estiver captando clientes — o

246 | COMO SER UM GRANDE VENDEDOR

que significa que você: 1) tem uma oferta legítima, que conhece muito bem; 2) telefona em horários razoáveis; 3) é irresistivelmente educado; 4) rápida e cortesmente encerra todas as chamadas que não se mostram favoráveis; 5) expulsa de seus pensamentos a conversa improdutiva e imediatamente faz outra ligação.

O último ponto é vital. Em sua rotina de prospecção de clientes, afaste imediatamente todos os resultados negativos. Não lhes dê tempo de corroer seu entusiasmo. Em vez de lamentar uma ligação inútil, sacuda rapidamente a cabeça e ligue logo para outro cliente em potencial. Faça isso e ficará satisfeito com a facilidade e a eficiência de seu trabalho e com a rapidez com que se desenvolvem suas atividades nesse sentido.

Agora, tenho um pequeno desafio a lhe propor que, realmente, é uma oportunidade interessante. Redija, neste momento, sua própria pesquisa de mercado. Talvez faça isso com muita rapidez e termine com uma pesquisa melhor se trabalhar com dois ou três colegas com ideias semelhantes em sua organização de vendas, chegando a um resultado que todos usarão como fórmula para a busca de clientes. Comece com o formato básico que se segue e modifique-o até se ajustar a seu produto ou serviço, área de atividade, pontos fortes e métodos de vendas de sua companhia. Enquanto estiver fazendo o levantamento, pense cuidadosamente na ordem em que fará as perguntas. Após o terceiro passo, outra sequência talvez se conforme melhor à sua oferta do que a que apresento aqui.

1. Utilize imediatamente o nome da pessoa

Essa providência é crucial. Ao chamar os interlocutores pelo nome logo e com frequência, você vai conseguir que ouçam com mais atenção sua mensagem.

"Bom dia. O Sr. Hammersmith está?"

2. Apresente a si mesmo e a sua empresa.

Assim que estiver com a pessoa certa na linha, identifique-se de forma amistosa e cordial.

"Aqui fala Tom Hopkins, da Champions Unlimited."

E passe imediatamente a seu método de pesquisa de mercado.

3. Declare sua finalidade e faça a primeira pergunta da pesquisa de mercado

Faça isso sem pausa entre o objetivo e a pergunta. Empregue um tom de voz agradável, que convide a uma resposta em tom de conversa. A primeira pergunta deve ter o objetivo de verificar se a pessoa está interessada ou não no objeto de sua pesquisa.

"Estou fazendo uma pesquisa de mercado... Não demora nada. O senhor se importaria de me dizer se, no momento, possui um barco?"

4. Se a pessoa responder negativamente

No caso de vários produtos e serviços, é maravilhoso receber um *não* a essa altura do campeonato; na hipótese de outros, significa que você deve, de modo agradável, encerrar o telefonema e passar ao seguinte. Se você já espera um *não* neste caso, ensaie com todo o cuidado como tirar o melhor proveito disso. Formule as próximas perguntas de modo a convidar a respostas em tom de conversa que lhe forneçam informações fundamentais e contribuam para estabelecer a comunicabilidade.

"O senhor gostaria de ter um barco no futuro? E, nesse caso, preferiria um barco a motor ou à vela?"

Sempre que estiver em um diálogo cordial com alguém que descobre não ser um candidato emocional ou lógico à sua oferta, pergunte a ele se pode indicar alguém. Se você está trabalhando com uma boa lista, é muito provável que a pessoa tenha um amigo que é precisamente o tipo de cliente em potencial que você busca. Use o princípio do sistema de referência de candidatos recomendados para ajudar as pessoas a isolarem algumas faces na multidão entre seus conhecidos. Por exemplo, se a lista que você usa é de sócios de um clube, pergunte a seu interlocutor se alguns dos amigos dele não estariam interessados em receber pelo correio uma brochura relativa ao que você está vendendo.

248 | COMO SER UM GRANDE VENDEDOR

5. Quando a pessoa responde afirmativamente

("Sim, eu tenho um barco.")
"Ah, ótimo. Pode me dizer o tipo e a marca?"

Ultrapassada essa etapa, seu trabalho de prospecção pode prosseguir em várias direções e não nos interessa aqui como nosso vendedor de barcos as exploraria; o importante é esboçar as respostas que você provavelmente receberá e ensaiar a maneira como vai lidar com cada uma delas. Organize sua reação a cada resposta, de modo a continuar a trabalhar na direção de uma visita à pessoa, a obter sua permissão para enviar uma brochura, ou até mesmo compreender que não se trata de uma boa possibilidade para sua oferta, hipótese em que deve despedir-se cordialmente.

6. Pergunte há quanto tempo a pessoa possui (usa) o artigo

A intenção aqui é descobrir o momento atual do ciclo da coceira. A importância deste passo dispensa comentários.

7. Descubra o que lhe agrada no artigo que possui atualmente

Vejamos algumas das perguntas que você pode fazer se seu interlocutor tem um produto ou usa um serviço semelhante ao que você oferece:

"O senhor está satisfeito com a exatidão e a rapidez de seu serviço de preparação de folha de pagamento em computador?"
"Seu sistema de comunicações internas está prestando todos os serviços exigidos?"
"Qual aspecto o senhor mais aprecia em sua máquina de rebarbar?"

Descubra o que as pessoas sentem a respeito de seus bens atuais — o que gostam e o que gostariam de mudar. Quando descobrir isso, saberá também quais são suas chances no sentido de se interessarem pela última versão de seu produto. E saberá exatamente como despertar-lhes o interesse, porque terá ciência do que é importante para elas.

É importante formular a pergunta em termos positivos: "Qual é o aspecto que o senhor gosta mais...?"

E por que é importante ser positivo nesse aspecto? Por três razões: 1) as pessoas se sentem menos ameaçadas quando você pergunta do que elas gostam, em comparação a perguntar do que não gostam; 2) é mais provável que falem livremente e lhe digam do que não gostam do que se você lhes perguntar diretamente; e 3) você precisa ter muito cuidado para não despertar a lealdade delas em relação à marca do produto que possuem — a menos, claro, que você esteja vendendo a mesma marca.

Você está em busca de qualidades e padrões, para que seu produto ou serviço se mostre superior aos demais. Se os clientes apreciam a velocidade e seu modelo mais novo é mais rápido do que o antigo que eles possuem, você terá descoberto um forte apelo emocional para a compra. Quando descobrir um desses interesses em um telefonema de busca de clientes, não assuste o coelho atirando cedo demais. Tente marcar um encontro, a fim de demonstrar seu produto. Não fale com eles a respeito de comprá-lo; fale em lhes dar a oportunidade de experimentar a velocidade — ou qualquer que seja o interesse deles. Você vai querer que eles vejam, sintam, toquem e usem o produto. A essa altura, isso é tudo o que você quer. Só depois que eles experimentarem a forração e ouvirem o motor ronronar é que, com segurança, você pode mencionar a palavra *possuir*.

8. Com todo o cuidado, descubra quais são seus sentimentos negativos

A menos que eles abriguem esses sentimentos negativos, você vai enfrentar forte lealdade à marca, assunto que merece uma abordagem delicada. Não se coloque em uma posição de arrasar o que eles possuem atualmente, uma vez que isso implica atacar sua capacidade de julgamento. Não há maneira mais rápida de destruir suas possibilidades do que deixar o cliente em potencial saber que você o acha um tolo por ter determinado produto ou usar determinado serviço, nos quais ele já investiu. De maneira positiva, procure obter informações negativas vitais que aliviem o cliente em potencial da necessidade de defender suas decisões de compra anteriores:

"O que o senhor gostaria de mudar no programa de seguro-saúde de sua companhia?"

"Há algum aspecto que seu atual sistema de correia transportadora não possua e que seria útil ao senhor?"

"Qual melhora operacional tornaria mais eficiente a máquina que o senhor possui no momento?"

Na pesquisa de mercado, você procura identificar as necessidades não atendidas. Tenta descobrir, no atual produto ou serviço do cliente, algo que sua oferta possa fazer melhor. Ele pode querer mais em um campo em que você pode lhe dar justamente isso, claro.

Bem, se você pode lhe dar mais do que ele quer, essa capacidade de seu produto é: 1) algo adicionado ou aperfeiçoado desde que ele comprou o produto atual ou 2) algo em que seu produto ou serviço sempre foi superior ao que ele comprou. Ele simplesmente não sabia da existência de seu produto ou não deu valor suficiente a esse aspecto quando tomou a decisão de comprar de um concorrente.

No primeiro caso — um valor adicional ou aperfeiçoado —, você pode lhe dar boas notícias. Pode resolver para ele um problema que estava fora de seu alcance quando comprou o produto inicial. Neste momento, você pode elogiar o que ele tem como uma excelente compra na época — que agora passou. No segundo caso — seu produto ou serviço sempre foi melhor —, você terá de lidar com uma situação que, na melhor da hipóteses, é delicada e, na pior, explosiva. Não há lugar aqui para complacência ou comentários imprudentes. Todos os anos, milhares de situações desse tipo explodem na cara de vendedores confiantes demais que, se têm a lógica a seu favor, esquecem o aspecto emocional. Em tais casos, não conseguem fechar o negócio. E, em geral, não conhecem a razão. É simples: o cliente não quer aceitar o desalento emocional decorrente de reconhecer seu erro. Pessoas podem ser extraordinariamente sensíveis a esse respeito — e obstinadas também.

Em muitos casos, a única maneira de substituir o produto ou serviço da concorrência pelo seu é fazer uma declaração convincente, mais ou menos de acordo com as linhas seguintes: você acha que o cliente tomou uma boa decisão quando comprou o que possui no presente. Dadas as circunstâncias que imperavam na época, ele agiu bem, mas, nas novas condições que ora prevalecem, a decisão certa é passar para o melhor, a sua oferta.

De modo surpreendente, há muitos vendedores que preferem perder a venda a ajudar seus clientes em potencial a "livrar a cara". Mas é muito mais divertido fazer uma concessão nesse ponto e fechar a venda.

9. Mencione os pontos fortes de sua oferta

Todos nós adoramos vender uma vantagem competitiva básica — quando a temos —, mas algumas das situações mais provocantes e compensadoras envolvem produtos ou serviços que não apresentam nenhuma superioridade simples e facilmente explicável sobre a concorrência. Se você tem uma vantagem competitiva básica, mencione-a ao cliente, mais ou menos a essa altura da pesquisa de mercado:

"Seus caminhões de entrega fazem 15 quilômetros por litro?"
"Seu atual fornecedor fará a entrega amanhã mesmo?"

10. Encontro final para o fechamento do negócio

Ao concluir a pesquisa de mercado por telefone, agradeça ao cliente em potencial e, em seguida, pergunte: "O senhor se importaria se eu lhe mandasse pelo correio uma brochura sobre nosso modelo mais moderno? (Nossa mais recente programação de serviços?)"

Se o cliente em potencial responder que sim, terá, naturalmente, de lhe informar o endereço, no caso de você ainda não saber, ou confirmará que continua no mesmo endereço que você já tem. Feita a qualificação do cliente, você talvez chegue à conclusão de que esse contato é bom demais para deixar que o impulso se perca na correspondência. Use a entrega rápida da brochura como pretexto para encontrar o cliente:

COMO SER UM GRANDE VENDEDOR

"Depois de conversar com o senhor, Sr. Hammersmith, considero que precisa conhecer mais a respeito deste novo produto de que estou falando. Com sua permissão, em vez de enviar pelo correio, passarei aí esta tarde a fim de deixar a brochura, de modo que o senhor possa examiná-la logo e — como sei que seu tempo é valioso —, se tiver alguma pergunta a fazer, poderei responder a todas pessoalmente. Duas da tarde — ou três — seria um horário conveniente para o senhor?"

Quando estiver pessoalmente com ele, poderá fazer sua apresentação ou demonstração padronizada e despertar seu interesse emocional, até que o negócio seja fechado.

OBTENÇÃO DE BOAS LISTAS

Onde conseguir boas listas de pessoas que possam participar da pesquisa? Vejamos algumas fontes:

1. Lista telefônica

Essa lista contém os assinantes por rua e número de casa, seguidos por nome e número de telefone. Isso permite que você oriente sua pesquisa para localizações específicas que julga mais produtivas no seu caso. Um uso óbvio da lista é localizar pessoas com poder aquisitivo adequado à sua oferta, uma vez que há bairros e ruas de níveis sociais diferentes. Mas há outras aplicações também. Cada vez mais, as pessoas se reúnem mais por idade e grupos de interesse do que por meio de etnias (bairros predominantemente japoneses, italianos, turcos etc.).

2. Lista de membros de clubes ou pessoal de companhias

As melhores costumam ser as mais difíceis de se conseguir. Mas há máquinas copiadoras em toda parte. Com um pouco de persistência e engenhosidade — e talvez um convite para almoço e uma caixa de chocolate para a pessoa certa —, você pode se encontrar pessoalmente com o orgulhoso possuidor da lista que deseja.

3. Bibliotecas

Atualmente, publica-se um grande número de catálogos, abrangendo todas as indústrias e atividades importantes. As bibliotecas públicas têm uma importante seção de negócios. Pessoas com telefones privativos encontram-se frequentemente listadas nos catálogos que abarcam sua especialidade. A maioria desses catálogos é organizada por estado e cidade.

4. Casas de listas de vendas por mala direta

Há centenas de companhias que vendem listas por mala direta. Algumas prepararão listas especiais para você, mas use esse método apenas como último recurso, porque provavelmente você mesmo terá de procurar os números de telefone.

SISTEMAS PARA OBTER BONS RESULTADOS AO TELEFONE

A seguir, dou algumas dicas básicas, a fim de que você use o telefone para criar dinheiro, e não para gerar problemas.

1. Seja sempre cortês

Por pior que se sinta, você deve ao seu senso de dignidade e amor-próprio, bem como à sua companhia, ser cortês. E também deve isso a nós, vendedores profissionais — todos nós devemos fazer o possível para não macular nossa reputação profissional.

Se tornar as pessoas zangadas com você, elas ficarão zangadas também com sua empresa. Seu empregador tem não apenas direito à sua lealdade, mas também que você realce, e não prejudique, a imagem da companhia. Trate os clientes com respeito. Essa é uma maneira importante de você também tratar a si mesmo com respeito. Nunca perca a calma — isso é para os perdedores. O Campeão se recusa a permitir que outra pessoa controle seu estado de espírito.

254 | COMO SER UM GRANDE VENDEDOR

2. Faça tudo para encontrar pessoalmente o cliente

Algumas pessoas telefonam e não querem fornecer informação alguma. Só querem obter respostas. Elas podem ficar bastante grosseiras, mas, se você lhes der todas as respostas pelo telefone, por que elas se encontrarão com você? E, se você não encontrá-las pessoalmente, não venderá. Simples assim. Entendo que é decepcionante falar com pessoas que querem todos os fatos e números, embora sua atitude seja: "Fique longe, vendedor."

Mas quer saber? As pessoas que mais se esforçam para evitar encontrá-lo frequentemente são as mais fáceis de você convencer a comprar, quando conseguir furar o bloqueio. Esse é o motivo pelo qual seu objetivo deve ser se encontrar pessoalmente com o comprador.

Justamente quando eu começava a obter velocidade de cruzeiro em minha carreira de corretor imobiliário, tivemos um concurso, com um prêmio e um grande troféu em jogo. A companhia era grande e havia muita concorrência. Ao me aproximar da linha de chegada, eu estava bem perto de vencer, mas precisava de mais uma transação.

Recebi um telefonema. A pessoa não quis me dizer o nome ou o número. Eu estava entrando em desespero.

"Por favor", eu disse"posso ir até aí por alguns minutos e falar pessoalmente com o senhor?"

"De maneira nenhuma."

"Posso retornar sua ligação, senhor?"

"Para quê? Estou em uma cabine telefônica."

"Ah, senhor, sinto muito, não sabia disso. Sabe o nome da rua onde está sua cabine?" Eu estava me agarrando a tudo.

"Espere aí. Acho que estou na esquina da Chance e da Main. Sim, é aqui mesmo que estou."

"O senhor poderia esperar um momento, por favor?"

A esquina da Chance e da Main ficava a apenas dois quarteirões de nosso escritório. Corri lá para fora, entrei no carro, parti a toda, parei com os pneus cantando junto à cabine e lá estava ele, esperando pacientemente. Fui até a cabine, bati no vidro e gesticulei: "Sou eu."

Ele saiu da cabine dizendo que não acreditava.

Mas logo começou a acreditar, porque eu sabia o que estava fazendo. Desse modo, consegui despertar seu interesse na magnífica oportunidade chamada *casa própria*, bem a tempo de ganhar o concurso. Leitor, faça tudo o que for leal e legítimo para encontrar pessoalmente qualquer um que telefone para você a fim de saber a respeito de seu produto ou serviço. Ele já resolveu que quer e precisa daquilo que você está oferecendo. Se conseguir encontrá-lo, fará a venda.

3. Transmita bons recados aos outros

Essa é a única maneira de fazer com que as pessoas lhe transmitam bons recados.

Esse é um de meus aborrecimentos prediletos. Em centenas de escritórios, poucos vendedores transmitem recados aos colegas — e isso prejudica a todos. Procure saber o nome certo, o número certo — confira esses dados com o interlocutor — e anote a hora da chamada. Seja profissional.

No passado, eu voltava para o escritório e encontrava pedaços de papel com metade de um nome e, com alguma sorte, um número de telefone inteiro. Assim, eu telefonava e tentava dar um jeito: "Ah, alô... Como está o senhor? Aqui é Hopkins."

Havia recados com apenas cinco algarismos — e a gente não sabia se eram os primeiros ou os últimos cinco números. Isso é de acabar com a paciência de qualquer um.

Se você trabalha em um escritório que não é capaz de resolver esse problema, utilize um serviço de recados. Ponha o número desse serviço em seus cartões de visita e distribua-os a todos os seus clientes, tanto os antigos quanto aqueles em potencial.

9. Comprar não é um esporte de espectador

Quando movem a boca rapidamente, alguns vendedores fazem demonstrações espantosas. Baixam alavancas, apertam botões, mudam o equipamento de um lugar para outro. E, das máquinas que demonstram, sai um fluxo perfeito de partes, dados, cópias, ou o que quer que estejam demonstrando. Mas, a despeito desse desempenho soberbo, não vendem muito. Por que não?

Porque a apatia se instala quando o interesse está ausente. Compra é ação. Não pode ocorrer, a menos que decisões sejam tomadas — e decisões requerem uma mente atenta. *Observar* em vez de *fazer* implica desligar. Quanto mais os clientes em potencial permanecem desligados, mais difícil se torna ligá-los novamente quando você quer ter a aprovação do pedido ao fim da demonstração.

O Campeão evita as longas vendas desligadas e faz demonstrações encorajando o cliente a contribuir com os dados, acionar a alavanca ou fornecer os elementos necessários. Claro que o cliente não vai fazer isso tão bem ou com tanta rapidez quanto o vendedor treinado, mas, se estiver fazendo, em vez de olhando, também está pensando no produto, e não se perguntando por que motivo suas gengivas doem ou por que seu cavalo chegou em último lugar. Na verdade, ele faz mais do que pensar em seu produto; ele o experimenta. Isso significa que está emocionalmente envolvido com o que você vende.

Por maior ou menor que seja o envolvimento emocional, certamente será muito maior do que se seu cliente permanecer sentado, enquanto você faz o seu discurso. Possuir é uma forma muito íntima de envolvimento, correto? Não é por isso que a compra necessária à posse só ocorre quando há envolvimento prévio?

Se você aceitar isso, desejará descobrir muitas formas razoáveis e positivas de envolver o cliente com o produto. Um dos melhores métodos que conheço é a técnica de participação do cliente, que viemos discutindo. Se você vem desligando seus clientes com desempenhos do tipo "eu sou o espetáculo", vai precisar reformar sua técnica de demonstração para convertê-la com sucesso — e a você também — no método de participação do cliente. E descobrirá que abandonar a técnica do "eu sou o espetáculo" é como deixar de fumar: você não pode fazer isso, a menos que realmente queira. Nesse particular, procure entender a si mesmo. Muita gente — e eu faço parte desse grupo — atribui grande valor ao aplauso, à apreciação, a manter-se sob os holofotes. Isso é bom — a menos que o leve a tomar más decisões de negócios, como com demonstrações do tipo "eu sou o espetáculo", que não estão vendendo.

Mas a verdade é que você é o espetáculo duas vezes quando domina a técnica de demonstração de participação do cliente: em primeiro lugar, quando desperta seu interesse profundo na demonstração e no produto e, em segundo, quando sai com os pedidos assinados.

A diferença, embora pequena, é vital. Você recebe elogios quando mostra ao cliente como ele pode fazer coisas espantosas com o produto, e não fazendo-as você mesmo. A fim de aguçar seu interesse e transformá-lo em um fogo suficientemente quente para derreter a resistência inerente à venda, leve-o a emitir fagulhas, solucionar problemas, ferver a água com seu produto. Isso sempre é mais divertido do que observar você comandar o espetáculo. Com bons produtos, a familiaridade gera confiança e dissolve o medo.

Divertimento vende mais do que frustração. Lembre-se de que o cliente não está acostumado às peculiaridades da máquina. Simplifique as instruções e mantenha uma atitude encorajadora.

TOM HOPKINS | 259

Vejamos como transformar a técnica de demonstração com participação do cliente em um poderoso instrumento de venda:

1) Faça uma lista de todos os passos que os não iniciados precisam dar para compreender o quanto necessitam daquilo de que seu produto é capaz. Em seguida, imagine um exercício bem simples, a fim de demonstrar a capacidade do produto. Torne claro cada exercício e dê a eles um nome que seja fácil de memorizar. Use o máximo de cor possível.

2) Relacione todas as perguntas e objeções que provavelmente encontrará no curso da demonstração.

3) Transforme a demonstração das capacidades do produto e as respostas às perguntas/objeções em uma sequência que flua suavemente.

4) Pratique a nova técnica com todo mundo que puder. Confira e reconfira suas falas: descarte aquelas que não funcionam bem e adicione outras que o fazem. A demonstração bem-sucedida com a participação do cliente é organizada de modo que cada passo leve sutilmente ao seguinte, mas com o cliente sentindo o desafio constante e um interesse crescente. Mantenha vivo o ritmo. Ignore os pequenos detalhes. E encoraje, encoraje, encoraje:

"Maravilhoso. O senhor está aprendendo com uma rapidez fora do comum."

"A senhora é um gênio com essa máquina, Sra. Lopez."

"O senhor está aprendendo a mexer no teclado na metade do tempo que eu precisei, Sr. Leach."

"Parece difícil porque é uma coisa nova, mas o senhor ficará muito satisfeito em ver como é fácil operar essa máquina, assim que aprender."

"A senhora aprende rápido, Srta. Ellison... Eu precisei de nove tentativas para fazer tão bem esse movimento."

"Não... Realmente... O senhor está indo muito bem. No início, todo mundo tem um pouco de dificuldade nesta parte."

260 | COMO SER UM GRANDE VENDEDOR

"Isso mesmo... Continue a movimentá-la. Agora estamos tendo apenas uma ideia geral do funcionamento. Mais tarde, vamos revisar todos os detalhes."

"Todo mundo faz isso, na primeira vez. Não se preocupe. Esta maquininha que temos aqui é muito resistente."

"Muito bem... Antes de ligá-la... Quero que me prometa muitos erros. Se não cometê-los, vou me sentir muito estúpido, porque eu mesmo fiz muitas besteira na primeira vez que usei esta máquina."

Elimine a frustração e a pressão; inclua o divertimento e o relaxamento e terá sucesso com a demonstração, com o cliente participando. Quando estiver confiante na nova técnica, saia e desperte o interesse de duas, três ou quatro vezes mais pessoas em ter seu produto. Faça isso e, automaticamente, colherá mais dois benefícios:

1) Gastará menos tempo para fazer a venda porque terá solucionado o problema de despertar o interesse das pessoas em sua oferta.

2) Conseguirá mais recomendações porque terá desenvolvido maior comunicabilidade com os clientes.

Mas e se você não tiver um produto para demonstrar? Talvez você venda algo feito sob encomenda ou um serviço. Poderá, ainda assim, usar essa técnica avançada de demonstração e aumentar suas vendas?

Poderá e, efetivamente, vai fazer isso. Na verdade, quanto mais intangível for sua oferta, mais necessitará de clientes participando ativamente do processo de aprendizagem de como ela o beneficiará — e precisará ser ainda mais criativo para fazer com que isso aconteça.

Essa é uma oportunidade de ouro para quem vende coisas que não podem ser vistas ou tocadas. Representa um grande desafio à sua determinação e à sua vontade de crescer. Vença o desafio e colherá as recompensas que cabem apenas aos que estão acima da concorrência.

É claro que não posso dizer exatamente como fazer isso com sua oferta, porque não tenho o conhecimento especializado sobre o assunto que a envolve. Mas o princípio é simples e de fácil adaptação à venda de qualquer coisa — serviços ou produtos. Um único exemplo indicará a direção que deve tomar.

Digamos que você venda seguro de vida e planos de pensões a profissionais autônomos, ajudando-os a estabelecer planos de aposentadoria a fim de financiar o seguro e outros investimentos. Quando visitar o cliente, você pode despejar sobre ele uma enxurrada de detalhes técnicos sobre seguros e impostos, até ele ficar de olhos vidrados e ficar louco para se livrar de você. Pode encher a mesa dele de gráficos e elementos visuais acessórios à venda, folheando, apontando e permanecendo ativo, enquanto ele continua em seu lugar, observando. (Enquanto esse método não for seu principal instrumento, é eficiente. Aconselho-o enfaticamente a incluir todos os auxílios visuais que puder — a fim de dar apoio e não para constituir seus principais argumentos.) Você poderia mostrar a ele como fazer qualquer uma dessas coisas ou mostrar como calcular as vantagens que oferece. Quando fizer isso, ele estará aprendendo ativamente o motivo pelo qual deve investir em seu plano de seguro. Você perderá o controle da situação se tentar fazer isso apenas falando, enquanto ele estiver fazendo sozinho todo o trabalho em um bloco de papel em branco. (Se você estiver fazendo grandes transações, prepare um prospecto para cada cliente, esclarecendo todas as fórmulas e simplificando todas as perguntas.) Nas situações repetitivas de vendas em que a maioria trabalha, mande digitar e reproduzir um conjunto de formulários. Mantenha-os simples. Em espaço triplo. Margens amplas nos quatro lados do papel. Limite-se a dez linhas de informação em cada página, com não mais do que três espaços em branco para o cliente preencher.

Não retarde o processo, sobrecarregando-o com detalhes. Coisas como o número de matrícula da previdência social você pode obter durante o fechamento do negócio ou quando a venda estiver concluída. Por ora, limite-se ao essencial e insista com o cliente para que use estimativas e números redondos.

Enquanto o cliente faz, dessa maneira, o cálculo dos benefícios no formulário fornecido, utilize outra cópia a fim de orientá-lo em cada passo do processo. Em que ponto você para? No fechamento. O cliente

262 | COMO SER UM GRANDE VENDEDOR

estará pronto para tomar uma decisão favorável porque terá compreendido o que vai obter com o dinheiro que gastar e se sentirá grato a você por tê-lo feito parecer inteligente; e o plano de aposentadoria parecerá simples.

No começo deste capítulo, falamos de vendedores que tentam dominar os clientes com demonstrações alucinantes — e conseguem apenas entediá-los. Você talvez não se preocupe com isso porque tem o problema oposto: os clientes para quem faz demonstrações não ficam impressionadíssimos com o espetáculo que você dá e são ativos demais, não passivos. Empurram-no para o lado sem cerimônia, para chegar logo à máquina, sobrecarregam-no de perguntas e exigem respostas imediatas. A demonstração parece um bando de gaivotas descendo para pegar um único peixe. Se conseguir manter o senso de controle, é possível que faça vendas suficientes para continuar no ramo.

Mas, se o que dissemos é uma descrição aproximada de sua técnica habitual de demonstração, congratule-se: você está a apenas alguns fáceis passos de aperfeiçoar um modo muito bem-sucedido de apresentação. Tudo o que você precisa é organizar os passos, de modo que fique com o controle da situação e ele fique com a máquina que você está vendendo. Na seção seguinte, vou mostrar a você como fazer isso.

TRÊS MODELOS DE ENTREVISTAS DE VENDAS

A venda é uma comunicação de mão dupla. Não é um transmissor enviando a um receptor, nem um pregador exortando o pecador, e menos ainda um político angariando votos. A venda é como um jogo de tênis, com um dos jogadores — o vendedor — tentando mandar a bola para o outro — o comprador —, e não para longe dele. Esse ponto de vista é perdido na primeira das três formas mais comuns de entrevistas de vendas que seguem. Enquanto discutimos esses métodos, lembre-se de que quase tudo que vou dizer sobre demonstrar um produto também se aplica a um serviço.

Monólogo. O plano aqui consiste em dominar o cliente com conversa-fiada. Nos dias do caixeiro-viajante, quando os espertalhões saltavam de trens de uma cidadezinha para outra, a conversa-fiada funcionava muito bem. Não funciona mais. Os tolos estão em extinção.

Saída pela tangente. Este sistema é vulgarmente conhecido como "tocar de ouvido". Na realidade, significa simplesmente *nenhuma preparação*. Você comparece com os ouvidos bem abertos e um belo sorriso nos lábios. Sua primeira ação é entregar o controle ao cliente, deixando bem claro que não tem plano algum para a entrevista. Qualquer que seja a tangente por onde ele saia, você segue — se ele falar sobre o urso dançarino que viu na TV na noite passada, você deve falar dos ursos dançarinos que conheceu.

Se ele não percebe logo que está no comando da entrevista, diga-lhe que não teve tempo de se familiarizar com os últimos catálogos, tabelas de preços ou políticas da companhia — os que foram distribuídos há cinco semanas. Se isso não o convencer de que ele terá de abrir o livro e aprender tudo enquanto estiver no escritório dele, ataque novamente: diga que o novo produto com que sua companhia está tão entusiasmada é uma porcaria. Ele talvez alegue que é o grande progresso do século, mas, por algum motivo, você gosta do antigo modelo comprado há nove anos de sua companhia. Sobre aquele modelo eficiente, bem testado — e não mais produzido —, você pode lhe dizer tudo o que ele quiser saber.

Evidentemente, muitos vendedores que trabalham com o método da tangente conhecem bem seu produto ou serviço, mas não conhecem o cliente suficientemente bem para levá-lo ao item que deveria comprar. Isso significa que as técnicas de busca de cliente e qualificação que adotam são um peso no conhecimento que têm do produto e que os impede de usá-lo com a frequência e a eficácia de que seriam capazes — e que devem usar, se quiserem ter uma alta renda.

Uma vez que não requer planejamento, preparação ou imaginação, a saída pela tangente (tocar de ouvido) é a técnica favorita dos vende-

264 | COMO SER UM GRANDE VENDEDOR

dores que tencionam permanecer medíocres. Trata-se de um método que não vende e que apenas permite que determinados compradores comprem, de modo que minimiza o potencial de seu território, de sua oferta e de sua capacidade, embora certamente seja algo fácil. Falemos agora do tipo que exige planejamento, preparação e imaginação — e que, em troca, constitui-se em uma técnica de venda sensacional.

A entrevista organizada de envolvimento. Comece com uma breve declaração, algo mais ou menos assim:

"A fim de aproveitar ao máximo o tempo que o senhor pode me conceder esta manhã, preparei minha demonstração de modo a responder, em uma sequência natural, às perguntas mais comuns a respeito dessa máquina. Se eu não cobrir algum ponto no qual o senhor tenha interesse, é possível que venha a fazê-lo logo em seguida.

Descobri que se, em primeiro lugar, der uma visão rápida de todo o processo completo e voltar às perguntas detalhadas depois, economizo um bocado do tempo valioso do cliente. Tudo bem assim? Se tiver a bondade de introduzir aqui na máquina outro formulário em branco, como estou fazendo..."

Envolva o cliente de todas as maneiras. Mostre a ele como se faz e, em seguida, peça-lhe para repetir a operação. Faça isso com muito tato e cortesia porque ele não conhece sua máquina, de modo que pode se mostrar um pouco desajeitado e inseguro. Já notou como tem de se concentrar quando vai dirigir pela primeira vez um carro novo? Todas as pequenas coisas que você faz automaticamente no seu carro exigem raciocínio e talvez não as faça com facilidade no começo. Mas, se você é mero passageiro no mesmo carro estranho, afunda-se no assento e pensa em outra coisa, enquanto o motorista faz o que é necessário antes de pô-lo em movimento. Deixe que seus passageiros também dirijam, em vez de deixá-los ser meros passageiros durante a demonstração.

Sua declaração inicial transmite a ideia de que sabe o que está fazendo e que o tempo do cliente não deve ser desperdiçado. Assim que você o convence disso, ele começa a ligar a máquina à corrente e girar os botões — ou o que quer que seja — enquanto for uma ação física necessária e útil.

Você está vendendo controle, levando, com jeito, o cliente pela sequência planejada, e não tentando dominá-lo, até que ele se revolte.

Você mantém o controle de modo muito simples: alternando os argumentos e as perguntas relacionadas à venda com demonstração envolvente, mantendo o cliente quase continuamente ocupado com a máquina e em se tornar proprietário dela.

Evidentemente, você o observa com cuidado em busca de sinais de tédio, se as tarefas feitas pela máquina forem repetitivas e se a pessoa que toma a decisão de comprar está alguns degraus acima daqueles que vão operá-la. Esteja atento a maneiras de manter o cliente pensando e mentalmente ativo durante a demonstração, e não apenas fisicamente envolvido. Utilize sua engenhosidade para imaginar estratégias de envolvimento que se ajustem às diferentes personalidades e situações dos clientes. Vamos dar um exemplo: você está demonstrando um novo e revolucionário sistema de limpeza com jato de areia ao proprietário-operador de uma pequena oficina de remoção de ferrugem. De acordo com sua técnica de envolvimento, ele usa o equipamento em alguns dos materiais que estão na oficina para ser limpos. Mas, se demonstra o mesmo sistema ao executivo de uma empresa maior, seu plano de vendas deve levar em conta essa diferença. Entregue um cronômetro ao executivo. Faça com que ele cronometre o tempo dos operários com o antigo equipamento e peça-lhe que meça e verifique como é mais rápido o método que você propõe. Este exemplo é extremo. No seu produto, as graduações provavelmente são mais sutis, mas continuam a ser vitais. Em qualquer situação, a melhor estratégia de envolvimento harmoniza a atitude e as circunstâncias do comprador com as qualidades do produto.

O primeiro passo na preparação da entrevista organizada de envolvimento consiste em reestudar toda a atual sequência de demonstração e listar tudo o que você pode, razoavelmente, pedir que o cliente faça. Lembre-se de que, quanto mais o cliente em potencial utilizar seu produto e mais coisas fizer com ele — ou seja, quanto mais impacto produzir em sua consciência —, mais provável é que sua oferta se torne parte do futuro imediato dele.

A seguir, relacione as perguntas que costuma ouvir em uma entrevista de vendas.

Em terceiro, anote todos os pontos fortes de venda de seu produto.

Em quarto, de posse das três listas, imagine uma sequência de demonstração que, do começo ao fim, cubra todos esses pontos.

Em quinto, estude o esboço com este livro em mãos e trabalhe, tanto quanto possível, as técnicas mostradas nestas páginas. Enquanto estiver fazendo isso, tenha em mente que, durante a demonstração, sua atitude deve ser sempre educadamente flexível. Prepare-se para acelerá-la no caso do impaciente ou retardá-la quando ele gostar de mais detalhes e também para lidar com os dispersivos, sem perder o controle da sequência de venda.

Em sexto, pratique a nova sequência até ter sobre ela um domínio que não possa ser quebrado.

Por fim, vá para a rua e ganhe bastante dinheiro com ela.

10. Em suas apresentações e demonstrações, utilize o poder de venda do Campeão

Agora estamos entrando na área que você provavelmente mais aprecia: trabalhar frente a frente com o comprador. A menos que eu esteja enganado em alguns palpites, você é bom nisso — e passa muito tempo nessa tarefa.

Vou explicar. Nossas pesquisas indicam que a maioria dos vendedores gasta de 80% a 90% do tempo apresentando ou demonstrando, e que sobram apenas 10% a 20% desse mesmo tempo para os outros detalhes. O Campeão, por outro lado, passa apenas 40% de seu tempo apresentando ou demonstrando; não mais de 10% à procura de futuros compradores (alguns não gastam tempo algum nisso, uma vez que os clientes recomendados os mantêm ocupados); e cerca de 50% do tempo nas áreas vitais de qualificação do comprador e planejamento. Essas porcentagens se aplicam apenas ao tempo líquido de venda, ou seja, o volume total de tempo de trabalho que sobra depois de descontadas as feiras comerciais e as reuniões patrocinadas pela companhia, o tempo gasto com a papelada rotineira e a manutenção de antigas contas.

Quando nós, da Champions Unlimited, falamos que alguém é um Campeão, queremos dizer que essa pessoa faz parte dos 10% superiores da força de vendas de suas companhias em termos de renda e produção e também

268 | COMO SER UM GRANDE VENDEDOR

que transformaram nosso treinamento e técnicas em parte importante de seu sucesso.

Examinemos, mais uma vez, os números apresentados. Embora passe apenas metade de seu tempo, em comparação ao vendedor comum, demonstrando ou apresentando, o Campeão, ainda assim, consegue pelo menos duas vezes mais negócios. Na verdade, os Campeões fazem ainda mais do que isso: atraem entre quatro e dez vezes mais negócios do que o vendedor típico. Não é raro que um único Campeão venda mais do que toda a metade inferior da força de vendas e continue a fazer isso mês após mês, ano após ano. Isso deixa os gerentes de vendas malucos. Se eles apenas conseguissem que cada pessoa na metade inferior vendesse um terço do que o Campeão faz, a curva do volume total de vendas da companhia logo seria maior do que o gráfico e subiria pela parede.

Obviamente, o Campeão fecha uma porcentagem mais alta de negócios com pessoas para as quais faz suas apresentações do que seus colegas da metade mais baixa.

Apenas um quarto dessa diferença é explicado pela maior habilidade e confiança do Campeão em seu trabalho de apresentação e demonstração. Parte muito maior da diferença entre o Campeão e o vendedor comum reside na atenção e na habilidade que o primeiro investe no planejamento da venda, na seleção e na qualificação das pessoas a quem vender, na superação de objeções e técnicas de fechamento e no fato de merecer, e obter, recomendações de clientes satisfeitos.

Técnicas para o indivíduo se tornar mais eficaz nessas áreas são discutidas em outros capítulos. Todas são vitais — e você precisa se tornar competente em todas as grandes áreas de vendas antes de concretizar todo o seu potencial e tornar-se também um Campeão. Por isso, não esqueça que, enquanto discutimos as técnicas de apresentação e demonstração, embora essas partes da venda sejam importantes (e elas de fato o são), se aplicá-las a pessoas erradas, porque não as qualificou devidamente, nada obterá. Se está trabalhando com a pessoa certa, mas deixa que suas objeções o derrotem, isso significa que não se preparou devidamente e nada conseguirá. E se não tem a capacidade de fechar o negócio, tampouco vai conseguir alguma coisa. Se não pôde fechar muitas das vendas que podia e devia, isso caberá ao concorrente que vier em seguida, porque você terá construído a estrutura da venda, mas não terá fechado a porta antes que ele chegasse. Para vender bem, você precisa ser um bom apresentador e demonstrador. E não menos bom em qualificar as pessoas, lidar com as objeções e fechar os negócios.

Mas, antes de discutir como o Campeão apresenta ou demonstra, vamos traçar uma analogia, a fim de ilustrar o conceito básico. Se quer fazer um discurso de meia hora, você deve escrever um de dez minutos. Se quer que seus argumentos convençam a plateia, é preciso seguir estes passos:

1. **Anuncie o que vai dizer.** Essa é a sua introdução.

2. **Explique o que está ali para dizer.** Essa é a sua apresentação.

3. **Esclareça o que acaba de lhe dizer.** Esse é o seu resumo.

Esse é o esboço de todos os discursos, apresentações e demonstrações bem-sucedidos. Em outras palavras, você deve usar repetição. Não estamos dizendo que deva repetir exatamente três vezes a mesma coisa, é claro. Nos primeiros 10 minutos, apresentamos nossas novas ideias. Nos dez minutos seguintes, cobrimos em profundidade nossos argumentos e os relacionamos aos interesses e às necessidades dos ouvintes. Nos últimos dez, tiramos conclusões dos argumentos propostos e indicamos o rumo que as coisas devem tomar.

Embora a repetição seja a mãe da aprendizagem, o vendedor comum não gosta dela. Em primeiro lugar, utilizou-a tantas vezes que seu material se tornou ultrapassado. Em muitos casos, começa a pensar que aquele que não compreende o que diz na primeira vez deve ser estúpido. Em um número excessivo de vezes, o não Campeão ficou mais do que cansado de sua apresentação e acha que ela deveria estar morta e sepultada. O Campeão, por outro lado, jamais se cansa de frases que

270 | COMO SER UM GRANDE VENDEDOR

funcionam, estratégias que vendem e ideias que fazem sentido para os compradores e geram dinheiro para ele. Em suas apresentações, e não antes, descarta o que deixou de funcionar. E nunca se esquece de que trabalha com pessoas que não conhecem tão bem quanto ele sua especialidade, mostrando-se sempre cortês e respeitoso quando exibe seu amplo conhecimento na estrita área de sua especialização. Repete, assim, entusiasmado, falas que já pronunciou milhares de vezes. Está sempre descobrindo novas variações no discurso e o momento de realçar sua eficácia. Regozija-se com o fato de que conhece tão bem suas falas que nem precisa pensar nelas, podendo se concentrar no cliente e nos aspectos excepcionais da situação em que trabalha no momento. Não há dúvida a esse respeito, e uma das explicações para tamanha habilidade do Campeão na apresentação ou demonstração reside em sua capacidade e disposição de usar com eficácia a repetição para reforçar cada ponto. Não se importa em repetir os argumentos de venda, porque sabe que isso resulta em vendas repetidas ao mesmo tipo de clientela.

Assim, pense em dizer, dizer e dizer ainda mais. Por favor, grave bem estas palavras:

A repetição é a semente da venda.

Ao se preparar para uma apresentação ou demonstração, um ponto deve estar bem claro em sua mente. Sugiro que anote também o seguinte conceito:

A apresentação (demonstração) nada mais é do que a preparação para o fechamento do negócio.

Fazer uma apresentação convincente ou uma demonstração hábil jamais deve ser um objetivo em e por si mesmo — você não está ali para ganhar um prêmio, mas para fechar a venda. A única finalidade de apresentar ou demonstrar é preparar o cliente em potencial para aprovar a compra. Exceto por seu valor como treinamento, não há propósito algum em fazer uma esplêndida demonstração, a menos que resulte em venda.

Observe, também, que não há diferença significativa entre apresentação e demonstração. Ambas são processos mediante os quais você prova a realidade dos benefícios que o cliente espera. Na apresentação, você faz isso com gráficos, números e palavras; na demonstração, com testes, amostras e desempenho. O resultado deve ser o mesmo: implantar na mente do comprador a convicção de que você, o vendedor, é a melhor fonte dos benefícios que ele deseja.

Vejamos agora a tática, ou metodologia da apresentação e da demonstração:

1. Você o controla constantemente com perguntas. Já discutimos em detalhes esta técnica no Capítulo 3.

2. Você não perde para objeções; vence ao lidar com elas. No primeiro mês, o vendedor ativo descobrirá as objeções inerentes a todos os produtos ou serviços. A objeção inerente é aquela que o cliente em potencial levanta quase todas as vezes. Após alguns meses na área de vendas, o vendedor ainda diz: "Eu sempre encontro essa objeção."

Se você pensa assim, por que não diz a si mesmo: "Tenho sorte porque sei antecipadamente quais objeções vou encontrar, de modo que posso me preparar para refutá-las antes de iniciar a apresentação."

Um de nossos Campeões me contou uma história que é um bom exemplo disso. Scott era um excelente profissional em vendas imobiliárias quando isso aconteceu. Um construtor que conhecia não estava tendo sorte para vender as últimas unidades de um grande condomínio residencial. Todas as demais casas haviam sido vendidas com tanta rapidez — algumas até mesmo antes de serem construídas — que o incorporador não se havia preocupado muito com as 18 que ficavam perto dos trilhos da estrada de ferro, até que algumas semanas se passaram e elas continuavam encalhadas. O construtor percebeu que

272 | COMO SER UM GRANDE VENDEDOR

não podia dispensar a venda dessas casas. Fez anúncios. Reduziu o preço total e a entrada, oferecendo, de quebra, um pouco de tratamento paisagístico. Nada disso funcionou. As pessoas entravam, olhavam para os trilhos e iam embora. É claro que não o ajudava em nada o fato de haver outros conjuntos de casas à venda na mesma área.

Scott ouviu falar nas 18 casas invendáveis, pegou seu carro e foi dar uma espiada. Em seguida, procurou o construtor e disse:

"Se quiser vender aquelas casas em trinta dias, dê-me exclusividade e farei isso para o senhor."

"Não posso reduzir mais o preço", disse o construtor. "Já estou perdendo dinheiro com elas."

"Não reduza o preço", recomendou Scott. "Eleve-o o suficiente para incluir uma TV e eu venderei todas elas para o senhor."

O construtor não acreditou realmente naquilo, mas Scott era o primeiro corretor em semanas que se mostrava disposto a vendê-las, de modo que resolveu aceitar a proposta. No dia seguinte, apareceu uma tabuleta com os dizeres: "Visitas somente às 14, 16 e 18 horas." Por quê?

Antes das visitas, Scott reunia os compradores em potencial e dizia:

"Estas casas têm uma vantagem que poucas podem apresentar e gostaria de mostrá-la aos senhores agora mesmo." Levava-os à sala de estar, ligava a TV e dizia: "Este belo aparelho de televisão acompanha cada uma das 18 casas. Querem saber por quê? Porque queremos que este aparelho resolva qualquer coisa que possa ser um problema para os senhores. E agora gostaria que todos dessem uma olhada por aquela janela dos fundos."

As pessoas olhavam e viam os trilhos. Scott continuava:

"Seus filhos terão a oportunidade de ver de perto o famoso cavalo de ferro. Eles não vão adorar isso? Alguns dos senhores, porém, talvez fiquem irritados com o som, de modo que vou pedir a todos que me façam um pequeno favor. Vamos ficar bem calados e prestar atenção, porque um trem vai passar dentro de alguns minutos."

Scott planejava tudo para que houvesse um espaço de quatro a cinco minutos até a passagem do trem. O aparelho de televisão, claro, continuava ligado — não muito alto, mas apenas o suficiente para ser ouvido. Logo depois, as pessoas passavam a olhar para o aparelho, sem falar muito, e ouvia-se o barulho do trem se aproximando.

O trem vinha, passava e ia embora. A maioria das pessoas lançava-lhe apenas um rápido olhar e continuava a assistir à televisão.

"Ouviram? Trinta e oito segundos de som e só. Queríamos que ouvissem o som para saber o que teriam de tolerar, em troca do aparelho de televisão. O que vocês acham? Vale a pena?"

Scott vendeu as casas no prazo de trinta dias. Entendeu por quê? Ele não escondeu a objeção nem ficou na esperança de que as pessoas não vissem os trilhos; ele realçou o problema.

Outro de nossos Campeões está sempre à espreita de coisas problemáticas que ninguém consegue vender. Não vou dizer seu nome porque alguns de seus clientes talvez não apreciem de saber que compraram algo dele que praticamente ninguém mais conseguia vender. Esse homem procura itens que inspiram objeções e, em seguida, pensa em modos de se vangloriar delas.

Não sei qual é a sua reação, mas isso é um pouco demais para mim. Ainda assim, trata-se apenas de uma questão de grau, porque não há no mercado produto ou serviço que não apresente algumas objeções inerentes e, no mínimo, alguns pequenos problemas. Você acredita em seu produto ou serviço. Então, acredite também em seus pequenos problemas e objeções inerentes. Conte vantagem a esse respeito. Se fizer isso, descobrirá que nunca será tão ruim como seus clientes pensariam se eles mesmos descobrissem as dificuldades. Em muitos casos, você poderá transformar problemas e objeções em vantagens se apenas se der o trabalho de procurar meios interessantes de acentuá-los.

Não estou sugerindo que apavore seus clientes em potencial, dizendo-lhes com voz de papa-defunto: "Este é o motivo pelo qual o senhor terá um grande problema com o nosso produto." Scott não fez isso. Mostrou o problema, demonstrou que não era tão grande assim — e prosseguiu mostrando que a vantagem oferecida era superior à desvantagem envolvida. De modo geral, se você planejar trazer à tona a grande objeção antes que o cliente o faça, poderá afastá-la mais rapidamente.

3. Você transmite sua mensagem nas palavras que eles querem ouvir. Todos nós nascemos equipados com um dispositivo de filtragem — temos a capacidade de excluir os sons indesejáveis. Esse dispositivo é indispensável. Ele nos permite remoer em paz nossos pensamentos mais íntimos quando algumas pessoas martelam nossos ouvidos com algo menos interessante do que nossas próprias ondas cerebrais.

Todos aqueles a quem um dia você tentará vender contam com um filtro eficiente desse tipo, que pode ser ligado instantaneamente, uma vez que todos nós o aperfeiçoamos na infância. Isso significa que você tem de aprender a evitar que o filtro seja ligado. Se não agir assim, você apresentará seus mais impressionantes argumentos de vendas a uma mente desligada, por trás de ouvidos surdos. Enfrentemos a realidade: ninguém ganha dinheiro conversando consigo mesmo.

O problema básico aqui é que a maioria dos vendedores aparentemente diz a mesma coisa. Tem as mesmas ideias. Usa as mesmíssimas palavras. E todas elas são palavras gastas, cansadas e tediosas.

Nisso, assim como em tudo o que diz respeito a vendas, o Campeão é um indivíduo diferente. Tem uma visão nova do mundo a cada manhã e expressa ideias recém-nascidas com frases cheias de entusiasmo. Compreende e respeita o valor das palavras e sente por elas agudo e consciente interesse. Sem cessar, desenvolve sua audição para captar a beleza, o poder e a variedade interminável da língua que falamos. Está eternamente experimentando novas frases, remissões e palavras a fim de expandir o alcance eficaz de seu vocabulário. Fica deliciado com o que é espirituoso e com uma expressão sensível.

PALAVRAS QUE TÊM ENCANTO

O Campeão se considera um artista que forma refinados cristais de pensamento com a areia comum e a matéria bruta da língua. A fim de fazer isso, evita as palavras gastas, as expressões surradas e as descrições monótonas que viciam a apresentação do vendedor medíocre com a monotonia da mediocridade. Em vez disso, aviva o discurso com palavras glamourosas que evocam novas e interessantes visões nos compradores. Eles não podem deixar de escutá-lo, porque ele lhes cativa a atenção.

O que torna uma palavra glamourosa? Ela tem uma novidade, um viço que fica na mente, embora seja suficientemente comum para que todos a compreendam. Esta última parte é vital. Se você disparar algumas palavras arrogantes, que apenas os aficionados por pronunciamentos esotéricos compreendem, seus ouvintes religarão o dispositivo de filtragem.

No entanto, é melhor provocá-los um pouco do que errar no lado do tédio. Pessoas se sentem lisonjeadas quando são um pouco provocadas — e gostam ainda menos de ser tratadas com superioridade do que de se aborrecer.

Nunca se esqueça de que a maioria das pessoas pode olhar e inclinar a cabeça e ter a mente a 40 quilômetros de distância. Elas estão pensando em um problema que não tem a mínima relação com você ou com alguma coisa que precisam fazer quando for embora. Se continuar o mesmo discurso, não vai vender nada a elas e vai deixá-las, permanentemente e de mãos vazias, por muito tempo.

Procure as palavras brilhantes que todos nós compreendemos, mas raramente usamos. O Campeão faz o possível para manter clientes antigos e em potencial emocional e fisicamente envolvidos, e escutando, quando deseja ser convincente.

Não vou dar a você uma lista de palavras que têm encanto porque o que é glamouroso em uma situação é rude em outra. Procure palavras que sejam encantadoras, eloquentes, pitorescas, provocantes, criativas. Adicione uma fagulha à sua fala usando, de maneira inesperada, uma palavra comum.

PALAVRAS A SUBSTITUIR

De agora em diante, quando tiver de escutar um orador maçante, preste atenção às palavras, às frases, aos maneirismos que o tornam tedioso. Sempre que identificar uma delas, tome nota mental para eliminá-la de seu vocabulário. Mas tenha o cuidado de substituí-la por outra mais interessante. Talvez tenha de pensar um pouco até descobri-la. Se nunca cultivou deliberadamente seu vocabulário dessa maneira, talvez pareça difícil no começo. Mas não será mais difícil quando se tornar um hábito. E há nisto um macete que tira todo o esforço. Faça uma lista de palavras das quais deseja se livrar e releia-as todos os dias. Isso deixará sua mente focada no aperfeiçoamento do vocabulário e, quando perceber, estará procurando novas palavras para agilizar sua fala enquanto lê, escuta outras pessoas ou assiste à televisão.

A gíria é fresca e engraçada no começo, mas se desgasta rapidamente. Quase todos nós a usamos quando já passou seu tempo. O jargão também pode ser novo e engraçado, embora o não iniciado muitas vezes não o entenda. A burocracia federal e a indústria de computadores geraram um grande número de palavras que são boas apenas para ocultar a verdade e bloquear a comunicação. Você não pode tomar decisões dessa maneira. Cultive o gosto pelas palavras curtas e fortes. Na fala, use muitas palavras curtas, de impacto. Quanto mais curtas forem, mais efeito terão, em contraste com algumas menos comuns.

Seja ousado na escolha da linguagem. Arrisque-se com as palavras. Diga algo espantoso que prenda a atenção do ouvinte. Ocasionalmente, terá de repetir a ideia usando uma linguagem diferente, mas, se eles pedem, é porque estão escutando. Quando fazem isso, você pode vencer. Quando não escutam, isso não é possível.

APRENDA MUITOS DIALETOS DIFERENTES

Você sabia que os grandes Campeões falam muitas línguas? Não me refiro a francês, espanhol ou alemão, mas às diferentes línguas dos clientes. Um Campeão fala ao encanador na língua dos encanadores e a um médico na língua dos médicos. E isso não requer um imenso programa de treinamento. Seu objetivo não é levar o encanador a pensar que você é um empreiteiro nem o médico a achar que você é um colega, mas sim a fazê-los sentir que compreende seus problemas, pontos de vista e oportunidades. Todos os ofícios e hobbies têm um jargão próprio, uma linguagem especial.

O Campeão aprende a falar muitas dessas línguas especiais porque é a maneira mais eficiente de estabelecer comunicabilidade com diferentes grupos. A comunicabilidade floresce no terreno comum, mas não se desenvolve na rocha estéril da diferença. Identificamo-nos com pessoas que compartilham de coisas conosco; instintivamente, sentimos menos medo e mais confiança quando estamos com elas. Você não pode mudar a escola que frequentou ou o estado em que nasceu para agradar a todos os clientes. Mas pode aprender a compreender e a usar do jargão que eles empregam — se não da especialidade deles, pelo menos da ocupação geral. Se conhecer um pouco do jargão da construção civil, poderá falar de modo mais convincente com carpinteiros, telhadores e artesãos de grande número de outras especialidades; se compreender as frases especiais de um operário de linha de montagem, será capaz de falar de modo mais convincente com qualquer operário de fábrica.

Exatamente por essa razão, os vendedores vitoriosos escolhem, muitas vezes, certo grupo a fim de concentrar seus esforços de venda, mesmo que vendam seguro, por exemplo, algo que uma grande variedade de pessoas compra. Uma vez que os grupos escolhidos gostam dele e confiam nele — porque falam a mesma língua —, eles vendem bastante e sem dificuldade.

Muitos vendedores que nunca passam da média gastam uma hora por dia se mantendo atualizados com coisas do esporte e justificam isso dizendo que precisam de assuntos para conversar com os clientes

278 | COMO SER UM GRANDE VENDEDOR

em potencial. A menos que o que vendam esteja diretamente ligado ao esporte, isso é uma falácia. Uma discussão demorada sobre qualquer coisa sem relação com o negócio é puro desperdício de tempo; a comunicabilidade pode ser alcançada, sem perder tempo, ao se falar a língua do cliente durante a apresentação. E essas linguagens especiais podem ser aprendidas nas horas economizadas em uma espiada rápida na página de esporte.

Mas como se aprendem essas linguagens?

As revistas especializadas constituem as melhores fontes. Atualmente há revistas dedicadas a quase todas as especialidades que você puder imaginar. Preste atenção especial aos editoriais, às cartas aos editores e coisas desse teor, porque lhe darão os pontos de vista autênticos das pessoas interessadas nesses assuntos. Leia essas revistas com bloco e lápis na mão. Tome nota de quaisquer novas palavras e pontos de vista que não compreender e peça que alguém ativo nesse campo os explique a você.

A melhor maneira de aprender qualquer língua é como as crianças fazem — por meio de tentativa e erro e do uso constante. Você expandirá significativamente seu conhecimento de linguagens especializadas simplesmente aproveitando todas as oportunidades para fazer isso. No balcão, enquanto faz um lanche, enquanto espera que o carro seja abastecido, em todos os lugares onde pode conversar com pessoas, descubra o que elas fazem e procure conhecer suas palavras e pontos de vista particulares. Seu negócio é gente. Aproveite todas as oportunidades para conhecê-las melhor.

MANTENHA O CLIENTE MENTALMENTE INTERESSADO

Como? Fazendo perguntas de envolvimento que o manterão pensando em como usará sua oferta, assim que a adquirir. Preste atenção às respostas; nada destrói mais a comunicabilidade do que fazer a mesma pergunta duas vezes.

MANTENHA O CLIENTE FISICAMENTE ENVOLVIDO

Dê a ele coisas fáceis para fazer. Deixe-o inventar algo ou operar a máquina que você demonstra. Faça com que o cliente receba alguma coisa de sua mão. Não pergunte "Quer segurar isso?", porque ele talvez responda que não. Diga apenas uma palavra: "Aqui." O reflexo automático o levará a pegar o que você lhe entregar e, nesse caso, ele estará envolvido. Assim que ganhar confiança nesse reflexo, você pode se divertir bastante com ele, enquanto estiver estabelecendo o controle. Não exagere, claro, ou ele ficará irritado e, no pior cenário, se retrairá. Mas, se você sorrir cordialmente e pronunciar aquela única palavra, é espantoso ver o que ele aceitará. Seu bloco de pedidos, por exemplo. Fiz com que pessoas o pegassem e aprovassem a compra simplesmente porque escolhi o momento certo de sorrir de modo afável e dizer: "Aqui."

Uma vez que eles aceitem a coisa (o controle remoto da máquina que você está demonstrando, uma cópia de sua proposta, o manual do proprietário, o que quer que o ajude mais), o processo de envolvimento emocional em sua oferta estará bem encaminhado pelo envolvimento físico.

RECEBA COM CALMA AS INTERRUPÇÕES

Esteja certo de que suas melhores apresentações ou demonstrações serão interrompidas. O telefone vai tocar. Alguma emergência exigirá a atenção do executivo (ou de um pai ou mãe). Portas se abrirão inesperadamente e cabeças desconhecidas se enfiarão por elas. Cães irão latir, sirenes irão disparar e crianças abrirão o berreiro.

Aguente firme tudo isso, com paciência. Não importa quantas vezes você seja interrompido, não demonstre irritação. Utilize o tempo para revisar o terreno que percorreu e para onde vai e, certificando-se de que não ignorou nenhuma pista para fechar o negócio que suas perguntas tenham revelado.

280 | COMO SER UM GRANDE VENDEDOR

Se a interrupção durar mais do que um instante, faça um breve resumo dos pontos que o cliente já aceitou. Isso é de suma importância. Lembre-se de que toda interrupção física ocasiona certo grau de interrupção emocional. Ou seja, se alguém entrar na sala, se o cliente sair ou atender um telefonema, suas emoções mudam. Ele não terá de ficar irritado ou gritar com alguém; se for interrompido, as emoções mudam. Assim, antes de continuar, você precisa trazê-lo de volta para a atitude emocional e mental que ele apresentava antes da interrupção.

FAÇA TODA A SUA APRESENTAÇÃO
EM MENOS DE 17 MINUTOS

Você pode sorrir, incrédulo, mas preste atenção. Suponhamos que esteja vendendo aviões e que precise de uma hora para levar o cliente até o campo de pouso. Você organiza as coisas com cuidado de modo que cinco minutos sejam o suficiente a partir do momento em que ele chegue para você pedir permissão à torre para taxiar e mais cinco minutos para levantar voo. Nada disso tem importância. O cliente está interessado: esse tempo voa para ele.

Mas, quando você está de volta ao escritório dele, duas horas depois, convencendo-o a comprar aquele lindo avião, faça a apresentação em menos de 17 minutos ou a capacidade de decisão ficará enfraquecida.

Qualquer que seja seu produto ou serviço, quando chegar ao ponto, corte em menos do que aquele limite. Você pode fazer isso se aparar todos os detalhes desnecessários, se simplificar o que tem a dizer, se eliminar tudo aquilo que, com certeza, não está contribuindo para o fechamento do negócio.

A fim de se tornar um Campeão, você tem de polir seu desempenho e praticá-lo de relógio na mão até fazer uma apresentação ou demonstração eficaz dentro do limite máximo de 17 minutos de concentração do cliente. Isso pode ser um desafio árduo, mas vencê-lo fará maravilhas por sua capacidade de concluir a transação com sucesso.

O PODER DAS APRESENTAÇÕES PLANEJADAS

A maneira mais convincente de descrever essa técnica espantosamente eficaz é contando a história de um de nossos Campeões, Robert Burns, que a utiliza no grau máximo de perfeição. Em meus seminários, costumo mencionar esse exemplo e recebo cartas de todo o país perguntando como um jovem de 23 anos pôde ganhar US$500 mil apenas em um ano de vendas.

Vou dar um exemplo pessoal de como Robert atua, que ilustrará todos os conceitos que vamos discutir neste capítulo. Mas, em primeiro lugar, quero contar como o conheci. Robert fez nosso treinamento com a intenção de aplicá-lo no ramo imobiliário. Ao completar o curso, ele se aproximou de mim e fez a seguinte promessa:

"Estabeleci a meta de superar todas as pessoas que o senhor já treinou no ramo imobiliário."

Sorri para ele.

"Isso é maravilhoso, mas já pôs sua meta no papel?"

"Imaginei que o senhor perguntaria isso", replicou. "Sim, pus. Aqui."

Olhei para o papel que ele me entregou e soltei um assobio.

"Bem, você está se propondo a algo nada fácil, Robert. Estou realmente feliz por ter levado o treinamento tão a sério. Poucas pessoas se comprometem com uma meta escrita, de modo que você fez algo especial. Mas o compromisso é apenas o primeiro passo necessário, e corresponder a ele é que é a jornada. Saia para o mundo, faça o que prometeu e ficarei muito orgulhoso de você."

Robert me manteve informado de seu progresso. Logo, estava ganhando prêmios e, em um prazo espantosamente curto, atingiu a meta de superar todas as pessoas que havíamos treinado em seu campo de atividade. Uma das principais razões pelas quais ele chegou ao topo do sucesso em vendas é por planejar cada palavra e estratégia antes de apresentá-las.

A maneira como ele me vendeu um investimento imobiliário é o exemplo mais vívido do poder da apresentação planejada que já chegou ao meu conhecimento. Ele apareceu certo dia em que eu não

282 | COMO SER UM GRANDE VENDEDOR

pensava nem de longe em fazer um investimento imobiliário e, poucas horas depois, me convenceu a fechar um negócio de US$240 mil. Foi exatamente assim — no que me interessava, a coisa toda acabou em algumas horas —, mas ele havia, claro, feito de antemão muitos preparativos. Nossa entrevista foi uma exibição espantosa de habilidade e poder de venda — e não há razão para você não adotar os métodos que ele empregou.

Robert entrou no meu escritório em certo ano, pouco antes do Natal — elegantemente vestido em um terno sob medida —, trazendo duas grossas pastas de couro e um cilindro de mapas. Colocou-os no chão ao lado de minha mesa, sorriu e disse:

"Que bom que consegui encontrá-lo aqui, Tom... Ando tentando falar com você há um mês. Como vai?"

"Estou bem, Robert. E como as coisas estão indo com você?"

"Incríveis! Coisas fantásticas estão acontecendo. E, Tom, estou empolgado em mostrar uma oportunidade que tenho para você."

Prendi a respiração e fitei-o por um instante. Lembre-se de que eu sabia que ele estava fazendo o que me dissera que iria fazer: ultrapassar todos os que havíamos treinado em vendas imobiliárias. Preparei-me e comecei a pensar em meios de me livrar dele, porque sabia que ele não estava ali para jogar conversa fora. Estava ali para ganhar bastante dinheiro.

Robert me olhou durante um momento e continuou:

"Há três anos estou esperando para encontrar esta oportunidade maravilhosa..."

"Sobre o que está falando, Robert?"

"Quero lhe fazer a seguinte pergunta: você tem certeza de que isentou toda a renda que pôde do imposto no ano corrente?"

Senti-me aliviado — e com pena dele.

"Robert, nós tentamos, mas não podemos isentar toda a renda. E, claro, é tarde demais agora porque já estamos quase no fim do ano fiscal... Só faltam 11 dias. Ora, com os feriados..." Encolhi os ombros, mostrando que era impossível fazer alguma coisa.

"Não se preocupe, eu cuido disso", tranquilizou-me ele.

Hesitei.

"Desculpe mais uma vez, mas sobre o que você está falando?"

Ele estendeu a mão, pegou uma das pastas de couro no chão e me entregou uma delas, dizendo:

"Vou mostrar uma coisa a você, Tom.

Olhei para a pasta e vi, gravadas em letras douradas, as seguintes palavras:

ANÁLISE DE PROPRIEDADE PREPARADA ESPECIALMENTE PARA O SR. TOM HOPKINS

Olhei por um momento para a pasta e murmurei:

"Robert, isso é um prospecto de investimento."

"Isso mesmo, Tom. E um investimento que ando procurando há muito tempo para você. Mas não diga nenhuma palavra... Deixe que eu lhe mostre uma coisa."

Sou exatamente igual a você; não gosto que me vendam nada, mas eu estava mais do que curioso. Nesse momento, não importava o fato de eu conhecer Robert de seus tempos como estudante, quando ele ainda não tinha recorde algum de vendas. Naquele momento, eu sabia que ele era um profissional competente, que trabalhava com força máxima para conseguir uma grande venda. De modo que senti curiosidade em olhar — embora uma pequenina voz em minha cabeça estivesse dizendo: "Você tem que encontrar um jeito de escapar disso."

Ele foi até a parede, desenrolou um enorme mapa aerofotogramétrico e pregou-o com grampos plásticos.

"Aí está, Tom."

"Aí está o quê?"

"Tudo de que você necessita hoje para tomar uma decisão prudente se encontra nessa foto aérea ou em sua pasta."

A pasta tinha uns 5 centímetros de grossura. Eu não estava com vontade de abri-la naquele momento. Mas estava intrigado pelo fato de que ele tivera a audácia de friamente tentar me vender um investimento de US$240 mil.

284 | COMO SER UM GRANDE VENDEDOR

"Diga mais alguma coisa."

E ele disse. Todas as glebas comparáveis de terra em volta da propriedade de 12 hectares que ele queria me vender estavam marcadas em cores diferentes na foto aérea.

Depois de me esclarecer sobre alguns pontos, ele disse:

"Você provavelmente não vai querer apenas olhar para a foto, de modo que, se quiser passar para a página 11 do prospecto, vai encontrar as informações de preço resumidas."

Enquanto eu fazia isso, ele abria sua cópia da pasta e explicava as informações listadas que justificavam o valor do lote em questão, dando prosseguimento à venda.

Finalmente, eu disse:

"Parece bom, Robert. Mas, sabe, no momento acho que estou mais interessado nos benefícios fiscais da venda do que no valor que teria de investir."

"Eu sabia que você me diria isso, Tom. Passe para a página 16."

Passei. Uma tabela mostrava os efeitos fiscais, baseados em minha faixa de renda, de todos os itens depreciáveis envolvidos na propriedade: os poços, as valetas de irrigação e os prédios. Estudei os dados por alguns minutos e disse:

"Você trabalhou bastante nisso."

"Isso mesmo. Seis meses." O que ele queria dizer, claro, era que mantivera o projeto em movimento durante seis meses — coletando informações, mandando fotos aéreas, reunindo todos os dados de modo altamente organizado. Tenho certeza de que, no começo, ele fez todo esse trabalho sozinho. E estava igualmente certo de que, naquele momento, ele contava com a ajuda de uma equipe burocrática e técnica, o que lhe permitia tempo suficiente para conversar com os clientes certos e planejar seus próximos movimentos.

Fiquei impressionado, mas ainda me vi compelido a dizer:

"Robert, serei franco e direi que não vejo como isso pode se encaixar nos meus planos neste exato momento, mas talvez você possa me mostrar. Os benefícios fiscais são bons, mas enfrentemos a realidade: por si mesmos, não bastam para justificar o investimento. O que eu iria fazer com a terra, assim que ela fosse minha? Não iria querer ficar com ela para sempre e não ando à procura de coisas que ocupem ainda mais o meu tempo."

"Eu sei, Tom. Vá para a página 33."

Foi o que fizemos. Nessa página, encontrei uma breve explicação de seu plano para subdividir a propriedade em três lotes, vendendo o da frente e ficando com uma gleba livre e desimpedida de oito hectares.

Pensei por um instante e dei-me conta de que não sentia mais pena dele por ter aparecido tão tarde, mas apenas um pouco de pena de mim mesmo.

"Robert, está quase no fim do prazo de entrega da declaração. Não podemos, de jeito nenhum, concluir este negócio antes do dia 31 de dezembro. Então prefiro não me envolver nisso por enquanto, pois tenho algumas coisas planejadas para o próximo ano."

Ele sorriu e disse:

"Entendo perfeitamente o que você está dizendo, Tom. Se pudesse aproveitar a vantagem do negócio este ano, ficaria interessado, não?"

Ele não pode fazer isso, pensei. Há papelada demais para preparar. Respondi:

"Claro, Robert... Se você pudesse fazer milagres, eu ficaria interessado." Ri. "Mas não há jeito. Não em 11 dias, nesta época do ano."

"Tom, está tudo feito. Tudo que preciso é da sua assinatura", disse ele.

Fiquei paralisado. Durante vários segundos, a sala permaneceu em silêncio. Depois, eu disse, meio debilmente:

"O que você quer dizer com 'está tudo feito'?"

"Tom, você me ensinou há anos que, se o produto é bom para o comprador, se ele se qualifica e precisa dele, devo ajudá-lo a tê-lo. E você precisa, não?"

Contorci-me em minha cadeira.

"Mesmo sem ver a terra?"

"Não, isso eu entendo. Verifiquei sua agenda com a secretária e tenho um avião à nossa espera. Podemos voar até lá e voltar no intervalo de um almoço... E sei que você vai ficar interessado neste investimento, quando o conhecer."

O que eu poderia fazer? Fui, vi e comprei. E hoje, naturalmente, vejo que foi um investimento maravilhoso. Robert não fizera todo aquele trabalho por nada: conseguiu fechar o negócio a tempo para que eu obtivesse os benefícios fiscais naquele ano. E no dia 3 de janeiro — nunca me esquecerei disso — esse rapaz, esse verdadeiro Campeão, foi à minha casa.

"Tommy, por ter deixado que eu o servisse, comprei isto para você." E me deu de presente um belíssimo serviço de chá, de prata. Não se esqueçam de que ele ganhou US$24 mil por me ajudar — e achei isso muito interessante.

"Obrigado, Robert." Inúmeros pensamentos cruzavam minha mente, e o menor deles não era o orgulho da participação que eu tivera em levá-lo ao ápice de seu sucesso atual.

Ele continuou:

"Também consegui um pouco por tê-lo ajudado. Olhe lá fora."

Lá na entrada estava seu novo carro, um dos mais belos Rolls-Royce cinza-prateado que eu já vira. Quando ganha mais de US$500 mil por ano, o indivíduo é obrigado a ter aquele tipo de instrumento — e brinquedo —, certo? É claro que a comissão dele em meu investimento não pagou todo o preço do Rolls-Royce, mas ajudou, você não acha?

É isso o que o planejamento faz em vendas. A venda bem-sucedida é a atividade menos dispersiva que conheço. Vendedores vitoriosos não ficam sentados na esperança de que alguém apareça, telefone e faça a compra. Os grandes, os profissionais, os Campeões, não esperam que isso aconteça; eles fazem com que aconteça. Vencem porque planejam a prospecção de clientes, a apresentação, o fechamento e o acompanhamento. Em quatro palavras: eles planejam o sucesso. Marque esta ideia básica, vital:

O CAMPEÃO PLANEJA POR ESCRITO TODAS AS APRESENTAÇÕES

Você está se encolhendo todo, não? Dizendo a si mesmo: "Planejar por escrito cada apresentação? Tom está brincando comigo. Ninguém faz isso. Eu não saberia nem por onde começar."

Não se preocupe. Vou lhe mostrar como planejar cada movimento e prever todos os problemas. É claro que isso vai levar algum tempo — mais tempo no começo, enquanto você está aprendendo a técnica. Depois que isso se tornar natural, você gastará menos tempo planejando suas apresentações do que o vendedor comum desperdiça antes de ir visitar cada cliente. Iniciará todas as apresentações e demonstrações sabendo exatamente o que o cliente vai ouvir, com o que concordará e do que ele necessita. Continue a ler e descobrirá os passos. Também terá uma ajuda com o planejamento de apresentações, dois dos melhores instrumentos que apareceram na profissão em muitos anos. Adapte-os à sua oferta, ponha-os em uso e vai ficar surpreso ao descobrir como as apresentações planejadas darão impulso à sua renda.

COMO PLANEJAR SUA APRESENTAÇÃO PREVIAMENTE POR ESCRITO

Em primeiro lugar, vamos ver onde você consegue as informações necessárias para planejar previamente suas apresentações por escrito.

Vendas comerciais e industriais. Os catálogos lhe darão um volume imenso de informações. Alguns só podem ser obtidos por assinatura, mas há muitos nas seções de referências das bibliotecas públicas. Verifique com a biblioteca antes de desconsiderar essa fonte; algumas possuem materiais surpreendentemente bons. Os seguintes são apenas uma amostra dos catálogos norte-americanos:

- Dun & Bradstreet Million Dollar Directory
Em um volume bem indexado, relaciona a maioria das companhias com ativos líquidos de mais de US$1 milhão e aquelas com patrimônio entre

US$500 mil e US$1 milhão em um segundo volume. Fornece os nomes dos principais executivos dessas companhias.

- Thomas Register of American Manufacturers
Sob nomes de produtos alfabeticamente organizados, esta obra maciça relaciona empresas grandes e pequenas. Um sistema de classificação de capital social dá uma ideia útil do tamanho da empresa.

- Standard & Poor's Directory
Relaciona milhares de empresas pequenas, médias e grandes, com os nomes de seus executivos mais importantes. Um segundo volume lista centenas de milhares de executivos, diretores e presidentes, muitas vezes com dados sobre as faculdades que frequentaram e onde residem. O terceiro volume tem seis índices.

- Who's Who
Contém curtas biografias de milhares de indivíduos em várias esferas da vida. Incluem-se as escolas frequentadas, as honrarias e os prêmios ganhos, os cargos ocupados e assim por diante.

Conseguir informações em um catálogo e, em seguida, pesquisá-las é, com frequência, o meio mais eficiente de usá-las. Com os dados extraídos da pesquisa, você pode elaborar um plano de comercialização.

Vendas ao governo. Produtos e serviços projetados para usos comercial e industrial frequentemente têm numerosas aplicações nas atividades governamentais. Um bom número de companhias reconhece esse fato, designando vendedores ou deixando esse mercado para suas filiais e gerentes de vendas.

Vendas a estabelecimentos de ensino. Escolas e faculdades compram imensos volumes de equipamentos, materiais e serviços. Superintendências escolares estaduais e municipais norte-americanas publicam catálogos, assim como as organizações religiosas e privadas. Se o mercado escolar lhe é estranho, mas você acha que traz oportunidades, visite algumas escolas e procure saber em que catálogos estão relacionadas. Pergunte também de que conferências (em geral, há feiras especializadas para esse ramo) seus funcionários participam. O campo educacional é bem organizado e pode ser facilmente alcançado.

Vendas a indivíduos e famílias. Se for um cliente recomendado, obtenha todas as informações a seu respeito com o cliente que lhe fez a recomendação. Os registros de venda de seu escritório podem conter dados valiosos se você estiver trabalhando com um "cliente órfão".

No caso da maioria dos possíveis clientes em vendas pessoais, a melhor fonte de informação é ele mesmo. Depois de marcar a entrevista, faça uma sondagem, perguntando: "Para economizar seu tempo durante nossa entrevista, e para que eu possa servi-lo melhor, poderia perguntar...?"

Depois de algumas perguntas, vale a pena observar: "Por favor, não pense que estou sendo curioso, mas realmente economizará nosso tempo se eu tiver alguma ideia de sua situação."

TRABALHANDO COM UM FORMULÁRIO DE PLANEJAMENTO PRÉVIO

Uma das versões desse formulário se destina a vendas no varejo de produtos e serviços a indivíduos ou famílias. A segunda versão o ajuda a se preparar para entrevistas de venda bem-sucedidas com tomadores de decisão em todos os tipos de organizações: empresas e companhias no comércio e na indústria, bem como órgãos governamentais e grupos que atendem às necessidades religiosas, educacionais e culturais da nação.

290 | COMO SER UM GRANDE VENDEDOR

PLANEJADOR PRÉVIO DE VENDAS PESSOAIS

Nome do indivíduo e/ou família _____

INFORMAÇÕES OBTIDAS   **FONTE**
Nome de pessoas interessadas
("Decisores Primários")

Se apenas o indivíduo _____
Se a família
Pai _____
Mãe _____
Filhos _____

Fontes de renda e totais aproximados
Homem: Empregado em _____
Cargo _____
Estimativa de renda _____
Mulher: Empregada em _____
Cargo _____
Estimativa de renda _____
Outras fontes _____
Tipo comparável de produto ou
    serviço que possuem _____
Por quanto tempo? _____
Benefícios que o informante deseja ter
_____
_____

Outros eventuais benefícios desejados
_____
_____

Outras informações — Casa, Mobiliário,
Automóvel, Hobbies, Afiliações a grupos etc.
_____
_____

SEQUÊNCIA DO PLANO

Benefícios a serem citados para obter uma entrevista por telefone

Benefícios a serem citados em perguntas de qualificação

Benefícios planejados para apresentação/demonstração

Objeção primária esperada

Pergunta comparativa planejada para eliminar a objeção primária, que não é verdadeira porque

Histórias de situações semelhantes a serem usadas (indique apenas o nome da história). Se em DVD, indicar com *

Interesse físico a ser citado

Itens de interesse pessoal — hobbies, clubes etc. — a serem citados durante a apresentação, a fim de criar identificação

292 | COMO SER UM GRANDE VENDEDOR

PLANEJADOR PRÉVIO DE VENDAS A EMPRESAS

Nome da companhia ————————————————————

Indivíduo e cargo ————————————————————

É ela a pessoa que decide? ————————————————

Se não — Nome da pessoa que decide, com o respectivo cargo

Tipo de companhia ————————————————————

Produto ou serviço ————————————————————

Vendas brutas estimadas ————————————————

INFORMAÇÕES OBTIDAS   **FONTE**

Indivíduos envolvidos com os respectivos cargos

————————————————————

————————————————————

————————————————————

————————————————————

Qual o maior problema? Por quê? ————————

————————————————————

————————————————————

Classificação financeira ————————————

————————————————————

Benefícios que o interessado deseja ——————

————————————————————

————————————————————

————————————————————

————————————————————

Outros benefícios que pode querer ——————

————————————————————

————————————————————

Outras informações — concorrentes, atual
posição de mercado, organizações a que pertence etc.

————————————————————

————————————————————

————————————————————

Alguns vendedores atingem o ápice em sua carreira vendendo exclusivamente para pessoas e famílias. Outros permanecem nesse campo ou trabalham apenas com famílias porque estão convencidos de que a venda para organizações é difícil demais. Não obstante, trata-se basicamente da mesma coisa: você continua a lidar com pessoas. Comecei minha carreira aos 16 anos vendendo calçados em uma sapataria. Logo passei a outras coisas e outros tipos de venda antes de começar a vender produtos e serviços para empresas. Os princípios básicos são os mesmos. Você simplesmente amplia sua experiência com as pessoas — e começa a preparar e planejar com mais cuidado.

Nos casos de ambos os formulários, procure coletar dados sobre as fontes em que obteve as informações. Conhecê-las lhe permitirá avaliar melhor a confiabilidade e também aquelas que não merecem atenção.

É óbvia a maneira de preencher a maior parte dos formulários. O que o cliente tem agora, e por quanto tempo, revela onde ele se encontra no ciclo da coceira. O que comprou por último informa muito sobre o que comprará em seguida.

Depois de relacionar os nomes da família, não se esqueça de colocar um asterisco (*) depois da pessoa que você acredita ser o tomador de decisões. É essa a pessoa a quem deve convencer e com quem deve fechar o negócio — sem fazer com que os demais membros da família o combatam.

Se está vendendo um produto de grandes dimensões que toda a família usará e ajudará a pagar — um iate, por exemplo —, os filhos talvez estejam em uma idade em que já recebam uma renda importante para a transação. Se for assim, anote a idade aproximada deles e as respectivas fontes e estimativas de suas rendas.

Descubra o que marido e mulher fazem e quais são seus cargos. Se descobrir esses fatos, conhecerá muito sobre eles, certo? Concorda que a apresentação para alguém que ganha a vida quebrando concreto com um martelete deve ser diferente daquela que faz a pessoas que tratam outras pessoas com comprimidos e contas?

A finalidade de todas essas informações é aproximá-lo ainda mais do que as pessoas querem e podem pagar.

294 | COMO SER UM GRANDE VENDEDOR

Benefícios que o interessado quer. Isso é importante. Muitas vezes, você vai a uma entrevista sem ter ouvido da boca do próprio interessado o que ele realmente quer. Se conseguir a informação quando marcar a entrevista, ótimo. Mas nunca se esqueça de que muitos clientes não lhe dizem a verdade sobre o que realmente querem porque estão em conflito. Alguém na família ou a lógica "o que os outros pensam" lhe diz para comprar o que ele não quer. Em outras palavras, não podem ajustar seus desejos às suas necessidades. Se entrar em contato antes que ele solucione esse conflito, o problema dele vai se tornar seu — e sua oportunidade. Solucione-o e venderá. Deixe de resolvê-lo e perderá a venda. Oportunidades semelhantes surgem a todo instante, faça você a prospecção por telefone ou trabalhe com pessoas que chegam espontaneamente.

Pergunte a Alvin o que ele quer e ele responderá: "Quero uma caminhonete pequena, sem acessórios, que ande 1 milhão de quilômetros com um gole de gasolina." Mas, assim que olha para caminhonetes pequenas, despojadas, em salões de exposição, resmunga, engole em seco e vai embora sem comprar. Finalmente, Alvin por acaso conhece Ron que escuta as palavras de Alvin e também seu discurso. Assim, ele o leva para ver o modelo mais recente da linha com várias opções. Alvin fica lívido. As objeções começam a jorrar. Mas não vai embora. Ron sugere que ele experimente o carro, e eles o põem em todas as marchas e nas curvas fechadas. Em seguida, Ron explica como é lógico para Alvin possuir aquele carro antes de ficar mais velho e mostra a ele como possuí-lo. Alvin compra.

Se Ron tivesse se deixado levar pelas palavras do cliente sobre caminhonetes pequenas e práticas, teria sido outro dos vendedores de automóveis de quem Alvin não comprou nada. Cuidado com o que o cliente diz que quer.

No caso de muitos deles, os benefícios que já aceitaram e compraram configuram um conjunto muito mais seguro de fatos. Representam emoções autênticas apoiadas por atos, e não conversa mole que talvez apenas expresse a lógica da moda. As pessoas são profundamente influenciadas pelos amigos e muito parecidas com eles naquilo que é importante para elas. Por tais motivos, os benefícios pelos quais o informante já pagou são, com mais frequência, uma orientação mais segura do que comprará agora. Se houver um meio de obter dele essa informação — e, às vezes, isso não dá trabalho algum —, não inicie a apresentação sem ela.

Benefícios a serem mencionados a fim de obter uma entrevista pelo telefone. O que você vai dizer ao cliente para despertar suas emoções e fazê-lo querer conversar pessoalmente?

Lembre-se de que, a essa altura, tudo o que você quer é a entrevista. Se usar toda a sua argumentação para obtê-la, a reunião face a face pode se tornar um anticlímax. Assim, use a artilharia mais leve que lhe possibilite conseguir a entrevista e reserve o armamento pesado para quando estiver com o cliente para o fechamento do negócio.

Benefícios a serem usados nas perguntas de qualificação. Utilize as fases de qualificação discutidas no Capítulo 12.

Benefícios planejados para a apresentação/demonstração. Nesta parte, anote todos os benefícios que considera que o cliente aceitará como de valor. Este é o ponto em que você dispara os canhões pesados. Mas nunca perca de vista a possibilidade de que aquilo que é um soco para alguns não passa de um leve tapinha para outros. E nunca suponha que o aspecto a que dá mais valor em sua oferta será também o mais valorizado pelo cliente.

Objeção primária prevista. Tratar esta área como um Campeão foi o que levou Robert Burns a me vender um investimento imobiliário. A essa altura do planejamento, ele disse a si mesmo algo assim: "Eu sei o que Tom Hopkins faz. Tenho uma ideia aproximada da renda dele. Posso dar bons palpites sobre seus interesses e sei que ele vai me fazer algumas objeções. Para escapar, ele provavelmente dirá: 'Estou princi-

296 | COMO SER UM GRANDE VENDEDOR

palmente interessado na maneira de me livrar da propriedade, depois de conseguir as vantagens fiscais de que necessito.' Assim, para que ele tenha interesse por este investimento, tenho de descobrir primeiro um meio de ele desinvestir com lucro."

Depois que fiz aquele investimento, Robert me disse que usa um formulário muito parecido com o que estamos discutindo aqui, a fim de planejar todas as suas apresentações. Ele disse: "Usando o formulário, sei de quase tudo o que o cliente vai dizer antes de encontrá-lo."

Você também não gostaria de saber o que ele vai dizer, antes de passar com a copiadora pela porta giratória, entrar para detalhar um novo meio de produção ou apresentar seu serviço feito sob medida?

Se passar o tempo todo fazendo prospectos em quatro cores a fim de solucionar o problema do cliente — sem reservar algum tempo para prever suas objeções —, vai perder muitas vendas. Ajustar seu serviço às necessidades dele, demonstrar com que rapidez a máquina produz o material ou explicar como cada dente se engata, são, sem exceção, passos necessários à lógica. Objeções também têm sua base lógica, mas são constituídas principalmente de emoção, que controla mais a decisão de compra do que a lógica de sua apresentação. Certifique-se de que reserva tempo e energia suficientes para prever as objeções e planejar os meios de removê-las. Uma das maneiras de fazer isso é a seguinte:

Planeje perguntas comparativas a fim de eliminar a objeção primária. A pergunta comparativa dissolve a objeção primária ao focalizar a atenção do cliente na resposta a uma pequena questão. Começo todas as minhas Perguntas Comparativas com as seguintes palavras: *"Não é verdade que...?"*

Um exemplo extraído da venda de seguros ilustrará bem esse conceito de pergunta comparativa:

A objeção primária que prevejo se refere a dinheiro — o volume do prêmio. Quando ela surge, pergunto: **"Não é verdade que** o tamanho do prêmio é menos importante do que a educação de seus filhos?"

TOM HOPKINS | 297

O que o cliente pode dizer? Uma das coisas mais importantes para qualquer indivíduo é a educação e o bem-estar dos filhos.

Quando o cenário geral é considerado, a objeção primária que a maioria das pessoas faz em grande parte das entrevistas de vendas não é, na realidade, o ponto fundamental para elas. Constitui nossa obrigação como vendedores pôr essa objeção primária em perspectiva e afogar seu negativismo com emoções positivas.

Equipamento de demonstração e apresentação e materiais a serem usados. Uma vez anotadas as perguntas comparativas, relacione os instrumentos que considera mais eficazes nessa entrevista particular. A maioria dos Campeões não leva tudo ao conhecimento de todos os clientes. Na verdade, eles contam com um estojo de ferramentas grande demais para passar pela porta com ele. E é necessário que se levem em conta as dificuldades práticas, como tempo e espaço. Mais uma vez, rapidez é importante. Você vai querer fazer sua apresentação básica em 17 minutos e, em seguida, passar às sequências de fechamento. Você talvez precise entregar a ele um prospecto detalhado, mas limite suas observações à questão principal.

Histórias de situações semelhantes a serem usadas. Estudaremos, em detalhes, este assunto no Capítulo 15. Estar preparado para relatar ao cliente situações semelhantes constitui uma técnica de apresentação eficaz; incluir histórias de situações semelhantes em sua pasta de apresentação é uma técnica ainda melhor; e gravar em DVD as palavras e a voz de seus clientes satisfeitos é a melhor de todas.

Os dois últimos itens no plano de vendas para as pessoas não exigem muitos comentários. Você pode conseguir despertar fisicamente seu interesse fazendo com que usem sua calculadora ou operem a máquina que está demonstrando? Imagine uma forma de envolvimento físico para cada apresentação ou demonstração.

Todos os vendedores compreenderão a necessidade de se delimitar um terreno comum através de algum item de interesse mútuo — o que

298 | COMO SER UM GRANDE VENDEDOR

cada um faz com ele é um problema individual —, mas só pensamos nisso quando estamos entrando no escritório do cliente. Mas de que modo devemos selecionar um assunto de interesse mútuo para discutir quando não conhecemos a pessoa?

Caso se trate de um cliente recomendado, o informante poderá lhe dar uma ideia sobre os interesses dele. Pergunte a ele sobre seus interesses na ocasião em que marcar a entrevista.

O PLANEJADOR PRÉVIO DE VENDAS A EMPRESAS

No rodapé desse formulário, você notará uma mudança em comparação à versão de vendas a pessoas, pois está incluída a questão sobre a situação da companhia do cliente em sua própria corrida competitiva.

Vejamos como usar essa informação:

Vamos supor que você tenha descoberto um novo mercado para seu produto ou serviço, vendendo, pela primeira vez, a um empreiteiro da área de refrigeração. A pessoa que lhe deu a indicação disse que a companhia dele é a maior do ramo na cidade. Não pergunte quem é a número dois, pois isso pode perturbá-lo. Em vez disso, volte ao escritório, pegue a lista telefônica e enumere os empreiteiros de ar-condicionado que publicam os maiores anúncios. Rapidamente você terá uma ideia do tamanho de seu novo cliente e se é realmente o número um na cidade.

Comece a telefonar para os empreiteiros. O número sete quer progredir para o número seis, este para o número cinco e assim por diante. A maioria, como objetivo final, quer ser o número um. Em todas essas companhias, há uma águia empresarial que está observando o desempenho da própria companhia. E observando também a concorrência, porque a última coisa que quer é descer um ou dois patamares. Pode apostar que todos estarão interessados em saber o que o número um está fazendo — ou seja, que está usando seu produto ou serviço. E todos perguntarão: será que o artigo que você fornece ao número um é aquilo que está lhe dando vantagem sobre todos os outros? É melhor que eles emparelhem. Esse é o motivo pelo qual o Campeão quer saber a classificação de cada cliente na corrida competitiva.

QUANDO PLANEJAR?

Na noite anterior à entrevista. Certifique-se de ter preenchido a parte superior do formulário logo depois de marcar a entrevista. Nesse caso, não se esqueça dos detalhes vitais quando se sentar para revisar o formulário, anotar as perguntas e planejar a sequência de venda na noite precedente ao encontro. Este, por falar nisso, é o hábito do profissional.

Cada Campeão que conheço planeja na noite anterior à entrevista tudo aquilo que fará no dia seguinte. E faz isso por escrito, porque assim sabe se realizou o planejado; sabe que isso está gravado em sua mente; e sabe que pode submetê-lo a uma rápida revisão antes de sair para o encontro. Por favor, não leve isso na brincadeira. Por favor, acabe com essa história de ir a um encontro sem saber o que vai dizer ou fazer. Chegar sem um plano estabelecido divide sua eficácia em três partes e você terá de engolir cada uma delas, até a menor de todas.

Por quê? Porque, em vendas, a inércia está sempre contra você. A ação mais simples para o comprador é não agir. Talvez amanhã apareça uma oferta melhor. O desafio da venda consiste em fazer com que algo aconteça quando tem de acontecer. Para obter uma ação positiva, faça um planejamento positivo. Desse modo, memorize bem esta ideia:

Planeje antecipadamente por escrito todas as apresentações.

Se assumir — e cumprir — esse compromisso consigo mesmo, com sua família, sua companhia, os benefícios que colherá o deixarão boquiaberto. Enquanto se aprofunda cada vez mais no planejamento antecipado por escrito, enquanto é contagiado pela agitação que o poder desse método cria, passa a ver com maior clareza as deficiências e oportunidades que o espreitam em cada apresentação. Então, vai se sentir compelido a se preparar com um cuidado ainda maior, tornando-se apto a enfrentar cada apresentação com uma confiança também maior — e, enquanto isso, dispara para o alto seu índice de sucesso.

300 | COMO SER UM GRANDE VENDEDOR

Isso mesmo. Planejamento antecipado por escrito. Os resultados elevarão seu desempenho às alturas.

RECURSOS VISUAIS

Se você trabalha para uma grande companhia, há boas possibilidades de que: a) a empresa o abasteça com uma grande variedade de caros e coloridos auxílios visuais à venda; b) você não os use muito.

Aqui, mais uma vez, descobrimos que quem faz maior uso dos recursos visuais fornecidos pela companhia é o grande produtor. Quem menos os usa é o vendedor que está "por baixo", o novato dos primeiros degraus, aquele que nunca atinge uma cota e quem muda de emprego com maior frequência.

Se você está na categoria dos que não usam os recursos visuais e não se inclui no terço superior de sua força de vendas, não se sinta culpado. Essa é uma falha comum. Mas você está lendo este livro para deixar de ser comum, ou não? Então, comece a usar as ferramentas do sucesso. Algumas dessas ferramentas são chamadas de recursos visuais.

Os grandes Campeões que treinamos compreenderam uma verdade básica: as pessoas não vão se sentar, olhar para sua cara e ouvir suas palavras a tarde inteira. Esse é um dos motivos pelos quais os maiores produtores estão sempre em busca de novos métodos, aperfeiçoando os antigos e despertando interesse em suas apresentações muito mais do que apenas aos ouvidos dos clientes.

Em trabalhos de consultoria realizados com grandes empresas sobre táticas para melhorar o desempenho de sua força de trabalho, realizamos numerosas pesquisas com o objetivo de descobrir alguns fatos específicos. Repetidas vezes, reaprendemos um fato básico: os grandes produtores têm apenas dois macetes básicos, bem simples: 1) usam o tempo de modo eficaz e 2) concentram-se no que precisa ser feito, ignorando o que é secundário.

Improvisar não é eficiente. Claro que pode economizar uma hora de preparação em uma visita que lhe custa uma hora para chegar ao cliente, outra hora para apresentar e mais uma hora até voltar. Improvisar sem recursos visuais e sem preparação adequada será um fracasso quase certo. Você não pode ser eficiente se costuma desperdiçar três horas para evitar trabalhar uma.

Mas descobrimos outro fato: os auxílios visuais reduzem o tempo de preparação.

E mais outro: se pensar nas aplicações futuras, à medida que planejar cada apresentação, descobrirá que, com a passagem dos meses, levará cada vez menos tempo se preparando e o fará melhor.

Um dos melhores exemplos é o tipo de prospecto de apresentação em forma de pasta, em que você organiza uma grande quantidade de fatos para conhecimento do cliente. Na primeira vez que faz isso, a tarefa parece extremamente trabalhosa. Mas, se trabalhar pensando em criar um formato que possa ser usado repetidamente, não levará tanto tempo para preparar o segundo prospecto como o primeiro, e cada um que se suceder será organizado com mais rapidez.

O conteúdo das páginas talvez não tenha de ser alterado em nada. Descobrirá que muitas páginas podem ser comuns a várias apresentações. Pense no futuro, como fazem os Campeões. Padronize tudo o que pode ser padronizado. Em seguida, concentre-se nas páginas com informações exclusivas de cada apresentação. Robert Burns fez isso antes de chegar ao meu escritório e me afogar com tantos dados sobre investimentos imobiliários que, literalmente, eu tive de comprar quando ele acabou. Três quartos das páginas da grossa pasta que ele colocou em cima de minha mesa eram de material usado repetidas vezes — dados necessários —, mas ele era organizado e não precisava reescrever tudo a cada nova apresentação.

Se você vende repetidamente os mesmos produtos ou serviços, melhor ainda. Então, é possível desenvolver ao máximo sua habilidade usando recursos visuais e apresentações organizadas com o mesmo material reutilizável.

VOCÊ SÓ TEM 17 MINUTOS

Depois de 17 minutos, as pessoas começam a perder o interesse. Instala-se o tédio, o cliente se lembra de outras atividades que podia ou devia estar fazendo; não ouve mais com atenção. E, assim que começa a perder a atenção dele, você também começa a perder a oportunidade de fechar a venda.

A solução é colocar mais impacto no período de 17 minutos, quando tem a melhor chance de conseguir um nocaute. Como se faz isso? Não se falando mais rápido, mas apresentando melhor. Isso exige a utilização de auxílios visuais.

Mas por que eles são importantes e tão ignorados pelas próprias pessoas que poderiam aproveitá-los ao máximo? Acho que o ego tem certa culpa nesse aspecto. Gostamos de falar e não menos de pensar que somos convincentes. E somos — especialmente quando falamos com nós mesmos. Assim nos convencemos da ideia de que basta procurar o cliente e improvisar — afinal de contas, conhecemos nosso material — e, então, eles ficarão ali, caladinhos, enquanto contamos toda a história de nossa oferta. Queremos ouvir nossas próprias palavras, não o que outra pessoa criou. É assim que nos sentimos quando não somos Campeões. O Campeão não se importa com quem criou o material: se pode usá-lo de forma legítima para ganhar dinheiro, é justamente isso o que fará. Orgulha-se das vendas que fez. Se quisesse ser pintor, compraria um cavalete, alugaria um sótão e poria as mãos à obra.

Sua companhia utilizou uma grande variedade de talentos para criar os recursos visuais que lhe fornece. Use o que ela lhe deu. Exercite a criatividade a fim de encontrar maneiras novas e mais eficientes de vender com os recursos visuais de sua empresa.

COMO FAZER OS RECURSOS VISUAIS
TRABALHAREM PARA VOCÊ

Eles lhe dão controle e velocidade. Sem controle, você não consegue velocidade e, sem velocidade, tampouco pode manter o controle. Você pode diminuir o ritmo ou repetir, se está indo depressa demais, mas, se você é lento demais, não há meio de acelerar o suficiente para pegar os clientes que já perdeu, por impaciência.

Se não está no controle, você não pode vender — mas apenas receber encomendas dos pouquíssimos que estão decididos a comprar, não importa o que você diga. Bem no começo das entrevistas, muitos vendedores perdem o controle — e, daí em diante, não têm mais nenhuma chance. De que modo os vendedores os perdem?

Não conseguindo se sentar da maneira correta.

Se você pensa que se sentar é algo simples demais gerar preocupação, compare isso com abastecer seu carro. Isso também é algo simples. Mas, se não o fizer, não sairá do lugar. Em vendas, se você não controla a maneira como as pessoas se sentam, você também não vai sair do lugar.

Veja a situação de vendas com entrevistas para apresentações e demonstrações na residência do cliente. Sempre que o vendedor se senta em uma cadeira na sala de estar, acaba com a venda. A posição o obriga a girar a cabeça de um lado para o outro entre o casal, enquanto fala e, ao mesmo tempo, toma notas em cima dos joelhos. O processo é dolorosamente lento. Antes de muito tempo, o casal está trocando aqueles olhares eloquentes que marido e mulher aprendem. Sem trocar palavras, concordam em se livrar do vendedor logo que for possível.

Os recursos visuais — pode ser uma apresentação em PowerPoint, uma planilha, um catálogo — permitem a você transmitir informações em menos tempo, mas uma vantagem ainda maior é que, com eles, você se senta a uma mesa, de frente para o casal.

Por que isso é tão importante? Porque o coloca em uma posição de poder de venda. Isso ocorre quando:

a) Você pode estabelecer contato visual com eles apenas mudando a direção do olhar — sem ter de girar a cabeça. Isso é vital porque é rápido.
b) Pode ver os dois ao mesmo tempo.
c) Pode tomar notas enquanto eles examinam o auxílio visual. Isso é necessário porque a atenção deles se desviará se tiverem de esperar enquanto você toma notas.

304 | COMO SER UM GRANDE VENDEDOR

d) Você pode trabalhar com rapidez suficiente para completar a apresentação nos primeiros 17 minutos — o período crucial, que, em geral, é o único em que você dispõe de toda a atenção deles para a apresentação.

Você precisa conhecer de cor e salteado cada página do auxílio. Mas, mesmo que saiba seu conteúdo, ainda terá de olhar para ele. Por quê? Por causa de uma reação comum a todos nós. Se eu o olho, você olha para mim — quase uma defesa própria. Não coloque o auxílio de modo que eles devam olhá-lo enquanto você olha para eles. Se isso acontecer, deixarão de olhar para o material e voltarão a encará-lo ou se sentirão ameaçados e terão problemas para se concentrar.

Evite esse problema organizando tudo de modo que possa olhar para o recurso visual, fazer um ou dois comentários e erguer novamente o olhar para recuperar, por um instante, o contato visual com eles. Enquanto repete esse processo, pare um pouco após terminar um argumento, sinalizando que vai olhar para eles. Inconscientemente, eles cairão em um ritmo confortável e tranquilizador de mudar seu olhar do auxílio visual para seus olhos e vice-versa.

Talvez você esteja se perguntando: "E se eu não me lembrar de tudo isso?"

Tome notas a lápis no verso de cada página do recurso. Uma pasta com encadernação em espiral tomará a sequência de venda mais eficiente. Você começa com *a*, passa suavemente por *b* e *c* e prossegue por todos os outros passos. Abrange tudo na sequência que considera desenvolver-se melhor. Nada do que realmente importa é esquecido.

Mas quero lhe dar um aviso. Alguns vendedores usam pastas surradas, que levem a todas as apresentações. Em vez de trabalhar positivamente, passam a metade do tempo virando páginas e murmurando palavras negativas:

- "Isso não vai interessar a vocês."
- "Não temos mais esse modelo porque sua manutenção era um pesadelo."
- "Droga, onde está aquela vista lateral que eu queria mostrar a vocês?"

Enquanto isso, o cliente fica cada vez mais irritado. E logo perde a confiança em você e em sua companhia. O que há naquelas páginas para você passá-las tão rápido? Alguma coisa que ele devia saber e que pode desencorajá-lo a comprar o que você oferece? Na melhor das hipóteses, você parece desorganizado e ineficiente; na pior, trapaceiro.

Você talvez diga: "Mas eu tenho muitos produtos. Sou obrigado a usar a mesma pasta em todas as minhas apresentações."

Conversa-fiada.

Você pode ter um recurso visual para cada produto ou serviço importante — ou retirar de um arquivo-mestre apenas as páginas de que necessitar em cada apresentação, colocando-as em uma pasta separada.

Se está vendendo, e não apenas recebendo encomendas de um catálogo que leva de um lado para outro, pode se organizar e fazer uma apresentação vibrante, usando uma pasta livre de páginas mortas. Examine os livros de vendas ou pastas de apresentação da metade inferior de sua força de trabalho e verá pastas estourando de material superado, com as pontas viradas, e que pode ser tudo, menos um convite à compra. Esse pobre material continua ali porque o vendedor a que pertence prefere ler as páginas de esporte a fazer uma limpeza na pasta quando para para tomar um café desnecessário.

Um dos maiores vendedores de seguros que treinamos — um homem cujo patrimônio está na casa dos muitos milhões de dólares — tem pastas separadas para seguro por prazo fixo, seguro por toda a vida, seguro de casa, seguro de automóvel e para outros tipos — o que você quiser. Se é alguma forma de seguro de vida, ele dispõe de uma pasta que cobre todos os aspectos da questão, sem ter de saltar páginas ou murmurar coisas sobre o que foi deixado de fora.

Com bastante reflexão e preparação, você pode organizar um recurso visual para cobrir cada grande linha ou item que vende. E também pode desenvolver um formato para localizar rapidamente os detalhes que se aplicam — e interessam mais — a cada indivíduo. Para causar impacto máximo em alguns tipos de vendas, você precisa esmiuçar os detalhes pertinentes antes de se reunir com o cliente em potencial; em outros, só poderá fazer o mesmo com as informações

306 | COMO SER UM GRANDE VENDEDOR

que obtiver durante a apresentação. Em ambos os casos, o essencial é utilizar um método altamente organizado, de aplicação rápida, abrangendo todos os pontos que o cliente em potencial precisa ter em mente antes de tomar a decisão.

Bons auxílios visuais empregam métodos psicológicos, nos níveis emocional e lógico, a fim de convencer o cliente a comprar de você e de sua companhia. Eles fazem isso atuando em três áreas vitais:

1. Dizem quem você e sua companhia são.

Muitas pessoas acreditam que todas as companhias são iguais. Um bom auxílio lhe dá a oportunidade de elogiar sua companhia, sem dar a impressão de que está contando vantagem. Você deve sentir orgulho de sua grande empresa e este é o momento de mostrar o que sente.

2. Dizem o que você fez.

Muitas vezes, as pessoas baseiam no que aconteceu no passado suas decisões sobre o futuro, porque há poucos guias mais confiáveis do que este. Se, até agora, você não fez muita coisa, fale mais para eles sobre as realizações de sua companhia.

3. Dizem o que você vai fazer por eles.

Os auxílios visuais, específica e graficamente, dizem aos clientes quais benefícios terão com seu produto ou serviço. Uma ilustração vale mais que mil palavras quando se quer causar impacto emocional.

CARTAS DE RECOMENDAÇÃO

Cartas de clientes antigos atendidos por você constituem meios poderosos de despertar a confiança nos clientes em potencial. Mas é preciso esforço para obtê-las. Em primeiro lugar, você tem de servir tão bem o cliente que ele se sinta quase na obrigação de lhe retribuir de alguma maneira. Em seguida, deve enfrentar o fato de que não são muitas as pessoas que vão se dar o trabalho de lhe escrever uma carta de agradecimento. Eles lhe dirão ao telefone quanto apreciaram seus esforços extras, que proveito tiraram de seus conhecimentos especializados, mas, no corre-corre cotidiano, simplesmente não vão se sentar para lhe escrever uma carta de incentivo.

Carl Slane vende equipamento de alta tecnologia e é um de nossos maiores Campeões. Assim que começou a ter sucesso, compreendeu que cartas de recomendação eram uma ajuda valiosíssima, mas, embora muitos clientes se afirmassem muito satisfeitos com o produto, eram poucas as cartas que ele recebia. Os clientes simplesmente viviam ocupados demais. Um dia, ele descobriu um modo simples de recebê-las e, em pouco tempo, tinha uma coleção delas. Eis o que ele fez:

Enquanto o cliente feliz falava ao telefone, ele tomava notas da conversa. Assim que acabava a ligação, redigia uma carta para si mesmo, usando as palavras empregadas pelo cliente. Tinha todo o cuidado de não acrescentar comentários ou elogios que não haviam sido feitos e de não fazer pouco-caso da concorrência. Mandava digitar a carta e, depois, convidava o cliente para um almoço.

Antes de sair com ele, mostrava-lhe a carta e dizia: "Coloquei tudo aquilo que você teve a bondade de me dizer ao telefone naquele dia em forma de carta. Se ainda pensa da mesma forma, você se importaria em mandar sua secretária passar isso a limpo no papel timbrado de sua companhia, enquanto almoçamos? Isso me ajudaria bastante." Os clientes sempre concordavam. Eles sentem prazer em ajudar os vendedores que lhes prestaram bons serviços.

COMO UTILIZAR MATERIAL IMPRESSO

Use brochuras e catálogos da mesma forma que utiliza os recursos visuais. Segure-os na mão, olhe-os enquanto fala e encare o cliente constantemente para recuperar o contato visual. Enquanto estiver falando, faça um círculo em torno dos pontos importantes na brochura. Ao deixá-la com o cliente, quando olhá-la novamente, ele se lembrará do que você disse.

MODELOS

Os modelos são convincentes recursos visuais, em especial aqueles com partes móveis e que não são caros demais para ficar nas mãos de compradores em potencial. Alguns de nossos Campeões que vendem equipamentos industriais caros descobriram que, quando alguém realmente se interessa pelo modelo, é quase certo que comprará o artigo real. O cliente o levará para casa, a fim de mostrar à esposa e aos filhos como ele funciona. Durante o tempo em que faz isso, torna-se emocionalmente mais envolvido e se convence de que a companhia deve possuir a versão em tamanho real.

EQUIPAMENTO DE VÍDEO

Se feitas corretamente, as apresentações em filme ou vídeo podem ser bastante eficientes. Não se esqueça de que eles continuam a ser recursos visuais — sofisticados, é certo —, mas a eles se aplicam as mesmas regras. Monte a tela de modo a poder exercer controle. Se for um filme mudo, tenha cuidado para não falar o tempo todo. Se houver trilha sonora, é importante se manter calado enquanto passa o filme. É irritante quando o vendedor substitui uma narração que o cliente julga mais interessante e informativa. Se precisar dizer algo, interrompa a projeção. Mas se o projetor não se prestar a isso, fique calado até o fim do vídeo.

Muito melhor do que falar é se sentar de um modo que possa, sem se denunciar, observar as reações do cliente. Pelas expressões faciais e movimentos, descobrirá o que lhe interessa ou não. Em momentos importantes, um cônjuge cutuca o outro. Um membro de comissão esboça verbalmente acordo ou desacordo. Todos fazem pequenos mas reveladores comentários em linguagem corporal, coisas como inclinações ou balanços de cabeça, uma ou outra expressão facial. Tome notas mentais desses indícios de emoção e use-os para orientá-lo na venda.

Se seu projetor tem o botão de pausa, use-o — pouco — a fim de parar o filme quando houver grande interesse por determinada cena, com detalhes que você possa apontar. Se o projetor tiver essa funcionalidade, repasse todas as partes do filme que provocaram exclamações.

Os projetores menores lhe permitem fazer tudo isso e muitas vezes são de uso mais prático. Sente-se de lado e comande o equipamento por controle remoto, de modo a poder observar mais o cliente do que a cena. Como você conhece bem o filme, cuidado para não demonstrar tédio. O Campeão não tem esse problema. Em vez de lutar contra o tédio, está ocupado observando como o cliente reage e planejando o movimento seguinte — como manterá o controle e iniciará a sequência de venda assim que o filme terminar.

Vejamos algumas dicas simples mas muito importantes para trabalhar com projetores e filmes:

1. Leve uma extensão de fio bem longa, de modo a instalar o equipamento no melhor local para a venda, e não na única localização que o fio permitir.

2. Leve também um forro grosso. Em vez de pôr o projetor, de qualquer jeito, em uma bela mesinha de café ou escrivaninha polida, proteja-as com um forro macio ou uma toalha de mesa.

3. Sempre peça permissão para instalar o equipamento. Você vai obtê-la mais facilmente se levar o forro.

4. Aceite eventual oferta de ajuda na montagem do equipamento. Nossos Campeões nos dizem que os clientes que ajudam a montar o espetáculo assistem com mais interesse. Muitos vendedores cometem aqui um erro de que poucas mulheres são culpadas. Na maior parte dos casos, eles insistem em fazer toda a montagem, deixando os clientes inquietos à espera. As vendedoras gostam de ajuda, iniciam mais cedo a apresentação e mostram logo o filme a seus clientes, que já estão interessados porque ajudaram a ligar a tomada na parede.

5. Nunca desmonte a tela ou outros recursos visuais até que tenha completado toda a apresentação e experimentado todas as suas sequências de venda.

Isso é fundamental. Se você começa a enrolar a tela e a recolher a extensão, o cliente pensa: "Muito bem, acabou. Agora, mãos à obra em outras coisas. Deixe-me ver... para quem tenho de telefonar?"

Você não pode simplesmente guardar o equipamento, sentar-se e iniciar a sequência de fechamento. O estado de espírito terá mudado nesse momento, cessado o impacto. Mesmo que o cliente atenda ao telefone, espere. Você não economiza cinco minutos empacotando toda a tralha: você perde todo o tempo que levou para chegar lá e apresentar seu espetáculo.

Um último aviso: *Tenha cuidado com o seu equipamento e com seus materiais.* Só use recursos visuais, brochuras e catálogos limpos e novos. Se seus recursos estão surrados, sujos, enrugados ou arranhados, o que o cliente vai pensar? Que, se você é desleixado com o próprio material, não será menos com o que fornecer e a forma de fornecer. Prepare seu carro a fim de proteger o material de venda e os recursos visuais e, uma vez ao mês, inspecione tudo para se certificar de que continua limpo, em estado novo e pronto para uso.

11. Refinando o primeiro encontro

A cena a seguir se repete milhares de vezes, todos os dias, em lojas e salões de exposições. Um casal chega a um local em que há mercadorias expostas. No mesmo instante, um vendedor voa de seu poleiro e cai sobre eles como um abutre que viu um coelho paralisado de medo. Desce com as garras apontadas:

"Oi, pessoal, sou Bob Bountiful,* às suas ordens. Obrigado por terem vindo... Bom vocês terem parado aqui. Tenho a satisfação de dizer que vieram ao lugar certo. Nosso preço é o mais baixo da cidade e temos ofertas e condições tão especiais que vocês não vão nem mesmo acreditar."

"Nós estamos apenas olhando", diz a esposa.

"Tudo bem, e eu sei o que vocês estão procurando: um bom negócio. Bem, encontraram o lugar certo e a pessoa certa. O velho Bob Bountiful vai fazer de tudo para que tenham o tratamento correto."

"Vamos embora daqui", diz, então, o marido, e se retiram. O velho Bob Bountiful simplesmente encolhe os ombros e murmura algo como: "Algumas pessoas simplesmente não querem ter um bom serviço nem economizar dinheiro. Que idiotas! Ah, bom, há mais peixes no mar."

O que aconteceu? Por que o velho Bob está ali com ar de bobo? Ele não ignorou os clientes. Aproximou-se, sorriden-

---

*Nome fictício criado pelo autor para fazer uma brincadeira com vendedores inconvenientes. (*N. do E.*)

312 | COMO SER UM GRANDE VENDEDOR

te, apresentou-se. Agradeceu-lhes por comparecerem. Ofereceu-se para ajudar. Foi tão bonzinho... Mas, ainda assim, o casal praticamente fugiu da loja. Por quê? Porque ele quase berrou: "Vou vender alguma coisa a vocês, seus bobocas."

Essa atitude ergueu uma grande barreira psicológica entre Bob Bountiful e os clientes. Eles sabiam perfeitamente que, de qualquer maneira que se comportassem, ele iria martelar seus ouvidos, esforçar-se como um louco para vender, vender, vender. E eles não queriam que lhes vendessem coisa alguma. Mas queriam ser proprietários de algo que havia na loja, ou nem teriam entrado. A loja nem mesmo teve a oportunidade de segurá-los porque o bom e velho Bob os afugentou dez segundos depois de entrarem.

Com muita facilidade, a impressão inicial pode arruinar qualquer negócio. Esse é o motivo pelo qual reservamos este capítulo para esclarecer a maneira como você deve travar o contato inicial com todos os tipos possíveis de compradores.

O primeiro princípio é abordar com tamanha sutileza os clientes que eles se sintam relaxados, permitindo que a emoção do desejo de possuir o produto vença a emoção do medo. Você quer que eles pensem em quanto gostariam de ter aquilo, e não algo como: "Cuidado. Este cara está realmente resolvido a me vender alguma coisa." De modo que respondem: "Estamos apenas olhando." Se você os obriga a dizer isso como defesa, quase sempre faz com que essas palavras se transformem em realidade, e os clientes se retiram, de mãos vazias.

O mesmo acontece na entrevista em casa ou no escritório. A única diferença é que, quando você aterrissa como um abutre no terreno deles, encontra hostilidade, e não retraimento. Em ambos os casos, eles fazem o que é mais fácil: deixam sua loja ou põem você para correr.

Se é assim, de que maneira evitar que o combatam ou fujam? Nós compreendemos bem e agimos de acordo com a seguinte ideia:

> **Nosso principal objetivo no primeiro contato**
> **com o cliente em potencial é eliminar o**
> **medo e permitir que ele relaxe.**

Se o estado de espírito predominante deles é o medo — de que você os pressione, de que tente lhes vender algo, de que consiga fazer isso —, eles simplesmente não serão capazes de tomar a decisão positiva que você procura. Quando dominados pelo medo, não concordarão nem mesmo com um de seus pequenos fechamentos. Assim, seu principal objetivo no contato com um novo cliente é fazer com que ele relaxe.

Às vezes, minha agenda exige que eu voe tanto que penso que estou morando em aviões a jato. No meu trabalho, há mais do que simplesmente falar de uma plataforma; com muita frequência, trabalho também durante o voo. Adoro pessoas, claro, e gostaria de trocar histórias e opiniões, quando tenho tempo. Mas, se alguém sentado ao meu lado quer bater papo quando quero trabalhar, simplesmente espero. Antes de muito tempo, meu interlocutor pergunta: "Você trabalha em quê?"

Então, sorrio e respondo: "Sou vendedor e sou muito grato por você estar sentado aqui ao meu lado."

Pode imaginar o que acontece? A pessoa pede licença, vai até o toalete do avião e não retorna.

Todos nós temos um medo natural de que nos vendam alguma coisa. Esse é o motivo pelo qual é tão importante despertar confiança, e não medo, no contato inicial.

Mas analisemos os passos necessários para estabelecer corretamente contato com o cliente em potencial.

1. Sorria quase até o ponto de deslocar o queixo. Algumas pessoas se esqueceram de como sorrir porque não praticam muito. Vendedores devem treinar o sorriso. Exercite os músculos faciais sempre que for ao banheiro do escritório e fechar a porta. Ali, você tem tudo de que necessita: um espelho, privacidade e seu rosto. Estou falando sério. Para desenvolver suas habilidades, o Campeão não deixa pedra sobre pedra. E

314 | COMO SER UM GRANDE VENDEDOR

não há dúvida de que a capacidade de sorrir de modo agradável — sinta ou não vontade de fazer isso — representa um importante ativo de venda.

O bom sorriso irradia calor. A fim de sorrir calorosamente, sorria quase a ponto de deslocar as mandíbulas ao encontrar outras pessoas. Claro, isso pode ser um exagero em algumas situações, mas um belo e cordial sorriso é quase sempre o primeiro passo necessário à venda.

Há pessoas que têm problemas para sorrir por outro motivo: não esquecem antigos aborrecimentos e sentimentos quando cumprimentam novos clientes. De duas coisas você pode estar certo: o novo cliente não é o responsável por seus problemas nem está interessado neles, e você não facilitará a solução dos seus se expulsá-los com sua atitude irritada. Resolva, agora mesmo, dar um descanso aos seus problemas e sentimentos negativos sempre que estiver prestes a conhecer um cliente. Depois, se tiver de fazer isso, volte às suas chateações — depois de ter dado a si mesmo uma injeção de ânimo tratando-o bem.

2. Olhe o cliente nos olhos. Sabe por que acho necessário fazer uma observação tão óbvia? Porque muitos vendedores destroem todas as possibilidades de fazer a venda ao evitar fazer contato visual quando conhecem alguém. Olham para baixo ou para trás da pessoa. Ambos os hábitos são irritantes. Pessoas de olhos furtivos nos levam a questionar se são sinceras e honestas.

3. Cumprimente o cliente corretamente. Pense um pouco em seu cumprimento padrão. Se está usando apenas um, a possibilidade é que ele incomode a muitos clientes. Pratique pelo menos três formas diferentes de cumprimentar. Para começar, você talvez precise de um cumprimento formal, respeitoso; um cumprimento afável; e um cumprimento descontraído. Mais tarde, você talvez queira inventar mais variações. Estude a pessoa por um instante e escolha o cumprimento que julga se ajustar melhor à personalidade dela. Essa é uma boa maneira de focalizar a atenção na individualidade da pessoa e começar a trabalhar com esse ser excepcional.

4. Apertar ou não apertar a mão, eis a questão. Muitos vendedores comuns desejam tocar o comprador. Eles têm a convicção subconsciente de que, se conseguirem que o cliente lhes aperte a mão, conseguirão vender. Trata-se quase de uma superstição para eles. A falácia nisso é que o vendedor está pensando em seus sentimentos e não nos do cliente. Muitos clientes não querem ser tocados por estranhos. Como querem apertar a mão de clientes que não desejam isso, os vendedores muitas vezes são rejeitados, o que os torna ainda mais ansiosos para apertar mais mãos. Assim, ficam cada vez mais tensos a respeito do aperto. O aumento de tensão é comunicado ao cliente, que reluta ainda mais em apertar a mão desse vendedor suado, ansioso demais. A questão, então, transforma-se em um círculo vicioso.

Não estou exagerando. Tenho um amigo que é dono de uma rede de lavanderias a seco. Ele diz: "Tommy, eu sempre sei quais dos meus clientes trabalham com vendas. Há sempre aquele sinal indicativo de secar o suor da palma antes de apertar a mão."

No caso do vendedor comum, a rápida esfregadela para secar o suor se torna um hábito fixo, juntamente com o "Oi, pessoal. Eu sou..."

Nas vendas competitivas de hoje em dia, temos um objetivo fundamental ao conhecer e trabalhar com pessoas. Provavelmente, nunca ninguém disse isso a tanta gente como eu porque incluo esse ponto em todos os meus seminários e palestras: nosso principal objetivo em conhecer pessoas é fazer com que gostem de nós e confiem em nossas palavras. Quando o Campeão conhece alguém, pensa: "Esta pessoa vai gostar de mim e confiar em mim, porque sou digno de estima e confiança."

Não é uma boa coisa dizer a si mesmo o tempo todo: "Ele vai gostar de mim"? Não continue a dizer a si mesmo: "Vou ter de fazer com que essa pessoa goste de mim e confie em mim". Toda vez que você diz a si mesmo "Vou ter de...", torna-se ansioso, talvez até mesmo um pouco desesperado. Relaxado e confiante, você transmite relaxamento e confiança ao cliente; tenso e preocupado, você irradia medo, e o cliente capta isso.

316 | COMO SER UM GRANDE VENDEDOR

Tenho uma maneira muito simples de resolver esse problema: ao cumprimentar um cliente não recomendado (em geral, a pessoa que entra por iniciativa própria na loja, salão de exposição, escritório), não espere trocar um aperto de mão. Claro, se o cliente estender a mão, aperte-a, mas isso raramente acontece. Se é uma repetição de contato ou um cliente recomendado, você pode apertar ou não — simplesmente deixe o outro resolver isso. O importante é livrar-se da ideia de que tem de tocar nele.

Agora, estudemos em detalhes as duas situações básicas de se estabelecer contato.

O CLIENTE RECOMENDADO

Suponhamos que eu trave conhecimento pela primeira vez com um casal, em circunstâncias que me permitam saber seus nomes. Temos uma entrevista em meu escritório, por exemplo. Então, eu os vejo entrar. Dirigindo-me a eles com a mão balançando descontraída ao lado do corpo, começo a sorrir porque estou realmente interessado em conhecê-los.

Vou me apresentar. Isto faz sentido porque eles não me conhecem e quero que relaxem, sabendo que estão no lugar certo, na hora certa, falando com a pessoa certa. Então, digo: "Boa tarde, Sr. e Sra. Meisner. Tom Hopkins, da Champion Unlimited." Quando digo *Sr. Meisner*, olho-o nos olhos; em seguida, desvio olhar para os olhos da Sra. Meisner quando pronuncio seu nome, voltando ao Sr. Meisner quando me apresento. Se fosse mulher, eu provavelmente olharia para a esposa quando dissesse meu nome.

É importante não olhar para as mãos deles para ver se uma delas se move em minha direção. Não tenho de fazer isso para ver o movimento porque temos algo chamado visão periférica. Isso significa que podemos ver coisas para as quais não olhamos diretamente. Muitas pessoas usam esse tipo de visão apenas para localizar coisas para as quais olham diretamente. Ela, porém, tem outra importante função: fornecer informações enquanto você está olhando para outro lugar.

A fim de ilustrar este exemplo, coloque-se a uns 15 metros de uma árvore no momento em que sopra uma leve brisa. Crave os olhos no ponto de encontro entre o tronco e o chão e, sem mover os olhos desse ponto, observe que pode perceber o movimento nas folhas e nos ramos. Faça o mesmo olhando para a porta de um prédio de muitos andares. Enquanto estiver fazendo isso, pode ver as janelas do segundo andar. Procure obter informações sobre as janelas, as paredes e o telhado do prédio sem despregar os olhos da porta. É espantosa a quantidade de detalhes que você pode captar sem olhar diretamente para eles. Isso é algo que você pode praticar em toda parte, nos momentos livres, a fim de expandir de várias maneiras sua percepção. Uma delas consiste em perceber o movimento de ombro ou mão que revela se a pessoa irá lhe estender a mão. Você percebe o movimento sem olhar para baixo, enquanto mantém aquele contato visual que produz fé e confiança.

Pratique a visão periférica, convença-se de que não precisa tocar os clientes e deixará de enxugar a palma da mão direita porque não estará suando mais. Você vai se sentir realmente relaxado, porque terá eliminado a tensão desse contato inicial e mais pessoas gostarão e confiarão em você porque você irradia confiança e simpatia em vez de tensão.

Enquanto eu me dirigia ao Sr. e a Sra. Meisner, sorria, cordial, e minha mão direita balançava naturalmente ao lado do meu corpo. Se houvesse um movimento e a mão do Sr. Meisner subisse, eu a tomaria tranquilamente, daria um aperto firme e interromperia na mesma hora o contato, deixando a mão cair, enquanto me viraria ligeiramente para a Sra. Meisner. Se houvesse apertado a mão do marido, seria muito provável que a esposa fizesse o mesmo gesto. Ao fitá-la nos olhos, perceberia se também havia algum movimento de sua parte para estender a mão. Em caso negativo, a ligeira volta em direção a ela e a caída da mão poderiam se transformar facilmente em uma leve mesura e inclinação de cabeça para ela.

318 | COMO SER UM GRANDE VENDEDOR

O CLIENTE NÃO RECOMENDADO

Um casal entra em sua loja ou área de exposição. Você não os conhece pelo nome. A essa altura, é pura pressão dizer a eles seu nome. Toda a possibilidade de criar a necessária atmosfera relaxada é frequentemente perdida nos primeiros instantes pelo vendedor ansioso demais para estender a mão e se apresentar. Os clientes ficam surpresos e constrangidos porque ainda não estavam prontos para aquele tipo de atenção e comprometimento.

Com frequência, essa situação se transforma em uma pequena calamidade. O vendedor compreende que foi longe demais e deixa cair a mão no exato instante em que o cliente, relutante, ergue a sua. Em seguida, o cliente rapidamente a recolhe, mas não antes que o vendedor comece a erguer a sua, a tempo de receber uma segunda rejeição. A essa altura, todos estão constrangidos. Os clientes prometem em silêncio a si mesmos cair fora dali logo que possível, para nunca mais voltar.

Vejamos como evitar a possibilidade de que isso aconteça. Um casal entra. Você não os conhece nem tem motivo para acreditar que queiram conhecê-lo. Ao se dirigir a eles, pare a vários passos de distância, a fim de não invadir seu o espaço, e diga algo mais ou menos assim:

"Oi. É um prazer vê-los aqui. Façam de conta que estão em casa e podem olhar à vontade. Se tiverem alguma pergunta a fazer, basta me chamarem."

"Olá. Obrigado pela visita. Podem olhar à vontade, durante o tempo que quiserem. Se eu puder dar alguma informação, estarei aqui justamente para isso."

"Boa tarde, senhor... senhora... Sejam bem-vindos a _____ (nome de sua loja). Espero que gostem de nossa exposição. Se tiverem alguma pergunta, estou à disposição."

Depois de proferir sua versão de um desses cumprimentos, afaste-se.

Isso mesmo, afaste-se.

Não dê a volta e corra, claro. Vire-se devagar. Se ficar onde deve, eles poderão facilmente lhe fazer uma pergunta, se quiserem.

É curioso ver quantas pessoas se dirigem à porta quando você as pressiona, enquanto perguntam por um produto ou serviço que vieram procurar, quando você lhes fala educadamente e lhes dá espaço. Ao demonstrar que respeita sua privacidade, você lhes assegura que podem fazer sem medo a pergunta que quiserem.

Eles não costumam falar muito — especialmente em locais onde se vendem artigos muito caros. Afaste-se. Você fez todo o possível até que essas pessoas iniciem o movimento seguinte.

Muitos percorrerão todo o salão sem parar em parte alguma por mais do que alguns segundos e, em seguida, irão embora. Quase sempre essas pessoas estão matando o tempo. Os produtos estão além de seu poder aquisitivo ou elas estão apenas olhando, sem a necessidade real ou a disposição de comprar. Se for assim, você ganhará muito ao deixar que remoam as coisas e vão embora. É muito provável que voltem quando estiverem prontas, se não tiverem sido pressionadas quando apareceram pela primeira vez. E, ao deixá-las partir, você não gastou energia e entusiasmo em casos inúteis.

Se não fazem perguntas ou vão embora, elas farão o que você deve estar esperando que façam.

5. Deixe que eles se resolvam. Se você deixa os clientes sozinhos depois de cumprimentá-los, e se eles sentem interesse autêntico por seu produto ou serviço, e têm a capacidade de comprá-lo, se concentrarão no produto. Tudo o que você tem a fazer é permitir que decidam sozinhos.

Se sua linha de produto é de utilidades para o lar e se a loja vende vários tipos, incluindo aparelhos de televisão, observe, mas sem olhar fixamente. Utilizando a visão periférica, você pode estar olhando para algo na seção de máquinas de lavar pratos quando eles parecem interessados em um receptor de TV. Se pararem ali por um minuto inteiro, é porque tomaram a decisão. Chegou o momento de você se aproximar em passos lentos e, casualmente, iniciar o passo seguinte.

6. Faça uma pergunta inicial de envolvimento. A pergunta de envolvimento, claro, é toda aquela de natureza positiva que eles fariam a si mesmos sobre os benefícios que você está vendendo, depois de possuírem o aparelho. A pergunta *inicial* de envolvimento seria frequentemente estruturada de acordo com os princípios usados com um casal que está olhando para o mesmo aparelho de TV por um minuto ou mais. Naturalmente, você ainda não sabe seus nomes, e seria cedo demais para perguntar. Aproxime-se e pergunte: "A televisão substituiria uma antiga ou será mais um aparelho na casa de vocês?"

Com ligeiras mudanças em sua fala, você pode adaptar essa pergunta inicial de envolvimento a quase qualquer produto ou serviço. E, assim que conseguir que eles falem sobre o motivo pelo qual tanto desejam aquilo, você saberá como entrar na fase de qualificação e nas pequenas sequências de fechamento e como, no fim, transformar o envolvimento satisfeito na compra.

12. A qualificação é a chave para o estouro das cotas

Muitos vendedores jamais qualificam o cliente antes de fazer a apresentação ou demonstração. Simplesmente nunca fazem isso. Alguns não sabem como fazê-lo e outros não são suficientemente organizados. Alguém tem receio de enfrentar os fatos. Quaisquer que sejam as explicações para a omissão em qualificar os clientes em potencial, antes de uma apresentação completa, os vendedores que não o fazem tendem a ficar deprimidos porque não conseguem fechar um número suficiente de vendas. Chegam à conclusão de que não poderiam convencer um esquimó a comprar uma refeição quente, quando, na verdade, são fechadores de negócios razoavelmente bons. O problema deles é que tentam convencer as pessoas erradas, fazendo esforço demais.

Em outras palavras, não fracassam em fechar o negócio, mas em qualificar as pessoas. Acredito realmente que a maioria dos vendedores em tempo integral tem um grande problema com a qualificação de clientes, antes de esgotar toda a sequência de venda.

Costuma-se dizer que o trabalho de venda é, em grande, parte uma questão de usar o tempo de modo eficaz. Por alguma razão, muitos vendedores comuns pensam que a única coisa importante é demonstrar o produto ou apresentar o serviço com várias frases jeitosas e alguns macetes. Se fizerem isso, se contarem tudo aos clientes sobre o produto ou serviço, ouvirão como resposta: "Sim, vamos ficar."

322 | COMO SER UM GRANDE VENDEDOR

Campeões sabem que não é assim. Sabem que qualificar é a chave para a alta produção. E, quando compreendem a necessidade de qualificação e os métodos para fazê-la, também entendem o valor das técnicas de pré-qualificação, como o fichário de clientes recomendados, a reunião de troca de dicas e o sistema de busca de "órfãos".

Se você usa essas técnicas, suas dicas são pré-qualificadas. Você se convence de que os clientes sentem as necessidades e dispõem dos recursos para comprar o que você vende — e você consegue fechar negócio com 50% deles. Ou seja, fecha um para cada um que escapa. Com dicas não qualificadas, nove deles escapam enquanto você consegue fechar apenas um. De modo geral, leva tanto tempo para tratar com dez dicas não qualificadas como com dez qualificadas. A diferença fundamental é que suas vendas são 500% maiores com as dicas qualificadas do que com o outro tipo. Trata-se de um número que deve fazer você parar para pensar se está qualificando, de modo eficiente, suas dicas. Todos os sistemas que podem quintuplicar suas vendas clamam por atenção, correto?

Concorda também que, por mais que custe desenvolver essa habilidade, você deve fazer isso se lhe for absolutamente possível? É certo que deve. Por sorte, o processo não é difícil. Quando acabar de ler os parágrafos seguintes, você será detentor de uma magnífica estratégia de qualificação que lhe permitirá qualificar o cliente quando conhecê-lo. Em muitos casos, você poderá qualificá-lo pelo telefone, antes de se encontrarem; se não se qualifica, você, educadamente, evita perder tempo indo procurá-lo. Quantas vezes você gastou uma hora ou metade de um dia indo, demonstrando e voltando apenas para dizer que o cliente não tem recursos para comprar sua oferta, que não pôde tomar a decisão de comprá-la ou que as características de seu produto não lhe são úteis? O tempo é o ativo mais valioso de que o vendedor dispõe. Tempo desperdiçado em demonstração a não compradores é tempo que poderia ter sido investido demonstrando ou fechando com compradores — ou procurando-os. Qualificar significa que você dará duro com as pessoas que comprarão sua oferta, em vez de trabalhar tanto ou mais com aquelas que não o farão. É simples assim.

TOM HOPKINS | 323

Vejamos agora as etapas de qualificação que podem aumentar em 500% seu potencial de vendas:

1. Descubra o que eles possuem agora. Quando souber como eles lidam atualmente com a necessidade dos benefícios que posso proporcionar, sei que tipo de pessoas eles são. Saber o que são me revela um bocado de coisas sobre o que querem vir a ser. Quando descubro em que direção estão indo, sei como vender aquilo de que necessitam para chegar lá. Às vezes, pessoas ficam ansiosas para lhe dizer o que têm agora. Nos casos de outros produtos e serviços, talvez se mostrem menos ansiosas de prover a mesma informação. Nesse caso, você precisará desenvolver linhas indiretas de interrogatório capazes de revelar as informações necessárias. Dedique a isso tanto pensamento e prática quanto merece. A qualificação é importante demais para deixar que alguma dificuldade nesse particular o detenha.

2. Descubra de que gostam mais no produto ou serviço que já possuem. Isso é fundamental. Saber o que eles sentem a respeito do que já têm lhe mostra exatamente como fazer a venda — ou, o que é igualmente importante, alerta-o para o fato de que está perdendo tempo ao tentar vender a esse pseudocliente. Todos os produtos e serviços apresentam limitações; tentar vender fora dessas limitações representa um desperdício completo de tempo, que é irrecuperável.

Ilustremos esse ponto voltando à Champion Marine Sales. Estou ao telefone com o Sr. Ivey, que sente a coceira de substituir o barco feito sob medida, que possui há três anos.

"Tom, por que você não dá um pulo aqui e me dá sua opinião sobre quanto posso conseguir pelo meu barco no mercado? Você poderia fazer a viagem de ida e volta em cerca de duas horas."

"Terei prazer em fazer isso, Sr. Ivey. Diga-me uma coisa, o que o senhor mais aprecia no seu barco?"

"Bem, acho que a capacidade de navegar no mar revolto. É uma banheira velha e lenta, mas eu não tenho medo de enfrentar um furacão nele."

324 | COMO SER UM GRANDE VENDEDOR

"Um barco rápido poderia trazê-lo de volta ao porto, em segurança, antes que o tempo ficasse realmente ruim."

"Isso mesmo... Se o motor não enguiçar. Meu barco é quase um veleiro-motor. Tem uma boa vela que poderia me levar para casa se o motor parasse."

Nesse momento descobri o que queria saber antes de iniciar aquela viagem de ida e volta de duas horas. A Champion Marine vende os melhores barcos de alta velocidade já fabricados — e nenhum outro tipo. Em outras palavras, os barcos que vendemos são exatamente do tipo que o Sr. Ivey nunca compraria. Depois de gastar alguns momentos em perguntas hábeis, eliminei o Sr. Ivey como cliente em potencial. Ele pode ser um iatista entusiástico, pode estar abarrotado de dinheiro, mas não vai comprar um de meus barcos Spee-D-Ski.

"Sr. Ivey, eu lhe agradeço realmente por ter telefonado, mas nós aqui não somos as pessoas indicadas para servi-lo. Um bom amigo meu que se encontra nessa área é um grande especialista em barcos de alta tonelagem. Posso dar a ele seu telefone?"

Tudo o que preciso fazer agora é telefonar rapidamente para alguém que venda o tipo de barco de que o Sr. Ivey gosta, de modo que o vendedor se sinta na obrigação de me enviar pessoas que querem o que eu tenho e que ele não vende.

Observe que não pedi ao Sr. Ivey para dizer a meu amigo que o enviei porque não há nem uma chance em dez que de se lembre de fazer isso. Eu mesmo me encarrego de construir meu relacionamento com esse não concorrente. Claro, isso leva uns três minutos — mas três minutos que podem me trazer compradores qualificados.

No tempo economizado por não ter ido ver o barco do Sr. Ivey, continuo a conversar e a telefonar. Uma hora depois, estou falando com Max Schnell.

"O que você mais gosta no barco que tem agora, Sr. Schnell?"

"É um corredor, Tom. Leva-me rapidamente até onde estão os peixes."

"Seu barco desenvolve 30 nós, não?"

"Trinta nós? Não, de jeito nenhum. Mas é capaz de uns bons 22 nós em ondas de metro."

"O Spee-D-Ski o levará através das mesmas ondas a uns bons 30 nós. E essa é a velocidade de cruzeiro, não a aceleração total."

"Poxa! Precisamos conversar, Tom. Quando podemos fazer isso?"

"Quando lhe for mais conveniente, Max. Eu gostaria de levá-lo para um passeio de demonstração comigo. Você podia chegar aqui às três? Ou às cinco seria melhor para você hoje?"

"Ótimo. Estarei aí às cinco."

Se eu tivesse corrido para ir ver a "banheira velha e lenta" do Sr. Ivey, teria perdido o telefonema do Sr. Schnell. Alguém ali no escritório o teria levado para um passeio experimental — e marcado a venda a giz na tabuleta. Não perca tempo trabalhando com pessoas que querem o que você não tem. Se gastar seu tempo dessa maneira, terá o "azar" de estar fora sempre que o negócio chega.

Mas, se seguir essas etapas e concentrar-se no trabalho com as pessoas que você realmente pode ajudar, estará trabalhando com compradores comprometidos de antemão com o que você tem. E terão literalmente comprado antes mesmo que você demonstre. A demonstração será, na verdade, simplesmente a confirmação de que eles têm de possuir o produto. Você consegue sentir como vai vibrar e ficar realizado fechando um negócio nessas situações? A maneira certa de vender é não apenas a maneira certa de ganhar dinheiro — mas também a maneira fácil, assim que você aprende a se organizar para fazê-la.

3. "O que o senhor gostaria de ver alterado ou melhorado em seu novo (nome do produto ou serviço)?" O Campeão usa as respostas para essa pergunta a fim de descobrir quais qualidades deve enfatizar para fechar a venda.

Agora estou vendendo maquinário para fábricas. Paul Flinn responde à pergunta, dizendo:

"Gostaria de conhecer um método de reduzir o tempo de preparação para outra tarefa. A taxa de produção é boa com nossa máquina atual, mas perdemos tempo demais quando passamos de uma tarefa para outra. Não conseguimos corridas muito longas nesse tipo de negócio."

Vou arquivar essa migalha vital de informação no meu cérebro. Quando, alguns dias depois, estiver fazendo a demonstração, vou dizer mais ou menos o seguinte:

"Sr. Flinn, uma coisa da qual estamos muito conscientes na Champion Machinery é o alto custo do tempo de preparação para outra tarefa. A mão de obra da preparação é muito cara, além disso, a preparação lenta engole os lucros ao manter o equipamento parado por mais tempo. Desse modo, nossa companhia investiu grandes somas para conseguir montagens e desmontagens mais rápidas. Veja o que conseguimos para manter nossa nova máquina produzindo..."

Construa sua demonstração ou apresentação em torno das coisas que eles querem ver alteradas no que têm agora. Faça a retroalimentação do que disseram que queriam e eles terão de concordar que o que você diz faz sentido.

4. "Quem, além do senhor, toma a decisão final?" É compreensível o motivo pelo qual pessoas que não podem tomar decisões querem, até o último instante, dar a impressão de que podem — pois isso as faz se sentirem importantes. Por essa razão, você deve ser cuidadoso nesse particular. Mais uma vez, terá de reestruturar sua reação ao problema em torno de sua oferta. Quanto mais tempo sua demonstração ou apresentação consumir, mais importante se torna contar com a presença de todos os tomadores de decisão. Não há nada mais desencorajador do que fazer uma demonstração maravilhosa para uma pessoa e, em seguida, ouvi-la dizer: "Aquilo foi maravilhoso. Mas eu realmente não posso tomar a decisão final até falar com o Sr. Snodgrass. Poxa, o senhor teve um bocado de trabalho. Gostaria que ele tivesse visto. Volte na próxima semana e repita, sim?"

5. "Se tivéssemos a sorte, hoje, de encontrar o produto ou serviço certo, estaríamos em condições de prosseguir com o negócio?" Eu não explodi: "Olhe aqui, não vou suar com essa demonstração toda, a menos que saiba que o senhor vai realmente comprar esta droga, se ela fizer o serviço que o senhor quer."

Quando disser "Se tivermos a sorte hoje...", encolha os ombros como se isso não fosse muito provável. Essa atitude reduz a pressão sobre os clientes, porque você revela que não acredita, de qualquer maneira, que vá acertar o alvo hoje — de modo que é mais provável que eles reconheçam a verdade, se podem ou não levar adiante o negócio naquele dia.

"Ah, não. Antes de o senhor continuar, nossa diretoria tem de se reunir e aprovar a compra."

Eu realmente não queria ouvir isso, óbvio, mas sei que a realidade negativa não destrói a si mesma ao ser ignorada. Descobri que me lançar a toda velocidade na sequência de fechamento completa é inútil, a menos que eu esteja na presença das pessoas certas, de modo que agora sei como fazer a venda progredir.

As duas técnicas seguintes são ótimas para trabalhar, além de se mostrarem muito eficientes.

6. Enquadre o produto ou serviço: dê-lhes uma escolha tripla. Vou lhe dar um exemplo de como fazer isso, se seu produto são máquinas copiadoras de escritório, mas, claro, você terá de estruturar esse método de acordo com sua oferta.

A primeira consideração básica é conhecer completamente sua linha de produtos. Digamos que sua linha inclua oito diferentes tipos de máquina copiadora. Em vez de passar das oito possíveis para a única máquina que qualquer cliente comprará, defina as três mais prováveis e, em seguida, em um segundo passo, isole a melhor delas para a situação particular do cliente.

"Mary, nossas copiadoras têm três funções básicas: copiar, separar e paginar. Das três, qual é a mais importante para você?"

"Paginar. Precisamos dessa função em nossa próxima máquina."

328 | COMO SER UM GRANDE VENDEDOR

Como conheço minha linha de produtos, imediatamente elimino três máquinas. Com isso, ficam cinco para Mary escolher.

Cor e tamanho são considerações importantes em vendas. O que preciso saber agora é se ela está disposta a reservar tanto espaço no escritório ao serviço de cópia quanto requer nossa máquina maior, mais rápida e mais versátil. Em caso negativo, também temos o tamanho médio e um pequeno. Explico as opções em termos de tamanho e pergunto qual atende melhor às suas necessidades.

"O tamanho médio", responde Mary. Não fico surpreso. Na maior parte das vezes, o cliente prefere o tamanho médio.

"Todas as nossas máquinas estão disponíveis em três cores. Bege-claro combinaria muito bem com os lambris de seu escritório. Temos também o preto lustroso, muito elegante, e essa tonalidade excepcional de vermelho. Qual delas você acha que dará o toque certo?"

"O bege, é claro", responde Mary.

Agora estamos reduzidos a uma máquina de tamanho médio, de cor bege, que copie, separe e pagine. O problema não é mais escolher a máquina, mas verificar se a empresa de Mary está disposta a pagar o preço da máquina. Meu passo seguinte consiste em maximizar a possibilidade de que ela resolva que o escritório pode comprar.

7. Triplicação de opções de dinheiro. Trata-se de uma bela estratégia para resolver aquilo que, em muitos casos, é a questão mais delicada de todas. O vendedor comum frequentemente tropeça aqui porque não dispõe de uma saída estratégica. De modo que, prontamente, diz o preço, em geral em um tom que demonstra achá-lo muito alto. Não é essa a maneira de fechar o negócio.

Em vez de dizer friamente o preço, adote a seguinte estratégia poderosa: observe tanto quanto possível a fala exata quando adaptar essa técnica à sua oferta, porque todos os elementos são importantes. Eis como funciona:

"A maioria das pessoas interessadas em comprar uma máquina com essas funções está disposta a investir US$12 mil. Uns poucos felizárdos podem investir entre US$15 mil e US$20 mil. E há aqueles que trabalham com um orçamento limitado ou fixo que — com o alto custo de tudo hoje em dia — não pode passar de US$10 mil. Posso perguntar em qual dessas categorias sua companhia se ajusta melhor, Mary?"

"Estávamos pensando em gastar uns US$12 mil."

Por que ela disse isso? A verdade é que Mary possivelmente não tinha essa cifra em mente. Mas, como não queria ficar na categoria mais baixa, optou pela cifra do meio.

Eu havia estruturado esses números para poder dizer nesse momento: "O mais interessante de tudo isso é: a máquina que atende a todos seus requisitos implica um investimento de apenas US$10 mil — muito menos do que você está disposta a gastar." Para onde Mary pode ir agora, exceto à sua mesa de trabalho para assinar o pedido?

Eu ainda ficaria em boa situação se Mary incluísse a companhia na categoria mais baixa. Você viu como funciona. Estruture essa técnica de modo que você seja vencedor, não importa que número escolham.

Eis a fórmula, a técnica de triplicar as opções:

a) Comece com uma cifra que seja 20% superior ao seu preço ("A maioria das pessoas... está disposta a investir US$12 mil...").

b) Continue com uma faixa de 50% a 100% acima de seu preço ("Uns poucos felizardos podem investir entre US$15 mil e US$20 mil...").

c) Apresente como última cifra seu preço real. ("E há aqueles que trabalham com um orçamento limitado ou fixo... Não pode passar de US$10 mil...").

d) Em seguida, pergunte: "Em qual dessas categorias sua (companhia, família, organização) se ajusta melhor?"

e) Qualquer que seja a categoria que eles escolham, sua resposta é: "O mais interessante de tudo isso é que o modelo que atende a todos os seus requisitos (que é exatamente o que você quer) implica um investimento de apenas..."

COMO SER UM GRANDE VENDEDOR

- Se escolherem a categoria inferior, termine com "... que é exatamente o que você pensa em gastar".
- Se escolherem a categoria média, conclua com "... que é muito menos do que você está disposto a gastar".

Antes de fazer sua próxima apresentação, com a intenção de pôr a triplicação de opções para funcionar em seu benefício, tenha em mente que ela não funcionará (e que não deve nem mesmo tentá-la), a menos que tenha todas as cifras arrumadas na ponta da língua. Se tentar improvisar e confundir as cifras, vai pôr tudo a perder. Lembre-se disto:

Para usar a Triplicação de opções, terá de praticar as cifras até conhecê-las sem a menor margem de erro.

Você só pode usar essa técnica uma vez em cada apresentação, claro.

Normalmente, o elemento financeiro importante é o investimento mensal, e não o total. Se é assim que vende, você pode facilmente adaptar a Triplicação de opções à sua sequência de venda, dizendo:

- "Muitas pessoas interessadas neste serviço estão dispostas a investir US$120 mensais para gozar de seus benefícios. Temos alguns felizardos que querem investir entre US$150 e US$200 por mês. E temos também uns poucos com orçamento limitado ou fixo que não podem fazer mais do que um investimento de US$100 mensais. Em qual dessas categorias o senhor (ou a senhora) se sente mais à vontade?"

Compradores com investimentos mensais, como os que compram à vista, geralmente escolhem logo a cifra do meio. Assim que fizerem isso dê-lhes a boa notícia: para terem exatamente o que querem, não precisam investir o que esperavam. A soma envolvida é muito mais baixa. A essa altura, os clientes costumam me perguntar:

"Tom, o que posso dizer?"

Então, sorrio e respondo:

"Eu sei. Não é agradável quando uma boa decisão se torna tão fácil assim? Agora, tudo o que você precisa fazer é dar sua aprovação aqui embaixo."

A NÃO TÉCNICA DO PREÇO-HÃ

Alguns vendedores têm pavor do momento em que precisam enfrentar a dura realidade do dinheiro. De modo que recorrem ao preço-hã.

"Qual é o preço?", pergunta o cliente.

"Bem, o preço desse modelo é... hã... cerca de... Deixe-me ver, com o imposto, frete e a pequena taxa de instalação que temos de cobrar... Lamento dizer... hã... que vai lhe custar exatamente... Bem, hã... Talvez um pouco menos. Hã, é isso mesmo, mais ou menos isso."

"O quê? Não ouvi bem o preço que me deu."

"Dez mil."

"Dólares?"

"Sim, US$10 mil, mais ou menos."

"Bem, como assim, mais... ou menos? É melhor que seja menos, se está querendo vender para mim."

Enquanto o infeliz vendedor soma e subtrai freneticamente, o comprador se recosta e planeja com calma seu próximo movimento para mantê-lo em um pé e no outro e conseguir uma pechincha melhor.

Nunca vá para cima do comprador com esse negócio de preço-hã. Controle a questão do dinheiro, enfrentando-a de frente e de forma ousada. A Triplicação de opções lhe permite conquistar todos os votos monetários possíveis. Use-a. Lista técnica é um burro de carga seguro — se você conhece suas cifras, pode adaptar as frases à oferta e praticá-la com todo o cuidado.

13. O contato-objeção

Até aprender a lidar com as objeções, você não se aproximará de seu potencial em vendas. Campeões sentem quase afeição pelas mais irritantes objeções porque são concretas. Sabem que já chegaram à mina e estão escavando para chegar ao ouro quando, então, começam a ouvi-las. E é quando não as ouvem que ficam realmente aborrecidos.

Há anos, tive um sonho que se repetiu várias vezes por alguns meses. Nele, ia vender meu produto a um casal — e como eram gentis os dois! Concordavam com tudo. Nenhuma objeção. Ajudaram-me até a preencher os formulários. A transação foi fechada rápida e suavemente. Nem um único problema em toda a operação.

Mas aquilo foi um sonho. Coisas assim acontecem com vendedores apenas quando estão dormindo. Continuei a ter o sonho até que compreendi que objeções não são assassinas de vendas, mas criadoras delas. Pessoas que não apresentam objeções não estão seriamente interessadas. Não compram porque não se preocupam o suficiente para regatear o preço, pedir mais prova ou questionar sua necessidade de possuir o que é oferecido.

TRANSFORME O TRATAMENTO DAS OBJEÇÕES EM UMA PARTE INTEGRAL E ESPERADA DE SUA SEQUÊNCIA DE VENDAS

Tomara que você grave bem a seguinte diretriz, orientada ao sucesso:

As objeções são os degraus da escada para o sucesso em vendas.

Quando você chega ao topo da escada, o cliente é o novo dono daquilo que você vende. E não há outra maneira de chegar até onde quer subir exceto se compreender e remover as objeções. Se não quer chegar ao topo, simplesmente ignore os degraus para o sucesso chamados objeções. A menos que possa pisar neles e continuar a subir, deixando-os para trás, jamais se tornará um Campeão. Mas, se resolver superá-las, aprendendo o material contido neste livro, aprenderá também a amá-las — uma vez que elas anunciam a intenção de comprar e indicam o caminho para o fechamento da venda.

Amar as objeções?

Você talvez esteja pensando: "Eu, amar as objeções? Elas me dão dor de estômago."

Elas irritam porque você não compreendeu o que é uma objeção nem os princípios básicos para eliminá-las.

Mas o que é uma objeção?

É uma declaração do cliente em potencial de que quer saber mais. É claro que, elas não são, em geral, feitas em um tom de polida solicitação de mais informações. As pessoas não vão tornar as coisas tão fáceis assim para você. Elas tendem a ser sinceras nas objeções — não compreendem que estão apenas pedindo mais informações. É seu trabalho saber disso e o que fazer a respeito.

Há dois tipos de objeções: as pequenas e as grandes. Por favor, jamais esqueça o seguinte:

As pequenas objeções são mecanismos de defesa.

Pessoas as usam para retardar as coisas. Não significa que não queiram comprar, apenas que desejam protelar a aquisição antes de se comprometerem.

Se você, com frequência, vende a marido e mulher, já notou, sem dúvida, que um começa a apreciar sua demonstração, enquanto o outro, de repente, começa a fazer objeções e combatê-lo. Às vezes, o outro cônjuge, o que está aceitando a demonstração, fica mais surpreso do que você. O cônjuge contrário talvez queira apenas recuperar o fôlego ou certificar-se de que você consegue responder de modo convincente às suas pequenas objeções, antes que a situação de compra se torne definitiva.

Evidentemente, nem todos os problemas são objeções que podem e devem ser refutadas. Muitas vezes, você encontrará condições que impedem a venda. Uma das condições mais comuns nas grandes compras, claro, é que o cliente não tem o dinheiro nem pode qualificar-se a obter um empréstimo.

O QUE É UMA CONDIÇÃO?

Uma condição é um motivo válido que impede a venda. Não é uma objeção a eliminar; é um bloqueio total à venda que você tem de aceitar e dar o negócio por perdido. O Campeão é rápido em identificar as condições. O principal objetivo da qualificação é verificar se há objeções que tornem impossível a venda e inúteis outras tentativas para vender. Assim, o Campeão, por ser um qualificador competente, jamais arruína seu entusiasmo tentando superar condições insuperáveis.

Mas até mesmo o qualificador competente pode ir adiante na sequência de venda e, então, se deparar com o que parece ser uma objeção. Quando isso acontecer, trate-a como tal. Ou seja, tente removê-la. Se não puder ser eliminada, é uma condição, e você precisará desenvolver a capacidade de engolir em seco e, rápida e educadamente, desligar-se

336 | COMO SER UM GRANDE VENDEDOR

do cliente que, você acaba de descobrir, não pode comprar. Alguns vendedores enfrentam um problema grave nesse aspecto. Se gastam tempo e desenvolvem a sequência de venda com o cliente, ficam emocionalmente envolvidos a ponto de perderem a capacidade de perceber a diferença entre uma objeção que pode ser refutada e uma condição que não pode. Nesse aspecto, a venda lembra o pôquer. Jogadores profissionais rapidamente passam o jogo quando têm uma mão fraca, por mais que já tenham apostado nela. O jogador comum continua no jogo redobrando as paradas mesmo sabendo que tem poucas chances de ganhar. Em vez de aceitar um pequeno prejuízo e cair fora, permanece e perde muito mais. Ou, como disse Reinhold Niebuhr, "Dai-nos, Senhor, a serenidade necessária para aceitar aquilo que não pode ser modificado, coragem para modificar o que podemos e sabedoria bastante para distinguir uma coisa da outra." Tenha a sabedoria — e, às vezes, isso requer também coragem — de agradável e rapidamente retirar-se das situações perdidas.

Vou repetir agora o que é uma objeção. É um pedido de mais informações. Acredite em mim, não perco tempo fazendo objeções em relação a pequenas coisas, a menos que esteja realmente pensando em comprar o produto ou serviço — e, nesse particular, sou igual à maioria dos compradores. Mas compreenda o seguinte: o comprador em potencial que objeta não pode realmente entender como sua oferta vai atender às suas necessidades. Seu trabalho consiste em usar seu amplo conhecimento do que está vendendo a fim de mostrar a ele como satisfazê-las. Pegue uma caneta e sublinhe, com força, este princípio:

**Se não existem condições e se eles não compram,
a culpa é minha.**

É importante compreender e aceitar esse conceito. Você representa um produto de boa qualidade ou um serviço prestado com habilidade e honestidade. Quando os possuem, as pessoas se beneficiam. Deixe que se beneficiem. Faça seu trabalho. Ajude-as a desfrutar dos benefícios que só você pode proporcionar a elas. Você sabe quantos vendedores não permitem que os clientes se beneficiem de suas ofertas? Esses vendedores não fazem o que tem de ser feito em prática, planejamento e desempenho, a fim de permitir que os clientes se beneficiem com o que vendem.

Adoro a profissão de vendas. Tem sido toda a minha vida. Eu sei o papel importante que desempenha na manutenção da prosperidade norte-americana e no nosso estilo de vida. O que acho triste é ver o grande número de vendedores que prejudicam a profissão porque se desencorajam ao ouvirem uma negativa. Eles não compreendem que, quando não conseguem superar objeções, não só fracassam pessoalmente como também estendem esse fracasso às suas famílias, às companhias, ao público e ao futuro da nação. O cliente em potencial veio procurá-lo porque precisa de um produto ou serviço — ou você descobriu que ele precisa — e, se não o obtém, perde. E todos perdem também.

Quando viajo pelos Estados Unidos, converso com pessoas de outros ramos. Quando lhes digo que treino vendedores, algumas me olham como se eu estivesse fazendo algo errado. Não aceito nem de longe essa ideia. Estamos na profissão mais honrada que existe. Vender significa ajudar pessoas a se beneficiarem e crescerem. Não obstante, o vendedor típico simplesmente se senta e espera. Quando, por fim, conhece um cliente, a menor brisa de objeções o leva para longe — e o cliente vai embora sem o benefício.

Espero que você decida, agora mesmo, que não vai mais se apequenar e se deixar levar pelo vento. Transforme esse dia naquele em que pega o material contido neste livro (ou em meus DVDs e áudios) e começa a trabalhar com toda a energia para aprender e modificá-lo, a fim de se ajustar às suas necessidades específicas. Quando já houver internalizado o material, você adorará objeções como eu, porque sabe que encontrá-las e refutá-las é a única maneira de obter o *sim* que procura. Você aprenderá a esperar ansiosamente pelas *negativas* que terá de ouvir antes de usar seus talentos para conseguir o *sim*. E você não quer, agora, como potencial Campeão, juntar-se a mim nessa convicção?

COMO SER UM GRANDE VENDEDOR

DOIS "NÃO FAÇA" E UM "FAÇA" SEGUIDOS POR TODOS OS CAMPEÕES

Há duas coisas que o Campeão jamais faz e outra que faz constantemente. Por favor, marque estes três preceitos, de modo a poder revisá-los rápida e frequentemente.

1. Não discuta. Você sabe quantos vendedores discutem com compradores em potencial? O cliente apresenta uma objeção — e isso significa que precisa de mais informações — e o que consegue? Uma discussão. Zangado ou irônico, ou utilizando outras formas de tensão e pressão que liquidam a venda, o vendedor tenta derrotar o cliente. Com muita frequência, consegue vencer a discussão — e, com isso, perde toda e qualquer oportunidade de vender. Por quê? Porque a única maneira que o cliente tem para se vingar da maneira como foi tratado é comprando de outro vendedor.

2. Não o ataque pessoalmente quando lhe refuta a objeção. Coloque distância entre o cliente e as objeções que ele fizer. Com isso, quero dizer que você tem de tomar muito cuidado para separar a pessoa das objeções que ela faz, antes de ter certeza de que, quando refutá-la, não atingirá o cliente em um ponto vital. Procure desenvolver sensibilidade suficiente para saber como o cliente se sente quando apresenta a objeção. Você não pode rejeitá-la como se não fosse algo inteligente e razoável, sem atacar seu amor-próprio. Demonstre interesse em livrar a sua cara, e não determinação em provar que ele está errado. Nunca permita que o cliente sinta que corre o risco de o outro provar que ele errou. Se começar a lhe combater os sentimentos, as emoções negativas sempre assumirão o comando. Você não pode vender ganhando batalhas lógicas, ao custo de perder batalhas emocionais. As objeções lhe dizem onde está o interesse do cliente. Desse modo, informam o que deve ser enfatizado, eliminado ou alterado antes que ele compre. O que quer dizer também que a objeção é a retroalimentação de que você precisa, se vai fechar negócio com ele.

3. Leve-o a responder às suas próprias objeções. O Campeão sempre procura manobrar o cliente para que ele responda à própria objeção, porque, quando ele diz alguma coisa, essa é a verdade para ele. O vendedor comum nem desconfia que isso pode ser feito e nunca tenta fazê-lo; o Campeão sabe que, em geral, pode fazer isso e desenvolve grande habilidade nesse sentido. Você sabia que a maioria dos clientes responde às próprias objeções se você os direciona, lhes dá tempo e os leva a fazê-lo? Afinal de contas, bem no fundo, eles querem comprar — se você apenas lhes mostra como e lhes guia os passos hesitantes. Eles não continuariam a falar se não quisessem o que você se propõe a vender.

A maioria dos compradores apresenta certos reflexos, dos quais nem mesmo estão cientes e que assumem a forma de objeções. Quando a secretária diz: "Só atendemos vendedores nas quintas-feiras" ou quando alguém entra na loja e avisa "Estamos apenas olhando", você ouve apenas objeções automáticas. Vejamos como superar essas e outras diferentes.

SISTEMA DE TRATAMENTO DE OBJEÇÕES

1. Ouça a objeção até o fim. Um número excessivo de vendedores ataca a objeção antes que a pessoa tenha a oportunidade de completá-la. O cliente mal diz cinco palavras e o vendedor já está reagindo como se uma coisa ruim se multiplicasse e precisasse ser esmagada imediatamente. "Vou ter que provar logo que ele está errado, ou ele não vai comprar", essa parece ser a reação de pânico do vendedor ao primeiro sinal de objeção.

Ora, o cliente não só se sente irritado por ser interrompido como também se sente pressionado. E constrangido. "Por que ele está reagindo tão rápido e com tanta força?", o cliente pergunta a si mesmo. "Aqui tem dente de coelho."

340 | COMO SER UM GRANDE VENDEDOR

E se você corre para o sul enquanto ele se dirige para o norte e responde à objeção errada? E levanta uma objeção em que ele nem mesmo pensou? Que vergonha!

2. Devolva a objeção. Essa é uma das melhores técnicas para que ele responda à própria objeção. Funciona especialmente bem em situações em que marido e mulher vão às compras. Com frequência, devolvo a objeção ao marido e me recosto enquanto a esposa a pega pelo pé e fecha o negócio para mim.

3. Questione a objeção. Peça ao cliente para esclarecê-la mais. Faça isso com seriedade. Evite a mínima sugestão de ironia, impaciência ou desprezo. Se você a esmiúça, o próprio cliente sentirá a compulsão de retirá-la. Mesmo que isso não aconteça, enquanto o cliente discorre sobre ela, você tem mais tempo para resolver qual será o melhor curso a tomar, a fim de superá-la.

4. Responda à objeção. Talvez você pense: "Essa aí me deixou na mão." Não se preocupe — vou lhe mostrar como sair dela. Assim que tiver aprendido todo o material contido nestas páginas e o internalizado, você não ficará tenso nem entregará os pontos quando o cliente lhe apresentar uma objeção — apenas sorrirá para si mesmo e começará a se mexer, confiante de que pode eliminá-la.

Você já olhou para o teto na calada da noite, pensando em todas as objeções que os clientes podem apresentar a você? Às vezes, até parece que eles têm seu próprio programa de treinamento para aprender todos os aspectos negativos que podem ser levantados. Alguns vendedores selecionam uma objeção que não podem refutar, e isso lhes dá pesadelos. Ficaram tão preocupados que, antes de ocorrer, já esperam ouvir de todos os clientes aquela tão temida objeção.

Adivinhou o que acontece? Muito em breve, é exatamente a que ouvem.

Vejamos como isso funciona. Aquela objeção arrasadora perturba você quando sai para uma entrevista ou se aproxima de um cliente.

Não sabe quando, ou mesmo se, aquela objeção arrasadora será feita, mas não consegue tirá-la da cabeça. Então, a tensão se acumula até se tornar grande demais. Sem se dar conta disso, começa a deixar cair pequenas pedras que levam o cliente a levantar a objeção que mais teme.

Haverá algum único produto ou serviço que não tenha seus pontos fracos, alguns campos em que ele não seja tão bom quanto os outros? Se há, nunca o encontrei.

Digo, com absoluta certeza, que, durante toda a sua carreira, tudo o que você vender apresentará alguns aspectos ou pontos fracos que você desejaria que não existissem. Sempre haverá algo que poderá se transformar em uma objeção que não é passível de resposta, se você deixá-la dominar sua mente.

Campeões estudam os pontos fracos de seus produtos e aprendem como tratar a situação. Fazem isso com frequência, reconhecendo as desvantagens e, imediatamente, comparando-as com as vantagens: "Sim, nossa plataforma-matriz ajusta-se apenas 40 graus na horizontal, mas permite 50% mais de ajuste vertical do que qualquer outra máquina. Isso acontece porque nossos estudos de engenharia provam que..."

5. Confirme a resposta. Não responda à objeção e deixe-a, em seguida, pairando no ar. O cliente talvez não o tenha compreendido. Ou talvez tenha deixado de escutar antes de você responder a tudo, porque pensou em alguma outra coisa. Sempre admita a possibilidade de pessoas que estejam perto de uma decisão serem um pouco estranhas. Depois de ter respondido à objeção de um modo que imagina tê-la refutado, confirme se, de fato, o conseguiu. Faça perguntas:

- "Isso esclarece inteiramente aquele ponto, concorda?"
- "Esta é a explicação que o senhor queria, não?"
- "Resolvida essa questão, podemos prosseguir, certo?"
- "Concorda comigo que cobrimos a questão que o senhor levantou e que encontramos um meio de enfrentá-la?"
- "Agora esse ponto está totalmente resolvido, não acha?"
- "Isso soluciona seu problema com o _____, ou não?"

342 | COMO SER UM GRANDE VENDEDOR

6. Mude o ritmo e passe imediatamente à etapa seguinte em sua sequência de venda. Assim que confirmar que eliminou a objeção, continue animadamente.

A fim de indicar que o último passo foi ultrapassado e que vai passar para o seguinte, faça uso também de linguagem corporal. Em outras palavras, faça um gesto apropriado, olhe ou dê um passo em uma nova direção, vire a página de sua proposta, mexa-se em sua cadeira — faça algum movimento físico, grande ou pequeno. Enquanto faz isso, apresente o passo seguinte com uma frase como "Por falar nisso..."

Vamos reexaminar os seis passos para lidar com as objeções: 1) Ouça-as até o fim; 2) Devolva-as; 3) Questione-as; 4) Responda a elas; 5) Confirme que a resposta foi aceita; e 6) Mova-se com um gesto e diga "Por falar nisso...".

Use-os como o método-padrão para lidar com objeções. Aprenda bem esses passos, e eles serão melhores para sua energia do que qualquer tranquilizante — não há necessidade de receita, todos os efeitos colaterais são maravilhosos e você vai dormir como uma pedra, porque não temerá aquilo que assombra as noites dos vendedores comuns: as objeções.

Mas lembre-se de que, quando o aconselho a aprender o conteúdo, quero dizer que você precisa adaptá-lo à sua personalidade, à sua oferta e à sua área, e conhecê-lo tão bem quanto conhece seu nome.

Esse é o método. Agora vamos discutir quatro técnicas para romper barreiras específicas. Incorpore-as ao seu arsenal de armas destruidoras de objeções, mas faça isso redigindo perguntas e respostas que se ajustem à sua situação.

QUATRO TRATAMENTOS DE CHOQUE PARA OBJEÇÕES

1. Coloque o cliente no lugar que você ocupa. Utilize essa técnica para rebater o desafio direto que tem origem na experiência prévia do cliente com sua companhia. Vejamos como funciona. Em nosso exemplo, vamos supor que você represente a Dimm Company, que vende uma linha de copiadoras de escritório de alta qualidade. Você acaba de entrar para falar com Jack Rinehart, indicação que recebeu em uma troca de informações. Imediatamente, você se encrenca quando Rinehart diz:

"Tivemos uma Copiadora Dimm há dois anos e acabamos nos livrando dela. Lenta demais. Com sua máquina, perdíamos um valioso tempo de trabalho."

Nessa situação, o vendedor comum acaba discutindo se a Copiadora Dimm é ou não tão rápida quanto as concorrentes. Essas discussões raramente acabam bem. Logo depois o Sr. Rinehart estará dizendo:

"Sim, ouvi o que disse, mas não quero outra Dimm por aqui. Obrigado por ter vindo. Adeus!"

O Campeão põe o cliente em seu próprio lugar, dizendo:

"Sr. Rinehart, o senhor se importaria de fingir por um momento que é o presidente da Dimm e que acaba de descobrir o problema que tínhamos com a velocidade de reprodução de nossas copiadoras? O que o senhor faria?"

O Sr. Rinehart diria algo assim:

"Mandaria meu departamento de engenharia estudar o problema e resolvê-lo logo."

Ao colocar o cliente em potencial no lugar do presidente de sua companhia, você fez uma pergunta com uma resposta óbvia que lisonjeou seu ego, certo?

Em seguida, você sorri afavelmente e diz:

"Pois foi exatamente isso o que o presidente da Dimm fez."

Então, o que o Sr. Rinehart pode fazer agora, exceto continuar a escutar o resto de sua apresentação?

Uma experiência comum em vendas, especialmente em um novo emprego, consiste em assumir um território já trabalhado. Suponhamos que você já esteja fazendo isso.

Não precisará de muito tempo para descobrir que seu antecessor não foi promovido por fazer um grande trabalho. Na verdade, aconteceu o oposto, porque ele bagunçou o território. Neste momento, você está catando os cacos.

344 | COMO SER UM GRANDE VENDEDOR

Ao começar a percorrer a área para conhecer os clientes, também começa a encontrar muita gente contrariada. A maioria está comprando agora com a concorrência. Quando você se apresenta e diz que vai servi-los dali em diante, eles lhe respondem mais ou menos assim:

"Escute aqui, não vamos fazer mais negócio com sua companhia. Aquele último cara era um grande mentiroso. Fazia todo o tipo de promessa que não podia cumprir e nunca nos dava um telefonema de resposta. Cansei. Uma companhia que emprega um vendedor como ele não está em nossa lista."

Sorria e diga:

"Senhor, desculpe-me pelo que aconteceu no passado, antes que eu entrasse na companhia."

"Não há nada de pessoal nisso, mas cansei mesmo."

"Entendo perfeitamente o que o senhor está dizendo. Mas o senhor se importaria em simular uma situação, apenas por um instante? Se o senhor fosse o presidente de nossa companhia descobrisse que um de seus vendedores estava dando aos clientes o tipo de tratamento que o senhor recebeu, o que o senhor faria?"

"Eu o colocaria na rua."

Sorria novamente e diga:

"Pois foi isso exatamente o que fizemos... E aqui estou eu."

Mas o que dizer se o último representante agora é seu gerente de vendas, seu patrão, ou ainda continua na companhia ocupando outro cargo?

Você sorri e diz:

"Se o senhor fosse o presidente de nossa companhia e descobrisse que um de seus vendedores era péssimo no acompanhamento, mesmo depois de realizar vendas importantes, mas também soubesse que essa pessoa tem muito talento em outras áreas que precisam urgentemente de ajuda, como o senhor resolveria essa situação?"

Você está praticamente pondo as palavras na boca desse homem, não?

Então, ele vai responder mais ou menos assim:

"Bem, se ele realmente tivesse os talentos necessários à minha empresa, acho que poria esses talentos para funcionar em um cargo no qual eu pudesse ficar de olho nele."

O que quer que ele argumente sobre o retreinamento da pessoa em questão, você diz:

"Foi exatamente isso o que fizemos."

Não se preocupe em dar uma longa explicação. Interrompa aí mesmo a discussão dos antigos incidentes e continue com sua apresentação sobre os novos e interessantes produtos que sua companhia agora tem a oferecer.

2. Mude a base deles. Faça uma pergunta que destaque os grandes benefícios e minimize as pequenas objeções.

Vejamos um exemplo do ramo imobiliário: você mostrou a casa de ponta a ponta e os clientes gostaram. Mas, quando você os acompanha pelo corredor, depois de terem visto os três quartos de dormir, o marido, de repente, começa a combatê-lo.

"Aquele último quarto é muito pequeno", diz ele.

Ao devolver a reclamação, intensifique-a a fim de descobrir se é mais uma condição do que uma objeção.

"O terceiro quarto é pequeno demais para funcionar como quarto de hóspedes. Em outras palavras, seria como se o senhor nem tivesse um quarto de hóspedes, certo?"

"Bem, não inteiramente. Mas não há dúvida de que é pequeno."

Se a esposa não interferir e refutar a objeção por você, mude a base dele.

"Diga-me uma coisa, Sr. Bjornstad... E essa é uma pergunta importante, porque sua resposta pode eliminar esta casa de sua consideração. Em que o senhor baseia sua decisão: na atmosfera aconchegante e agradável de toda a casa, ou em alguns centímetros quadrados do quarto de hóspedes?"

É claro que ele vai escolher a atmosfera da casa como um todo. Se ele não fizer isso, é melhor que você esqueça a casa e procure outra que eles queiram comprar.

346 | COMO SER UM GRANDE VENDEDOR

3. Pergunte para acabar com a resistência. Você está com uma cliente em potencial que estuda o seguro-saúde que você oferece. Ela diz:

"Sr. Hopkins, um de meus maiores interesses é que a companhia de seguros pague diretamente ao médico e ao hospital, poupando-me de todos esses aborrecimentos."

Sua companhia não trabalha dessa maneira. Assim, você pergunta cordialmente:

"Sra. Wimmer, no que a senhora baseia sua decisão: no método de pagamento ou na qualidade da cobertura para a senhora e sua família?"

Ela responderá:

"Na qualidade da cobertura."

Em seguida, você elimina a objeção, ao dizer:

"Em primeiro lugar, vamos discutir a qualidade da cobertura, certo?"

Os clientes entram em sua loja e se interessam por um de seus equipamentos de som. Quando fazem perguntas, você faz uma demonstração e descobre duas coisas. Eles são o Sr. e Sra. Tellgren e querem aquele aparelho de som. Você tenta alguns fechamentos, sem sucesso, e, em seguida, o Sr. Tellgren diz:

"Obrigado pelo seu tempo. Vamos pensar e depois lhe diremos alguma coisa."

O que fala "lhe diremos alguma coisa" significa realmente em casos como esse?

Significa: "Agora descobri o que quero, então vou andar por aí para ver se posso comprar mais barato."

Lembre-se da regra: leve-os sempre a responder às suas próprias objeções.

"Vamos olhar por aí e depois voltaremos."

"Ótimo. Essa é uma decisão prudente, Sr. Tellgren. Mas eu gostaria de lhe fazer duas perguntas. O senhor ficou impressionado com a qualidade de som deste modelo, não foi?"

"Ah, sim."

"Tem exatamente o tamanho que você quer?"

"Bem, sim, mais ou menos."

"Acho que o senhor disse que queria controles adequados, mas nada complicado demais. Esse modelo atende às suas necessidades nesse ponto?

Sutilmente, mencionei todos pontos que agradaram a ele. Enquanto faço isso — em curtas palavras —, menciono também todos os pontos positivos: fazemos a manutenção de tudo o que vendemos, a entrega e a instalação são grátis, temos condições generosas de crédito, o que quer que seja. Em alguns casos, você pode fechar o negócio falando de alguns dos serviços que pode oferecer. Caso contrário, você poderá chegar à objeção final, que, de nove em dez casos, é dinheiro. Quando consegue que eles digam que o dinheiro é a razão pela qual não estão comprando naquele momento, você isola o problema. As técnicas para resolvê-lo são apresentadas nos Capítulos 12 e 15.

4. Estude a história do cliente. Trata-se de uma técnica especialmente eficaz se seu produto é algo comprado em base regular, habitual, por organizações. Você talvez venda matérias-primas industriais, serviços de processamento, itens de fornecimento, mercadorias genéricas. Com frequência, a compra desses produtos e serviços transforma-se em questões de hábito: é mais fácil continuar a comprar a mesma coisa da mesma fonte do que lidar com a mudança. Muitos fornecedores não permanecem realmente atentos às suas contas tradicionais. De modo geral, dão mais valor a obter novas contas do que a manter as antigas, mesmo que o custo em adquirir as novas exceda sempre em muito o de manter as antigas. E, claro, muitos fornecedores bem-sucedidos se tornam convencidos demais de sua posição e ficam descuidados. Mas, quando deixam de levar ideias novas às contas antigas e de manter contato pessoal estreito, uma brecha começa a se abrir entre o melhor e o que elas estão recebendo. Isso significa que o fornecedor não está ajudando mais o cliente a se manter a par das mudanças — está, na verdade, ajudando-o a travar uma luta perdida contra a mudança. O cliente está se atrasando e perdendo lucros. Quanto mais larga se torna

348 | COMO SER UM GRANDE VENDEDOR

a brecha, mais provável é que um concorrente descubra isso. Nesse caso, acabará atacando pela brecha e tomará a conta do cliente.

Se você tem contas tradicionais, mantenha um estreito contato pessoal com elas, certifique-se de que estejam informadas de todos os novos progressos em sua indústria e continue atento aos interesses delas. Se você está em campo para tomar parte das contas dos concorrentes, vejamos um meio eficaz de prosseguir em seus esforços quando encontra alguma resistência à mudança.

Você está vendendo um serviço, comerciais em rádio FM, para sermos exatos. Sua estação é a K-WHEE. O sabão Red Eye, um grande anunciante na rádio, apresenta todos os seus comerciais na K-TOO, uma estação concorrente. Você está procurando obter o negócio em uma entrevista com Jane Mota, gerente de publicidade da Red Eye. (Nos casos de numerosos produtos e serviços, você teria de perguntar o que estão usando agora. Nesse caso, você sabe porque escuta as estações concorrentes para descobrir quem está anunciando nelas.)

"A senhora está satisfeita com a K-TOO, Sra. Mota?"

"Ah, sim. Ela está fazendo um trabalho maravilhoso para nós."

Ela quer desencorajá-lo, de modo a se livrar facilmente de você. Mas você tem um plano e continua:

"Há quanto tempo a senhora trabalha com a K-TOO?"

"Há mais ou menos três anos."

"E, antes da K-TOO, sua empresa fazia publicidade na rádio?"

"A Red Eye começou com a K-ONE em fins da década de 1960, eu acho."

"Posso perguntar há quanto tempo a senhora é a gerente de publicidade da Red Eye, Sra. Mota?"

"Estou aqui há cinco anos."

"Neste caso, eu estaria certo em pensar que a senhora teve participação na mudança da K-ONE para a K-TOO?"

"Sim, certamente."

"E a senhora recomendou, ou fez, essa mudança baseada em muita pesquisa e análise, não?"

"Isso mesmo, em um volume imenso de pesquisa. Fizemos uma análise de mercado, detalhada, de dez estações. Nossos estudos nos convenceram de que nosso orçamento para FM influenciaria mais compradores em potencial na K-TOO do que em qualquer outra estação."

"A senhora procurava potencial de vendas quando fez seu estudo há três anos, estou certo?"

"Certo."

"E os resultados corresponderam às suas expectativas?"

"Corresponderam, sim. Estamos muito satisfeitos."

"Diga-me uma coisa, uma vez que a senhora conseguiu maior desempenho estudando e, em seguida, fazendo uma mudança há três anos, por que deve se negar a oportunidade de repetir esse processo? Naquela ocasião sua pesquisa resultou em maiores lucros para a Red Eye e em maior prestígio profissional para a senhora, pessoalmente. A senhora fez isso uma vez, de modo que é possível fazê-lo novamente, concorda?"

"Sim, tenho que concordar com isso, essa é uma possibilidade."

"Maravilha. Precisarei de apenas alguns instantes para explorar essa possibilidade."

Ela lhe deu o direito de fazer toda a apresentação. A última mudança funcionou bem e ela quer parecer competente para a administração da empresa. Assim, ela tem razões lógicas e emocionais para pensar em outra mudança.

Essa técnica não é linda? O que você tem de fazer é adaptá-la à sua oferta e, em seguida, ensaiar certo número de variações, de modo que possa tocá-las suavemente, o que quer que os clientes digam. Em vez de voltar ao seu gerente de vendas e dizer "A Red Eye está satisfeita com a K-TOO e não quis papo comigo", você faz a entrega. Aprenda o modelo, redija sua abordagem e pratique-a. Na próxima vez que alguém lhe disser: "Estamos satisfeitos com o que compramos agora", pondere: "Vocês podem estar usando isso agora, mas, daqui a uma hora, vão ficar muito interessados no que vou mostrar."

O trabalho do Campeão consiste em compreender que representa o melhor produto ou serviço disponível e providenciar para que o possuam todos aqueles que possam se beneficiar com sua aquisição. Quando conseguir que a Sra. Mota e a Red Eye mudem para a K-WHEE e quando fizer um belo trabalho de acompanhamento e manutenção, eles também ficarão satisfeitos com a mudança. E você terá conseguido isso. E isso jamais teria acontecido se você não tivesse adaptado e aprendido os quatro tratamentos de choque: faça o cliente se sentir na sua pele, mude suas bases, pergunte para quebrar a resistência e estude sua história. Adapte, aprenda e utilize todas essas técnicas. Desse modo, estará bem encaminhado para se tornar o número um em sua empresa. E isso é emocionante, não é?

14. O fechamento é um doce sucesso

É o placar vencedor, a linha dos lucros no demonstrativo, o nome do jogo, o fio aguçado, o mais importante que tudo. Eu lhe ensinei muitas técnicas para buscar clientes, entrevistar pessoas, construir um fluxo de recomendações, qualificar o cliente, apresentar, demonstrar e superar objeções. E todas essas etapas são importantes. Mas, a menos que consiga fechar o negócio, você é como um time de futebol que não consegue manter pressão por tempo suficiente para marcar o gol. Não adianta nada jogar toda a partida em seu próprio campo e nunca chegar às redes do adversário.

Assim, seja bem-vindo ao mundo encantado do fechamento do negócio. Se não o ama agora, comece a se apaixonar, porque é aí que está o dinheiro. Não se engane a esse respeito, pois o dinheiro não está em nenhum outro lugar. Quando aprender a usar todos esses fechamentos, ficará muito feliz com os resultados. Será capaz de despertar o interesse de mais pessoas em sua oferta do que em qualquer outra época.

O Campeão está fechando negócios na maior parte do tempo. Está sempre experimentando fechamentos de teste e passa para a sequência final assim que sente o doce cheiro do sucesso. Muitos vendedores ficam tão enrolados em sua sequência de venda que, se o cliente quiser logo o produto, antes de ele terminar, ele não o entregará. Algumas pessoas são convencidas rapidamente. Se você

352 | COMO SER UM GRANDE VENDEDOR

continua a falar em vez de fechar o negócio, deixa de vender com a mesma rapidez. Afinal de contas, ele só pode comprar uma vez naquele dia, de modo que não tente lhe vender duas vezes. Eu já vi isso acontecer. Alguns vendedores ficam tão agitados que não conseguem parar de falar apesar de o comprador ter demonstrado estar pronto. Controle sua ânsia de dizer tudo. Não seja como aqueles que continuam a lavrar quando já chegou a época de colher. Já vi vendedores literalmente trincarem os dentes como se dissessem: "Você não ouviu tudo ainda, mas, por esse sol que me ilumina, vai ouvir antes de eu aceitar seu pedido."

Mais conversa simplesmente deflagra mais objeções. Quando o cliente estiver prestes a fechar, fique quieto e comece a preencher o pedido.

Mais tarde, eu lhe apresentarei três fechamentos experimentais e 12 grandes fechamentos. Mas, em primeiro lugar, vamos estudar algumas dicas específicas de fechamento:

1. Tenha sempre consigo todo o material necessário ao fechamento. Esteja pronto para fechar em qualquer ocasião e em qualquer parte. Todo mundo já ouviu falar em vendas feitas em campos de golfe. Negócios também são feitos em quadras de tênis, em marinas e em barcos, em caminhos de *jogging* e nas pistas de corrida de cavalos — em toda parte, na verdade, onde as pessoas jogam, trabalham, se exercitam ou relaxam. Sim, muitos negócios são feitos fora de escritórios e salões de exposição e um bocado deles logo entra pelo cano. Por quê? Porque o vendedor leva meia semana para reunir o material de fechamento e o cliente, depois do OK ao acompanhamento de uma garrafa de cerveja. A essa altura, sopra um vento diferente e o cliente já está pensando em outras coisas. Em uma palavra, ele é vítima do fechamento-hã... Você vai ter de refazer tudo — se puder. Na segunda vez, as probabilidades emocionais jogam contra você.

Quando digo "Tenha consigo seus materiais de fechamento o tempo todo", não quero dizer que deva sacar a tralha do bolso no buraco nove. Fazer negócio em campos de golfe e restaurantes elegantes requer discrição. Pessoas odeiam papéis para aprovarem. Quando vende em ambientes sociais, a escolha do momento certo pode ser um assunto delicado, de modo que você deve estar pronto para aproveitá-lo ao máximo. Um bom suprimento de materiais de fechamento deve ser conteúdo permanente em sua pasta de trabalho, em seu vestiário no clube, na valise sempre pronta para a viagem, na mala do carro — e, não esqueçamos, sua mesa no escritório. Mantenha uma reserva de formulários de pedidos e materiais em todos os lugares que frequenta com regularidade.

2. Quando pegar o formulário do pedido? Pense com todo o cuidado em como e quando vai sacar seu material de fechamento. Se você faz toda a sua apresentação e a sequência de fechamento e, logo em seguida, põe a mão na pasta para sacar o contrato de venda ou bloco de pedido, o cliente vê você fazer isso, prende a respiração e fica rígido. Enquanto você folheia formulários, ele pensa em possíveis meios de escapar. Uma vez que você precisa tirar os formulários da pasta antes de preenchê-los, e também porque fazer isso em uma fase crítica do fechamento provavelmente será prejudicial ao clima emocional, retire-os da pasta mais cedo. Você não tem de agitá-los no ar e cantarolar: "Olhe aqui, pessoal... Este é o meu bloco de pedidos." Você não precisa do bloco inteiro, mas de um formulário disponível em sua pasta de apresentação.

3. Faça um trabalho limpo. Use formulários novíssimos e não aqueles que seu cachorro mastigou. Se você usar um formulário que parece um babador, o cliente pensará que você não fez uma venda em seis meses — e não vai querer interromper esse curso.

4. Faça contas com elegância. Os Campeões de hoje fazem contas com uma calculadora, e não com um lápis. Por quê? Porque compradores acreditam em calculadoras; pensam que seus resultados sempre estão certos. Se você ainda usa lápis com os clientes, chegou a hora de mudar. Claro, parece mais simples e humano rabiscar com um toco de lápis, mas os clientes vão pensar que você pode facilmente cometer um erro também humano.

354 | COMO SER UM GRANDE VENDEDOR

5. Faça com que suas cartas de recomendação falem por você. Anteriormente, falamos da importância de conseguir cartas de recomendação. São instrumentos poderosos e que ajudam outras pessoas a se sentirem interessantes. O crucial a lembrar aqui é que as mais eficazes são aquelas assinadas por pessoas conhecidas dos clientes. As segundas mais poderosas são de pessoas que moram nas proximidades e que, por conseguinte, podem ser conferidas pelo cliente.

Quando você possui uma carta de recomendação de um cliente local satisfeito, também tem a oportunidade de criar uma ferramenta de fechamento ainda mais poderosa. Referimo-nos à entrevista gravada que você pode reproduzir em momentos estratégicos. Ao gravar DVDs, você pode ler livros enquanto escova os dentes, vai visitar de carro o próximo cliente, ou faz algo que não demande atenção concentrada. O verdadeiro Campeão carrega consigo um gravador durante a maior parte do tempo. Escuta bom e inspirador material de treinamento, a fim de reforçar os pensamentos positivos e as técnicas que já conhece, bem como para aprender novos conceitos e técnicas. Começo todas as manhãs ouvindo um programa em áudio porque isso me dá boa disposição para iniciar o dia. Quando ando de carro, ponho no ouvido um fone que me faz absorver novos pontos de vista e conhecimentos. Por que perder tempo ouvindo apenas música? Abasteça a mente com o poder que o conhecimento representa e colherá grandes recompensas.

Use seu aparelho de som para se educar e a gravação para criar uma arma de fechamento que poderá usar com efeito devastador: a entrevista gravada.

Digamos que você venda seguros de vida. Um de seus melhores clientes é Dave Barkdale, proprietário de sua própria companhia. Dave é frequentador assíduo de clubes de serviço locais, tomou parte em comissões que estudaram assuntos de interesse público e é bem-visto na comunidade.

Vocês se dão bem, e ele concordou prazerosamente em redigir uma carta de recomendação. Enquanto presta assistência a essa conta, converse com alguns dos executivos da empresa protegidos pelo seguro em grupo promovido por Dave. Depois de apresentá-los no áudio, converse com eles, indagando acerca de suas impressões sobre o seguro de vida adicional para suas famílias que está previsto no plano. Depois de reunir esse material, converse com Dave e fale do entusiasmo dos executivos a esse respeito.

"Dave, é evidente que seu programa de seguros gerou certo mal-estar na companhia, entre as pessoas-chave que estão cobertas. Você acha que esse clima tem algum efeito sobre os lucros?"

"Acho que já vimos os resultados. É claro que os lucros dependem de muitos fatores, mas nota-se um ambiente melhor aqui, o qual atribuo diretamente ao início da vigência desse programa de seguro."

"Eu gostaria de lhe pedir um favor, Dave. Muitas companhias não estão aproveitando o plano de seguro de pessoas-chave, como sua empresa faz, e realmente acho que há necessidade de melhoria nesta área da administração. Eu gostaria de lhe fazer algumas perguntas sobre sua experiência com nosso seguro e o serviço que tenho prestado à sua companhia, gravando suas impressões em áudio. Mas, antes de você fazer isso, quero lhe fazer algumas promessas."

Você tem de fazê-las. De modo geral, o que se segue cobre esta parte.

"Em primeiro lugar, prometo que este material ficará em minha posse exclusiva e que não será reproduzido. Além disso, só o apresentarei a executivos de companhias que tenham atingido um nível semelhante ao seu. Eu prometo."

Com esse acordo, ligue o gravador, faça suas perguntas e deixe que ele fale. Você talvez possa dizer no início algo como: "Vou bancar o entrevistador de TV durante alguns minutos."

O que essa observação desperta na mente dele?

Que ele se encontra em um clima de entrevista relaxado, cordial e pessoal. Seu gravador precisa ter a tecla de pausa, de modo a omitir silêncios e interrupções. Se a entrevista não se desenvolver da maneira que você pretende, simplesmente aperte a tecla de pausa e diga: "Ótimo. Simplesmente ótimo. Mas vamos tentar agora um novo ângulo."

Sempre encoraje o cliente. Mantenha o clima descontraído. Quando conseguir que a situação deslanche, vai ficar surpreso com a entrevista convincente que ele lhe concederá.

Eis aqui um ponto vital: conclua a entrevista com um fechamento de impacto.

"Por falar nisso, o que você disse a respeito do serviço especial que presto à sua companhia me colocou em primeiro plano. Isso significa que tenho de continuar a prestar a você e à sua companhia, bem como a todos meus clientes, um serviço muito especial. Mas isso é ótimo. Essa é minha filosofia de fazer negócios. Obrigado, Dave, pelo tempo que me concedeu."

No entanto, o mais interessante de tudo isso é o efeito de bola de neve da entrevista gravada. Ao conversar com outro executivo com problemas para chegar a uma decisão, diga a ele: "Conhece Dave Barkdale? A situação dele era semelhante à sua e gostaria que você ouvisse o que ele disse a respeito de nossa solução."

Ponha o áudio para tocar. O cliente, satisfeito, diz que você fez um grande trabalho, que está muito contente, que a empresa se beneficiou e que os lucros aumentaram.

E o que seu novo cliente vai querer fazer, depois de estar bastante interessado em seu produto ou serviço?

Também vai querer gravar um áudio para você. É o que chamo de viagem do ego. E também vai querer ser melhor do que na sua primeira fita, de modo que vai dar duro e talvez gravar várias vezes até conseguir o que considera perfeito. É a bola de neve. No quarto cliente, você terá áudios de extraordinárias qualidade e eficácia de vendas.

Alguns vendedores combatem a ideia do uso dessa técnica porque têm medo de pedir — embora alguns dos clientes sejam tão falantes que adorariam a ideia. Se nunca utilizou um gravador, não peça uma entrevista ao cliente assim que ele fecha negócio com você. Grave primeiro algumas entrevistas com amigos. Descubra, por si mesmo, como são simples e de alta qualidade as gravações feitas por esses aparelhos portáteis. Em seguida, redija notas a respeito de perguntas que façam o cliente começar a entrevista de modo interessante. Não pressione pessoa alguma que se sinta constrangida. Você descobrirá que muitos clientes ficarão satisfeitos em cooperar com um bom fornecedor, atendendo fielmente às suas necessidades.

FECHAMENTOS EXPERIMENTAIS

Fechamentos experimentais são perguntas especiais. Quando respondidas, demonstram que o cliente em potencial atingiu alto nível de interesse, que está feliz, animado e pronto para ir mais adiante. Quando faz uma pergunta experimental, você procura obter uma resposta que lhe dê estímulo positivo. Vejamos três fechamentos experimentais:

1. O fechamento experimental de avanço alternado. "Sr. Shealy, qual seria a data de entrega mais conveniente para o senhor, dia 1º ou o dia 15?"

Quando ele responder "Preciso tê-lo aqui na loja no dia 1º", o que aconteceu? Ele virtualmente comprou o produto. Continue com a sequência de fechamento e o negócio está no papo.

2. Conclusão equivocada. O Campeão fica atento durante a apresentação em busca de algo que o cliente diga que possa usar depois em um teste experimental de conclusão equivocada. Você, por exemplo, está vendendo algum tipo de mobília em uma casa. Durante a demonstração, a esposa diz ao marido: "Querido, sua mãe chega de visita no dia 10. Se encontrarmos hoje o que queremos, precisaremos tê-lo aqui antes desse dia."

Muitos vendedores ignorariam essa observação ou a considerariam mera interrupção. O Campeão, porém, ouve e memoriza a observação.

Mais tarde, pode sorrir para a esposa e dizer:

"Estou vendo que vocês parecem muito interessados neste modelo. Agora, sua mãe vai chegar no dia 5, não é?"

358 | COMO SER UM GRANDE VENDEDOR

"Não, no dia 10", responde a mulher.

"Neste caso, o dia 8 de agosto seria uma boa data de entrega?"

"Seria."

"Então, vou tomar nota disso."

E puxe logo o formulário do pedido.

Você pode usar o fechamento experimental de conclusão equivocada com cores, tamanhos — com praticamente tudo. Ela pode dizer: "Bem, acho que, em contraste com o lambri, o ébano seria melhor."

Mais tarde, você usa estas palavras: "Vejamos. A senhora gostou do bronze contra o apainelamento de nogueira."

Quando ela responder "Não, gostei do ébano", você retruca: "Vou tomar nota disso." Anote esse dado em seu bloco de pedidos. Se você comete um erro e eles o corrigem, anote, e o produto está comprado. É divertido — e também é facílimo.

3. O porco-espinho. Essa é uma técnica que você já conhece da leitura de capítulos anteriores. Trata-se de um fechamento experimental maravilhoso.

O cliente diz: "Esse sistema vem, de quebra, com a unidade multiplex?"

Sua resposta: "O senhor quer que o sistema tenha, de quebra, uma unidade multiplex?"

Quando ele responder sim, já terá comprado.

Automóveis, novamente. Ela anda pelo terreno observando as cores. De repente, para e aponta para um carro: "O quatro-portas no salão. É naquele que estou interessada. O senhor tem naquela tonalidade de azul?"

Essa situação ocorre milhares de vezes por dia. O vendedor típico de feira de carros diz: "Se não tivermos o carro no azul-surfe, tenho certeza de que posso telefonar para outras lojas e conseguir logo um para você." E o que ele consegue? Nada.

Você, porém, responde: "Bernice, você quer o carro em azul-surfe?"

O que ela vai dizer? Bernice já lhe disse que está interessada no quatro-portas e que gosta daquela cor.

Quando ela disser que sim, entregue-lhe as chaves.

COMO NAVEGAR EM SEGURANÇA PELA FASE
MAIS PERIGOSA DO FECHAMENTO

Qual é a ocasião mais perigosa na sequência de fechamento?

Quando você está ocupado, calculando ou escrevendo, o silêncio traz à tona as apreensões do comprador. Enquanto você se ocupa com seus rabiscos, o comprador não tem outra coisa a fazer senão ocupar a mente com os próprios temores. É por isso que o Campeão conhece tão bem seus formulários, para passar por eles como um raio, enquanto conversa casualmente com o cliente e o mantém interessado. Você precisa tornar a rotina burocrática um ato mecânico que não lhe exija toda a atenção.

Os vendedores novos costumam perder suas duas ou três primeiras vendas por uma única razão: carecem de conhecimento e prática para preencher o pedido ou o contrato de venda com rapidez suficiente. Estou falando sério. Descobri isso em gerência de vendas. Depois, quando contratava um novo vendedor, exigia que ele passasse uma tarde inteira simplesmente preenchendo nossos formulários. Depois desse treinamento, podiam preenchê-los quase sem pensar — e com certeza sem se concentrar inteiramente neles e permitindo que os clientes ficassem com medo.

O FECHAMENTO TIPO DEMOLIÇÃO

Mantenha o mesmo timbre emocional quando adaptar todo o material contido neste livro ao seu produto ou serviço. Vou dar um exemplo do que quero dizer com uma situação baseada no fechamento porco-espinho, usado como um avanço alternado. Vejamos a versão do fechamento feita pelo mestre-vendedor:

Cliente: "Você tem o modelo em azul?"

Campeão: "Você gostaria dele em azul?"

Cliente: "Sim."

Campeão: "Deixe eu anotar isso." (E escreve essa informação no formulário de pedidos.)

Quando o Sr. Vendedor-Médio-Perdedor adapta esse fechamento ao seu produto ou serviço, eis o que sai:

Cliente: "Você tem o modelo em azul?"

Perdedor: "Se eu consegui-lo em azul, você vai comprar?"

Cliente: "Não, acho que não. Poxa, não tinha notado como está ficando tarde. Deixe um cartão comigo e lhe telefonarei quando tiver mais tempo. Obrigado por ter vindo."

O Vendedor-Perdedor adaptou o fechamento do mesmo modo que um martelo de demolição se adapta a um prédio de tijolos. A frase *"Se eu consegui-lo em azul, você vai comprar?"* é uma pergunta que convida a uma resposta negativa e que inverte um poderoso impulso positivo. O resultado é outro caso do melancólico método de demolição. Esse fechamento levará o cliente para a rua em menos tempo do que você precisa para abrir a boca.

EVOLUINDO PARA O GRANDE FECHAMENTO

Quando um fechamento experimental funcionar, passe suave mas imediatamente para um grande fechamento. A maioria das pessoas, quando finalmente toma a decisão, quer a coisa na hora. Falar em alternativas depois de elas se concentrarem em um produto é o mesmo que brincar com dinamite. Não faça isso ou muitas vendas certas vão explodir na sua cara.

O QUE É UM FECHAMENTO VERDADEIRO?

Muitos em nossa profissão (mas não necessariamente por muito mais tempo) não sabem o que é um fechamento. Um número ainda maior de colegas fica confuso nesse aspecto e acredita que seus ataques de impaciência são fechamentos. De qualquer modo, só conhecem mesmo dois tipos deles. O primeiro é mais ou menos assim:

"Bem, o que o senhor acha?"

Se esse soco no queixo não contagia o cliente com a febre da compra, esperam até chegar a oportunidade certa para sacudi-lo com o seguinte:

"Bem, posso tirar o pedido para um?"

Agora, eu lhes pergunto: isso é fechamento? Parece mais bater a porta na cara da gente, ou não?

Vamos estudar bem o que é uma técnica eficaz de fechamento. O primeiro princípio, que você deve ter sempre em mente se, de fato, quer desenvolver ao máximo seu potencial, é o seguinte:

Fechamento é o processo de ajudar pessoas a tomar decisões que são boas para elas.

A menos que baseie seus atos no entendimento consigo mesmo de que o produto ou serviço deve ser bom para o cliente ou ele não vai fechar negócio, você está tentando construir o sucesso sobre falsas premissas. Mais cedo ou mais tarde, essas falácias destruirão tudo o que você construiu.

Ter a capacidade de fechar um negócio de forma convincente é, obviamente, muito bom para você e sua família porque lhe permitirá auferir uma boa renda. Mas há outro benefício de igual importância — há uma grande procura por aqueles que sabem fazer isso bem. Se aprender essas técnicas, nunca terá de usá-las para convencer as pessoas de maus negócios, porque sempre será capaz de encontrar bons negócios para vender. Na verdade, devido à grande habilidade que possuirá, será compelido a procurar bons negócios, a fim de convencer os compradores e a evitar trabalhar para companhias que vendem mentiras.

Isso é chamado de *noblesse oblige*. Quando for um Campeão, você será nobre no autêntico sentido da palavra. Como funcionará acima do nível da mediocridade, será obrigado a ter uma moral mais alta. Se não for assim, o sucesso lhe envenenará o espírito, roubando-lhe a satisfação.

362 | COMO SER UM GRANDE VENDEDOR

Há vendedores extremamente hábeis que, de propósito, ajudam pessoas a tomarem más decisões. Os grandes vendedores desse tipo, os que têm capacidade de manipular e levar inúmeras pessoas a tomar más decisões, são escroques. Deviam ser presos. O trambiqueiro vende qualquer coisa a qualquer pessoa e não se importa com o que acontece depois da venda. O trambiqueiro é, evidentemente, um criminoso, e a pena é que não haja um número suficiente deles atrás das grades. O Campeão, o vendedor profissional, não pode ser um indivíduo desse tipo, porque exige mais da vida do que simplesmente dinheiro. Exige a satisfação de ser uma força positiva no mundo e não pode vender algo que não acredite ser bom para o comprador.

Há muita gente neste mundo que realmente acredita que poderá subir mais rápido na vida se não se importar com os outros. Infelizmente, alguns trabalham em vendas e em nada ajudam nossa reputação. Mas há outro lado nessa história: vendedores descaradamente gananciosos fazem com que, em contraste, você pareça grande. O interesse pelo bem-estar dos compradores é o autointeresse esclarecido. Vale realmente a pena?

Eu sei que vale. O sucesso duradouro só pode ser construído sobre alicerces de integridade pessoal, que darão boa base à fé e à confiança que os outros precisam ter em você.

FECHE COM EMPATIA

Quando digo que você precisa fechar o negócio com empatia, não quero dizer que terá dificuldade em convencer quando for do interesse do cliente ser convencido. Isso porque, a menos que você tenha a capacidade de provocar e com frequência obter uma decisão positiva, todos perdem. Sua família. Sua companhia. A economia nacional. O maior perdedor, porém, é o cliente, que não obteve o benefício porque você não conseguiu fechar o negócio com ele.

Se não desenvolver a habilidade de provocar e conseguir a decisão favorável que chamamos de fechamento, isso provavelmente o afastará da profissão de vendas. Na melhor das hipóteses, você poderá permanecer nela apenas como um anotador de pedidos. Isso significa, naturalmente, que receberá apenas o salário dele. Se quer ter a renda de um profissional de vendas, assuma o compromisso de aprender como provocar e obter decisões favoráveis.

Exceto em suas compras regulares do dia a dia, a pessoa comum, sem ajuda, não pode tomar decisões acerca de investir em alguma coisa. A razão pela qual tantas pessoas precisam de ajuda na tomada de decisões é o medo das escolhas erradas. A indecisão é uma das grandes destruidoras. Enlouquece algumas pessoas e corrói a energia da maioria. A única qualidade que considero comum a todos os grandes seres humanos é sua capacidade de tomar decisões. E, em todas as pessoas de grande valor que conheci pessoalmente, encontrei outra qualidade em comum: elas não têm de estar certas o tempo todo. Sabem que, se acertarem em uma pequena parcela do tempo — e procurarem logo reduzir as perdas quando se enganarem —, logo prosperarão.

A insegurança causa procrastinação — e isso leva à indecisão. A procrastinação é a arte de viver em seus ontens, evitar os seus hojes e arruinar seus amanhãs. Quando terminar de ler este capítulo, futuro Campeão, espero que compartilhe comigo desta convicção: depois que possuem, as pessoas adoram comprar.

As pessoas têm problemas de indecisão, insegurança e procrastinação apenas antes de possuírem. Esse é o motivo pelo qual o Campeão torna se hábil em fazer com que as pessoas sintam que já possuem o produto ou serviço.

SIMPATIAS E ANTIPATIAS

Muitos vendedores têm um problema com suas simpatias e antipatias. Só vendem o que gostam a pessoas que estimam e ganham apenas uma fração da renda que poderiam obter. Cuide de suas preferências no seu

364 | COMO SER UM GRANDE VENDEDOR

próprio tempo. Nas horas de trabalho, venda entusiasticamente o que o cliente aprecia, e não o que você gosta; com entusiasmo, trabalhe com todos os tipos de pessoas qualificadas para comprar seu produto ou serviço. Não estou dizendo que deva trabalhar com pessoas ruins ou destrutivas, mas apenas que, a fim de desenvolver todo o seu potencial, você precisa ampliar uma confortável zona de trabalho até poder ajudar, de modo eficaz, pessoas que pertencem a meios de formação e a estilos de vida muito diferentes dos seus. Se não puder trabalhar com alguém porque sua atitude mental é estreita demais, quem sairá perdendo é você. O cliente não. Ele encontrará alguém que atenderá às suas necessidades e ganhará a comissão.

FECHE ATRAVÉS DOS OLHOS DO CLIENTE

Há vários anos, compareci a um grande evento de corretores imobiliários. Antes de fazer minha palestra, o mestre de cerimônias apresentou outro dos presentes e disse:

"Este homem, no ano passado, superou em duas vezes a média nacional de vendas de imóveis residenciais..."

A fala do orador sugeria que esse era um grande feito. Mas não era tão impressionante assim, de modo que todos esticaram o pescoço e olharam perplexos para o orador.

"... e ele é inteiramente cego." Uma explosão de aplausos. Passadas as palmas, o orador continuou: "Tenho certeza de que muitos de nós gostariam de saber como chegar ao terço superior em realização de vendas se fossem portadores dessa necessidade especial."

"Espere um minuto", interrompeu o cego em um microfone portátil, "eu não tenho uma necessidade especial. Eu tenho uma vantagem sobre todos os demais vendedores neste campo. Nunca vi uma propriedade que vendi, de modo que tive de fechar negócio com meus compradores através dos olhos deles. O que sou forçado a fazer, todos vocês que têm visão poderiam fazer... Servindo melhor aos seus clientes e ganhando mais dinheiro se assim procedessem."

Houve um silêncio no salão enquanto todos refletiam sobre aquelas palavras. Em seguida, houve outra espontânea salva de palmas para esse homem corajoso que podia se destacar e ainda dar sábios conselhos a todos nós.

O importante é que você precisa ver os benefícios, aspectos e limitações de seu produto ou serviço do ponto de vista de seu comprador em potencial, pesá-los na escala de valores dele, e não na sua, e convencê-lo dos benefícios importantes para ele.

E precisa irradiar a convicção de que pode satisfazer às suas necessidades. Depois de qualificá-lo e descobrir seus motivos, você precisa começar a transmitir a confiança de que sabe como satisfazê-las. Se, em vez disso, você emite uma dúvida profunda sobre sua capacidade de fornecer o que ele quer, por que ele precisará de você? Compradores precisam se sentir seguros, antes que possam racionalizar a decisão que realmente querem tomar.

Você não fica satisfeito quando inclina o banco para trás, ajusta, de dentro mesmo, o espelho da direita, escuta um bom som e relaxa no ar-condicionado enquanto lá fora a temperatura é de um forno? É claro que fica, e logo é esquecido o pequeno custo extra em seu investimento mensal.

QUANDO FECHAR?

Há certa tensão, certa eletricidade no ar, quando o cliente está pronto. Inicie, então, sua sequência de fechamento:

- Quando ele vem acompanhando você em certo ritmo e, de repente, diminui os passos.
- Ou quando ele subitamente acelera os passos.
- Quando, depois de passar a maior parte do tempo calado, ele começa a fazer muitas perguntas.
- Quando ele lhe aplica um estímulo positivo na ocasião certa. Algumas pessoas chegam e imediatamente começam a fazer perguntas

366 | COMO SER UM GRANDE VENDEDOR

sobre entrega e pagamento inicial antes de decidirem por determinado modelo. Elas se sentem seguras porque você não pode convencê-las a comprar a loja inteira. Mas, se fazem as mesmas perguntas depois que você sabe exatamente o que querem, isso é um estímulo positivo. O mesmo acontece com perguntas sobre garantias e opções de cancelamento. Use um fechamento experimental depois de receber o estímulo positivo.

- Quando ele aceita seu fechamento experimental.

ONDE FECHAR?

Quando tiver certeza de que o cliente está pronto, não faça cerimônia. Feche em qualquer lugar. Você talvez pense que terá de rebocá-lo por escadas e corredores até seu escritório. Não faça isso. Registre bem isto e se lembre de transformá-lo em parte de seu credo:

**Estou sempre pronto para fechar um negócio, em
qualquer lugar, em qualquer ocasião.**

A maioria das vendas é feita em capôs de carros, em restaurantes, na mesa de escritório do cliente, em salões de exposição, em mesas de cozinha e em incontáveis outros lugares não destinados especificamente a um fechamento de negócios. Muitas vezes, há uma empolgação especial em tomar uma decisão imediata. A maioria das pessoas fica feliz em deixar para trás a tensão mental e enxerga apenas os prazeres da posse que estão à sua frente. Não estrague o momento para seu cliente — arriscando-se a que ele esfrie seu desejo de comprar — insistindo em sentar-se em sua cadeira giratória favorita antes de preparar o contrato de venda.

Em vez disso, mantenha-se sintonizado com os sentimentos do cliente. Algumas pessoas não conseguem aceitar a ideia de assinar documentos às pressas — e, se você pressioná-las, elas recuarão, temerosas de eventuais motivações obscuras por trás de sua pressa. Assim, feche o negócio quando o cliente estiver pronto, e não quando você quiser.

A ANATOMIA DO FECHAMENTO

Vamos dividir o fechamento em partes para ver como ele é inteiro.

1. Compreenda bem o que o cliente quer e necessita.

a) Qualifique-o corretamente. Verifique quais são suas necessidades emocionais e sua capacidade de pagar.

b) Procure compreender os motivos do comprador. Se o comprador diz "Eu simplesmente odeio isso", explore esse sentimento. Não diga apenas "Eu também não gosto dele" e continue a falar. Descubra por que ele odeia aquele aspecto, de modo a compreender seus motivos para querer algo e rejeitar outra coisa.

2. Reconheça os sinais de compra. Usando sinais, em vez de falar, as pessoas costumam lhe dizer que querem comprar o que você vende. O Campeão está sempre à espreita de dois tipos de sinais:

a) Verbais. Eles fazem mais perguntas. Demonstram que querem saber mais dados técnicos. Falam do que aconteceria se adquirissem sua oferta. Às vezes, de repente, começam simplesmente a emitir sons de satisfação.

b) Visuais. O sorriso pode ser um importante sinal de compra. Os olhos podem se iluminar e começar a faiscar. Se seus compradores são marido e mulher, eles podem demonstrar mais afeto e consideração depois de descobrirem a casa certa, o carro, o eletrodoméstico, a apólice de seguro, ou o que quer que seja. Querer uma nova demonstração é um dos sinais de compra mais intensos. Quando eles pedem "Podem repetir aquilo mais uma vez", praticamente já compraram.

368 | COMO SER UM GRANDE VENDEDOR

3. Tome a decisão. Decida que o melhor que o cliente pode fazer é comprar seu produto. Em seguida, leve-o a tomar essa decisão trabalhando o que ele gosta e considera importante. O que agrada você na sua oferta não tem lugar aqui; importa apenas o que é importante para ele.

4. Feche a venda com despreocupada confiança. Você fez perguntas e levou o cliente ao fechamento. Nesse momento, descuidadamente, comece a preencher o pedido. Você ficará surpreso ao descobrir que isso é tudo. A menos que o interrompa, o cliente já terá comprado. Se sua tática for boa, e a escolha do momento, acertada, ele não o interromperá.

5. Não mude quando começar a fechar o negócio. Quando fechar o negócio, fale de modo amável e utilize palavras de encanto. Mas não altere o tom, a maneira ou o ritmo de sua fala quando inicia a sequência de fechamento. Tenha todo o cuidado a esse respeito. Muitos vendedores se comportam esplendidamente até verem que o cliente está pronto. De repente, mudam. O estilo caloroso e cordial a que comprador se acostumou o desaparece, substituído por maneiras tensas.

Sempre que o cliente se enrijece por causa dessa mudança inesperada e sai sem comprar, é provável que o vendedor repita o mesmo erro na situação de fechamento seguinte. Não se esqueça: Se ficar tenso e mudar de modos quando começar a fechar, o cliente notará e o morderá. Você deve aprender tão bem os fechamentos que possa usá-los com relaxada atenção.

6. Utilize a pausa planejada. Campeões empregam uma técnica muito simples: quando querem que o cliente realmente escute, param e olham-no atento, até obterem sua plena atenção.

AS 14 PALAVRAS MAIS IMPORTANTES DA
ARTE DO FECHAMENTO DO NEGÓCIO

Em seguida, apresentarei 12 palavras de valor inapreciável; e mais duas. Trata-se da mais poderosa dupla de sentenças jamais pronunciadas sobre a complexa, difícil e muitíssimo bem remunerada arte de fechar negócios. Por favor, guarde essas palavras em sua memória e nunca mais as esqueça. Se andou apenas folheando este livro até agora e ainda não grifou coisa alguma, pegue seu lápis e marque agora. As 14 palavras são as seguintes:

Depois de fazer a pergunta de fechamento, cale a boca.
Quem falar primeiro perde.

As palavras mais importantes nessa recomendação são *cale a boca*. Esse é o motivo pelo qual J. Douglas Edwards as fala gritando quando as ensina a suas plateias. Eu estava sentado na primeira fileira, nervoso, no seminário que ele presidia, depois de noites insones de estudo e de consumo de bules inteiros de café, quando as ouvi pela primeira vez. Quando Doug gritou *cale a boca*, mergulhei em busca de abrigo, com minhas notas voando em todas as direções. O momento está gravado em minha memória — juntamente com as palavras. Essas 14 palavras foram o elemento isolado mais importante para transformar minha desastrosa experiência de venda até aquele momento no sucesso esplendoroso que logo se tornou.

Faça sua pergunta de fechamento — e cale a boca. Parece simples. Acredite em mim, não é. Eu sei. Na ocasião, eu tinha um verdadeiro problema nessa área — e o pior era que não tinha ideia do que fazia de errado até aquele primeiro momento em que ouvi J. Douglas Edwards pronunciar aquelas 14 fabulosas palavras.

Na vez seguinte que tentei fazer a pergunta de fechamento para depois calar a boca, eu estava preparado para a reação do cliente. Esperava que ele ficasse em silêncio. Mas não estava preparado para

370 | COMO SER UM GRANDE VENDEDOR

a intensidade de minha própria reação: o silêncio me atingiu como se fosse uma tonelada de terra molhada despencando em cima de mim. Doug Edwards disse que eu sentiria intensamente a pressão daquele silêncio, mas eu não imaginava que fosse me afetar tanto. Afetou. Fiquei ali pela primeira vez, com o estômago revirado, mordendo os lábios por dentro. Finalmente, o marido disse alguma coisa. O casal prosseguiu e comprou — e eu nunca mais tive o problema de suar durante aquele pavoroso silêncio depois de fazer uma pergunta de fechamento.

Por que é tão importante assim calar a boca e não dizer mais nada? Porque, se disser alguma coisa, você alivia a pressão sobre o cliente para falar primeiro, responder ao fechamento e comprometer-se a comprar. Quando você faz a pergunta de fechamento perto do momento certo, o cliente tem de seguir em frente — ou dizer a você que tudo aquilo foi um engano.

Eis como funciona. Você esteve trabalhando com Maggie Thrush, agente de compras de uma companhia de porte médio, e acha que ela está pronta para o fechamento. De modo que você diz: "Sra. Thrush, acho que cobrimos todos os aspectos. Qual seria a data mais conveniente de entrega para a senhora, no dia 1º ou no dia 15 do mês que vem?"

O vendedor comum não pode esperar mais de dez segundos depois de ter feito uma pergunta de fechamento desse tipo. Se a essa altura, a Sra. Thrush não tivesse respondido, ele diria algo como "Bem, podemos falar sobre isso mais tarde" e continuaria falando, sem se dar conta de que acabara de destruir a situação de fechamento.

E não foi apenas esse fechamento que ele destruiu. Todas as sucessivas questões de fechamento — se surgirem — estarão fadadas ao fracasso. A Sra. Thrush não pode ser convencida porque agora sabe como escapar das manobras de fechamento desse vendedor. Tem simplesmente de ficar calada por alguns segundos e ele vai explodir sob pressão. A Sra. Thrush sempre pode ficar quieta por alguns segundos — quase todos os compradores que ainda não se decidiram podem. Se você pertence à categoria do Campeão, se for necessário, pode ficar ali, com a boca fechada, a tarde inteira. Mas dificilmente terá necessidade de fazê-lo por mais de 30 segundos. Isso demanda treinamento e concentração, porque, se você disser alguma coisa ou mesmo se fizer um pequeno gesto, aliviará a pressão e mandará pelos ares a probabilidade de fechamento.

Embora ter a habilidade, a coragem e a concentração para ficar imóvel e silencioso por meio minuto seja a capacidade isolada mais importante na venda — a despeito de ser a mais fácil para se praticar —, poucas pessoas fazem isso. Mas não é algo que você possa praticar ao volante de seu carro. Para que funcione, terá de se sentar em um lugar onde poderia fazer um fechamento e concentrar-se em ficar parado e mudo por 30 segundos. Estou falando sério quando digo isto: pratique quando estiver sozinho. Depois não será tão difícil para os nervos quando as grandes comissões dependerem de quanto você pode estar calmo e mudo em uma situação real de fechamento.

USE O TRAJE RELUZENTE

Certa vez, assisti a uma tourada pela televisão. Uns três minutos depois, comecei a ver semelhanças entre os grandes aspectos da tourada e a venda. Assim, venha comigo para a arena, onde milhares de pessoas assistem ao espetáculo — como as pessoas que você conhece e que estão observando seu progresso na carreira de vendas.

Um rugido sobe da multidão quando uma tonelada de carne arremete pelo picadeiro. O touro — o cliente — entrou na arena.

Em seguida, entra o matador em seu "traje reluzente" e, de repente, o touro se acalma — tal como ocorre quando você entra para fazer sua apresentação.

Quem tem a vantagem agora?

O touro pesa mais do que uma dúzia de toureiros e está armado com fúria e chifres pontiagudos. A essa altura, o matador está armado apenas com uma capa de pano e corajosa perícia. Não é essa a situação real de venda? O cliente tem o poder absoluto de comprar ou não de você, e você tem apenas sua técnica e sua coragem.

Você não pode, pela força bruta, dominar o cliente, da mesma forma que o toureiro não pode dominar o touro — a força está toda do outro lado. Como o toureiro, você precisa ter habilidade superior para vencer as desvantagens que enfrenta sempre que pisa na areia quente do picadeiro da venda.

O primeiro artifício usado pelo matador é a capa — para guiar o touro e obter ascendência moral sobre ele. É isso que defendo que você faça com os clientes. Desenvolva neles o reconhecimento de sua perícia naquilo que oferece.

Quando o cliente bufa, pisoteia o chão e arremete, você espera a carga de peito aberto? Não, a menos que queira sair dali de maca. É claro que suas feridas não serão visíveis. Você sairá dali caminhando. Mas estará ferido no bolso, na confiança, no orgulho.

Não, você não se choca com ele de cabeça quando ele ataca. Em vez disso, dá um passo para o lado, como o toureiro, e deixa o cliente passar. Ouve seus grunhidos e patadas e observa para que lado ele olha, com os chifres apontados, como faz o toureiro. E continua a trabalhar nele, aproximando-se cada vez mais, guiando-o com perguntas e mais de perguntas.

Diga-me mais, diz ele. Diga-o a *mim*, pensa você. Você pergunta e responde. Usa a capa com refinada técnica e elegância e, em uma sequência predeterminada, obtém controle de um adversário mais poderoso do que você.

A fim de despertar a admiração e encerrar o encontro, o matador tem de se postar bem em frente aos chifres, no exato momento, e introduzir a ponta da espada em um ponto que tem o tamanho de uma pequena moeda. Essa é uma boa descrição do que é um fechamento hábil de uma venda grande e difícil. Na tourada, assim como na venda, o momento de maior perigo chega ao fim da exibição e o golpe final do matador é muito parecido com seu fechamento final. Para o inábil, o destreinado, o despreparado, o fechamento da venda é como a estocada do toureiro que passa por cima dos chifres do touro. Em ambos os casos, é tudo ou nada — e as únicas coisas que contam são conhecimento, técnica e coragem.

Costumo sempre me lembrar de quando conheci muitas das técnicas expostas neste livro. Sentado ali no seminário de Doug naquela primeira manhã, eu contestava mentalmente o material. Na verdade, acho que despendia mais energia combatendo aquelas técnicas do que tentando aprendê-las. Subitamente, tive um vislumbre do que conhecê-las poderia significar — uma espécie de antevisão do futuro. Nos breves momentos seguintes, tomei a decisão consciente e altamente emocional de me desvencilhar de todos os receios e dedicar-me de corpo e alma ao estudo. Cinco dias depois, deixei aquele treinamento com confiança no coração e determinação na alma. Por uns dois meses, apliquei tudo que conseguia lembrar ou extrair de uma rápida leitura de minhas anotações. Antes do treinamento, não ganhava dinheiro nem para a gasolina; depois, consegui equiparar ganhos com despesas. Percentualmente, isso era uma melhoria e tanto. Mas eu não estava satisfeito em apenas sobreviver — queria voar alto.

Certa noite sentei-me e repassei cada palavra das anotações feitas no seminário de Doug. Que experiência espantosa foi aquela! Mal conseguia acreditar em quanto eu negligenciara e deixara de compreender — e quanto havia esquecido em apenas sessenta dias. Só então compreendi que havia feito apenas uma amostra do que aquele material poderia fazer por mim. Aprendera alguns macetes valiosos, mas não havia realmente dominado toda a lista de técnicas. E a adaptação do material ao produto, à personalidade e à área era apenas uma sombra do que poderia ser.

Mas senti seu poder.

Assim, voltei a trabalhar nos cadernos de notas e a memorizar aquele material. Internalizei cada conceito, adaptei cada técnica e pratiquei cada habilidade até sentir nos ossos que aquilo tudo era meu. Subitamente, aquilo *era* eu — e eu era aquilo. Nessa ocasião, minha renda começou a disparar. Duplicou e reduplicou — e continuou a crescer. Em pouco tempo, estabeleci a meta de US$100 mil ao ano — algo em que nem sequer pensara em conseguir poucos meses antes. Naqueles dias, essa cifra era considerada uma renda estratosférica para um vendedor.

Quando realmente dominei as técnicas que estou ensinando neste livro, achei, pela primeira vez, que não era difícil atingir aquele nível. Ganhar tanto dinheiro assim pela segunda vez é bastante fácil; uma vez que se consegue, logo que se sabe que é possível, não é algo muito difícil. Agora, muitos anos depois, depois de ter treinado milhares de Campeões que auferem altas rendas e são as maiores das forças de vendas de suas companhias, tive a oportunidade de perguntar a muitos grandes vendedores como eles fecham negócios.

Fiz a mesma pergunta muitas vezes: quantos fechamentos você tenta, antes de ter sucesso?

Entre os grandes, a média é de cinco. Ou seja, os grandes geralmente fecham depois da quinta tentativa. Você pode perceber imediatamente, considerando esta importante observação, que, se os grandes têm de usar cinco fechamentos para obter sucesso, você não irá muito longe em vendas se usar apenas dois — ou nenhum. Se eles têm mais razões para não irem à frente do que você dispõe de técnicas para ajudá-los a fazer isso, eles não irão à frente. É simples assim.

Aprenda conceitualmente esses fechamentos. Aprenda-os palavra por palavra. Adapte-os às suas necessidades. Decore, em seguida, suas adaptações, palavra por palavra. Você provavelmente está rejeitando a ideia de fazer todo esse trabalho. Eu sei. Eu a combati também, no começo. Mas, simplesmente, lembre-se de que há uma alternativa a aprender, crescer e pagar todo o preço de mudar para o sucesso — você pode ficar exatamente onde está. Boa sorte — o mundo todo está rapidamente mudando à sua volta.

15. Doze fechamentos poderosos para aspirantes a Campeões

Sempre que aprender bem um desses fechamentos, você aumentará suas vendas em pelo menos 10%. Pode duplicar as vendas a cada fechamento que internalizar. E, talvez, fazer algo ainda melhor.

Uma ou duas dessas técnicas talvez não se apliquem ao seu ramo de atividade. A maioria será aplicável. Adapte todas aquelas que puder e, em seguida, pratique as adaptações até usá-las com convicção, afabilidade e jeito, enquanto, em outro compartimento de sua mente, planeja o movimento seguinte. Suponhamos que você só possa usar dez e que cada uma delas, em média, aumente suas vendas em apenas 10%. Isso significa que você duplicou seu volume e, muito provavelmente, mais do que duplicou sua renda líquida, descontadas as despesas. Se não fizer bem pelo menos isso, você não terá dominado esses fechamentos.

Vamos estudá-los agora:

O FECHAMENTO ORAL BÁSICO

Este é usado principalmente em vendas industriais, comerciais e em repartições governamentais. Depois de definidas as necessidades às quais você pode atender, faça a seguinte pergunta:

376 | COMO SER UM GRANDE VENDEDOR

"Por falar nisso, que número de ordem de compra será dado a esta requisição?"

Quando a pessoa disser que não sabe, sorria e pergunte: "Por que não tenta descobrir?"

Na maioria dessas situações — vendas industriais, comerciais e a repartições do governo —, você não terá feito a venda até conseguir "o número da ordem de compra". Assim, comece a buscar esse número no primeiro momento possível.

O FECHAMENTO ESCRITO BÁSICO
(O FECHAMENTO "DEIXE EU TOMAR NOTA DISSO")

Trata-se de um fechamento eficaz se você usa formulário de pedido. Entre preparado com uma pasta de couro para o tamanho de papel de carta ou ofício. Tenha nela preparado um formulário de pedido protegido por um pedaço de papelão. Isso lhe permite encontrá-lo imediatamente no momento exato. Meu modo predileto de trabalhar com esse fechamento é responder a uma pergunta do cliente com uma pergunta minha.

Cliente: "O modelo vem em nogueira?"

Campeão: "O senhor gostaria que viesse em nogueira?"

Cliente: "Sim, é a cor que prefiro."

Campeão: "Deixe eu tomar nota disso."

Em seguida, anote essa informação no formulário.

Cliente: "O que o senhor está fazendo? Ainda não estou pronto para fazer o pedido."

Campeão: "Sr. Palmer, eu organizo meus pensamentos e coloco tudo em perspectiva. Faço isso no papel para não esquecer de nada." (Se couber no caso de seu produto ou serviço, acrescente: "Particularmente algo que lhe poderia custar tempo ou dinheiro.")

Prossiga para o fechamento seguinte. Utilize todas as sequências de fechamento fazendo uma pergunta reflexa. A pergunta reflexa, você deve se lembrar, é toda aquela a que o cliente pode responder sem pensar.

Campeão: "Mary, pode me dizer a inicial do seu primeiro sobrenome?"

Cliente: "É um 'H'."

No caso de um executivo, uma boa pergunta reflexa consiste em pedir o nome completo e o endereço correto da companhia. Se ele lhe der seu cartão e deixar que copie a informação no seu formulário, já terá comprado.

Vamos praticar esse fechamento em uma situação industrial. Você vende equipamentos e o Sr. Zale é o cliente.

Sr. Zale: "Sim, precisamos de caixas de mudança para trabalho pesado."

Campeão: "Deixe-me tomar nota disso."

Sr. Zale: "Você está anotando isso no pedido? Você está se adiantando. Eu ainda não resolvi comprá-las."

Vou repetir as palavras que o Campeão deve dizer em seguida, porque constituem o núcleo deste fechamento. Releia-as. Sublinhe-as. Decore-as. E use-as para guiar o cliente no caminho do fechamento.

Campeão: "Sr. Zale, eu organizo meus pensamentos e coloco tudo em perspectiva. Faço isso no papel para não esquecer de nada."

Sr. Zale: "O senhor provavelmente está desperdiçando seu tempo. A essa altura, as probabilidades de eu comprar da sua companhia são baixas."

Campeão: "Ah, eu sei disso. Mas simplesmente não gosto de me arriscar a esquecer algo — especialmente algo que lhe pode custar tempo ou dinheiro."

Sr. Zale: "Bem, acho que não posso me queixar disso."

Talvez você imagine que seria melhor tomar as notas em papel ofício, de modo a evitar o trabalho de apagar tudo, se for o caso. Fazer isso sinaliza que decidiu se rebaixar, também, de vendedor a anotador de pedidos. Deixe que o cliente fale. Ajuda, não prejudica, que ele compreenda que você é um vendedor autêntico, que está ali para fazer seu trabalho, e não um simples anotador que não sabe como dar andamento às coisas.

Continue a preencher aquele formulário. Quando acabar sua apresentação, ele estará quase todo preenchido. Em muitos casos, o movimento para a frente que aprendeu ao completar o preenchimento será suficiente para que o cliente autorize a venda, pois se torna a coisa mais fácil a ser feita. Assim que sua caneta toca o formulário, você começa a correr para o gol. Se ele se acostumar a vê-lo tomar notas no formulário, trata-se de meio caminho andado. Se puder tomar nota do modelo exato que ele quer, terá ultrapassado o último obstáculo para chegar ao gol. O problema com a maioria dos vendedores é que eles não começam a escrever durante a entrevista de vendas. Exercitam apenas as cordas vocais.

O FECHAMENTO BALANÇO BENJAMIN FRANKLIN

Quando participei do seminário intensivo de cinco dias ministrado por J. Douglas Edwards, no último dia tivemos um concurso sob a forma de um exame. Eu queria ganhá-lo. Fiquei acordado, estudei até tarde e consegui dormir apenas duas horas naquela noite. O que me deu a vitória no concurso foi o fechamento balanço Benjamin Franklin.

Frequentemente, vendedores me dizem que ouviram falar nesse fechamento. Então, eu pergunto: "Você o usa?"

Quase sempre eles respondem que não. Isso nunca deixa de me causar espanto, porque comprei uma fazenda usando esse fechamento. Trata-se de um dos melhores que já apareceram na profissão de vendas. Talvez eu não devesse ficar espantado por tê-lo combatido, no princípio — mas eu o usei. Não apenas tentei, como fiz com que funcionasse e ainda o utilizo. Vou contar como foi a primeira vez.

O comprador fitou-me e disse: "Eu simplesmente não posso tomar uma decisão agora."

Pensei: "Acabo de passar cinco dias aprendendo um monte de técnicas. A Ben Franklin parece a melhor nessa situação... Por que não tentá-la? Não consigo ver outra maneira de fechar negócio com ele."

Pedi licença, deixei a sala, reexaminei rapidamente meu bloco de anotações, convenci-me de que dominava a técnica e voltei. Iniciei o Ben Franklin passo a passo — e o cliente aprovou o contrato de venda. Este foi meu primeiro grande sucesso com o material e, dali em diante, usei o fechamento Benjamin Franklin em todas as oportunidades possíveis. Não posso nem estimar quanto dinheiro ganhei com ele.

Você pode se preocupar, pensando que o cliente já ouviu falar no Ben Franklin. Esqueça. Eu lhe mostro, em um instante, como enfrentar essa situação. Lembre-se sempre disto: se você qualificou o cliente, se ele precisa da sua oferta, se você conhece o produto que vende e se é hábil em suas táticas, ele pode combatê-lo, mas não vencê-lo. Você vencerá — venderá a ele.

Por falar nisso, realmente dependo dessa técnica para tomar muitas decisões em minha vida privada e profissional. Isso acontece com muita

380 | COMO SER UM GRANDE VENDEDOR

gente. Em qualquer ocasião, você pode conhecer um cliente que o usa como parte regular de seu processo decisório. Eis aqui o fechamento Balanço Ben Franklin:

a) Valide sua venda com o bom e velho Ben.

A vida e as realizações notáveis de Benjamin Franklin fizeram história. A caminho da fama eterna, ele tomou milhares de decisões sábias. Este fechamento se baseia na maneira autêntica como ele chegava a decisões, e grande parte de sua capacidade de convencimento deriva do respeito que todos nós sentimos por seu nome. Inicie o emprego da técnica invocando o nome dele.

b) Aprenda as palavras exatas.

Faça isso inicialmente e, em seguida, permita que a adaptação flua naturalmente. Eis as palavras:

"Como o senhor sabe, os norte-americanos há muito tempo consideram Benjamin Franklin um de seus compatriotas mais sábios. Sempre que o velho Ben se via em uma situação como esta em que o senhor se encontra hoje, sentia-se como o senhor se sente. Se era a coisa certa, ele queria ter certeza e a fazia. Se era a errada, também queria ter certeza e evitava-a. Não é mais ou menos assim que o senhor está se sentindo?

"Eis o que o velho Ben costumava fazer. Pegava uma folha de papel comum e traçava no meio dela uma linha vertical. No lado esquerdo, escrevia *sim* e, sob essa palavra, listava todas as razões favoráveis à decisão. No lado direito, sob *não*, relacionava todas as razões contrárias à decisão. Ao acabar, ele simplesmente contava o número de linhas na coluna e a decisão era tomada por ele.

"Por que não tentamos isso para ver o que acontece? Vamos ver quantas razões podemos relacionar como favoráveis à sua decisão hoje."

Pegue uma folha de papel e comece a relacionar todos os benefícios que parecem interessar ao cliente, ou seja, todos os argumentos de venda com os quais concordaram. Quando vocês dois tiverem escrito todos os *sins*, eis o que você deve dizer:

"Agora vamos ver em quantas razões contrárias o senhor consegue pensar." E você deixa que o cliente cuide dessa parte sozinho. Não faz parte de sua obrigação ajudá-lo a relacionar os pontos negativos. Quando esta parte estiver pronta, prossiga:

"Agora, vamos contá-las." (Faça isso em voz alta.) "Uma, duas, três... 24. Isto é, 24 no lado do *sim*. E no lado do *não* temos uma, duas, três, quatro, cinco. Vinte e quatro *sins* e cinco *nãos*. A decisão sábia é bastante óbvia, não, senhor?"

A essa altura, não hesite mais do que uma fração de segundo. Faça logo uma pergunta de fechamento reflexa:

"Por falar nisso, qual é o seu nome completo?"

Se ele o der nessa ocasião, já terá comprado o produto ou serviço.

Eis agora um exemplo do fechamento Ben Franklin utilizado no escritório de uma empresa:

"... e assim acho que adotar a grua JLG na sua fábrica seria uma boa decisão, não acha?"

Frank responde:

"Bem, Tom, isso é um investimento muito alto. Eu não sei... Não que eu tenha problema para tomar decisões..."

"Tenho certeza de que não tem. Você toma decisões desse nível o dia inteiro, claro."

Distraído, Frank murmura:

"Isso mesmo."

Percebo que ele não quer realmente morder a isca. Está impressionado com a grua JLG. Precisa dela. Os números batem. Ele sabe que a companhia terá muito lucro se adquirir a grua, mas está procurando um meio de não se comprometer. Em outras palavras, comporta-se como o comprador típico. Assim, posiciono meu canhão Ben Franklin:

"Talvez, Frank, um dos problemas seja o fato de ainda não ter tido a oportunidade de pesar tudo que está envolvido."

"Talvez. Acho que ainda não cheguei ao cerne desta questão."

"Bem, uma decisão só é tão boa quanto os fatos em que se apoia, certo?"

"Acho que sim.", concorda Frank.

382 | COMO SER UM GRANDE VENDEDOR

"Sabia, é interessante... Há pouco me lembrei de um homem que os norte-americanos consideram um de seus homens mais sábios... Benjamin Franklin."

"Ei, Tommy, você não vai experimentar comigo o velho fechamento Ben Franklin, vai?" Frank ri alto. "Já trabalhei em seguros. Ouvi falar nesse fechamento em um seminário, há muito tempo."

Isso não me incomoda, porque sei que, vez por outra, isso acontece. Então, prossigo com o fechamento.

"Sabe o que é interessante?"

"O quê?" Pergunta Frank, rindo ainda.

"Quando ouvi falar nessa técnica pela primeira vez, disse a mim mesmo: 'Eu não sei...' Mas queria lhe perguntar uma coisa: você já a experimentou? Usou-a quando vendia seguros?"

"Ah, não" Respondeu Frank. "Nunca a usei." (Na verdade, não importa muito se ele a usou ou não. Minha finalidade aqui é aliviar a tensão e, em seguida, guiá-lo para o fechamento. Se ele tem experiências com as quais relacionar a técnica, ótimo. Se não, também é ótimo para mim. Em ambos os casos, sigo em frente.)

"É uma coisa engraçada", digo a ele. "Resolvi experimentar o sistema de Ben não só em minha vida profissional, mas também nas questões pessoais. E logo depois toda a minha família o usava para solucionar todo tipo de problema. Incrível. Começamos a tomar decisões muito boas. Lembra-se de como ela é?"

"Lembro-me... A gente traça uma linha vertical e põe todos os *sins* de um lado e todos os *nãos* do outro."

"Exatamente. No lado esquerdo da lista, colocamos todas as razões favoráveis à decisão e, no direito, todas as que são contrárias."

"Sim, isso mesmo", concorda Frank.

O importante aqui é manter em movimento o fluxo da conversa, e não se apegar rigidamente ao modelo, como um conjunto de palavras que a gente aprendeu como se fosse um papagaio. Quando aprender bem o material, você pode vaguear pelos dois lados do caminho e ainda chegar aonde deseja.

Continuo:

"Ben Franklin dizia que, se era a coisa certa a fazer, ele queria ter certeza a esse respeito e ir em frente. Se era a errada, também queria saber e evitá-la. Isto não é mais ou menos o que vamos fazer agora? Analisar a decisão para chegar ao cerne dela, como você diz?"

Frank encolhe os ombros:

"Sim, acho que se resume a isso."

"Desse modo, liste todas as razões favoráveis à decisão de um lado e as contrárias do outro. E, depois, faça como o velho Ben fazia: some as colunas e a decisão estará tomada por você."

"Bem, acho que meu método de análise é um pouco mais sofisticado do que isso."

"Tenho certeza de que é. Mas, se os prós e os contras forem válidos, uma contagem certamente indicaria a decisão certa, concorda?"

"Acho que sim."

"Nós dois conhecemos o método Ben Franklin. É lógico. É simples. Emocionalmente, a essa altura, acho que poderíamos experimentá-lo. Não é?"

"Bem..." Frank deixa a questão no ar.

"Nós temos tempo, não? Uns dois minutos..."

"Sim, temos, tudo bem."

"Vamos começar agora mesmo. Vamos pensar nas razões favoráveis à decisão", digo. "Concordamos no início que, se uma única pessoa na cabine pudesse operar todo o veículo e eliminasse a necessidade de um segundo operador, você teria uma grande economia em despesas trabalhistas, certo?"

"Sim", concorda Frank.

"E eu mandei um homem aqui com uma única finalidade, lembrase? Para medir o vão de todas as suas portas. Assim, sabemos que a JLG pode circular por todos os locais da fábrica."

"Certo... Ela passa por todas as nossas portas", concorda Frank.

"Eu me certifiquei da altura de todas elas."

"Muito bem... Esse é um ponto importante."

"O maior problema de muitas máquinas hidráulicas... e eu sei que você está ciente disso... localiza-se nas vedações. Nas vedações hidráulicas. Esse é o motivo pelo qual a JLG tem as melhores vedações hidráulicas disponíveis."

"Nada de vazamentos?", pergunta Frank.

"Não, nenhum."

"Muito bem."

"A JLG é muito mais ágil. Pode entrar em espaços menores e realizar todo o trabalho."

"Excelente."

"E tem um raio de curva menor."

"Sim, esse é um fator importante. Temos algumas passagens estreitas no fim dos corredores."

"Usos múltiplos em manutenção", argumento em seguida. "Para manter sua fábrica, quantos usos você tem para a grua? A lança de 20 metros, se quiser, a de 6 metros... a JLG tem uma versatilidade notável, concorda?"

"Muito bem. Anote isso."

"Há manutenção local disponível. Isso elimina um bocado de tempo de máquina parada e você sabe quanto custa manter uma máquina à espera de peças."

"Sim, isso é verdade", concorda Frank.

"Estivemos estudando os benefícios fiscais. Achamos que um arrendamento poderia ser melhor do que a compra, devido à economia de imposto e, claro, para manter seu fluxo de caixa..."

"Certo."

"Se resolver construir um armazém, Frank, não terá que se preocupar em possuir o melhor equipamento possível de içamento. Nós o temos. Não é do nosso estilo entregar a grua e dizer 'Adeus'. De jeito nenhum. Ficaremos com você. Deixe-me ver. Lembra-se de alguma outra vantagem, Frank?"

"Bem, sua grua tem capacidade máxima de carga maior do que as demais."

"Muito bem, vamos anotar isso. Agora, Frank, quantas razões você pode descobrir no lado negativo?"

Frank pensa por um momento e diz:

TOM HOPKINS | 385

"Vamos ver... A número um. Esse investimento não consta em nosso atual orçamento. E o que vamos fazer com nosso equipamento atual? Quero fazer alguma coisa com ele, porque eu sei como são as pessoas lá na fábrica... Se a JLG estiver ocupada, elas vão simplesmente esperar, em vez de usar o velho equipamento que temos agora. Assim, vou ter que me livrar dele... Vendê-lo ou dá-lo como entrada."

"Esses dois argumentos são válidos, Frank. Quando você tem razão, tem mesmo. Muito bem. Já anotei. Mais outras?"

Depois de uma pausa, é evidente que Frank não vai apresentar mais objeções. Como você viu, os argumentos dele foram realmente de natureza monetária. Não quero entrar nesse assunto no momento, então digo:

"Por que não somamos simplesmente as colunas?"

Conto em voz alta e anuncio o resultado: nove *sins* e dois *nãos*.

"Frank, você não acha mesmo que a solução é óbvia?"

Nesse momento, inicio a espera através de um longo silêncio. O pensamento decisivo aqui é: *fique de boca fechada*. Frank não me decepcionaria. Nenhum som é ouvido na sala enquanto Frank pensa no assunto. Finalmente, ele diz:

"Vou lhe dizer uma coisa, Tom. Sou o tipo de cara que precisa pensar nas coisas antes."

Você é capaz de captar nesta fria página impressa com que perfeição e calor essa técnica foi aplicada? É assim que as técnicas devem ser usadas: de maneira relaxada e alerta, cordial e respeitosa, confiante e competente.

O FECHAMENTO DE ÂNGULO AGUDO

Este fechamento leva a técnica do porco-espinho (discutida antes) a um nível elevado de eficiência. Em vez de responder a uma pergunta com outra, como no padrão porco-espinho, responda com uma que, se o cliente responder da maneira que a pergunta inicial indica, acabará comprando.

386 | COMO SER UM GRANDE VENDEDOR

Neste exemplo de ângulo agudo, você ainda está levando o Sr. Zale a comprar a betoneira de grande porte.

Sr. Zale: "Se resolvermos comprar seu produto, a entrega terá que ser feita no dia 15 de junho. Vocês poderiam conseguir isso?" (A maioria dos vendedores se sentiria tentada a agarrar a oportunidade com unhas e dentes, dizer que sim, e nada conseguir. Observe como um profissional aproveita a oportunidade.)

Campeão: "Se pudermos garantir a entrega no dia 15, o senhor estará em condições de aprovar hoje a documentação?"

O Campeão, claro, permanece em silêncio depois dessas palavras, até que o Sr. Zale responda.

A fim de usar o fechamento de ângulo agudo, você tem de manobrar o cliente para fazer uma exigência ou expressar um desejo ao qual possa atender. Há numerosas exigências ou desejos (ou seja, necessidades) que você pode aproveitar, além da data de entrega. Conseguir a encomenda antes que entre em vigor um aumento de preço constitui uma arma poderosa. Condições de crédito, ajuda na instalação e a variedade na escolha de cores são outras tantas. Quase todos os benefícios que as pessoas desejarem podem ser aproveitados por esta técnica.

A entrega conveniente é o benefício mais fácil de aproveitar, na maioria das organizações de vendas, por ser o mais previsível. E, como é uma situação geral, a questão da entrega presta-se a maior detalhamento da técnica do ângulo agudo. Não esqueça que os princípios sugeridos são facilmente aplicáveis a qualquer benefício que você possa aproveitar para vender seu produto ou serviço.

O fechamento de ângulo agudo envolve dois princípios decisivos: a) você precisa saber quais benefícios pode conceder e b) você tem de saber como extrair a parte boa dessa informação. Já mostramos como lidar com a questão *b*. Agora vamos falar sobre *a*. Usar a informação é a parte mais fácil; obtê-la constitui 90% da batalha. Quero enfatizar este ponto:

O Campeão desenvolve recursos superiores para obter informações porque compreende que poderosos elementos de fechamento elas são.

Vou continuar a falar dessas informações como se fossem a mesma coisa que informações sobre entrega, embora, mais uma vez, eu lembre a você que outros benefícios talvez sejam melhores armas do que apenas ser capaz de prometer uma data de entrega conveniente.

Uma das razões pelas quais o Campeão vende cinco vezes mais (ou ainda mais) que o vendedor comum é o fato de conhecer cinco vezes mais o que sua companhia pode entregar — e quando — que o vendedor típico.

De que modo ele consegue essas informações?

A resposta, naturalmente, depende do produto e da companhia. Muitos perdedores no departamento de vendas costumam fazer inimigos no departamento de produção e no serviço de entrega. O Campeão faz amigos em ambos os lugares. Sabe que eles querem reconhecimento, como todo mundo. Costumeiramente, envia bilhetes de agradecimentos a pessoas na empresa que o ajudam no curso normal dos negócios. Também não ignora o fato de que o pessoal do departamento de produção e da expedição recebe salários fixos, e que muitos gostariam de um almoço, jantar ou até mesmo uma cerveja depois do expediente. Deixe de bancar o importante com eles. Não é assim que você vai fazer amigos.

O Campeão constrói sua rede de informações com base nos dados de entrega, distribuídos através dos canais competentes. Não combate o sistema, ajuda-o a funcionar de modo eficiente, trabalhando com ele e para ele, contribuindo com os dados que recolhe em suas próprias ligações e fontes.

O FECHAMENTO DA PERGUNTA SECUNDÁRIA

Quando usado no momento certo e com a pessoa certa, esse fechamento pode funcionar como uma armadilha para pegar ursos.

Eis a técnica: equacione a grande decisão com uma pergunta e, sem pausa, acrescente outra pergunta que seja de envolvimento por avanço alternado. Isso é muita coisa, por isso vou dar um exemplo para esclarecer essa ideia. Você anda pela fábrica com o chefão da Frankly Better Products, uma empresa manufatureira. Frank está pensando se compra ou não de você uma grua JLG. Ao sentir que o momento é apropriado para o fechamento da pergunta secundária, você diz:

"Do modo que vejo a coisa, Frank, a única decisão que temos de tomar hoje é quando você começará a juntar os lucros extras que a grua JLG ganhará para você... Por falar nisso, você vai usá-la na instalação principal ou no novo armazém?"

Vamos ver como funciona a técnica do fechamento da pergunta secundária com o produto que você vende.

"Do modo como entendo a coisa, Frank, a única decisão que temos de tomar hoje é quando você começará a juntar os lucros maiores que um quadro de pessoal mais satisfeito ganhará para você... Por falar nisso, você vai fornecer música ambiente apenas para os escritórios e o armazém, ou também para toda a fábrica?"

Facilmente, você pode adaptar esse formato a qualquer produto ou serviço. A grande decisão é apresentada com as seguintes palavras:

"Do modo como entendo a coisa, a única decisão que temos de tomar hoje é quando..."

A grande decisão é seguida, sem pausa, pela pergunta secundária, que você introduz com as seguintes palavras:

"Por falar nisso..."

A fim de usar com sucesso o fechamento da pergunta secundária, você precisa:

a) *Formular a grande decisão em termos de um benefício para o cliente:*

"A única decisão... É quando você começará a desfrutar (o benefício)."

Nunca formule a grande decisão em termos negativos: "... quando você deixará de perder dinheiro..." Ou, pior ainda, em termos agressivos, muito mal disfarçados em uma tentativa de humor: "... quando você pegar a bola e começar a economizar dinheiro, comprando-me a máquina."

b) *Evite qualquer pausa entre a colocação da grande decisão e a formulação da pergunta secundária.*

c) *Faça a pergunta secundária em termos de uma pergunta de envolvimento de avanço alternado.*

Vamos revisar isso. O avanço alternado é qualquer pergunta que indique uma escolha de respostas, e todas elas confirmam que o cliente continua a participar do processo de compra. A pergunta de envolvimento é aquela que requer que o cliente tome decisões de propriedade.

Bem, você realmente não se importa se Frank vai usar a grua JLG na fábrica ou no armazém, certo? Mas, quando ele pensar onde vai usá-la, refletirá sobre algumas das opções que terá quando possuir seu produto. De modo que aquela frase é um avanço alternado e uma pergunta de envolvimento, certo? Essa característica lhe confere duplo poder de venda.

d) *Prepare com antecedência seus fechamentos completos.*

É preciso fazer algum esforço para formular uma pergunta secundária relativa à sua oferta que reúna tanta força de venda em tão poucas palavras como a do exemplo apresentado. Mas o esforço será recompensado muitas vezes. Duvido que haja outra técnica de venda que lhe possa render tanto em tão pouco tempo do que desenvolver um fechamento de pergunta secundária eficiente. Quando tiver elaborado o fechamento completo, decore as palavras até que possa pronunciá-las sem dificuldade. Os perdedores improvisam; os vencedores se preparam.

e) *Utilize o formato casual aqui apresentado.*

As frases introdutórias não só mantêm este fechamento organizado em sua mente, de modo que não terá problema para adaptá-lo à situação peculiar de cada cliente, como também o ajudam a enunciá-lo devidamente. A enunciação é tão importante que vou frisá-la a seguir:

f) *Realize o fechamento adotando um modo relaxado e alerta.*

Pratique o fechamento até poder fazê-lo de modo claro e despreocupado. De outra forma, sua estratégia será percebida e não terá probabilidade de sucesso.

A finalidade de tudo isso, claro, é fazer com que Frank responda mais ou menos assim: "Bem, acho que será melhor mandá-la para o novo armazém, porque lá será usada o tempo todo. Na fábrica principal, só a usaremos uma ou duas vezes por turno." Quando tiver dito isso, Frank já comprou.

A abordagem descontraída é o toque do sucesso. Mas, ao dizer descontraído, não quero dizer desleixado. Você precisa manter uma atitude alerta, mas à vontade, com a qual as pessoas se sintam bem. Aprenda a relaxar sem parecer impertinente ou ineficiente e a ser atento sem dar a impressão de ser intrometido ou informal demais. Em suma, seja competente.

Quando observo o detetive Columbo na televisão, penso no que o vendedor profissional deve procurar ser. Columbo não ameaça ninguém. Dirige um carro velho e usa uma capa de chuva amassada. Quando aparece, o suspeito pensa: "Este palhaço tem condições de me pegar em uma armadilha? Impossível." O suspeito baixa a guarda porque não acredita haver motivo algum de preocupação. Columbo começa a fazer as perguntas certas e o suspeito sente um leve calafrio subir pela espinha. O detetive percebe a tensão e muda de assunto. Ele é um grande fazedor de pausas. "Por falar nisto", diz ele e sai pela tangente. Uma vez que diminui um pouco a tensão, ele volta a bater na mesma tecla. Você provavelmente o viu afastar-se umas seis vezes do suspeito. Todas as vezes, o suspeito pensa que não corre mais risco. Está feito. Nada tem a temer, nada com que se preocupar. Em seguida, Columbo volta. Todo esse processo é muito profissional.

Em vendas, fazemos muito isso. Fazemos perguntas não para ameaçar, mas para obter informação para o passo seguinte. Perguntamos de modo afável e distinto. Se notarmos que estamos ameaçando a outra pessoa, que estamos provocando tensão, devemos recuar. Passada a pressão, voltamos à carga.

Você precisa aprender muitos fechamentos porque tem de saber mais maneiras de conseguir o *sim* do que eles sabem dizer *não*. Se não superá-los nesse particular, estará acabado. Este livro valeria US$1 milhão para você se eu pudesse lhe dar um único fechamento que fosse infalível. Jamais haverá algo assim. Se um único fechamento funcionasse, mesmo uma vez em quatro, tantas pessoas o empregariam que, em questão de dias, estaria arruinado por excesso de uso.

Todos os Campeões empregam numerosos fechamentos. Isto é simplesmente difícil demais para que a maioria sem inspiração queira pagar o preço de sua entrada no sucesso de vendas e das comissões. Você, porém, não precisa ter um grande intelecto para se transformar em um multifechador de negócios, mas apenas ter a determinação necessária para organizar seu tempo de modo a aprender exaustivamente vários fechamentos. A questão é realmente importante. Sempre me surpreendo ao notar como são poucas as pessoas que querem pagar esse preço — ridiculamente baixo em comparação a outras profissões — para se tornarem suficientemente hábeis e auferir a renda alta do profissional no campo que escolherem. Talvez a razão seja que ninguém as obrigue a fazer isso. Isso revela a tendência de nos enganar e levar a ignorar o fato de que, em vendas, é a tesoura afiada da concorrência que decepa os incompetentes. Nosso campo é livre, o que significa que você tem liberdade para vencer e, não menos para fracassar. Quando colocar do lado de fora sua tabuleta, dizendo ao mundo que é um vendedor profissional, decida dominar sua arte; invista o tempo e o esforço necessários para:

392 | COMO SER UM GRANDE VENDEDOR

Aprender fechamentos múltiplos

Vamos supor que eu tenha acabado de usar o fechamento Ben Franklin e que o cliente me diga o seguinte: "Vou pensar no caso."

Se eu não puder lidar com essa resposta, estarei enrascado — não vou poder fazer a venda naquele dia. Isso significa que, provavelmente, jamais a farei. O hoje é sempre mais certo do que o amanhã.

Construindo pontes

Como você atravessa o riacho que corre entre o fechamento que não funcionou e o outro que você quer tentar? Deve construir uma ponte. Vejamos como:

a) *Peça desculpas.*

Especialmente se acha que pressionou um pouco demais, recue com um rápido pedido de desculpas. Eu costumava dizer: "Sinto muito. Simplesmente me deixei levar. Eu não queria ir tão depressa." O que você está realmente fazendo é pedir desculpas a si mesmo por não ter feito o fechamento. Não se preocupe com isso. Tudo o que significa é que você tem outra oportunidade de praticar mais um de seus muitos fechamentos.

Nessa situação, um de nossos Campeões diz: "Não foi minha intenção pressioná-lo." Ele é sincero no pedido de desculpas porque o Campeão não empurra — ele puxa. Ou seja, puxa fazendo perguntas indicativas.

b) *Enumere os benefícios com os quais o cliente já concordou, utilizando perguntas que provoquem respostas afirmativas:*

- "Sei que o senhor ainda tem muitas perguntas a fazer, mas este modelo é do tamanho que queria, não?"
- "Eu não estaria aqui se o senhor não tivesse uma necessidade, certo?"

- "O senhor não teria me convidado ao seu escritório se não estivesse interessado, correto?"
- "Tudo o que estou tentando dizer é que parece que a grua JLG atende às suas necessidades, não?"

c) *Faça uma pergunta que sugira a resposta.*

Complete o lançamento da ponte para a sequência de fechamento seguinte fazendo uma pergunta que sugira a resposta. Eu costumava fazê-la da seguinte maneira: "Reconheço que passei por aqueles aspectos com grande rapidez, mas eles dizem respeito a pontos que já discutimos e sobre os quais concordamos, não?"

Nesse momento, você está pronto para tentar o fechamento seguinte. Se continuar a empregar essa técnica para passar ao fechamento seguinte, o cliente acabará por comprar o que você está ali para vender.

Por quê?

Porque você conhece mais fechamentos do que ele conhece objeções. Essa não será uma mudança interessante?

Sim, se você andou perdendo negócios porque todos os seus clientes em potencial reagiam naturalmente com mais negativas do que você tinha argumentos positivos. Mas é divertido quando você conhece mais maneiras de fazê-los dizer sim do que eles de dizer não. É em momentos assim que você se torna um Campeão.

O FECHAMENTO DA ALTA AUTORIDADE

Este é devastador — se você o conhece perfeitamente e o aplica da maneira certa. Mais uma vez, vou usar um exemplo para mostrar, em detalhes, como funciona essa técnica. Você pode vender limpeza de tapetes a donas de casa, seguro em grupo para companhias ou obras de arte a colecionadores. O que quer que ofereça, os princípios deste exemplo se aplicam. Tudo o que você precisa fazer é adaptar seu discurso ao produto ou serviço.

A alta autoridade tem de ser exatamente isso: uma pessoa respeitada e conhecida do cliente em potencial. Ele não precisa conhecê-la pessoalmente; basta que saiba de sua existência e posição ou cargo. Se está vendendo equipamento agrícola, vai querer um fazendeiro conhecido; se vende móveis ou serviços para o lar, será bom escolher um líder social de sua comunidade; se vende equipamento industrial, quem atua melhor como alta autoridade do que o executivo de uma grande companhia e em crescimento?

Eis os passos a serem dados para se usar com sucesso esse fechamento:

a) *Selecione sua figura de alta autoridade.*

Você deve estar constantemente à espreita de mais figuras de alta autoridade. Por ora, vamos trabalhar na ideia de adotar uma única. Neste exemplo, você é um vendedor recordista da Brawnybead Welding Equipment Corporation.

A segunda maior fabricante de produtos de aço de sua área, a Finekrax Inc., é uma cliente satisfeita na pessoa de Mark Cade, seu gerente de produção. Você lhe prestou um serviço de primeira classe, escreveu suas cartas de agradecimento, não esqueceu nada — e, claro, suas máquinas Brawnybead estão fazendo um trabalho magnífico na Finekrax Inc.

Mark Cade é uma figura de alta autoridade, ideal para todos os fabricantes de produtos de aço menores da região.

b) *Conte com a ajuda de sua figura de alta autoridade.*

Em uma de suas visitas à Finekrax, depois de a empresa ter adquirido uma dezena de suas máquinas por tempo suficiente para conhecê-las bem, pergunte a Mark Cade se concordaria em falar sobre seu conhecimento das máquinas de sua empresa com outros fabricantes de produtos de aço. Mark concorda porque você fez para ele um bom trabalho de vendas e serviço, com um bom produto, e porque lhe garante que só mencionará o seu nome quando precisar de ajuda com os clientes em potencial que operam no mesmo nível geral dele. Em outras palavras, você promete não incomodá-lo se estiver tentando fechar a venda de um pequeno aparelho de solda a uma oficina de consertos.

c) *Consulte sua figura de alta autoridade antes de tratar da situação de vendas específica.*

Você pretende substituir todas as soldadoras ultrapassadas da Slagfild Iron Works por suas novas Brawnybeads de alta velocidade. A Slagfild é a número quatro em seu território e, nela, Tony Alioto é quem toma as decisões. Enquanto planeja sua entrevista com Tony, você decide que vai precisar do fechamento da alta autoridade, de modo que telefona para Mark Cade e lhe pergunta se ele atenderá a um telefonema, enquanto você estiver conversando com Tony Alioto. Com Mark já avisado, você completa seus planos para uma convincente apresentação a Tony, na Slagfild.

d) *Prepare o cliente para o fechamento da alta autoridade.*

Você sabe que Tony terá as mesmas preocupações com a confiabilidade de suas soldadoras Brawnybead que Mark Cade teve.

As inovações que tornam a Brawnybead uma máquina superior se destacam realmente em condições reais de funcionamento na oficina?

Seu departamento de serviço é realmente tão bom quanto você diz?

No planejamento de sua apresentação, você deve esperar que Tony faça perguntas técnicas específicas. Uma simples demonstração não faz sentido. Tony sabe que sua máquina fará com que duas peças de metal se prendam uma à outra.

Você reconhece que a finalidade principal da entrevista com Tony Alioto é isolar assuntos técnicos específicos e identificar apreensões que ele porventura tenha no que diz respeito ao seu equipamento e à sua companhia. Quando já tiver esclarecido essas questões que o preocupam e se ambos concordarem que essas são todas as razões que o levam a questionar a sabedoria de instalar seu equipamento, você está pronto para iniciar o fechamento. É vital tornar específica essa lista de razões e concordar com o cliente que elas resumem todas as suas reservas. Anote-as em uma folha de papel. Assim que chegar nesse ponto, pegue o telefone na mesa de Tony.

"Você conhece Mark Cade, não?"

"É ele quem dirige a produção na Finekrax, não?"

"O próprio. Ele é um de nossos clientes."

Faça a ligação. Quando Mark Cade atender, diga:

"Estou aqui na Slagfild, com Tony Alioto, e ele tem algumas perguntas a fazer sobre a Brawnyhead."

Entregue o aparelho a Tony e deixe que ele assuma a partir daí. Ele tem sua lista de perguntas, de modo que nada será omitido.

e) *Faça o fechamento depois do telefonema.*

Quando Mark Cade discutir os aspectos técnicos, garantindo a Tony que a Brawnybead está funcionando a contento em sua oficina maior, acabam as apreensões de Tony. Ao terminar a conversa telefônica, você está em condições de perguntar: "Por falar nisso, que data de entrega será mais conveniente para vocês, o dia 1º ou dia 15?"

Se algo acontecer e Mark Cade não puder falar, embora você tenha combinado com ele — afinal de contas, o trabalho dele vem em primeiro lugar — você provavelmente não poderá fechar o negócio nesse dia. Prepare-se para um novo contato em data específica e deixe o número do telefone daquela autoridade para que Tony possa ligar quando quiser. Leve consigo uma cópia das objeções de Tony, de modo que possa retomá-las rapidamente no início do novo contato, partindo daquele ponto em que interrompeu a venda na última vez.

Alguns vendedores evitam o fechamento da alta autoridade porque julgam que todos os concorrentes se odeiam e não cooperarão entre si. Há exceções, mas, como regra geral, o pessoal das companhias que operam no mesmo campo é cordial entre si. Respeitam-se e têm muitas boas razões para cooperar, e a menor delas não é a possibilidade de que, no futuro, possam procurar emprego em outra companhia da mesma indústria. Se você, por acaso, encontrar um dos poucos casos de inimizade entre concorrentes, simplesmente recue — mas não suponha que haverá problema em avançar. A verdade é que a maioria das pessoas nas empresas vive ocupada demais para desperdiçar energia odiando seus concorrentes. E essa "consultoria" representa um grande reforço ao ego de alguém ser considerado uma alta autoridade.

Esse fechamento é poderoso. Eu sei disso porque os representantes da Tom Hopkins/Champions Unlimited aproveitaram esta técnica de nossos vídeos de treinamento para reforçar as vendas. (Eles utilizam todas as outras também — e com bons resultados.) Outros funcionários da equipe de vendas da Champions Unlimited estão sempre à espreita de mais altas autoridades às quais recorrer em suas próprias atividades de venda. Não se contente com uma única, porque pode desgastar, pelo uso, qualquer alta autoridade a que recorra sempre. Todo cliente satisfeito é uma alta autoridade em potencial para outros. Não esqueça isso enquanto estiver trabalhando com os clientes — esse é mais um estímulo para, com um sorriso, prestar aquele serviço extra.

O método da história de caso

Médicos mantêm um registro atualizado do estado de cada um de seus pacientes. Por quê? Porque são profissionais e sabem que não podem se lembrar de todos os detalhes importantes a respeito de cada um deles.

Você tampouco pode se lembrar de todos os detalhes importantes a respeito de todos os clientes. Assim, mantenha um arquivo dos casos e, depois de concluída a venda, use-o para resumir o histórico do caso com um lembrete que lhe aponte o respectivo benefício. O cliente comprou, quais foram suas grandes objeções, como você as afastou e eliminou todas as circunstâncias ou problemas especiais que encontrou e que podem voltar a surgir com outro cliente.

Redija memorandos resumidos para si mesmo. Crie uma forma simples ou utilize o formato de esboço. Em seguida, transforme em

398 | COMO SER UM GRANDE VENDEDOR

hábito semanal o estudo de seu crescente arquivo de histórias de caso e relatórios de vendas que mostram seu sucesso.

Logo você vai descobrir que esse arquivo é valiosíssimo. Ao anotar e resumir todos esses dados, você estará focando a atenção nos elementos decisivos, que geram vendas. Destacará logo os pontos fortes e fracos, de modo a habilitá-lo a explorar os primeiros e corrigir os segundos, a identificar mais rapidamente as tendências sutis e mostrar onde seu trabalho de busca por novos clientes terá os melhores resultados.

O FECHAMENTO DA SITUAÇÃO SEMELHANTE

Quando se trabalha com um cliente que apresenta uma objeção ou tem um problema semelhante a outro que você já superou, é possível falar a ele sobre a situação anterior. E é isso o que o vendedor comum faz.

O Campeão, por sua vez, tem os fatos documentados em seu arquivo de casos. Quando tira de sua pasta um memorando que mostra como outra companhia solucionou o mesmo problema, o cliente fica impressionado — e se convence.

Você, por exemplo, está trabalhando com a Zap Corporation, e sabe que ela pode aumentar os lucros se utilizar sua grua JLG. Mas essa despesa não está prevista no orçamento da empresa e o dono pensa em adiar a compra até o ano seguinte. Em seu arquivo de casos, você tem um registro da Yip Company, que adiou por um ano a compra da grua e acabou pagando mais 14%. Não só isso, a Yip Company também perdeu US$36 mil em lucros por não dispor da JLG naquele ano. Você dispõe desses números e eles serão boa munição para abrir, com uma explosão, as portas orçamentárias da Zap Corporation.

Padrões sazonais de atendimento de pedidos podem ajudá-lo no fechamento de uma situação semelhante. A Wup Industries encomendou a grua JLG no primeiro trimestre do ano, seu período de pico de vendas, e teve de esperar quatro meses pela entrega. Tudo isso consta de seu arquivo de casos. Neste momento, em novembro, você pode oferecer à Zap Corporation uma entrega no prazo de três semanas, mas o tempo está ficando curto. Você fecha o negócio com base no fato de que a empresa tem de agir agora, se quiser entrega rápida.

O FECHAMENTO
"MINHA-VELHA-E-QUERIDA-MÃE"

Este tipo é bem interessante. Na situação certa, realmente rende bons frutos. A fim de usá-lo, você tem de falar com a mãe de alguém — a sua, se possível, a de outrem, em caso contrário — e dizer: "Uma velha e querida mãe que significa muito para mim..."

Em primeiro lugar, você pede à sua mãe que repita um conselho que ela provavelmente lhe deu há muitos anos e que você esqueceu. "Mãe, você quer me dizer, palavra por palavra, que *quem cala consente?*" Depois que ela responder, preste atenção ao que ela disse. (É absolutamente essencial passar por essa etapa de falar com sua mãe — ou com a mãe de outra pessoa — antes de adotar essa técnica. A menos que exija honestidade de si mesmo, você não pode projetar uma imagem convincente de integridade.) Vejamos como utilizar o conselho de sua mãe.

Mas voltemos às palavras de J. Douglas Edwards: "Depois de fazer uma pergunta de fechamento, cale a boca. O primeiro que falar perde."

Trata-se de um bom conselho. Entre 90% e 95% dos casos, se você agir de modo diferente e falar primeiro, perde. Assim, não vá contra ele até que esteja acima da média e começado a procurar aqueles últimos 5% ou 10%, até que tenha aprendido quando a tensão prejudica o fechamento, em vez de consumá-lo, até que saiba como quebrar a tensão e ainda fechar o negócio. É nesse momento que entra na história a velha e querida mãe. Se você anda se perguntando o que ela fez por você nos últimos tempos, eis a sua resposta.

Essa técnica pode ser sua salvação quando você se vê envolvido em uma série de silêncios, enquanto passa de um fechamento para outro com o mesmo cliente em potencial.

400 | COMO SER UM GRANDE VENDEDOR

Se você conhecer um modo inteligente de aliviar a tensão, a pressão se transforma em humor. Em riso explosivo, às vezes. Muita gente pode suportar pressão, mas o riso pode acabar com sua resistência.

Assim, quando a pressão se mantiver por vários segundos após seu último fechamento e estiver se tornando mais pesada na sala, sorria subitamente de uma orelha a outra e diga: "Minha velha mãe dizia: 'Quem cala consente.' Tinha razão, ou não?"

O cliente geralmente ri — e rir é como falar — significa que você venceu, que está fechando o negócio. Trata-se de uma técnica secundária e para emprego apenas em situações em que a intuição lhe diz que é a certa. Rompe a tensão e funciona.

Mas não a empregue sem ter falado com sua mãe.

O FECHAMENTO "VOU PENSAR NO CASO"

Deve haver alguém andando por todos os Estados Unidos dando seminários sobre como adiar decisões, porque todos os clientes em potencial conhecem essas técnicas.

"Vou pensar no caso."
"Vou pensar até amanhã a esse respeito."
"Não fazemos nada às pressas."
"Vamos deixar a ideia cozinhar um pouco."
"Deixe aqui seu material e vamos examiná-lo com calma."
"Por que não volta amanhã (na próxima semana, depois dos feriados) para saber qual foi nossa decisão?"

Quando ouvir uma dessas frases depois de ter aprendido este fechamento, você vai pensar: "Este está no papo." O cliente espera que você diga tudo bem e vá embora, porque é isso que o vendedor comum faz. E se você fizer isso, eles vão pensar no caso?

Claro que não. Assim que você sair, novos problemas surgirão. E o cliente esquecerá por completo de sua proposta.

De repente, é amanhã, a semana seguinte, ou depois dos feriados. Você volta e pergunta: "Processou minha proposta em sua máquina de pensar, como disse que faria?"

Ele não quer contar a verdade, porque teria de dizer algo como: "Não, não tive tempo de pensar nisso nem por um segundo. Estamos exatamente onde estávamos quando você esteve aqui na última vez." Se disser isso, ele parecerá ineficiente. Neste caso, o que vai dizer?

"Sim, estudamos com todo cuidado sua proposta, mas lamento dizer que não vamos comprar agora. Vamos manter sua proposta em arquivo e, se as coisas mudarem, telefonaremos para você."

O que você pode fazer? Nada. Você está morto — porque deu um tiro no próprio pé.

Eis o que o Campeão faz quando o cliente recorre à ladainha do tipo vou-pensar-no-caso:

a) *Concorda com ele.*

"Tudo bem, Harry. Evidentemente, você não teria usado seu tempo para pensar na proposta se não estivesse seriamente interessado, certo?"

O que ele vai dizer: "Ah, nós estamos interessados. Pode apostar. Vamos pensar mais no caso."

Ajuda colocar nos lábios um corajoso sorriso e agir como derrotado enquanto faz a pergunta, como se você estivesse pensando: "Muito bem, você venceu. O que eu posso dizer?"

b) *Confirme o fato de que ele vai pensar no caso.*

"Como você está interessado, suponho que vai estudar o caso com toda atenção." Pronuncie as três últimas palavras lentamente, com um leve toque de ênfase.

O que ele vai dizer? Como você se comporta como se fosse embora, como se estivesse entregando os pontos, ele diz que sim.

402 | COMO SER UM GRANDE VENDEDOR

c) *Faça-o se afligir.*

"Harry, você não está dizendo isso para se livrar de mim, está?" Você deve agir como se estivesse liquidado, neste ponto.

Ele responderá algo assim: "Ah, não! Você é o maior. O pequeno modelo? Eu o adorei. Meus filhos também o adoraram."

d) *Esclareça e enfie mais a faca.*

"Apenas para esclarecer minhas ideias, você quer refletir sobre *a integridade de minha companhia*?" Observe como uno as duas frases. Falaremos mais a esse respeito adiante.

O que ele vai dizer? "Não, sua companhia é grande."

"É a minha integridade pessoal?"

"Ah, não, acreditamos que você realmente é o maior", diz Harry.

"É a capacidade da grua de içar as cargas?"

"Não, não. Nós concordamos a esse respeito. A grua tem capacidade para erguer as cargas."

"É sua agilidade?"

"Não, a agilidade é boa."

"É? É? É?" Sempre que o cliente diz não, está, essencialmente, dizendo *sim*, não?

Esta técnica lhe permite listar os benefícios que está oferecendo ao cliente, e você faz isso de modo sutil e elegante. Não discuta. Não diga a ele. Pergunte.

Perguntar sobre o quê?

Acerca de todos os benefícios ou aspectos que o cliente deseja e que você pode fornecer.

"É a velocidade da grua?", pergunta você.

"Não. Para dizer a verdade, acho que a velocidade de sua grua é um ponto altamente positivo."

O que a pessoa vai dizer quando você tiver aprendido a técnica e usá-la de modo eficaz? Ela dirá a si mesma: "Eu sei o que ele está fazendo." Neste caso, em que ela vai se agarrar?

Em uma das objeções. E, quando agarrar-se a ela, o que ela significa para você?

A objeção final.

Bem, se ela está concordando com você em tudo, o que provavelmente vai surgir como última objeção?

O dinheiro.

"É o dinheiro envolvido na compra da grua JLG?"

O que ela dirá? "Bem, não costumamos gastar uma soma tão elevada assim sem pensar bastante no assunto."

"Neste caso, o problema, realmente, é o dinheiro, certo?"

"Sim, é."

Neste caso, o que eu consegui? Muita coisa. Acabei com a rotina do vou-pensar-no-caso-e-esquecer. Cheguei à verdadeira objeção, que é dinheiro.

E isso nada tem de novo, certo? O dinheiro é a principal objeção que temos de enfrentar em todas ou quase todas as vendas, não?

O problema com essa história de vou-pensar-no-caso é que se trata de uma objeção relevante. Constitui uma colônia inteira de fantasmas e não há nada em que possamos nos agarrar. Desmascare esses fantasmas, como nós fizemos, chegue à objeção final e, então, poderá usar os seis passos para fechar a venda em face de uma objeção final, que já lhe ensinamos.

Mas, por favor, tenha cuidado quando vierem com a antiga rotina do vou-pensar-no-caso. Não diga a si mesmo "Ah, é a questão do dinheiro, novamente", nem ponha toda a sua munição em um único lance, indo direto ao assunto: "É o dinheiro?"

Por que não?

Se fizer essa pergunta logo no início, ele responderá: "Não, não é dinheiro. Queremos apenas pensar bem em toda a proposta."

Essa resposta o liquida de vez. A partir desse ponto, para onde você pode conduzi-lo? Agora terá de levá-lo a reconhecer que mentiu, antes de reconhecer que a questão se resume ao dinheiro. Uma vez que você está quase certo de que dinheiro será realmente a objeção final dele, tudo o que pode fazer é ir embora — ou ficar por algum tempo e andar

404 | COMO SER UM GRANDE VENDEDOR

em círculos com perguntas do tipo "É o...?" que não levam mais a parte alguma. Sua única esperança é, em algum momento, trazê-lo de volta à questão do dinheiro e fechar nessa objeção final. Em uma situação assim, é preciso quase um milagre para que isso aconteça.

Este fechamento, como os demais, funciona apenas se você seguir todos os passos e usá-lo corretamente. Atalhos cortam sua garganta.

Neste fechamento, ocorre um momento crucial em que você diz: "Apenas para esclarecer minhas ideias, o ponto sobre o qual quer refletir se resume à integridade de minha companhia?" Lembre-se de que uma pausa aqui pode, muitas vezes, transformar-se em um desastre completo. Não divida este elemento, que é o mais importante do fechamento, em duas sentenças: "... Sobre o que você quer refletir? Sobre a integridade de minha companhia?" Não faça pausa nem mesmo eleve o tom de voz para indicar uma pergunta depois da palavra *refletir*.

Por que isso é importante? Porque, se você fizer uma pausa, ele vai retrucar: "Vou querer refeltir sobre toda a sua proposta." Isso vira a canoa de vez — e tudo o que você pode fazer na sequência é nadar para a praia.

e) *Confirme que a questão é o dinheiro.*

Você precisa ter certeza de que não está lidando mais com fantasmas. Não há vantagem alguma em tentar fechar no problema do dinheiro se o cliente não tem certeza de que compraria, mesmo que, para ele, essa fosse uma boa decisão. Qual a importância para ele de quanto custa o produto, se não o quer?

Quando parece que a questão se resume a dinheiro, você praticamente terá chegado à boca da mina, se tratar a situação da maneira certa — e, portanto, trate-a assim. Pergunte se há alguma outra coisa sobre a qual tenha dúvida, exceto a questão de dinheiro. Assegure-se de ter chegado à barreira final antes de irromper por ela com o fechamento seguinte.

O FECHAMENTO DA REDUÇÃO AO RIDÍCULO

Alguma vez você já ouviu a seguinte frase "É mais do que queríamos pagar"? Eu, sim — nove milhões de vezes. E nunca vendi muito. Até haver aprendido a superar essa objeção em suas várias formas.

Nós, vendedores, tendemos a pensar no investimento total quando enfrentamos a objeção do tipo custa-demais. Aí é que está o grande problema. Em vez disso, procure a diferença. Você, por exemplo, está vendendo copiadoras de alta velocidade para escritório. O investimento total necessário é de US$10 mil.

O primeiro passo consiste em descobrir quanto é demais. Quando ele disser que o produto custa muito, responda, de maneira afável e agradável: "Hoje em dia, parece que muita coisa custa. Podia me dizer o quanto mais acha que custa?"

Vamos supor que o cliente diga que seu orçamento é de apenas US$8 mil para a copiadora. O problema não é mais de US$10 mil, é? O cliente nunca esperou obter seu produto ou serviço de graça. Não, nesse caso, o problema de dinheiro é de apenas US$2 mil. E é desse ponto que você deve começar, da diferença, da importância menor. Quando descobrir qual é a diferença, deixe de falar a respeito do investimento total. Na realidade, não é com isso que ele está tendo problemas, concorda?

Vamos continuar com nosso exemplo de copiadoras de alta velocidade. A cliente é Ruby Wellman. Ela está interessada no modelo, que implica o investimento total de US$10 mil. Ruby fez um orçamento de apenas US$8 mil. Eis como fazemos:

"Assim, na realidade, estamos falando apenas sobre US$2 mil, não, Ruby? Muito bem. Acho é que devíamos ter o cuidado de colocar isto na perspectiva certa. Pegue aí."

Entregue sua calculadora a ela.

"Vamos supor que você adquira nossa copiadora Superpow. Acha que a usaria por uns cinco anos?"

"Mais ou menos isso", concorda Ruby.

"Muito bem, divida US$2 mil por cinco anos e chegamos a US$400 ao ano, certo? Bem, sua companhia usaria a Superpow por umas cin-

406 | COMO SER UM GRANDE VENDEDOR

quenta semanas ao ano, não? Se pegar US$400 e dividir por cinquenta, obteremos US$8, correto?"

Claro que os números com que você trabalhará não serão assim tão redondos — e é por isso que você pede à cliente que faça as contas na calculadora. Não se esqueça de que, ao fazê-la usar sua calculadora, você está, em essência, utilizando um pequeno fechamento que implica participação física.

Então, continuamos:

"Eu sei que muitos trabalham em fins de semana neste escritório, fazem muitos serões, de modo que acho que seria razoável dizer que a copiadora seria usada sete dias por semana. Certo? Você podia, por favor, dividir US$8 por sete? Quanto obtemos?"

"Um dólar e 33 centavos", respondeu Ruby.

Você sorri e diz:

"Você acha que devemos permitir que esta quantia se interponha entre sua companhia e os lucros, o aumento de produção e a ampliação da capacidade de receber encomendas que a Superpow lhe dará?"

"Bem, eu não sei."

"Ruby, posso saber qual é o cargo inicial de remuneração mais baixa neste escritório e, aproximadamente, qual é o salário?"

"As moças que servem café ganham US$8 por hora. É o salário mais baixo."

"Mais ou menos US$8 por hora. Desse modo, o valor de US$1,33 de que estamos falando comprará uma hora de trabalho de seu funcionário de salário mais baixo."

"Bem, quando você coloca a questão dessa maneira, sim."

"Ruby, quero lhe fazer mais uma pergunta. Esta máquina de alta velocidade, com todos os seus recursos sofisticados e aspectos de economia de tempo — todos os benefícios que discutimos —, não dará mais lucros à sua companhia em um dia inteiro do que uma moça de café em uma hora?"

"Sim, acho que sim."

"Neste caso, nós concordamos, não? Por falar nisso, que data de entrega seria mais conveniente para sua programação... dia 1º ou dia 15?"

Talvez, você esteja pensando em algo como: "Poxa, eu não poderia fazer isso."

Por que não?

Acho que posso dizer seguramente que dinheiro é uma objeção que, com frequência, você vai encontrar enquanto trabalhar na área de vendas. Nesse caso, será possível atingir seu potencial pleno sem saber como lidar com essa objeção?

Claro que não. Adapte a técnica apresentada à sua oferta. Elimine seus defeitos em conversa com um amigo, decore todas as palavras, tenha todos os números na ponta da língua e *use-a*. Os resultados de suas vendas mostrarão uma diferença extraordinária.

Se você realmente tem um entrave com algum desses fechamentos, decida que tudo estará bem se fracassar em um deles, mas o que não ficará bem é deixar de aprendê-los e usá-los. Resolva usar cada um deles dez vezes — e, naturalmente, dê o máximo de si quando fizer isso. Se decidir não tentar, você terá fracassado inteiramente, estará marcando zero no placar e não irá a parte alguma. Mas, se tentar cada fechamento dez vezes, obterá algum sucesso. Tente mais dez vezes e os sucessos se multiplicarão. Experimente cada um deles mais dez vezes e você voará alto, comerá lagosta e só usará ternos sob medida.

Se qualificou o cliente e ele precisa dos benefícios, você tem o direito de reduzir a uma quantia ridícula sua objeção final, não? Claro que tem. Não é ridículo da parte dele deixar que uma soma insignificante o impeça de desfrutar dos benefícios a que aspira? E não seria ridículo de sua parte ignorar essa técnica poderosa para ajudá-lo a ter o que ele necessita?

Mas, aqui, cabe um aviso quanto ao fechamento da redução ao ridículo: você precisa conhecer bem seus números. Com uma calculadora, você pode elaborar facilmente uma tabela como a que apresento a seguir e que se aplique a seu produto ou serviço.

Ignore os períodos que não se aplicam ao que você está fazendo. Quando começar a fazer uma apresentação, você provavelmente não saberá que importância vai reduzir no caso daquele cliente — mas saberá o período, certo? Se estiver vendendo máquinas de escritório, tente um período de cinco anos; se o produto for elevador para hotéis, experimente 40 anos.

408 | COMO SER UM GRANDE VENDEDOR

Facilite o conhecimento desses números: utilize um único número-chave. Se você representa as Copiadoras Superpow, precisa se lembrar de apenas US$0,57, porque é a isso que se reduzem US$1 mil em um período de cinco anos.

TABELA DE VALORES REDUZIDOS AO RIDÍCULO
(CUSTO POR DIA BASEADO EM 50 SEMANAS POR ANO,
7 DIAS POR SEMANA)

PERÍODO	IMPORTÂNCIA REDUZIDA		
	US$100	US$1 mil	US$10 mil
3 anos	US$0,10	US$0,95	US$9,52
5 anos	US$0,06	US$0,57	US$5,71
10 anos	US$0,03	US$0,29	US$2,86
25 anos	US$0,01	US$0,11	US$1,14
40 anos	—	US$0,07	US$0,71

Se o cliente lhe aponta uma diferença de US$2 mil, você simplesmente duplica US$0,57 e obtém US$1,14. Antes que ele possa calcular a resposta, você sabe qual deve ser e, se ele cometer um erro, você pode guiá-lo novamente com jeito, a fim de eliminar o erro, em vez de se retirar, confuso.

Suponhamos que ele lhe fale em uma diferença de apenas US$300 e que o único número decorado tenha sido o mesmo US$0,57. Eis um modo fácil de calcular. Arredonde os US$0,57 para US$0,60. Uma vez que 100 é um décimo de 1.000, um décimo de US$0,60 será a redução para US$100. Ou seja, US$0,06. Multiplique US$0,06 por três e obterá US$0,18. Custará ao cliente apenas US$0,18 por dia, acima do orçamento, para conseguir o benefício que deseja.

Agora, vamos imaginar que você venda elevadores e utilize o período de quarenta anos. A diferença de US$1 mil importa em apenas US$0,07 por dia. O interessante é que uma diferença de US$1 milhão custa a ele menos de US$72 por dia em uma perspectiva de quarenta anos. (Simplesmente mova o número na coluna de US$10 mil dois pontos decimais para a direita, a fim de conseguir o número redondo para 1.000.000.)

Conheça seus números. Eles são fantásticos.

O FECHAMENTO NEGATIVO

O conceito de venda negativa é muito simples: se você expressa dúvida sobre a capacidade do cliente de fazer alguma coisa, ele a fará justamente para provar que você está errado.

Embora essa técnica poderosa possa ser usada para vender praticamente qualquer coisa, uma das melhores situações para seu uso ocorre quando o cliente tem de se qualificar a um financiamento para efetuar a compra. Embora ele ainda não esteja resolvido definitivamente a comprar, você prepara esse fechamento semeando nele a dúvida acerca de sua possibilidade de fazer a compra. Como ocorre na maioria dos aspectos da venda, a escolha do momento é crucial nesse ponto. A menos que você retarde a criação da dúvida até que duas coisas tenham acontecido, sempre perderá o cliente. Vejamos os dois aspectos fundamentais, essenciais, ao fechamento negativo:

a) O cliente mostrou grande interesse por um produto ou serviço específico que você vende.

b) O cliente precisa estar consciente de você como uma personalidade distinta.

Se nada que ofereça despertar o interesse do cliente, ele simplesmente irá embora quando você manifestar dúvida. E, se você nada mais for do que uma mancha indistinta para ele, ou seja, se ele não o identificar como um ser humano vivo, não saberá ou não se importará se você duvidar dele. Varia muito o tempo necessário para obter essa reação. Vendedores que se vestem com bom gosto muitas vezes conseguem esse efeito de imediato. Quando o cliente começar a conversar com você, e não falar para você, terá conseguido a reação necessária.

Quando conseguir isso e o cliente se interessar por algo específico que você pode vender para ele, comece a armar o fechamento. Vejamos o que pode dizer:

"Como o senhor sabe, um dos maiores problemas que temos para fornecer (mencione seu produto ou serviço) é conseguir que as pessoas se qualifiquem. E coisas muito estranhas acontecem. Um dia desses, atendi um cliente com uma renda de (cite uma cifra anual que qualifique a compra em questão) e ele me pareceu realmente muito bom. Mas, quando solicitamos financiamento, houve recusa. O cliente ficou muito contrariado. Disse que o crédito dele era bom, mas isso não fez a menor diferença. Às vezes, a gente se depara com situações muito esquisitas."

Depois desse trabalho preliminar, continue com a apresentação até chegar a hora de fechar. A essa altura, o cliente já estará interessadíssimo em seu produto. Não disse "Vou levar", mas você sabe que ele quer. Como a maioria dos compradores, ele não consegue tomar a decisão sem ajuda. No passo seguinte, você diz:

"Por falar nisso, tem certeza de que poderá se qualificar para este modelo, se o quiser? Talvez seja melhor o senhor não se interessar tanto, neste momento. Não vamos deixar que as esperanças de sua esposa aumentem demais. Nem as suas. Antes de continuar, será melhor verificar se pode tê-lo, se de fato o desejar."

O que vai passar pela mente dele nesse momento? Vai começar a provar a você que pode se qualificar. Eis, então, como você fecha:

"Eu lhe digo o que podemos fazer. Vamos preencher este pedido de crédito. Assim que estiver pronto, posso lhe dizer, com razoável certeza, a chance que teremos de que o senhor possa se qualificar."

Nesse momento, preencha o formulário para solicitar crédito ou empréstimo ao consumidor. Se você sabe como qualificar, antes de fazer cinco perguntas, saberá se ele se qualificará ou não. Ainda assim, preencha o formulário até o fim — se o comprador se qualificar. Feito isso, permaneça no mesmo lugar olhando por um instante a papelada. Em seguida, pegue um bloco e comece a anotar números nele. Trabalhe em silêncio mortal. Nem mesmo olhe para o comprador. Depois de pelo menos três minutos, durante os quais só é possível ouvir o som de seu lápis riscando o papel, recoste-se e diga: "Sim, acho que dá." Vire em seguida o formulário para ele e diga: "Assine aqui."

Aliviado porque se qualificou, ele assina. E, quando o faz, significa que você vendeu.

Essa tática de dúvida acerca da capacidade do cliente de fazer algo pode ser um fechamento eficaz de último recurso em situações em que não se faz qualificação prévia. Vamos supor, por exemplo, que você esteja vendendo a um órgão governamental ou a uma grande empresa. Em tais casos, a dúvida se relaciona com o nível de autoridade do interlocutor.

Mas você terá de trabalhar com muito cuidado nesta área, ou fará um inimigo em vez de uma venda, especialmente se a outra pessoa não tem muito poder. Mas, se todo o resto falhou e você está convencido de que não tem nada a perder, comece a fazer perguntas sobre comissões e juntas. Lamente que ninguém mais possa tomar decisões por causa da grande burocracia. Faça isso com dedicação e, frequentemente, sairá com um pedido, quando já havia desistido.

Uma terceira área em que o fechamento negativo funciona bem e com frequência é aquela que envolve clientes que pagam à vista, mas de temperamento agressivo. Muitos deles jamais gastam muito dinheiro, a não ser para mostrar a algum vendedor como são importantes. Dê esse prazer a eles — e eles pagarão com satisfação.

O FECHAMENTO DO CACHORRINHO

Se você puder — e quiser — usar esse fechamento, ele o enviará em cruzeiro ao redor do mundo no melhor camarote do navio. O cachorrinho é mais ou menos um paradoxo, porque se trata da sequência de fechamento mais poderosa nos casos de muitos produtos e serviços, embora, na realidade, elimine a necessidade do fechamento. De modo que desmente tudo o que venho dizendo nestas páginas sobre o assun-

412 | COMO SER UM GRANDE VENDEDOR

to. Não se preocupe com isso, pois funciona. Os próprios compradores fecham o negócio. Você precisa apenas ter a certeza de usá-lo com a pessoa certa. E precisa estar vendendo um produto ou serviço da mais alta qualidade. Se esse é o seu caso, recoste-se e pegue o dinheiro.

Também é preciso ter coragem para usar o cachorrinho e disposição para ser diferente. Você deve lembrar que, no Capítulo 5, falamos de renunciar ao que tem para conseguir o que deseja. Não há jeito melhor para começar a fazer isso do que com o cachorrinho. Contudo, se você for o vendedor mais novo do escritório, talvez tenha de esperar um pouco até que a gerência o deixe usá-lo. Descubra. Diga a ela que garante o crédito.

A resposta da gerência pode ser: "Garantir com o quê?" Isso significa que você está caminhando muito rápido. Para seu próprio bem, espere até ter usado outros fechamentos e conseguido um lugar no terço superior da produção de vendas em seu escritório. Essa situação lhe dará influência suficiente para que seja aprovado o uso do cachorrinho. Em seguida, use-o devidamente e ele o lançará na elite dos 5% que realmente ganham dinheiro em vendas.

Vejamos como funciona esse fechamento. Você vende seu produto ou serviço exatamente como faz com um cachorrinho. Como você vende aquele cachorrinho fofo?

Deixa que o levem para casa.

E o que, então, acontece? O cachorrinho encosta o nariz úmido no rosto do cliente. Olha para ele com aqueles seus grandes e doces olhos. Choraminga quando ele se afasta. As crianças o adoram — e, de repente, não há maneira de você tomá-lo delas. É igualmente simples com produtos e serviços de alta qualidade, fornecidos por companhias que se dedicam a dar satisfação a seus clientes.

Vender equipamentos é o que há de mais diferente em comparação a vender cachorrinhos — será mesmo? Antes que você responda a essa pergunta, quero falar a respeito de uma pessoa conhecida que fabrica peças de metal. Certo dia, o vendedor de uma máquina muito cara de trabalhar metal procurou meu amigo no escritório. A máquina era muito grande, e o vendedor, evidentemente, não a levava consigo. Mas carregava brochuras, especificações, amostras do trabalho realizado pela máquina e também uma boa ideia de como vendê-la. Veja o que aconteceu.

A máquina era mais rápida e mais versátil, e trabalhava com tolerâncias mais estreitas do que tudo aquilo que meu amigo jamais possuíra. E também custava dez vezes mais do que ele já pagara por uma única peça de equipamento, de modo que não iria comprá-la. Meu amigo era o tipo de gerente que só comprava máquinas usadas. Tinha trabalho para justificar a compra da máquina e, apertando-se um pouco, poderia pagar por ela. Isso significava que ele não podia realmente deixar de tê-la, certo? Meu amigo, porém, não via a coisa desse jeito. Disse-me mais tarde que nunca havia, de fato, pensado em comprá-la. Por melhor que fosse a máquina e por mais lucrativo que fosse possuí-la, o custo era mais do que ele podia suportar do ponto de vista emocional, não financeiro. Compradores são muitas vezes vítimas de seu estado de ânimo, certo?

O vendedor disse:

"Vou lhe dizer o que faremos. Não quero que compre a máquina, a menos que estejamos convencidos de que é a indicada para sua oficina. Se puder arranjar espaço para ela, mandarei instalá-la. Experimente-a por algum tempo em seu trabalho. Isso não vai lhe custar nada."

"Por quanto tempo posso ficar com ela?", perguntou meu amigo, já pensando em duas corridas de produção que poderia tirar da nova máquina. Se ela fizesse tudo o que o vendedor dizia, sabia que economizaria muito em custos salariais.

"Bem", respondeu o vendedor , "o senhor vai precisar de duas ou três semanas para verificar realmente o que ela pode fazer, não? Que tal se eu deixá-la aqui por um mês?"

Assim que a máquina chegou, meu amigo a colocou imediatamente em funcionamento. Em quatro dias, havia feito todos os trabalhos programados. A qualidade subira e os custos haviam caído. Mas, naquele momento, a nova e lustrosa máquina estava ociosa. Meu amigo olhou-a e concluiu que teria de dar um jeito sem ela. Ela era simplesmente cara demais. Mais ou menos nessa ocasião, o vendedor telefonou.

414 │ COMO SER UM GRANDE VENDEDOR

"A máquina está funcionando bem?"

"Sim, está."

"Tem alguma pergunta ou precisa de mais alguma instrução sobre como usá-la?

"Não", respondeu meu amigo e preparou-se para o fechamento. Que não houve. O vendedor disse que estava contente porque a máquina continuava a funcionar bem e desligou.

No dia seguinte, meu amigo foi à oficina e notou que a nova máquina estava produzindo peças. O operário da oficina estava realizando uma pequena tarefa para a qual meu amigo não havia pensado em usá-la. Aproximou-se e observou a máquina por alguns minutos. Durante toda a semana, notou que a máquina era usada com frequência. Como dissera o vendedor, ela era rápida e versátil.

A fábrica de meu amigo é um lugar barulhento. Os operários usam protetores de ouvidos. Está sempre suja e, com frequência, faz um calor infernal. Não era o tipo de lugar onde se esperaria que alguém se apaixonasse por um cachorrinho, sob a forma de uma máquina grande, clangorosa, que mastigava metal. Mas foi isso o que aconteceu. Quando meu amigo disse que a nova máquina logo seria devolvida, o ajudante começou a lhe dar o que pareceu uma lista interminável de razões para conservá-la. Os operários fizeram coro com ele e, quando deu por si, meu amigo dizia: "Bem, vou pensar no caso."

Quando o vendedor apareceu, um mês depois, meu amigo tinha pronta a ordem de compra. Não iria perder o cachorrinho de sua oficina.

16. Muita gente louca por dinheiro

O produto ou serviço que você vende ou o local onde trabalha são menos importantes do que suas técnicas, planejamento do tempo e determinação de fazer o que for mais produtivo em todos os momentos para organizar, planejar, preparar, aprender e pôr em prática novas técnicas, além de colocar em ação tudo isso. Se você se apropriar de todos esses hábitos dos Campeões, também será um deles. Terá o prestígio, o dinheiro, o reconhecimento e a aceitação de todos os Campeões. Muitos querem descobrir as razões pelas quais não conseguem fazer isso. Quando ouvimos falar em um vendedor que aufere uma renda acima de US$100 mil, tendemos a dizer: "Aposto que ele vende produtos que valem milhões de dólares."

Mas a verdade é que esse raramente é o caso. Não há tantos compradores assim para mercadorias de milhões de dólares. A maioria daqueles que ganham muito vende produtos ou serviços comuns: seguros, automóveis, casas e muitos outros que, em geral, não são tão caros assim. Evidentemente, eles também não vendem pipoca ou balas na porta de cinemas. Qualquer que seja o preço de seu produto, você pode utilizar os segredos dos Supercampeões. Estou falando agora a respeito dos grandes, dos que ganham em uma boa semana o que o vendedor típico ganha em um ano. Vamos conversar a respeito de oito sistemas que os grandes adotaram para transformar ninharias em milhões.

COMO SER UM GRANDE VENDEDOR

TRANSFORME NINHARIAS EM MILHÕES

Os Supercampeões e a maioria dos altos produtores combinam todas as técnicas discutidas neste livro para transformar uma base de recomendações de clientes em uma operação permanente, que continua a gerar seu próprio impulso. O vendedor comum tem dificuldade em conseguir recomendações das pessoas a quem vende; o Supercampeão as obtém com frequência, após uma breve conversa telefônica, de pessoas que nunca viu. O Supercampeão pagou o preço necessário para obter essa perícia e tem confiança o bastante para tirar dela o máximo de proveito. "Coisa alguma faz tanto sucesso quanto o sucesso", escreveu há cem anos Alexandre Dumas, e essas palavras nunca foram mais verdadeiras do que hoje. A fim de ser bem-sucedido, reúna a expertise e os conhecimentos que são os instrumentos para o sucesso. Em seguida, use-os.

Tendo feito isso, você estará apto para os oito sistemas que se destinam a realçar os valores com que você trabalha.

SISTEMA 1: MULTIPLIQUE DINHEIRO

As pessoas que têm interesse por seu produto vivem cercadas por outras com as mesmas aspirações, interesses e poder aquisitivo. Todas as pessoas para quem você vende podem ser multiplicadas pelo número de seus amigos, que são clientes em potencial de sua oferta.

A família norte-americana típica tem, em média, 2,5 carros, mas o vendedor típico de automóvel para quando apenas vende um para essa família. Por quê? Porque ele está programado para trabalhar somente com as pessoas que entram no seu salão de exposição. É estranho para ele o conceito de que todos os compradores são bases de recomendação para mais vendas. O Campeão, por sua vez, cultiva os compradores e multiplica cada venda por um fator de dois, três, cinco, às vezes até dez ou mais ao longo de um período.

TOM HOPKINS | 417

O arrendamento constitui outro ramo de potencial explosivo, em razão de seus efeitos multiplicadores. Para cada carro arrendado a um indivíduo, você pode passar vários arrendados para amigos dele e, daí em diante, para amigos desses amigos. A certa altura do processo, você arrenda uma frota porque presta serviço, continua a pensar grande e faz as perguntas certas. Grave bem este pensamento em sua memória:

**Se ele aceita um, ele ou seus amigos
aceitarão sempre mais.**

Você tem de fazer o trabalho, claro. Tem de trabalhar com eles, certificar-se de que estão satisfeitos com o serviço e resolver rapidamente eventuais problemas. Assim, lembre-se também desta ideia:

**Trabalhe com cada comprador como se
ele representasse mil recomendações.**

Vamos pensar nisso por um instante. Suponhamos que você tenha feito apenas uma venda esta semana. Contudo, prestou bons serviços ao cliente e conseguiu dele quatro dicas qualificadas de antemão.

Na segunda semana, você trabalha com essas quatro dicas e vende o número que deve vender, 50%. Assim, faz duas vendas. Também consegue quatro dicas de cada um dos novos compradores. Na terceira semana, você trabalha com oito dicas, vende a metade e consegue fechar quatro vendas.

Agora, por favor, pegue papel e lápis e veja com seus próprios olhos, porque estamos estudando algo de importância suprema para você.

Digamos ainda que, enquanto tudo isso está acontecendo, você trabalhe em uma loja de utilidades para o lar. Um novo e maravilhoso produto acaba de sair, um misturador de cozinha vendido a US$79,95. Você ganha 10% — US$8 — em cada misturador que vende. Há algo nesse misturador que o faz decidir dar um grande impulso.

418 | COMO SER UM GRANDE VENDEDOR

Veja como parecerão seus resultados após três semanas:

SEMANA	VENDAS	DICAS	COMISSÕES
1	1	0	US$8
2	2	4	US$16
3	4	8	US$32

Nada de muito impressionante, certo? Por três semanas, você empurrou como um louco aquele maldito misturador — e tudo o que ganhou foram miseráveis US$56.

Agora, eis aqui o que eu gostaria que você fizesse. Pegue o lápis e veja o que aconteceria se você duplicasse as vendas do misturador por dez semanas, obtendo quatro dicas em cada venda — a duas delas, você venderia na semana seguinte. Em outras palavras, estenda a tabela anterior por dez semanas inteiras — isto só lhe tomará um minuto.

Você provavelmente vai pegar sua calculadora para conferir os números, porque eles serão surpreendentes. Em vez de lhe dar todas as respostas e estragar seu prazer, vou lhe dizer apenas o seguinte: se você pudesse realmente fazer isso com o misturador durante dez semanas e, em seguida, manter suas vendas nesse nível durante um ano inteiro, sua renda seria de US$200 mil. (Para ser exato, US$200.704, supondo que você tenha tirado três semanas de férias.)

Isso não é emocionante?

É claro que não é realista planejar vender tantas unidades do mesmo eletrodoméstico em uma única loja. Mas você poderia tirar bom proveito se explorasse as possibilidades de vários eletrodomésticos diferentes, incluindo alguns com preços dez vezes mais altos do que o do misturador.

Esse exemplo ilustra o grande efeito multiplicador da recomendação. Utilize esse conceito. Por que se satisfazer em deixar um comprador — e suas milhares de possíveis ligações — ir embora da loja levando apenas um de seus produtos? Faça uma pequena sondagem. Entre os amigos, parentes e colegas de trabalho dele, com certeza há muitos que precisam dos benefícios que você fornece.

No meu último ano de vendas, antes de passar à atividade de treinamento, meus negócios resultavam em 95% de recomendações. Isso não se devia apenas ao serviço que eu prestava, mas também ao conceito que usava. Na última vez que procurei clientes, estava mostrando a outras pessoas como fazer isso. Agora, o que a natureza de recomendação de meu negócio me permite fazer? Passar cada segundo de meu tempo de venda trabalhando com pessoas que confiam em mim. E tudo o que fiz foi qualificar e fechar o negócio.

Se você é novo no ramo, evidentemente não pode começar a trabalhar de imediato com recomendações — tem de esperar até fazer sua primeira venda. A maioria dos novos vendedores se preocupa tanto em fazer cada venda que não abre a mente para o imenso número de oportunidades que apenas uma venda pode criar.

SISTEMA 2: ACRESCENTAR

O segundo sistema para expandir o volume de vendas implica o uso da imaginação. Continue a pensar em alternativas de acrescentar acessórios e produtos adicionais e em modos de descobrir diferentes usos para seu produto ou serviço com o mesmo cliente. Mantenha sempre em primeiro plano de sua mente a seguinte pergunta:

**De que modo posso acrescentar algo
ao que minha clientela já possui?**

Se você vende para empresas e consegue que um de seus produtos seja aceito pelo departamento de expedição, fica satisfeito? Ou prestará um bom serviço a esse departamento e lhe pedirá uma recomendação para os departamentos de contabilidade ou produção? Naturalmente, tudo depende de seu produto ou serviço, mas continuo ouvindo histórias sobre vendedores que conseguem penetrar na companhia com uma

420 | COMO SER UM GRANDE VENDEDOR

peça de equipamento que numerosos e diferentes departamentos da mesma empresa poderiam usar. Eles vendem a um único departamento e esquecem todo o resto da empresa.

Há uma regra fundamental para vendas adicionais, que recomendo que você grave bem:

Jamais tente fazer uma venda adicional antes de ter completado a venda inicial.

Se entro na sua loja de eletrodomésticos à procura de um aspirador de pó, não quero discutir seu novo e fantástico misturador que o interessa tanto, até que satisfaça minha necessidade de acabar com a poeira. Uma vez resolvido este problema, você tem a oportunidade de despertar minha ânsia de misturar alguma coisa. Mas nem se atreva a falar em misturar até que eu seja dono do melhor aspirador de pó que você possa me convencer a comprar.

O profissional que cuida de meu seguro é um dos melhores vendedores dos Estados Unidos. Ele nunca fala sobre o que planeja para mim até concluir o que está fazendo no momento. Nessa conformidade, um tempo depois do fechamento, ele começa a me preparar para o que vai acontecer no futuro.

O aspecto divertido e interessante é que, quando pessoas o apreciam e confiam em você, você pode fazer isso. Na última vez em que aceitei uma nova cobertura com meu corretor de seguros, ele sorriu e disse: "Até a próxima."

A tinta não começava nem mesmo a secar no meu cheque — de valor considerável. Olhei-o fixamente e disse: "Não quero vê-lo tão cedo."

Ele riu e respondeu: "O quê? Você vai deixar de crescer?"

Tive de rir com ele porque, naturalmente, eu tencionava continuar a trabalhar muito, a crescer — e a aumentar a necessidade de adquirir mais seguro. À medida que atinjo minhas metas sempre mais altas e estabeleço outras, ajudo-o a alcançar as suas atuais — e a estabelecer novas e mais altas. Não é esse o tipo de espiral ascendente que você quer desenvolver com seus clientes? Você pode fazer isso com acréscimos, nos quais trabalha depois de ter solucionado o problema de cada um deles.

J. Douglas Edwards e eu somos bons amigos e vizinhos próximos, em Scottsdale. Com frequência, trocamos histórias que pessoas nos contam em diferentes seminários. Certo dia, Doug regressou de um ciclo de palestras pelo Canadá e me contou o seguinte: "Um rapaz em Toronto me disse: 'Tornei-me multimilionário desde a última vez que ouvi seu programa. E tudo isso por causa de uma única frase sua.'"

Bem, isso é um grande elogio para um conferencista. É a esperança de ouvir histórias emocionantes de sucesso — embora raramente tão espetaculares quanto essa — que faz com que Doug e eu passemos grande parte da vida subindo e descendo de aviões. "De que frase?", perguntei com um pouco de inveja. "Qual foi?" A resposta dele é o nome do sistema seguinte, e o meu favorito, para transformar alguns trocados em muito dinheiro:

SISTEMA 3: PENCAS DE BANANAS

Eis o que o jovem Ed Dardon fez com o conceito que aprendeu no seminário ministrado por Doug, em Toronto. Poucas semanas depois, foi procurar um cliente recomendado. O homem tinha um problema, claro. Era sócio de um sindicato imobiliário que havia construído um magnífico complexo de apartamentos. O problema surgiu quando completaram o projeto e fixaram os aluguéis, com que esperavam obter o retorno do investimento. Cobraram preços acima do mercado; o projeto era simplesmente magnífico demais. E, assim, permanecia vazio. Os impostos e as despesas se amontoavam, e eles não encontravam inquilinos que ajudassem a pagar os custos e as hipotecas.

Ed Dardon abriu a mente e elaborou um plano. Reuniu-se com o sindicato e descreveu seu programa. Os condomínios fechados são muito populares hoje, mas, naquele tempo, não eram muito conhe-

422 | COMO SER UM GRANDE VENDEDOR

cidos. Ed convenceu o sindicato de que um meio lucrativo de sair do aperto seria converter o projeto em condomínio fechado e vender as respectivas unidades.

A velocidade era essencial. Ed treinou uma força de vendas pequenas e bem instruída em torno do conceito de vender em pencas, como bananas. Vendia blocos de três, quatro e cinco apartamentos — e, não raro, vendia dois ou três blocos ao mesmo investidor. As pessoas que os compravam não estavam interessadas em obter fluxo de caixa imediato, devido aos incentivos fiscais.

Juntamente com a organização de vendas, Ed também criou uma administradora para tratar dos detalhes dos aluguéis com os novos proprietários. Ambas as companhias foram lucrativas e cresceram rapidamente. O sucesso de Ed em transformar um fiasco financeiro em negócio lucrativo para os lançadores iniciais do projeto lhe trouxe um grande número de novas oportunidades. Não apenas se espalhou a notícia de que Ed era alguém fora do comum, como também as revistas especializadas elogiaram suas realizações, tornando-o conhecido em todo o Canadá. Em menos tempo do que passara no ensino médio, Ed Dardon se tornou multimilionário.

Continue a procurar oportunidades de vender em pencas, como bananas.

SISTEMA 4: QUANDO DESCOBRIR UMA MINA, ESCAVE A MONTANHA INTEIRA

Venda a um banco e você saberá como vender a todos eles. Se um barco pegar mais peixe com a rede que você vende, é possível vender uma delas a todos os mestres de barcos pesqueiros baseados no porto. Está preocupado em saber como se justifica aquela preparação toda para vender a um único cliente? Deixe de se preocupar. Comece a pensar na maneira de usar o novo conhecimento que obterá. Venda a todos no mesmo ramo de negócios ou grupo de interesses. Em outras palavras, considere cada cliente em potencial como se fosse membro de um grupo especializado, com o qual você vai aprender agora a vender — porque é exatamente isso que ele é.

Agora, se você usa o mesmo plano para vender pencas de coisas a pencas de pessoas, como vai gastar todo o dinheiro que ganhará?

SISTEMA 5: USE SEUS CARTÕES DE VISITA

Quando são novos em vendas, muitos vendedores distribuem milhares de cartões. Depois deixam de fazer isso, porque conseguem negócios suficientes para viver. Não nos damos conta de quantos negócios tiveram origem nesses cartões.

Quando eu era corretor de imóveis, enviava um de meus cartões juntamente com o cheque com que saldava cada conta. Alguém tinha de abrir todos esses envelopes, pensava eu. Certo dia, uma mulher telefonou e disse:

"Sr. Hopkins, o senhor não me conhece, mas meu marido e eu queremos comprar uma casa maior e gostaríamos de conversar com o senhor sobre isso."

Depois de dizer que ficaria muito satisfeito em ajudá-los, perguntei: "Como souberam meu nome?"

"Sou eu quem cuida de sua conta na companhia de gás", explicou ela, "e tenho em minha mesa umas duas dúzias de cartões seus."

A comissão que ganhei atendendo às necessidades imobiliárias daquela senhora custearam mais cartões de visita do que eu poderia usar em um século — e isso é apenas um exemplo. A menos que você venda artigos especiais a grupos limitados, não perca a oportunidade de colocar seu cartão de visita nas mãos de todas as pessoas com quem entrar em contato, por mais distantes que se encontrem ou por mais breve que seja o momento.

SISTEMA 6: SEJA UM ANÚNCIO AMBULANTE DE SI MESMO

Ponha esse sistema para trabalhar por você sempre que aparecer em público durante o dia de trabalho. Faça isso com classe — leve um bloco com capa plástica impressa, com uma mensagem que chame a atenção. Na próxima vez que estiver em um restaurante na hora do almoço, à espera de uma vaga, olhe a multidão à espera, ali com você. Quantos ali precisam do produto que você vende?

Em vez de ficar se mexendo, nervoso, de agora em diante relaxe, dê uma impressão de afabilidade e, casualmente, segure seu bloco de maneira que possa ser visto. Mande imprimir nele algum lema provocante, como NÓS MULTIPLICAMOS DÓLARES, ou algo assim. O nome de sua companhia, se for bem conhecido e expressar o que você vende, talvez seja sua mensagem impressa mais eficaz.

O Campeão sabe que as pessoas lerão seu anúncio e darão início à conversa. Com frequência, ouvem algo do tipo: "Ah, o senhor trabalha na _____", quando leem o nome da companhia.

Sempre que isso acontece, o Campeão sorri e diz, entregando seu cartão: "Sim, trabalho, e evidentemente o senhor não teria perguntado se não tivesse algumas necessidades às quais minha companhia pode atender." Outra coisa que o Campeão sabe é que esses encontros casuais muitas vezes resultam em negócios lucrativos que, de outra maneira, perderiam.

SISTEMA 7: RECUPERE A ROTINA DO RECONTATO

Gostemos ou não, os recontatos constituem parte essencial de muitas sequências de vendas. A necessidade de fazê-lo surge quando, depois de você ter demonstrado seu produto ou apresentado o serviço, o cliente ainda não está pronto para tomar a decisão. Em muitos casos, as razões são válidas e não podem ser refutadas. Ele lhe pede que deixe preços, condições e um folheto explicativo e diz que vai examiná-los, procurando-o depois. No Capítulo 15, discuti uma técnica para superar muitas dessas causas de demora, mas você vai encontrar algumas situações que só podem ser superadas por recontato em uma data posterior. Se os recontatos são ocorrências comuns no seu caso, estude a maneira de melhorar seus resultados no fechamento desses negócios. Dividi esse processo em algumas etapas.

a) *Prepare o caminho na primeira entrevista.*

Não pressione na venda, de modo a não eliminar sua oportunidade de voltar a trabalhar com o cliente. E evite prometer telefonar marcando a segunda entrevista. É fácil demais para ele mandar a secretária lhe dizer que telefone no próximo ano. Na maioria dos casos, você pode simplesmente aparecer para conversar no recontato, mesmo que tenha de marcar uma entrevista na primeira reunião.

b) *O que fazer quando chegar para o recontato.*

Sorria, cumprimente o cliente, repita seu nome e o da companhia, quando achar que ele não se lembra e, mais uma vez, a menos que ele faça o movimento, não tome a iniciativa do aperto de mão.

c) *Comece com um resumo dos benefícios de seu produto ou serviço.*

O vendedor típico não faz isso. Começa logo com uma pergunta que convida a uma resposta negativa e que, imediatamente, liquida a venda. Em seguida, passa o resto do tempo com o cliente tentando, em desespero, voltar a injetar vida no cadáver. De que modo ele mata a venda?

Perguntando algo como: "Bem, o senhor já chegou a uma decisão?" Perguntar imediatamente pela decisão, sem relembrar os acordos alcançados na última reunião, quase sempre garante a recusa.

O profissional jamais faz uma pergunta que convide a uma resposta negativa. Escolhe um caminho inteiramente diferente. Vamos supor que há uma semana eu tenha demonstrado um piano para a Sra. Kellens. Em geral, prefiro que marido e mulher estejam presentes à demonstração, mas, neste caso, estava claro que o Sr. Kellens não poderia comparecer, de modo que fiz a apresentação apenas para a esposa. Agora estou iniciando o recontato e a primeira coisa que faço é voltar ao ponto em que paramos.

"Sra. Kellens, acho que seria uma boa ideia reiterar os pontos que já cobrimos. Segundo vimos, o piano que a senhora gostou mais, o Singsweet, se encaixaria muito bem naquele canto, não?"

"E concordamos também que o tom e a qualidade do Singsweet, mesmo que não seja nosso piano maior e mais caro, são mais do que suficientes para suas necessidades, certo?" A Sra. Kellens responde que sim a ambas essas proposições, porque já concordou com elas em nossa entrevista anterior. Então, continuo:

"E concordamos que um dos aspectos mais interessantes da existência desse piano em sua casa é que seus filhos poderiam tirar proveito dos cinco anos de lições de piano pelas quais a senhora e seu marido já pagaram."

Dou a ela a oportunidade de dizer algo positivo sobre esse aspecto, e prossigo:

"E pensamos também que eles trariam com mais frequência os amigos para casa se a senhora tivesse um piano. A senhora disse que gostaria que as crianças passassem mais tempo em casa, não?"

Ela tem de concordar com tudo isso, pois foram palavras dela. Claro, quando ela me disse isso, reconheci a importância vital desses gatilhos emocionais para a compra e procurei gravá-los bem em meu cérebro. (Neste particular, muitos Campeões não confiam em sua memória. Se precisam fazer recontato, anotam todas as razões do cliente em potencial para comprar assim que terminam a primeira entrevista. Poderão, assim, revê-las antes do novo contato e ter certeza de que não esqueceram nenhuma.)

Só depois de revisar todos os benefícios que ela espera da compra do piano, só depois de ter reavivado todas essas emoções, é que abordo o motivo que impediu a venda na última entrevista. Mas nem assim peço uma decisão. Em vez disso, focalizo a barreira emocional.

"Acho que o único ponto que não discutimos muito e no qual concordamos foi se seu marido ficaria tão satisfeito com o investimento que a senhora quer fazer em seus filhos, tal como pretende, certo?"

O que foi que fiz? Trouxe-a de volta ao estado emocional em que se encontrava após a demonstração. Quando cheguei para o recontato, se o casal já tivesse resolvido comprar o piano, ela teria me interrompido, dizendo isso. A Sra. Kellens esperava que eu dissesse algo como: "Bem, voltei. A senhora falou com o Sr. Kellens? O que ele disse sobre a compra do Singsweet?"

Ela pensava em responder:

"Lamento dizer, mas ele disse que não. Sinto muito... Eu tentei, realmente... Mas acho que vamos ter de esperar mais um ano."

Ela e os filhos querem e necessitam de meu Singsweet. Podem comprá-lo. Meu trabalho é ajudá-la a comprar aquele piano, e não tornar mais fácil para ela se livrar de mim. Assim, em vez de levá-la a dizer "Sinto muito. Adeus", conduzo-a através das razões emocionais que a fazem querer o piano. Se continuar a falar e manter viva sua emoção sobre a posse do piano para as crianças e os amigos, ela vai pensar em maneiras de comprá-lo. Diga a si mesmo: "Não estou ocupando um espaço neste mundo para ser uma esponja de pensamentos negativos; minha finalidade é ajudar as pessoas a possuírem coisas benéficas."

Vejamos uma linha de conduta popular com vendedores de pouco sucesso em vendas a empresas: "Bem, voltei. Pensou na minha proposta?" Que resposta eles quase invariavelmente recebem a essa brilhante pergunta?

"Sim, não." ("Sim", pensou. "Não", não quer.) Um único golpe e o vendedor está morto. Mas ele pediu isso.

Na situação de vendas a empresas, assim como nas vendas realizadas a pessoas, quando voltar para o recontato, você tem de fazer um breve sumário dos pontos sobre os quais concordaram. Você precisa restabelecer o clima de consciência dos benefícios que prevaleceu na última reunião. Quando os recontatos são a regra, e não a exceção, o Campeão joga com um ás escondido na manga. Deliberadamente, deixa um benefício de fora da apresentação inicial, de modo que, quando volta para o recontato, pode dizer mais ou menos algo assim durante o sumário:

428 | COMO SER UM GRANDE VENDEDOR

"Sr. Selvan, quando estivemos juntos na última vez, discutimos como sua empresa se beneficiaria com a taxa de produção mais alta que a nossa Chompslick poderá oferecer. Mas acho que esqueci, em nosso último encontro, de mencionar um ponto-chave para sua decisão. Sei que, com nossa atual proposta, estamos acima do valor orçado, mas gostaria que tivesse isto em vista: com a Chompslick, o senhor não fica limitado nem mesmo a essa alta de produção. Podemos fornecer um mecanismo de alimentação robotizado que aumentará a produção em até 80%."

Depois de deixar cair essa pérola, você inicia a sequência de fechamento.

SISTEMA 8: É UMA BELEZA, NÃO CUSTA QUASE NADA E NÃO É MUITO USADO

Esse sistema é o método mais poderoso que conheço para obrigar as pessoas a elevarem seu potencial de vendas. Por alguma razão que jamais consegui compreender, poucos vendedores empregam essa técnica. Talvez eu nem tenha motivo para ficar surpreso. Afinal de contas, só 5% dos vendedores estão usando todas as técnicas que poderiam, a fim de ganhar mais dinheiro e desempenhar melhor suas funções. E apenas uns 5% utilizam regularmente esta técnica simples. Talvez ela não seja direta o suficiente — ou talvez apenas exija vigilância e um pequeno esforço.

Quais são as duas palavras mais importantes para a profissão de vendas? *Muito obrigado*. Isso mesmo, muito obrigado. Descobri isso há anos, quando comecei a escrever pequenos bilhetes de agradecimento a todas as pessoas que podia. Os resultados foram surpreendentes. Vou dar apenas um exemplo. Quando descontei o primeiro cheque de valor ganho em vendas, fui na mesma hora comprar um terno, porque precisava urgentemente de roupas. Nos dias seguintes, o terno foi bastante usado. Depois, caiu nele uma gota de óleo. Levei-o à lavanderia, cujo dono o aprontou a tempo para uma entrevista já marcada. Escrevi a ele uma pequena carta de agradecimento, que ele pregou na frente da registradora, juntamente com meu cartão de visita. Três dias depois, recebi o telefonema de um cliente da lavanderia que lera meu bilhete. Esse telefonema resultou em uma grande venda. Além de pôr uma bolada no meu bolso, o incidente me ensinou uma lição.

Agradeça às pessoas. Faça isso por escrito. E faça imediatamente.

Agradecimentos verbais são bons, são necessários à cortesia entre as pessoas e, às vezes, são os únicos que você pode manifestar. Mas esses agradecimentos raramente se transformam em recomendações. Para isso, você precisa redigir uma nota de agradecimento.

Não pense que minha nota à lavanderia foi a única ocasião em que a técnica funcionou. Recebo cartas a toda hora de Campeões que aceita·ram meu conselho e fizeram das notas de agradecimento parte de suas sequências de vendas. Uma de nossas aprendizes, evidentemente uma Campeã, escreveu: "Tom. No supermercado, a caixa que registrava minhas compras disse: 'A senhora não é corretora de imóveis?' Respondi que sim, conversamos por um momento e lhe dei meu cartão. Depois, comecei a pensar no caso, descobri o endereço dela e lhe enviei um bilhete de agradecimento por ter aceitado meu cartão. Duas semanas depois, ela me telefonou. O cunhado e a irmã dela queriam comprar uma casa. Como enviei a ela um bilhete de agradecimento, consegui despertar o interesse daquele casal em fazer compra."

Que ferramenta poderosa! Por que você não a usa todos os dias?

Talvez sua resposta à pergunta seja que não consegue pensar em ninguém a quem agradecer — as pessoas que fazem negócios com você se limitam ao necessário e não cabe nenhum agradecimento.

Agradeça a elas, de qualquer maneira. Se está começando e ainda não tem uma clientela, envie uma nota de agradecimento a praticamente todas as pessoas que conhecer. Mande muitas mensagens e algumas chegarão ao destino. Lance-as na direção certa. Se você vende seguros ou casas, e quase todo mundo é cliente em potencial nessa área, envie notas de agradecimento ao gerente da sorveteria da esquina e a todas as pessoas das quais receber a mais insignificante atenção. Se seu produto é caminhão a diesel, seja mais seletivo. Mas, o que quer que venda, leve

430 | COMO SER UM GRANDE VENDEDOR

sempre consigo fichas de 7×12cm para o fim específico de alimentar sua máquina de agradecimento. Vamos supor que você esteja procurando clientes mediante visitas rotineiras a escritórios. Em um deles, enquanto espera para falar com alguém, conhece por acaso e bate um papo breve, mas cordial, com um executivo de outra companhia.

Quando ele voltar ao seu escritório, pouco se lembrará do encontro com você e, em poucos dias, esquecerá tudo. Mas o que vai acontecer se você lhe enviar uma nota de agradecimento naquele mesmo dia? Pelo quê? Pelo agradável papo que teve com ele. Se, no encontro casual, conseguiu saber o nome dele e da companhia em que trabalha, pode ver depois o endereço na lista telefônica.

No dia seguinte, qual é a primeira coisa que a secretária dele vai lhe dar para ler? Sua nota de agradecimento. Sabe que ele recebe poucas. Ela entra na sala dele e diz: "Esta manhã recebemos uma nota de agradecimento muito gentil. Ele esteve aqui alguma vez? Não me lembro dele."

"Ah, sim, lembro bem desse cara. Bom sujeito. Eu o conheci por acaso." A maneira de se trabalhar a partir desse ponto dependerá da situação. Mesmo que a companhia em que esse executivo trabalha não use seu produto ou serviço, ele provavelmente conhece colegas em muitas outras companhias que o usam. A venda não é uma função isolada, executada em um vácuo — é o fio com que se faz o tecido de nossa sociedade. Nenhum de nós pode prever ou compreender todos os complexos relacionamentos em uma comunidade que influencia quem compra algo de alguém. Mas podemos ter certeza de que, quanto mais pessoas gostarem e confiarem em nós, mais sucesso teremos na área de vendas.

As notas de agradecimento representam uma técnica poderosa. Use-a constantemente para expandir o círculo de pessoas que conhecem, gostam e confiam em você — uma lista de pessoas que comprarão de você ou que o recomendarão sempre que puderem.

Eis algumas das oportunidades em que você nunca deve deixar de enviar notas de agradecimento:

AOS CONTATOS.

Em todas as ocasiões em que conhecer alguém e houver discussão acerca de seu produto ou serviço, envie-lhe uma nota.

AOS RECONTATOS.

Depois de cada visita, agradeça ao cliente por tê-lo recebido.

AO CLIENTE, DEPOIS DA DEMONSTRAÇÃO.

Sempre que seus clientes tradicionais lhe permitirem demonstrar algo de novo, envie-lhes uma nota.

AO CLIENTE, APÓS A COMPRA.

"Apenas um bilhete para lhe agradecer por... e dizer que estarei à sua disposição, caso lhe possa ser útil em alguma coisa." De modo geral, é melhor evitar sugerir que eles possam ter problemas, utilizando a palavra "problema", mas deixe claro que estará disponível, se necessário. E, claro, seja rápido e enérgico para solucionar qualquer problema que de fato surgir. Vendedores míopes se tornam figurinhas difíceis quando seus clientes têm problemas. Estas são as pessoas que continuam a saltar de uma companhia para outra, porque nunca conseguem construir uma clientela. Já o Campeão adota uma atitude inteiramente diferente no que diz respeito a produtos ou serviços. Sabe que, se tudo corre como um mar de rosas, o cliente terá dificuldade em se lembrar dele. Entra, sai, e acabou tudo. Mas, se houver um problema, e esse for resolvido prontamente e bem, o cliente vai se lembrar. A melhor fonte de referências é o cliente para quem você resolveu problemas.

AO CLIENTE, APÓS UMA RECOMENDAÇÃO.

Que você faça ou não a venda, enviar uma nota de agradecimento à pessoa que o recomendou é essencial. Talvez seja bom levá-la para jantar — ou pagar, antecipadamente, um jantar para ela.

POR ESFORÇOS ACIMA E ALÉM DO CUMPRIMENTO DO DEVER.

Lembre-se de alguém, em qualquer área, que tenha feito algo gentil por você. Por exemplo, você alguma vez leva clientes para almoçar ou jantar? Gostaria que o *maître* o tratasse com atenção especial, quando entrasse acompanhado dos clientes? Pois, então, envie a ele uma nota de agradecimento. Diga como ficou satisfeito com o serviço e que já pensa na próxima oportunidade de levar alguém a seu restaurante. Você vai descobrir que será tratado com uma distinção extra quando fizer uma reserva e for lá, depois que ele receber seu bilhete.

Gostaria de ser a única pessoa que nunca espera pelo carro, quando ele vai à oficina para manutenção? Na próxima vez em que levar seu carro, escreva depois ao gerente de serviços: "Prezado Chet. Muito obrigado por ter despachado ontem meu carro com tanta rapidez. Gostei bastante. Vou lhe enviar todos os clientes que puder. Sinceramente." E envie uma cópia da carta ao dono da oficina.

ÀS PESSOAS A QUEM NÃO VENDE.

Por que não enviar a elas uma nota de agradecimento? Afinal de contas, elas fizeram a cortesia de ouvir sua apresentação. Agora, pessoas vão perguntar a elas se estão gostando do novo artigo que compraram da concorrência. E se não gostaram do que compraram ou se a concorrência não prestou um bom serviço no acompanhamento da venda? Elas podem lamentar a decisão e dizer aos amigos que confiram com você antes de comprar. Isso se chama recomendação, e do melhor tipo: de alguém que possui o modelo mais recente de seu concorrente e que agora diz que o seu é melhor. Sim, envie notas de agradecimento a pessoas que não compraram de você. E mantenha-se em contato com elas. Provavelmente a pessoa que lhes vendeu não fará isso — ou que mude de emprego e deixe um órfão que se perderá na rotina da companhia concorrente. Mantenha esse órfão estranho informado dos novos progressos e, quando o ciclo da coceira der a volta inteira, você estará em perfeita posição para vender dessa vez. A essa altura, o preço e os fatores circunstanciais que o levaram a comprar da concorrência provavelmente terão mudado.

A nota de agradecimento que deslancha todo esse processo é mais ou menos assim: "Muito obrigado por ter permitido que eu fizesse a demonstração de (o que quer que seja). Foi um prazer conhecê-lo e apreciei muito o tratamento recebido. Não pudemos atender às suas necessidades desta vez, mas tomara que, quando pensar em (sua linha geral), lembre-se de mim. Por favor, informe-me se puder lhe ser útil de alguma forma. Cordialmente."

Continuo levando comigo cartões de 7×12cm — como há muitos anos — e só viajo com o material necessário para redigir essas notas de agradecimento. Cada dia, escrevo de cinco a dez notas a Campeões que conheço, a pessoas que comparecem aos nossos seminários, a donos de negócios que investem em nosso sistema de treinamento em vídeo, e a uma grande variedade de outras pessoas.

Comece agora mesmo. Se não tem um suprimento de cartões de 7×12cm e papel apropriado para redigir essas notas e cartas de agradecimento, não passe por uma papelaria sem entrar e comprar. Apenas esse conceito pode lhe gerar resultados que o deixarão de queixo caído.

Dez notas de agradecimento por dia equivalem a 3.650 por ano e a 36.500 em uma década. Alguns Campeões me disseram que fazem dez vendas a cada cem cartas de agradecimento. Você, na certa, conseguirá mais de uma em cada cem. Multiplique sua renda média a cada venda por 36 para verificar o mínimo de renda extra que esta única técnica gerará para você nos próximos 12 meses. Acho que chegará à conclusão de que é uma técnica realmente eficaz.

E ela só requer três minutos e um selo para cada nota. Use o tempo que, de outra maneira, desperdiçaria olhando para a parede, à espera

434 | COMO SER UM GRANDE VENDEDOR

de que alguém entrasse. Comece a fazer isso hoje porque os resultados não chegarão da noite para o dia. E, como no caso de todos os métodos bem-sucedidos para aproveitar as oportunidades da vida, a regularidade conta. Dez notas de agradecimento por dia somam trezentas por mês. Isso é suficiente para lhe dar um grande impulso no decorrer de uma única temporada.

17. Como suar menos e lucrar mais com a papelada burocrática

Para a maioria dos vendedores, o trabalho burocrático é como petróleo para os árabes — um material sujo e irritante que não tem utilidade —, mas sem o qual, a menos que continuem a fazê-lo circular, não haverá dinheiro. Pergunte a qualquer gerente de vendas sobre a papelada. Embora o terço superior de sua força de trabalho gere várias vezes o volume de vendas que o terço inferior, ele lhe dirá que tem muito mais problemas com este último. Por quê? Porque as pessoas no terço superior vivem ocupadas demais para responder a perguntas evitáveis sobre seu trabalho burocrático. Quando o fazem, fazem-no de maneira certa desde a primeira vez.

Nenhuma qualidade isolada destaca mais o Campeão do vendedor comum do que sua capacidade de fazer as coisas corretamente desde a primeira vez. Certa vez, um gerente de vendas desesperado perguntou: "Por que há sempre tempo suficiente para refazer todo o serviço, mas nunca para fazê-lo certo na primeira vez?"

Claro, a resposta é que, para refazê-lo, é preciso roubar um tempo que poderia ser usado para gerar mais negócios. Em vendas, como em todas as áreas da vida, não há tempo inútil: há apenas tempo usado — e tempo desperdiçado. E nada desperdiça tempo mais rapidamente do que entregar pedidos cujo conteúdo tem de ser adivinhado.

436 | COMO SER UM GRANDE VENDEDOR

A primeira regra para o trabalho burocrático rápido é ser claro. Aprenda a escrever rápida e claramente em letra de forma ou a digitar. O Campeão não se arrisca a enraivecer os clientes com demoras dispendiosas ou erros ocasionados por encomendas mal redigidas; ele costuma conferir duas vezes tudo nas encomendas no que diz respeito à exatidão e à clareza.

Mas, assim que nos afastamos do processamento concreto de pedidos, entramos em áreas onde se aplica um conjunto diferente de imperativos. Ora, a companhia utiliza a papelada para:

1) Controlá-lo.
2) Fornecer as informações que o governo exige.
3) Obter informações para decisões de produção e comercialização.

Vamos conversar um pouco sobre esses três tipos de trabalho burocrático.

INFORMAÇÕES PARA CONTROLÁ-LO

A maioria dos vendedores na maior parte das forças de vendas é, por definição, comum. Isso significa que a maioria dos departamentos de vendas organiza sua papelada tendo em vista o vendedor típico. Em outras palavras, como o vendedor comum não se motiva, a companhia é obrigada a motivá-lo.

Pense nisso. Com raras exceções, todos os gerentes enfrentam estas duas realidades:

1) Menos de 20% dos vendedores formam um grupo que produz mais de 60% do volume total — grupo que requer pouco estímulo para realizar seu trabalho.
2) Mais de 80% dos vendedores formam outro grupo que produz menos de 40% do volume total — se a pressão for mantida. Se afrouxa, a produção cai ainda mais.

Se você quer se livrar logo de um bocado de papelada chata, prove a seu gerente de vendas que está progredindo rápido para o grupo 1, o automotivado. Ele adorará ouvir isso.

INFORMAÇÕES EXIGIDAS PELO GOVERNO

O Campeão obtém, sem demora, esse tipo de informação. Sabe que a companhia precisa dela (ou acredita que precisa, o que é a mesma coisa) e que leva menos tempo fazer isso do que lidar com repetidos lembretes.

INFORMAÇÕES DE QUE SUA COMPANHIA PRECISA PARA CONTROLE DE COMERCIALIZAÇÃO E PRODUÇÃO

Nesse tópico, mais uma vez, o Campeão coopera com entusiasmo. Sabe que o futuro da companhia que escolheu não é melhor do que as decisões de comercialização e produção que ela toma e que se baseiam, em parte, no que ele comunica. A maioria das empresas espera que suas forças de vendas cumpram duas funções vitais: vender e coletar informações. Devido à natureza crucial de ambas as categorias, nenhuma companhia é mais forte do que sua força de vendas.

A estrada para a ruína está pavimentada com boas intenções. Na escola, deram por acaso a você um trabalho para completar em 30 dias, e que você sabia que podia ser feito em algumas horas de esforço contínuo? Lançou-se imediatamente à tarefa e afastou a preocupação de sua mente? Não. Se sequer pensou nela depois de três dias, a certeza confortadora de que ainda dispunha de 27 dias removeu a menor possibilidade de ainda dedicar a ela uma hora perdida. De repente, duas semanas já se foram e você começa a sentir apreensão. Vê o grande zero engrossando à sua frente. Fracasso. Passam-se mais dias. O zero continua a aumentar em sua mente. Começa a sentir dores e ansiedade. Finalmente, dois dias antes — ou na última noite antes — do prazo

438 | COMO SER UM GRANDE VENDEDOR

fatal, você se senta e faz o dever de qualquer maneira. Sente, então, um grande alívio. Naquela ocasião, você provavelmente disse a si mesmo: "Por que não evitei toda essa tensão e fiz isso há um mês?"

O Campeão prefere o suor quente do trabalho ao suor frio da preocupação — tanto que, com muita antecedência, tem tempo de sobra para suar o melhor suor, aquele que se tem quando se trabalha duro para pôr a vida em ordem, manter em dia trabalhos e metas e ver crescer a conta no banco.

Chegar a tempo é um hábito. Chegar tarde, outro. Você pode acertar seu relógio mental com a hora certa, ou dez minutos atrasado. Você pode manter sua papelada no horário, ou três lembretes atrasada. E pode mudar qualquer hábito como esse, se quiser. Tudo o que tem a fazer é se concentrar no novo hábito e esquecer o antigo, durante 21 dias.

Isso significa que você pratica seu novo hábito durante 21 dias, sem perder uma batida. Se escorregar, volte ao começo. Se quer realmente adquirir o novo hábito — e não está sabotando seus próprios esforços com vozes queixosas dentro de sua cabeça —, pode estabelecer qualquer rotina que quiser em apenas três semanas.

Vejamos algumas regras para despachar rapidamente a papelada:

1) *Se é claro que algo tem de ser feito em um prazo, faça-o agora.* A maneira mais rápida de tratar de qualquer trabalho burocrático é levá-lo até o fim na primeira vez em que o vê.

2) *Se não tem de ser feito, jogue-o no lixo agora.*

3) *Formule um padrão duplo de exatidão no trabalho burocrático.* Se altas somas estiverem envolvidas, trabalhe na papelada (formulário de pedido ou contrato de vendas) com o mais alto grau de exatidão. Se não estiverem envolvidas grandes somas, dedique à papelada sua rápida estimativa de atenção.

O Campeão compreende a necessidade de operar como se fosse uma companhia independente. Segundo a natureza da profissão de vendas, você está estabelecido no negócio por si mesmo. Na verdade, muitos vendedores têm mais liberdade do que a maioria dos pequenos donos de negócios. Mas justamente porque, em vendas, tantos de nós têm tanta liberdade para agir quando, onde e como querem, a maioria não se disciplina. Você pode ganhar duas vezes mais dinheiro na metade do tempo se criar disciplina para se lançar ao emprego, chegar às suas culminâncias e nelas permanecer. Mas, para conseguir isso, é preciso se esforçar na organização — e não há maneira de evitar isso.

Por que a organização é importante?

Ela economiza tempo, e tempo é tudo o que temos. Organização impede problemas futuros. É a base para a construção de um sistema de dicas recomendadas. Se for organizado, você não se esquecerá das pequenas promessas feitas ao cliente. Se você disser: "Claro, Sr. Boehm, quando fizermos a entrega, estarei presente para verificar se a instalação foi feita corretamente", é melhor se organizar para isso. Se não estiver presente, o Sr. Boehm começará a procurar pequenas coisas para lhe criar problemas, coisas que você teria resolvido na mesma hora, caso estivesse presente, como havia dito. Para fechar a encomenda, você fez promessas que poderia ter mantido, mas não manteve. Ele, por conseguinte, quer se vingar. E o Sr. Boehm não vai acreditar mais em nada que lhe diga. E por que deveria acreditar? Você já demonstrou o que sua palavra vale.

Sua companhia pode fornecer a você um sistema altamente organizado de acompanhamento de vendas ou uma agenda. Raramente há melhor ocasião para empregar seu tempo menos produtivo de vendas do que manter atualizado seu arquivo de acompanhamento — selecionando os telefonemas a serem feitos nas ocasiões que os arquivos lhe dizem ser os momentos mais propícios para gerar vendas.

Gosto de manter simples os instrumentos organizacionais. Você vai precisar de quatro pastas diferentes que podem ser criadas em papel ou no computador.

440 | COMO SER UM GRANDE VENDEDOR

1) Pasta de cliente-comprador

Subdivida esse arquivo em três seções:

a) *Quente.*

São as pessoas que têm a necessidade, dispõem dos meios para comprar e estão sinceramente interessadas em tomar logo sua decisão.

Quando estão realmente interessados, compradores tomam uma decisão no prazo de sete dias. Bem, isso não significa que eles comprarão *seu* produto em sete dias, mas que comprarão *um* produto nesse prazo. Em todas as ocasiões, o Campeão tenta trabalhar com três a cinco compradores altamente motivados. Alguns de vocês têm uma pilha enorme de dicas — e não telefonam para nenhuma delas. O vendedor simplesmente usa um elástico para prender as fichas dos clientes em potencial e, quando está de baixo-astral, o que não sai do lugar? O elástico.

Depois, logo que fica novamente animado, ele começa a telefonar para o pessoal. Pode imaginar o que aconteceu? Eles já compraram — e seu entusiasmo vai novamente para a lata de lixo.

b) *Médio.*

A segunda divisão no seu arquivo de cliente-comprador é composta de pessoas aparentemente qualificadas, que têm a necessidade, mas ainda não estão muito motivadas.

Talvez estejam à espera de que algum fato futuro aqueça suas necessidades médias e as transforme em quentes. Pense no ciclo da coceira. Se você está trabalhando com um ciclo de trinta meses, um comprador é médio um ano depois da compra, de médio a quente dois anos depois e quente quando seu velho artigo tem dois anos e quatro meses de idade.

c) *Frio.*

Na terceira seção de seu arquivo de clientes-compradores, conserve todas as dicas que recebe de todas as fontes e que não classifica imediatamente como quentes ou médias.

Estas são as pessoas que estiveram simplesmente olhando, entraram na loja ou telefonaram por causa de anúncios ou tabuletas e que parecem sentir uma necessidade moderada ou futura do artigo que você vende.

Lembre-se de que poucas pessoas telefonam em resposta a anúncios, ou entram quando veem uma loja ou tabuleta, a menos que tenham um interesse claro pelo produto ou serviço oferecido. Pouquíssimas pessoas passam os dias olhando para produtos ou discutindo serviços de que não têm necessidade ou que não poderiam comprar se tivessem. O vendedor comum é rápido demais em ignorar pessoas mornas, julgando que não valem nenhum esforço.

O Campeão repassa seu arquivo de clientes-compradores a cada três dias, observando as melhores oportunidades daquele dia para acrescentar calor. Cada vez que um de seus compradores *quentes* assina o contrato, ele procura um *médio* para colocar na frente do da lareira.

E, durante todo o ano, mantém-se em contato com todas as pessoas que formam a seção fria. Dependendo do ciclo da coceira do produto que vende e das pessoas envolvidas, entra em contato a cada 90 dias, uma vez por mês, uma vez por semana — de qualquer modo, com frequência suficiente para saber que, quando a massa do pão inchar, estarão ali à mão para levá-la ao forno.

A maioria das pessoas quer tudo o que é novo, mas a verdade é que o vendedor comum não está organizado para aproveitar esse fato. Quando sua companhia lança um produto novo, o Campeão sabe exatamente o que fazer. Trabalha com seu arquivo de médios, falando a todos eles sobre o novo produto ou conceito, sabendo que isso transformará alguns deles em quentes. Em seguida, passa para o arquivo de frios e aquece alguns deles até se tornarem médios.

2) Arquivo de trocas de dicas

Dicas dessa fonte devem ser mantidas em um arquivo separado, porque é provável que se tornem quentes a qualquer momento. Além do mais, você deve coordenar sua atividade de vendas com os demais

442 | COMO SER UM GRANDE VENDEDOR

membros de seu grupo de dicas e comunicar o progresso de cada dica ao colega que a deu.

3) Fichário de ciclo da coceira

Todas as papelarias têm conjuntos de projeções de meses para fichas de 7×12cm. Abra uma ficha para cada cliente que comprar, ou quando o encontrar na busca de órfãos, e coloque o cartão atrás da apropriada janelinha de mês. No dia 1º de cada mês, puxe os cartões que se encontram atrás da janelinha e terá vários compradores quentes com quem trabalhar.

4) Arquivo de recomendações

É nele que você coloca os nomes que consegue com os compradores do sistema de referência de recomendações (Ver Capítulo 7). Entre em contato com essas pessoas assim que puder e classifique-as em quentes, médias ou frias.

Além dos fichários 7×12cm, você também precisa de um sistema simples para manter o registro de abatimentos e deduções do imposto de renda. O governo quer um diário ou um registro de anotações, que você deve manter com lançamentos diários, de modo que é melhor fazer isso. Trata-se meramente de uma questão de hábito e lhe economizará um bocado de tensão quando chegar a hora de entregar a declaração para fins de imposto. E economiza também dinheiro para você, porque perder recibos e esquecer despesas feitas correspondem a dinheiro jogado fora.

O vendedor novo do tipo comum pensa: "Não tenho tempo agora de manter os registros. Vou esperar até ter alguma renda de vendas e, então, me preocuparei com as deduções." Na próxima vez que pensar nisso, ficará muito chateado porque já terá auferido um bocado de dinheiro, perdido centenas de dólares de recibos de despesas dedutíveis — e o governo estará de mãos estendidas para pegar a parte dele. Arquive os recibos e anote as despesas à medida que as for fazendo e aproveite todas as vantagens fiscais possíveis. Competência em impos-

TOM HOPKINS | 443

tos faz parte da competência em vendas. Opere como uma empresa porque você é uma empresa para si mesmo.

Uma última palavra sobre a papelada burocrática. Se deseja crescer com a companhia para a qual trabalha agora, não combata a papelada. Trabalhe bem com ela ou acabará com suas chances. As empresas vivem e respiram com papel e pessoas que não podem fazer sua parte da papelada não sobem muito nelas.

É comum ouvir as pessoas dizerem: "Eu devia ter tido aquela promoção. Eu era o primeiro na lista."

Eu pergunto a ela: "Você esteve operando como uma empresa? Seus superiores sabem que você faz isso? Você lhes mostrou que suas atribuições estão se tornando maiores do que a função que ora ocupa?"

Ninguém dá muita importância ao tempo de casa quando se fazem as promoções. Felizmente. Poucos gerentes hesitarão em preferir capacidade ao tempo de casa, em todas as ocasiões em que tiverem a liberdade de assim proceder. E o que é capacidade?

É ter seu trabalho e os recursos organizados de modo que você possa desempenhar seu papel com o máximo de eficiência. Para isso é necessário usar seu tempo da melhor forma possível, o que nos leva ao assunto do capítulo seguinte.

18. A construção da fortuna começa com o planejamento do tempo

Vendedores que têm desempenho mediano raramente planejam o emprego de seu tempo. Quase todos os Campeões e grandes produtores o fazem. Por isso, a fim de aumentar suas vendas e a renda, você precisa planejar seu tempo.

Imagino que você concorde com essas palavras — mas vai planejar seu tempo?

Possivelmente não, porque tem a estranha ideia de que planejamento do tempo é uma tarefa difícil e complexa.

Não é. Na verdade, é uma das coisas mais fáceis do mundo e que logo começa a render dividendos. A fim de começar, relacione em uma folha de papel as tarefas que tem de fazer amanhã e, em seguida, classifique-as em ordem de importância. Se fizer isso na mesma fase de sua rotina de todas as noites, entre o momento em que chega em casa e a hora de dormir, aumentará sua eficiência e sua renda em pelo menos 20%. Um número excessivo de pessoas passa dias inteiros correndo de uma coisa para a outra que lhes chama a atenção. Vivem tão ocupadas que esquecem a maioria das oportunidades importantes, geradoras de dinheiro, em que poderiam estar trabalhando.

Se você não planeja o tempo, comece com esse método simples, mas altamente eficiente. Transforme em hábito se sentar todas as noites por alguns minutos, sempre à mesma

446 | COMO SER UM GRANDE VENDEDOR

hora, para relacionar tudo que deve fazer no dia seguinte, a fim de tirar disso o melhor resultado possível. Em seguida, enumere essas atividades em ordem de importância. Muitas pessoas altamente bem-sucedidas usam este, e só este, sistema para controlar o tempo.

Em seguida — e pode começar com minha próxima recomendação na mesma noite em que inicia o hábito anterior —, decida se tornar organizado. Sente-se e faça uma lista de tudo o que pode fazer e aprender para se tornar mais eficiente e organize uma programação para realizar ou aprender isso no menor tempo possível. Quanto mais cedo esgotar a lista, mais cedo sua renda começará a subir, certo? Então, não espere. Comece hoje à noite.

Nenhum dos grandes Campeões, os que auferem rendas imensas, vai dormir antes de anotar o que planeja fazer no dia seguinte. Não importa o que esteja acontecendo, anotam na caderneta de planejamento o que têm de fazer no dia seguinte, a fim de manter fluindo sua grande renda. Vou lhe dizer o que acontecerá se e quando você começa a anotar todas as noites as coisas mais importantes a fazer no dia seguinte.

Seu subconsciente trabalhará na lista a noite toda, sem lhe perturbar o sono, porque quer ajudá-lo a resolver seus problemas e atingir suas metas. Mas ele não pode ajudar, a menos que você se sintonize com o que vai acontecer em seguida. É isso que relacionar as coisas a serem feitas no dia seguinte desencadeia: arma o gatilho do poder de sua mente subconsciente. E a melhor ocasião para fazer isso é pouco antes de se deitar. Quando a manhã chegar, você descobrirá que sua mente deu alguns tiros bem certeiros durante a noite e, nesse momento, terá novas ideias na mente consciente sobre como lidar com os assuntos relacionados na lista.

Dê a esse processo vários dias para começar a fluir. Nada o ajuda mais do que revisar a lista em um cômodo silencioso, imaginando-se envolvido com a parte mais difícil de cada item constante dela. Igualmente importante — e tenha o cuidado de jamais omitir esta fase — é ver-se saboreando o fato de ter, com sucesso, atingido todas as suas metas do dia seguinte. Torne vívidas e animadas essas sessões. Não se concentre no medo e no receio do que *tem* de fazer no dia seguinte. Se tentar isso, sua mente subconsciente talvez solucione os problemas descobrindo maneiras de fazer você esquecer ou evitar entrevistas que considera experiências dolorosas. Ponha a parte primitiva, poderosa e nunca adormecida de sua mente consciente para trabalhar, ajudando-o a atingir seus objetivos, visualizando-se, ignorando, confiante, qualquer revés ocasional, mas tendo sucesso na maioria das vezes.

SISTEMA DE ACOMPANHAMENTO

Crie um sistema de acompanhamento. Na Tom Hopkins/Champions Unlimited, criamos o Planejador do Campeão, que decompõe seu plano anual em plano mensal, semanal e, finalmente, o diário. Trata-se de um excelente método e há outros no mercado que realizam para você grande parte do trabalho de organização.

Eis alguns itens que devem constar de seu plano de trabalho diário, sua lista de coisas importantes para o dia seguinte:

1) Saia do escritório

Quantas vitórias teria o jogador profissional de beisebol se nunca deixasse o vestiário? Há um número imenso de vendedores profissionais que perdem jogos (vendas) porque não saem do vestiário (escritório) com a frequência suficiente. Os negócios, sob a forma de compradores, estão no grande mundo, fora das paredes do escritório. Saia. Saia muitas vezes. E saia cedo.

2) Encontros marcados

Na ocasião em que os marca, provavelmente você pensa que não há como esquecê-los. Mas, assim que começar a dar duro, tenderá a esquecê-los, a menos que os anote — todos eles — em uma agenda mantida para esse fim.

448 | COMO SER UM GRANDE VENDEDOR

3) Pesquisa

O mundo muda a todo instante e seu negócio também. Sempre que surgir um novo produto ou um fato novo em seu serviço, você precisa parar para pesquisá-lo, analisar seus os efeitos e reforçar a competência para explicar adequadamente a oferta aos compradores em potencial.

4) Família

Muitos vendedores cuidam dos interesses de todo mundo, mas se esquecem de planejar para as pessoas que lhes são mais importantes: suas famílias. Não perca o que conseguiu, enquanto estiver subindo a estrada do sucesso. Quando tiver de fazer algo por sua família, anote isto em seu planejamento e coloque-o na lista das coisas importantes que vai fazer no dia seguinte.

5) Saúde física

Os Campeões se mantêm em forma por três razões:

a) não querem ser as pessoas mais ricas no hospital;

b) sabem que são mais eficientes quando se sentem bem;

c) o ponto importante de todo o exercício é tirar mais da vida e não podem fazer isso, por mais dinheiro ganhem, se no processo perderem sua saúde. Por isso mesmo, faça sua programação de exercícios, juntamente com sua programação de negócios. Esta é, definitivamente, uma de suas atividades diárias (ou três vezes por semana). Você não tem de se tornar um maníaco da boa forma física. Mas, no outro extremo, fica o maníaco do despreparo físico, que, pela ignorância ao corpo, destrói sua energia, entusiasmo e gosto pela vida. Em algum lugar entre os dois extremos, e de acordo com seus interesses, fica o ponto em que deve se colocar.

6) Saúde emocional

Programe seus benefícios pessoais e, quando os houver merecido, nunca deixe de pegá-los. Não tente se enganar neste particular. O conceito de recompensas pessoais é fundamental para manter um forte senso de finalidade. Sem ele, você não pode manter uma forte campanha para vencer na vida. Suas recompensas pessoais podem assumir a forma de atividades de lazer, bens de alta qualidade, ascensão social, trabalhos voluntários ou religiosos — ou podem ser exatamente o oposto. Numerosas variedades de recompensas pessoais aceitáveis estão à sua espera e podem fazer com que todos os esforços valham a pena. Programe atividades frequentes de lazer, como recompensas para si mesmo. Não renuncie a elas, exceto por motivos claros e irrecusáveis e, se fizer isso, compense-se de outra maneira. A menos que se premie adequadamente, todo o conceito de recompensa pessoal deixará de ter significado para você — com efeito desastroso sobre sua vontade de vencer na vida.

Empregue parte de seu tempo, dinheiro e esforço em algo maior do que você mesmo, a fim de desenvolver seu senso de poder e valor pessoal. Nada clareia mais a mente para maiores realizações do que fazer deste mundo um lugar melhor, porque nós estamos aqui.

7) Busca de clientes em potencial

Se não programar a busca de clientes em potencial, se não anotar os dias e horas exatas em que vai fazer isso, qual é a última coisa que fará?

Procurar clientes.

E o que é a primeira coisa que enfiará seu volume de vendas pela tubulação?

Não os procurar.

Mantenha sua renda em crescimento; reserve um período diário para buscar clientes.

COMO PROGRAMAR SEU TEMPO PARA
TER MAIOR IMPACTO DE VENDAS

Preparando-se para descobrir novos clientes: Reserve apenas 5% de seu tempo se preparando para procurar clientes e o resto do período no telefone. Muitos principiantes passam metade do tempo na preparação, e alguns, o tempo todo. Na noite anterior, formule e pratique o que vai dizer. Lembre-se de que não há substituto para o treinamento no trabalho, e a única maneira de conseguir isso na busca de clientes é ligando e conversando com um possível comprador.

Procurando o cliente: Se, como principiante, passar 75% de seu tempo procurando clientes, em pouco tempo você fará parte da elite da força de vendas de sua companhia.

Preparando-se para entrevistas: Você deve se tornar tão organizado que precise gastar apenas 8% de seu tempo na preparação para fazer apresentações e demonstrações de alta qualidade.

Apresentando: Cerca de 5% a10% de seu tempo deve ser efetivamente gasto com os clientes. Não fique matando tempo. Entre e saia. Seus clientes sentirão mais respeito por você, se mantiver as coisas em movimento. Quando se tornar mais organizado e experiente e estiver trabalhando com mais clientes recomendados, poderá empregar mais tempo realmente vendendo. A elite de nossa profissão conta com ajuda secretarial, burocrática e técnica para a finalidade expressa de empregar praticamente todo o seu tempo planejando e apresentando.

Comercializando e prestando serviços: 5%. Lembre-se de que essas porcentagens iniciais mudarão à medida que você for amadurecendo seu trabalho de vendas. A prospecção inicial de clientes produzirá dicas, em seguida vendas e, finalmente, recomendações. Você começará a ganhar dinheiro — e passará menos tempo à procura de clientes porque trabalhará mais com recomendações.

No primeiro dia de todo mês, sente-se com sua agenda de planejamento/entrevistas e anote tudo o que pretende fazer nos 30 dias seguintes. Anote também qualquer compromisso familiar ou social a cumprir.

Relacione todas as reuniões da companhia às quais tem de comparecer. Seja maduro, responsável e realista. A menos que ajude sua companhia, ela não poderá ajudá-lo. Seja parte da equipe. Seja parte da solução, e não do problema; chegue a tempo às reuniões. E use seu tempo nelas para ajudar a companhia a construir um grande futuro — para você também.

Participe de todos os programas educacionais pelos quais se interesse.

Em seguida, selecione os clientes em seu arquivo do ciclo da coceira, telefone para todos eles, marque entrevistas. Concluída esta parte, consulte os demais arquivos de dicas e marque mais entrevistas.

Assim que concluir esse trabalho, poderá verificar quanto tempo terá disponível durante o mês. Faça uma programação de prospecção que produza tantas indicações quantas você puder dar conta e mãos à obra. Não é simples? O mês inteiro é planejado para se obter o máximo de eficiência e rendimento de vendas, apenas seguindo essas poucas e fáceis etapas.

Jamais se permita pensar que planejar suas horas, dias e meses é uma tarefa confusa, frustrante e impossível. Dê um passo de cada vez e andará muito bem. Vou lhe dizer por que tenho tanta certeza disso, contando um fato que provocou um tremendo impacto sobre mim, quando aconteceu há alguns anos. Quando comecei a obter bons resultados em minhas vendas, tive uma ideia: Por que não conseguir algumas ideias com pessoas mais bem-sucedidas do que eu? Comecei a frequentar muitos seminários. Em um deles, ouvi um homem cujas credenciais, divulgadas no momento em que foi apresentado à plateia, impressionaram-me mais do que sua palestra. Ele estava ganhando US$400 mil anuais como presidente de um grande conglomerado.

Concluí que poderia aprender algo de grande valor com esse homem e procurei marcar um almoço com ele. Isso levou dois meses. Quando me vi diante dele, disse: "Estou aqui por uma razão muito sincera. Quero que me diga como se tornou tão bem-sucedido." Nessa ocasião, eu tinha 21 anos.

Ele soltou uma risadinha e começou a falar. Depois de uns dez minutos, acho que ele compreendeu que eu era realmente sincero. Pedi:

"Diga-me o que preciso fazer."

Eis o que ele me respondeu:

"Tom, durante toda a minha vida adulta, tenho vivido de acordo com um provérbio; e isso tem feito toda a diferença. Se você viver também de acordo com esse provérbio, não vejo como deixar de ser extremamente bem-sucedido."

Eram palavras bem impressionantes. Agarrei um guardanapo e preparei-me para escrever.

Ele continuou:

"Se eu lhe revelar esse provérbio e você viver realmente de acordo com ele, haverá algumas ocasiões em que me odiará."

"Eu não me importo. Diga o que é."

Foi o que ele fez e escrevi as seguintes palavras:

Em todos os momentos, fazer o que for mais produtivo: Durante anos, essas palavras decoraram minha mesa de trabalho. Hoje posso dizer que eu também tenho passado todos os meus anos de maturidade vivendo de acordo com esse provérbio — e isso fez toda a diferença. E posso lhe dizer que, se viver da mesma maneira, não vejo como não ser extremamente bem-sucedido. E permita-me acrescentar o mesmo aviso que o presidente do conglomerado me deu há tanto tempo: "Se você viver realmente de acordo com esse provérbio, haverá dias em que me odiará. Mas eu também sei que haverá períodos em que me abençoará por lhe ter dado aquela dica — se viver de acordo com ele."

É produtivo ficar no escritório batendo papo com os colegas? Se você começar a fazer a coisa mais produtiva possível em todos os momentos, não só se tornará um Campeão e terá uma alta renda, como também se transformará em uma pessoa melhor e mais feliz. Vamos nos entender bem nesse ponto. A coisa mais produtiva que você pode fazer, em qualquer momento, nem sempre é algo que vise diretamente a ganhar dinheiro. A coisa mais produtiva que pode fazer em muitos momentos é ficar com sua família, brincando, relaxando, recarregando suas energias. O repouso e a recreação são partes essenciais do ritmo produtivo. Não é produtivo pôr uma máquina para funcionar até esquentar demais e quebrar. Isto é simplesmente estúpido. O mesmo se aplica ao seu cérebro, ao seu corpo e às energias. É também tolo descansar do ócio e tirar férias de não fazer nada.

19. Como sair da fossa vendendo

A premissa aqui é que você aprendeu as técnicas contidas nos capítulos anteriores, que as utilizou e ganhou algum dinheiro, mas agora se encontra agora na fossa.

Qual é o maior obstáculo para sair dessa condição?

Em primeiro lugar, saber que está nela.

Como você começa a procurar uma maneira de sair dela?

Fazendo a si mesmo a seguinte pergunta:

Eu sou feliz?

Qualquer resposta sincera a essa pergunta, quando reduzida a seus elementos básicos, estará incluída em uma destas categorias:

- "Sou infeliz o tempo todo."
- "Sou feliz o tempo todo."
- "Sou infeliz em parte do tempo e feliz na outra."

Muita gente não quer fazer a si essa pergunta. Evitam-na, dizendo: "Não sou infeliz, mas também não sou o que você chamaria um cara feliz. Sou apenas mediano o tempo todo."

Eu não engulo essa. Se essa é sua reação, você faz o mesmo que a maioria das pessoas: você se camufla, apega-se ao centro medíocre, evita a realidade. Se não está aproveitando a vida, se não está buscando suas metas e oportunidades

456 | COMO SER UM GRANDE VENDEDOR

com alegria no coração, se não está procurando mais das boas coisas que pode ter, você não apenas é infeliz; você também sofre. O oposto de feliz é *infeliz*, mas estou chamando o indivíduo nesse estado de sofredor porque a importância dessa ideia exige que eu lhe infunda todo o impacto de que sou capaz. Quem não pode dizer que é feliz está perdendo o melhor que a vida tem para oferecer, e isso, estou convencido, é autêntico sofrimento.

A OPÇÃO É SUA

Você nunca deixará de estar no fundo do poço em vendas a menos que deixe de ter problemas de sofrimento. Por quê? Porque, sempre que começa a progredir, os sofrimentos estendem as mãos e puxam você para baixo. Ou seja, os sofrimentos farão isso até que você aprenda a superá-los.

Mais pessoas são bem-sucedidas em parte do tempo do que bem-sucedidas o tempo todo. O desempenho médio é, com frequência, constituído de um mês bom contrabalançado por um mês ruim. Se você põe a culpa disso na maneira como o mercado se comporta, como os planetas se alinham, como sua sorte acaba ou o que quer que seja, está se escondendo da realidade. Se está no período de baixa agora, é porque teve um período de alta, do qual caiu. Isso significa que você provou que pode vender. Na verdade, não prova também que você demonstrou que seu problema de queda nas vendas está relacionado à sua atitude?

Diga que sim. A menos que reconheça para si mesmo que sua atitude é responsável por sua queda, você ainda não está pronto para melhorar.

Todos nós fazemos parte da maior comunidade da humanidade e todos precisamos constantemente de ajuda para desenvolver todo o nosso potencial. Mas há um fato fundamental que você tem de aceitar e, com base nele, agir, para que a ajuda externa produza diferença duradoura em sua vida: você precisa internalizar esse conhecimento externo com sua própria energia, determinação e disciplina e, em seguida, pôr suas novas habilidades e conhecimentos em ação com sua própria energia, determinação e disciplina. Consiga você a ajuda externa em um livro, seminário, áudio, ou em uma entrevista pessoal no escritório de um profissional — tudo isso funciona da mesma forma: a menos que ponha a ajuda em ação, ela não funcionará.

Está pronto para fazê-la funcionar?

Ótimo. Vamos começar estudando a maneira como você realmente se sente a respeito da pergunta *"Sou feliz?"* Vamos discutir, uma a uma, as grandes categorias de que falamos.

"Sou infeliz o tempo todo."

Se essa é sua resposta, sinto pena de você. Já passei por isso, Duas vezes. Sei que você precisa de ajuda, como eu precisei, antes de poder vencer o sofrimento, tornar-se eficiente e começar a realizar grandes feitos.

Meu primeiro caso de sofrimento contínuo ocorreu há alguns anos, quando comecei em vendas externas e fui um fracasso; — isso porque não sabia nada sobre vender. A única cura para esse tipo de sofrimento consiste em aprender a fazer o que é preciso fazer para ser um sucesso — e depois sair em campo e fazer. O que eu fiz. Desapareceu meu sofrimento de não sucesso. Em seguida, em seu lugar, começou a surgir um novo tipo de angústia mental.

Quando completei meu primeiro ano de sucesso, pensei que sofria mais do que nunca. Essa foi minha segunda luta com o sofrimento contínuo. Era diferente, claro, do tipo de dor de carteira vazia que eu sentira antes. Agora, minha família possuía as coisas de que necessitava. Eu possuía as coisas materiais de que necessitava. Mas dinheiro não compra felicidade — apenas lhe dá os meios de encontrá-la. Meu novo sofrimento era do tipo de alta pressão criado por fazer um grande volume de negócios com a atitude equivocada para chegar a esse alto volume. Depois de, durante meses, suportar as novas dores e preocupações, dei-me conta de algo que, desde então, tem exercido profunda influência sobre minha vida:

> **Sofrer é um hábito;**
> **Ser feliz é um hábito;**
> **E a escolha é sua.**

Se você deu a segunda resposta à pergunta sobre felicidade, o parágrafo seguinte contém uma nota de cautela que merece um estudo cuidadoso de sua parte:

"Sou feliz o tempo todo."

Algumas pessoas realmente são assim. Nada as incomoda, nem mesmo o que deveria incomodar. Levado a extremos, isso resulta em outro tipo perigoso de pessoa. Quando a tragédia nos atinge de perto, devemos sentir dor. Em seguida, devemos expressá-la a fim de enfrentá-la, e continuar procurando desenvolver todo o nosso potencial. As pessoas que não podem fazer isso, que se fecham em si mesmas, devem procurar ajuda profissional.

Há outras ocasiões em que devemos nos sentir infelizes — apenas por alguns minutos. Quando a sorte nos serve, de seu baralho, uma carta especialmente ruim, quando algo que podíamos ter impedido acaba com as esperanças de uma venda, quando um plano bem arquitetado falha por motivos além de nosso controle, não devemos vibrar de felicidade se o desastre ocorre. Nem nos deixar esmagar. Mas esse tipo de acontecimento não deve nos incomodar mais do que durante alguns minutos, certo? Você transformou em parte de sua personalidade as cinco atitudes do campeão relativas à rejeição e ao fracasso ou não?

Agora, você provavelmente está querendo saber qual é a última resposta à pergunta sobre a felicidade.

"Sou infeliz em parte do tempo e feliz na outra."

Essa é a melhor das três respostas, mas ainda não é suficientemente boa para você. O Campeão diz: "Sei que certos problemas e mágoas fazem parte da vida, de modo que me sinto infeliz por curtos períodos, quando devo, e sou feliz no resto do tempo."

Compreenda isso e se comporte com base no conhecimento que você mesmo tem de enfrentar e resolver seus problemas — não necessariamente sozinho, mas por você e dentro de você. Consiga toda a ajuda que puder, desde que siga em direção a suas metas. Permaneça sempre alerta para qualquer anseio de sua parte de criar o hábito de ser sofredor.

Em outras palavras, não seja uma pessoa negativa.

O que isso quer dizer?

O negativo é aquele que ganha perdendo. Alimenta-se de problemas, doenças e medo. Se nada acontece naquele momento para justificar o sofrimento que se treinaram a necessitar, essas pessoas inventam alguma coisa — ou revivem algum sofrimento passado.

O que é o oposto de ser alguém negativo?

Ser uma pessoa bem-sucedida, feliz, em crescimento.

Você pode ser o oposto de um negativo tornando um hábito ser feliz, exceto quando há a clara e premente necessidade de ficar triste por algum tempo. Então, fique triste. Alivie sua mágoa. Não tenha medo de chorar. Se inibições não o deixam fazer isso em público, chore no travesseiro. Expresse a mágoa e mande-a embora. Seja a dor profunda de uma tragédia pessoal, seja o remorso superficial, mas intensamente sentido, de um assunto de negócios que não tratou bem, dê expressão a seus sentimentos de dor ou desapontamento. Depois, volte resolutamente ao seu habitual estado de felicidade.

Eis um dos hábitos mais valiosos que você um dia poderá cultivar: *Mude o que quer mudar. Aceite o que não tem esperança de mudar. Seja teimosamente feliz, aconteça o que acontecer, uma vez que tenha se livrado dos últimos sentimentos negativos, mas que, ainda assim, têm um papel a desempenhar em sua vida.*

Quando comecei a abrir caminho e fazer um grande número de vendas no ramo imobiliário, meus problemas se multiplicaram com assustadora rapidez. Para a maioria das pessoas, comprar ou vender sua última casa é a maior transação de que já participaram.

COMO SER UM GRANDE VENDEDOR

Isso gera pressão. Quaisquer singularidades que tenham se tornam exageradas. Um laivo de ganância pode escapar do controle e cegar os clientes para seus melhores interesses. Uma vez que a maior parte das transações em imóveis leva semanas ou meses para se completar, há tempo de sobra para mudanças e erros. Com o volume de vendas que eu estava tendo, por semanas, problemas complexos me aguardavam sempre que eu aparecia no escritório. Em muitos dias, eu não queria nem mesmo entrar, apenas passar pela porta e procurar um buraco para me esconder. Os grandes produtores, na maioria dos campos, têm experiências semelhantes.

Quando a ânsia de fugir chegava quase a me dominar, eu parava em uma praça e passava alguns minutos olhando para as árvores e para a grama. Depois, tinha uma conversa tranquila comigo mesmo. Campeões acreditam nessa história de falar consigo mesmo. Mas não fazem isso em bares, e sim em lugares tranquilos, onde não possam ser perturbados ou infelizmente envolvidos em algum assunto.

Quando retomava o controle das emoções, voltava ao escritório. Não esqueça que todos estavam anotando recados para mim de pessoas que explodiam de raiva ou preocupação. E, como eu ia frequentemente ao escritório, elas sabiam que eu já ouvira falar na maioria dos problemas.

Assim que cruzava a porta, começava a bombear a velha alegria. Percorrendo o corredor entre as mesas, distribuindo sorrisos à esquerda e à direita, eu dizia: "Bom dia. Tudo bem com você? Este dia não vai ser uma beleza para vendas?"

Os negativos inveterados baixavam a cabeça e fingiam estar ocupados demais para me ver. Os tipos seminegativos faziam uma careta, tentando sorrir. Eu quase podia ouvi-los pensando: "Olhe só para ele, atolado até o pescoço em problemas — e ainda tem a petulância de continuar a rir. Eu o odeio!"

Faça a si mesmo um favor quando tiver um problema pessoal ou de negócios, quando tiver uma doença, quando houver levado uma cacetada na escola das duras cacetadas: *não diga a ninguém*, porque 20% não se importam e 80% ficam satisfeitos em ouvir que você está passando por problemas.

Não lhes dê essa satisfação. O único prazer que o problema pode lhe proporcionar é conservá-lo consigo mesmo — pelo menos você sabe de algo que ninguém mais no escritório sabe. Se vazar algum boato sobre seu problema, leve-o na brincadeira. Depois, com toda a rapidez, mude o assunto para algo positivo. O humor é sempre positivo. Todo problema de negócio é um bom alvo para humor. Expulse o sofrimento com uma risada. Isso funciona. Sofrimento adora companhia e perdedores amam perdedores. Você atrai o que é em pessoas e acontecimentos. Felicidade também adora companhia, e vencedores também amam vencedores.

Outro fato sobre perdedores: eles adoram falar em derrotas, em problemas, naquilo que não pode ser feito. Na próxima vez que alguém no escritório sofrer um desastre, preste atenção na maneira como as pessoas reagem. Os perdedores correrão para saber toda a história, em todos os seus horrendos detalhes. Em seguida, contarão algumas lamúrias próprias e, quando menos se espera, está em pleno andamento um banquete real de más notícias.

Vencedores tratam de modo diferente os problemas dos demais. Em silêncio. Ou podem dizer umas poucas e rápidas palavras de encorajamento. Nada da análise carinhosa da catástrofe em que os perdedores insistem.

Quando alguém obtém um grande sucesso, ocorre a mesma divisão entre ganhadores e perdedores. Dessa vez são os vendedores que se aproximam, querendo saber de todos os detalhes, ou talvez também contar uma ou duas histórias de sucesso próprio. Nesse momento, são os perdedores que ficam ocupados demais para conversar com você.

Alguma vez você já caiu em uma fossa emocional? Em uma fossa financeira? Numa fossa de desempenho? Claro que sim. Entrar na fossa é normal para todos que não se treinaram a evitá-la. Eu mesmo passei três meses estudando meios de curá-la e estou convencido de que só há um jeito. É uma velha ideia que circula por aí sob vários nomes:

462 | COMO SER UM GRANDE VENDEDOR

A FÓRMULA GOYA

Usar essa fórmula é muito fácil — parece difícil apenas quando acontece.

- G.O.Y.A.
  Get off your anatomy;*
  Vá para a rua;
  Vá trabalhar.

Isso é tudo o que há nela, exceto você se obrigar a segui-la. Pode ser difícil fazê-lo quando você está com a cara no chão e já desistiu do mundo. Eu também já passei por isso. O espantoso é que sempre é fácil usar a fórmula. Você acredita realmente nisso?

Sim. Tudo o que você tem de fazer é começar — dar o primeiro pequeno passo — e, daí em diante, tudo é fácil. Se apenas conseguir se obrigar a começar, tudo vai correr bem.

Até agora, eu dei a impressão de que sempre soube como sair da fossa, mas não é bem assim Comecei a trabalhar em vendas imobiliárias com a ideia ingênua de que, se apenas conseguisse pôr umas poucas transações na forma de opção, todos os meus problemas acabariam. Alguns veteranos — não indivíduos negativos, mas realistas — me haviam dito que fazer a venda era apenas meia batalha e que o fechamento era, muitas vezes, a metade mais frustrante e difícil da oportunidade de servir a um cliente.

Não acreditei nisso até que, de repente, me vi ao mesmo tempo com seis meias batalhas nas mãos, e nenhuma delas parecia estar se desenvolvendo muito bem. Na ocasião, eu tinha um gerente de vendas com quem vivia quase constantemente zangado porque ele não estava interessado em saber por que o negócio não podia ser feito. Desprezei-o por me fazer trabalhar tanto — até o fim do ano, quando me dei conta de quanto dinheiro ele me fizera ganhar.

---

*A tradução seria "Tome uma atitude", "mexa-se". Optamos por manter o nome original. (N. do E.)

Certo dia, três compradores cancelaram suas compras. Outros negócios corriam perigo. Como se isso não fosse suficiente, alguns clientes estavam se mostrando irritados, querendo que suas casas fossem vendidas logo. Então, entrei, furioso, na sala do gerente.

Ele ergueu os olhos e perguntou:

"O que há de errado?"

"O que há de certo?", retruquei. "Vender é impossível. Todo comprador que conheço é um mentiroso. Os vendedores estão me roubando as meias, sem nem mesmo me tirarem os sapatos. Telefonam se queixando e insultam minha mãe. Cansei. Pegue esse emprego e você sabe o que fazer com ele."

Murphy sorriu para mim e disse:

"Tom, parece que você está de baixo-astral."

"O que você é, sensitivo? Claro que estou. Não consigo coisa alguma neste negócio, exceto o que já passou."

"Sabe o que você realmente precisa fazer?", disse meu gerente. "Você precisa escapar disso."

Essa é a primeira coisa que queremos fazer quando a situação fica difícil, não? Mas eu não esperava que ele dissesse isso. Pensei que ia me mandar voltar à luta e enfrentar meus problemas. E então respondi:

"Acho que você tem razão. Preciso escapar disso."

"Vamos dar uma volta", sugeriu ele.

"Boa ideia." Tom Murphy possuía um belo carro, um esplêndido aparelho de som e nada de telefone. Pensei que ia gostar do passeio com meu gerente. Saltamos no carro e nos afastamos alguns quilômetros do escritório. De repente, Murphy encostou no meio-fio e parou. Olhou para mim e disse:

"Desça."

"O quê?"

"Sua atitude é ruim e só há um jeito: GOYA! Desça deste carro e bata de porta em porta até voltar ao escritório."

A última coisa que você quer fazer quando está deprimido é a única que tem de fazer para se erguer: GOYA. A sorte acontece quando você sai e conhece pessoas. Mas, naquela ocasião, eu não sabia disso.

464 | COMO SER UM GRANDE VENDEDOR

Depois de usar todas as frases descritivas que conhecia para a atitude dele, desci do carro e comecei a voltar a pé para o escritório. Passei por algumas casas. Resolvi bater em uma ou duas portas para poder dizer a Murphy que o sistema dele não funcionava.

Mas, claro, quando a primeira porta foi aberta, não pude pôr a culpa de meus problemas na senhora que a abriu. Tive de fazer meu papel. Conversamos e eu me senti um pouquinho melhor quando fui embora. Ao voltar para o escritório, havia conseguido três dicas qualificadas e me sentia bem. Eu havia saído da fossa por meio do trabalho.

Entrar na fossa indica que você se afastou dos princípios básicos, porque deixou de fazer o que sabe que devia estar fazendo. É estranha a rapidez com que os vendedores podem se retirar para o conforto da administração executiva. Basta um bom mês para isso — até que a realidade o atinge sob a forma de queda nas vendas. Começam a sentir culpa. Isso os deixa tensos. A tensão os perturba com coisas de pouca ou nenhuma importância real. O único problema é que eles estão sendo levados, e não trabalhando. E é claro que não querem reconhecer esse fato.

Quando você quiser se reerguer, tome uma atitude, volte aos princípios básicos e faça o que sabe que deve fazer. Funciona sempre. Assim que começar a fazer isso, voltará a vencer. Verá o dinheiro chegando. Começará a ignorar pequenos aborrecimentos e, mais uma vez, se sentirá contente consigo mesmo.

Contudo, por melhor que seja sua atitude, por maior a resolução com que enfrente as dificuldades, haverá dias em que as coisas não darão certo. Nesses dias, então, um segundo problema surgirá antes que possa arquivar o primeiro e o terceiro. E mais outro. E depois parece que não há mais fim para eles.

Espere ter alguns dias difíceis em sua carreira de vendas e não ficará desapontado. Mas não esqueça, durante esses dias, que, se continuar a trabalhar, o período difícil passará e os dias felizes voltarão.

Será que por acaso você é uma máquina de preocupação? Algumas pessoas continuam a pensar: "Será que conseguirei? Poderei pagar minhas contas?"

TOM HOPKINS | 465

Deixe de se preocupar. Decida que não se preocupará mais. Quando acabar de elaborar seus planos, pense em algo agradável. Lembre-se de que o planejamento gera sucesso, mas que a preocupação o mata. Passe seu tempo de preocupações relaxando. Se não puder relaxar, aproveite o tempo para treinar, a fim de ser mais competente. Se tem a tentação de se preocupar durante as horas do expediente, pare, controle-se e pergunte a si mesmo o que é mais produtivo naquele momento. E faça isso. Se você o fizer, logo não terá de se preocupar com dinheiro, porque estará ganhando como nunca. Não deixe que as preocupações o tirem das vendas. Em vez disso, construa, por meio do trabalho, uma carreira bem-sucedida.

"O que, se...?" Quando sentir medo de que algo terrível possa acontecer, sente-se e aceite o fato de que simplesmente vai acontecer. Em seguida, relacione todas as coisas que pode fazer para impedir que aconteça. Faça uma lista dessas coisas em ordem de importância e ocupe-se com essa tarefa. Se seguir esse costume, nenhum de seus pesadelos sobre possíveis desastres se tornará realidade.

Se você é novo em vendas, pode acreditar que, em breve, seu trabalho será divertido. Seja você médico ou vendedor, é divertido usar sua expertise com confiança. Esse é o motivo pelo qual o primeiro dos dez passos no sistema GOYA para sair da depressão é este:

1) Torne-se altamente competente naquilo que faz

Se você não aperfeiçoou seus conhecimentos e habilidades até o mais alto nível de que é capaz, como pode dizer que está fracassando? Neste caso, você não precisa sair da depressão, o que precisa é praticar, treinar e ensaiar. Abandone a massa dos vendedores desqualificados e reúna-se à elite altamente especializada imune a quedas.

2) Diariamente, queime o passado

Todos nós tendemos a remoer o passado, a fazer listas de esperanças esmaecidas que começam com "Se apenas...". Sempre que estiver tentado a isso, diga a si mesmo: "Isso está morto e eu o enterrei. Não posso

466 | COMO SER UM GRANDE VENDEDOR

mudar o passado agora, de modo que vou pensar em algo que possa transformar em vantagem." Se transformar essa atitude em hábito, começará a moldar o futuro, começará a fazer progresso na direção de suas metas e sentirá aquela alegria especial que só nasce quando o indivíduo comanda a própria vida.

3) Viva o momento

Você não pode viver no amanhã, nem no ontem. Se tentar fazer isso, só conseguirá arruinar o seu hoje. Nunca se esqueça de que a vida é sempre a consciência deste minuto. Tenha você 10 ou 100 anos, hoje pode ser seu último dia. O inventário do que fez ou não fez pode começar esta noite. Desse modo, por que se preocupar tanto com o futuro? Viva plenamente o agora. Você nunca terá mais de um momento de cada vez para desfrutar.

4) Planeje o futuro, em vez de se preocupar com ele

Uma vez traçado seu plano, dê-lhe um bom empurrão todos os dias e durante todo o dia — e, em seguida, aprecie seus momentos livres. Se não quer se planejar para o sucesso e a felicidade, que direito você tem de se preocupar com o não sucesso e a infelicidade? Se não está planejando aonde quer chegar, que razão ou desculpa você tem para se preocupar por não estar em parte alguma? Quem mais desperdiça seus próprios recursos são aqueles que não sabem o que querem ser nem aonde chegar. Pense como quer que sua vida se desenvolva. Em seguida, planeje como fazer isso acontecer. Programe o tempo para trabalhar na criação do que é sucesso para você e também o tempo que dedicará a renovar suas energias, premiar a si mesmo e aumentar sua autoestima. E certifique-se de que nunca mais permitirá que a preocupação se intrometa em seus momentos de renovação, premiação e enriquecimento.

5) Não exija que a vida seja justa

"Isso não é justo", essa é uma das frases mais idiotas em qualquer idioma.

"Ela está recebendo do gerente as melhores dicas... Isso não é justo."

"Eles não voltaram a me telefonar... Isso não é justo."

"Ele conseguiu o negócio porque estudaram juntos na faculdade... Isso não é justo."

Esqueça essa história de justiça. O mundo não foi feito para ser justo. Se você exigir isso e usar essa exigência sem resposta como desculpa para sua falta de energia, vai sofrer. Você tem de sobreviver — se vai sobreviver — em um mundo em que sempre haverá pessoas acima e abaixo de você em todos os degraus da vida.

Um de nossos Campeões de que mais me orgulho é Chuck Hill. Chuck sempre terá de usar muletas porque teve paralisia infantil aos 2 anos. Isso não é justo. Chuck, porém, não fica sentado se queixando de que a vida é injusta: passa o tempo pensando e fazendo tudo o que pode. E ele pode fazer um monte de coisas. É um grande vendedor em seu escritório, um verdadeiro Campeão que está auferindo alta renda e desfrutando as boas coisas que isso pode comprar. Pelo menos uma vez por semana, ele sai à rua à procura de clientes — usando muletas. E, se você não está lá fora buscando clientes tanto quanto devia, qual é a sua desculpa? Imagine só contá-la a Chuck.

Eu o notei pela primeira vez em um de meus seminários para corretores de imóveis. Quando chegamos à parte da prospecção de porta em porta, lembro-me de que pensei: "Duvido que ele possa fazer isso." Mas ele fez. Chuck Hill simplesmente não admite ser recusado pela vida.

De vez em quando, devíamos parar e nos sentir gratos por aquilo que não temos. Algumas pessoas lá fora estão conseguindo grande êxito, a despeito de fardos muito mais pesados do que os que você carrega. É claro que também há lá fora pessoas com fardos muito mais leves, mas que transformaram sua vida em uma longa lamúria. Essa é a parte mais triste da história. Ao lado de uma delas, a história de Chuck Hill é uma alegria. E sinto mais prazer de estar com ele do que com qualquer queixoso que já conheci. As pessoas são muito estranhas. A maioria

468 | COMO SER UM GRANDE VENDEDOR

está convencida de que seus problemas são maiores do que os de todo mundo. Não são — a menos que você seja o cara do pulmão de aço, que só consegue mover a pálpebra. Assim, deixe de exigir justiça e acabe com essa história de deixar suas limitações o deprimirem. Pegue o que tem e consiga o que pode. Se isso significa não pagar o preço do sucesso, seja feliz com o insucesso. Você nasceu para ser feliz, mas ninguém pode torná-lo feliz por muito tempo. Só você pode fazer isso. Ser feliz é uma responsabilidade pessoal, um dever que você não pode delegar. A única maneira de conservar a felicidade é aceitar esse fato.

6) Não se sinta culpado

Se estiver tentado a fazer algo que o fará se sentir culpado, não faça. Contudo, se resolver fazê-lo, resolva também apreciá-lo e esqueça a culpa. Você precisa ser duro nesse aspecto. Empurre para trás todas as pessoas que adorariam pôr uma carga de culpa em cima de você por fazer as coisas normais que tem todo o direito de fazer, se quiser.

7) Comprometa-se com o alto desempenho e aceite as consequências desse compromisso

Você não pode estar em toda parte ao mesmo tempo e terá de aprender a dizer *não*. A melhor maneira é dizer isso francamente, mas em um tom delicado: "Não, sinto muito. Não posso fazer isso. Mas, de qualquer maneira, obrigado."

Quando você se compromete com o alto desempenho, automaticamente põe séria pressão sobre seu tempo e energia. Todos nós tendemos a continuar dizendo sim à família, aos clientes, ao chefe, aos amigos, aos colegas. Isso significa que a única pessoa a quem dizemos não é a nós mesmos. Quando você acaba com tempo zero para si mesmo, está também em um curso de colisão com uma crise de vontade. Quando a pressão chegar, você se sentirá esmagado pelas exigências. Não terá força de vontade para enfrentar essas exigências, porque não terá conseguido se obrigar a fazer o grande esforço necessário. Cuide do número um, você, ou acabará sem cuidar de ninguém.

8) Trabalhe com a procrastinação

Note que eu disse *trabalhe com* ela. Você nunca dominará inteiramente a procrastinação porque faz parte da natureza humana deixar que, às vezes, as coisas atrasem. E, em algumas ocasiões, quando usada com cuidado, a procrastinação constitui tática útil. Muitas coisas reagem melhor a nenhum tratamento, absolutamente, e vários problemas desagradáveis desaparecem quando os ignoramos.

Ocasionalmente, sofro de procrastinação. Muitas vezes, voo a noite toda para chegar ao meu próximo seminário e, na manhã seguinte, não quero aprender o programa que tenho de aprender. Mas vivo de acordo com estas três palavras:

Faça isso agora.

Experimente-as por 21 dias e iniciará um plano inteiramente novo de poder, que abrirá novas oportunidades para seu futuro.

9) Mantenha seu senso de humor sempre crescente

Este mundo é um mar de piadas. Você pode transformar em hábito procurar descobri-las e conseguir motivos de riso em todas as situações possíveis ou pode criar o hábito de ranger os dentes o dia todo, exceto quando está lambendo os beiços com as más notícias. Pessoas fáceis de rir chegam lá mais rápido e em melhor forma porque recebem mais ajuda ao longo do caminho. Embora esse seja um dos problemas mais fáceis de se resolver, nele, como em qualquer outro, você tem de tomar uma atitude. Certifique-se de nunca perder um filme engraçado. Escolha na televisão programas humorísticos. Leia coisas que o façam rir. As livrarias e as bibliotecas estão cheias de livros de histórias engraçadas e piadas. Decore uma delas por dia. Faça amizade com pessoas que gostam de rir, escute suas histórias e conte algumas. Se você é o Chefe Boca de Ferro, não pode mudar da noite para o dia, mas pode começar hoje à noite. Todas as manhãs e todas as noites, diga a si mesmo que tem um grande senso de humor, que aumenta o tempo todo. Diga também a si mesmo que adora rir. Tente fazer isso por três semanas e construirá um novo e maravilhoso hábito que o colocará na estrada que conduz ao sucesso financeiro e à grande felicidade.

10) Aprenda a amar o crescimento, a mudança e a vida

A pessoa realmente bem-sucedida sabe que crescimento, mudança e vida são aspectos interligados, inseparáveis, a única e mesma coisa. Leitor, amigo, futuro Campeão, os métodos discutidos neste livro tornarão seu, bastando agarrá-lo, sem nada pagar, o futuro que quiser encomendar. Com essas ideias e técnicas, você pode preencher um cheque pagável em seu próprio esforço para obter o futuro que escolher — e pode estar certo de que ele se realizará. Aceite essa ideia. Tenha fé irrestrita nela. E o mais importante de tudo: coloque-a em ação. Você pode ter o futuro que estiver disposto a trabalhar para conseguir.

20. A mais necessária expertise

Durante anos, as pessoas me perguntam: como você conseguiu reunir tudo isso e fazer tudo o que fez?

Não acredito que as pessoas perguntem apenas por curiosidade. Acho que têm a mesma razão que me levou, quando eu tinha 21 anos, a fazer mais ou menos a mesma pergunta a um executivo extraordinariamente bem-sucedido: o desejo sincero de transformar sonhos em realidade.

O ser humano comum pode realizar quase tudo. A falta de capacidade básica raramente é o problema — todos nós possuímos grandes reservas de poder inexplorado. Em geral, o problema consiste em descobrir o que queremos. Mas, antes de prosseguirmos, deixe-me definir a maneira como uso a palavra *querer*. Não estou falando agora de meros desejos, mas daquilo que queremos e que nos corrói por dentro.

Talvez esteja pensando que isso não acontece com você. Se pensa assim, está errado. Você quer coisas. Mas elas estão em uma espécie de garrafa fechada e você não pode pegá-las. Experiências antigas e educação as colocaram dentro da garrafa e fecharam com força a rolha. E ali estão elas, acumulando pressão para sua próxima explosão destrutiva de inveja e espírito de vingança. Podem vazar como uma cega resistência à mudança, uma recusa teimosa de fazer o esforço extra, a crença que não o abandona, de que todos os seus problemas são ocasionados pelos demais. Em vez

472 | COMO SER UM GRANDE VENDEDOR

de suprimir as coisas que realmente quer, aprenda a compreendê-las. Dessa compreensão, nascerá o conhecimento para usar essa força vital, a fim de alimentar sua energia para grandes realizações. Sua energia tem de provir dessa fonte: não há outra que atue por muito tempo.

O medo do fracasso costuma nos levar a reprimir o que queremos. O fracasso, porém, não é o pior resultado possível. O pior resultado é não tentar. Se tentar, você talvez obtenha sucesso; se não tentar, já terá fracassado.Você sofre desse medo? Então decida que já fracassou, e, em seguida, vá à luta e faça a melhor tentativa de que for capaz.

Muitos estão dispostos a se arriscar, mas ainda não fizeram o esforço máximo. Não veem motivo para tanto. Por quê? Porque não fariam nada intenso ou gratificante com o sucesso, se pudessem consegui-lo. Se esse é o seu problema, precisa dedicar a ele toda a atenção. A descoberta da resposta exigirá uma reflexão profunda. Amplie seus horizontes, procure novos amigos e oportunidades e busque recompensas nas quais não pensou e que tornarão o sucesso digno do preço que terá de pagar por ele. O ponto decisivo aqui é descobrir o que motivará sua personalidade, que não é igual a nenhuma outra. Muitas pessoas ficam tão ensurdecidas pelo que a sociedade e os outros pensam que devem desejar não ouvir seus próprios pedidos de ajuda. Entrar em contato com seu verdadeiro ser é sua prioridade número um.

Se realmente quer alguma coisa, isso fará diferença em sua vida. Trabalhará para satisfazer a essa necessidade. Por ela, sacrificará os prazeres. Você se sentirá disposto a mudar e a crescer para atendê-la. Na verdade, deliberadamente, mudará e crescerá para ter o que quer. Mas não fará nada disso por meros desejos. Esse é o motivo pelo qual deve pôr no papel o que acredita querer. Em seguida, examine suas metas, anotadas ali em preto e branco, e comprometa-se consigo mesmo a atingi-las. Mas ainda não acabou. De nada adianta escrever páginas de metas e continuar na antiga rotina, como se nada houvesse acontecido.

Diariamente, examine cada meta. Pergunte a si mesmo se está fazendo o que tem de ser feito, se está pagando o preço que tem de pagar. Não importa, a essa altura, se já reúne todas as habilidades e recursos de que precisará para atingir a meta: você poderá desenvolvê-los ao longo do caminho. Mas você não começará sem o desejo. O primeiro passo consiste em se comprometer com a meta *por escrito*. A maioria das pessoas nunca dá esse simples primeiro passo na jornada para a realização pessoal. Por essa razão apenas, nunca darão o último passo que lhes proporcionará o que desejam. A apatia estrangula mais carreiras do que a incapacidade jamais o fez.

Nos últimos anos, ouvimos falar bastante de pessoas que não conseguem se encontrar. A confusão sobre a identidade pessoal mantém milhões de pessoas vivendo abaixo de seu potencial e ajuda a pagar os honorários dos psicanalistas. Algumas pessoas realmente precisam de ajuda profissional nessa área. A maioria, contudo, faria melhor se enterrasse o passado e se concentrasse em entrar em contato com o que realmente quer do futuro.

Uma vez que ninguém pode libertar a criatividade nem acelerar o crescimento sem se comprometer com uma meta, qualquer meta positiva é melhor do que nenhuma. Muito provavelmente, você dará numerosas partidas falsas, antes de descobrir o curso que o manterá interessado e feliz pelo resto da vida. Isso é maravilhoso. Sempre que estiver comprometido com metas escritas, você estará crescendo rapidamente. Experimentará muita coisa. Ao lutar no campo, você estará aprendendo uma tonelada por cada quilo que a pessoa apática aprende sentada nos bancos de reserva da vida. Sempre que você joga o grande jogo de viver ao máximo, está correndo para a compreensão de seu melhor potencial, do que é o seu melhor destino. O maior de todos os crimes é a pessoa permitir que sua vida seja enterrada na apatia — e ela o comete quando não se dirige a metas reais para ela.

Você pode atingir praticamente todas as metas que tiver a coragem de estabelecer — embora, às vezes, seja necessária uma experiência dolorosa para iluminar o caminho.

Foi o que aconteceu comigo. Quando eu tinha 17 anos, parti o coração de meu pai. De uma renda muito modesta, ele havia economizado o suficiente para me matricular em uma faculdade, onde estudaria para ser advogado. Noventa dias depois, voltei para casa dizendo que desis-

COMO SER UM GRANDE VENDEDOR

tira — e, pela primeira vez, eu o vi chorar. Com lágrimas nos olhos, ele me disse: "Filho, sempre vou amá-lo, mesmo que você jamais chegue a ser alguma coisa na vida."

Esse foi o primeiro discurso motivacional que ouvi.

Quando deixei aquela sala, eu queimava com algo que nem todos têm a oportunidade de sentir. Eu não queria simplesmente vencer na vida — eu tinha de vencer.

Mas não conseguia descobrir como fazer isso. Tornei-me operário especializado e, durante 18 meses, transportei aço por rampas de construção — e, por todo esse tempo, as palavras de meu pai me corroíam por dentro. Eu tinha um trabalho assalariado que não me levava a lugar algum, salvo à velhice.

Ingressei em vendas — e o salário acabou. Não ganhei coisa alguma porque era isso que eu sabia sobre minha nova profissão. Nessa ocasião, quando eu estava fracassando pela terceira vez em vendas, um homem me falou a respeito do seminário de treinamento de Edwards. Fui, aprendi os fechamentos e as técnicas e não perdi tempo em aplicá-los. Logo depois, comecei a provar os doces frutos do sucesso.

Algum tempo depois, eu disse à administração da companhia em que trabalhava que meu objetivo era conhecer pessoalmente o Sr. Edwards. A companhia providenciou isso para mim. Quando chegou o dia, eu lhe disse: "Sr. Edwards, meu objetivo é substituí-lo e, algum dia, poder treinar pessoas tão bem quanto o senhor me treinou."

Tudo isso aconteceu porque estabeleci metas para que acontecesse. O comprometimento com a meta foi o elemento essencial. Ninguém pode subir, a menos que estabeleça metas que o obriguem a tanto.

Comece com objetivos no curto prazo. O meu primeiro em vendas — além de ganhar o suficiente para me sustentar — era comprar um carro novo. Automóveis são grandes metas iniciais, mas, infelizmente, costumam se transformar na única meta. Há mais na vida do que rodar pela cidade em um carro novo. Diversos vendedores comuns estabelecem metas comuns, atingem-nas, e, em seguida, caem em um estado de animação suspensa. Como o urso no inverno, hibernam e vivem de sua gordura. O verdadeiro Campeão continua a estabelecer metas sempre que atinge as anteriores. Metas atingidas são como os jornais da véspera: úteis apenas para forrar a gaiola do passarinho.

VINTE MANEIRAS DE TRANSFORMAR DESEJOS EM REALIDADE

Algumas regras precisam ser seguidas para que a fixação de metas aconteça. São elas:

1) **Se não está escrita, não é uma meta.** O querer não escrito é desejo, sonho, fantasia. O dia em que você escrever sua meta é aquele em que ela se transformará em um compromisso que mudará sua vida.

2) **Se não é específica, não é uma meta.** Como descobri carregando aço nos ombros, desejos vagos e objetivos exagerados nada produzem. Querer meramente ser alguém, ou ter a determinação de vencer na vida, não é o suficiente. A menos que você transforme desejos nebulosos em metas e planos concretos, não fará muito progresso.

3) **"Metas precisam ser críveis."** Agora estou citando Doug Edwards sobre um dos aspectos mais vitais da fixação de metas bem-sucedida. Se você não acreditar que pode atingir uma meta, não vai pagar o preço por ela.

4) **A meta viável é um desafio emocionante.** Se a meta não empurrá-lo para além de onde esteve antes — se não exigir o melhor de você, um pouco mais do que você não sabia que era capaz —, não vai mudar sua maneira de ser nem elevar seu estilo de vida.

5) **As metas precisam ser ajustadas às novas informações.** Estabeleça-as rapidamente e ajuste-as mais tarde, se visou alto ou baixo demais. Muitas metas que exercem grande influência positiva so-

bre nossa vida são as fixadas em território desconhecido. Quando aprendemos mais sobre a realidade, ajustamos as metas para baixo, caso se tornem inexequíveis, ou para cima, se perdem a capacidade de desafiar, porque se tornaram fáceis demais. Mas não podemos adiar o estabelecimento de metas até sabermos mais.

6) **Metas dinâmicas devem orientar suas escolhas.** Vivemos em um mundo que constantemente ameaça nos esmagar com alternativas. Se você quiser muito alguma coisa, desligará o aparelho de televisão para consegui-la. Se estabelecer bem as metas, elas imediatamente lhe mostrarão a maneira certa de tomar a maior parte das decisões.

7) **Não estabeleça metas no curto prazo de mais de 90 dias.** Depois de ter trabalhado com metas no curto prazo por um semestre, você talvez descubra que períodos mais longos ou mais curtos funcionam melhor em seu caso. Noventa dias é o período que funciona comigo. Se estabeleço metas no curto prazo que exigem mais de 90 dias, costumo perder o interesse por elas.

8) **Mantenha o equilíbrio entre as metas de curto e longo prazos.** O que você quer em matéria de roupas, carros, contas de poupança, férias e todos os tipos de posses materiais constituem grandes metas no curto prazo, que instilam emoção e gratificação frequente em seu programa. Se todas as suas metas são de longo prazo, você terá dificuldade em manter o desempenho em alto nível, porque todas as recompensas estarão ocultas em um futuro nebuloso.

9) **Nas metas, inclua seus entes queridos.** Você ficará surpreso com o ardor com que poderá trabalhar quando seus filhos sabem que terão uma fatia de um bolo maior, se você atingir sua meta. Quando as metas deles estão intimamente entrelaçadas com as suas, eles o ajudarão quando você precisar de encorajamento.

10) **Estabeleça metas em todas as áreas da vida.** Elas não consistem apenas em ganhar dinheiro. Estabeleça metas para saúde, exercícios, esportes, vida pessoal, na família e na vida espiritual. Esse é um sistema que funciona com espantosa eficiência, *se for* usado. Trata-se de algo simplesmente valioso demais para que você o reserve apenas à carreira que escolheu.

11) **As metas devem se harmonizar entre si.** Se elas se chocam, quem perde é você. Em todas as ocasiões que notar conflito, estabeleça prioridades que o eliminem. Utilize seu programa de metas para se livrar das frustrações, e não para criá-las.

12) **Faça uma revisão frequente de suas metas.** Lembre-se de que as metas de longo prazo só podem ser atingidas se forem o ápice das de curto prazo e que novas metas surgirão das antigas atingidas. No futuro, você estabelecerá metas de curto prazo que se situarão muito além de sua atual capacidade — e as atingirá com a habilidade, a confiança e os recursos que obteve ao atingir as metas atuais.

13) **Estabeleça metas vívidas.** A emoção é o ingrediente básico do estabelecimento de metas. Você não vai fazer aquele esforço todo pelas banalidades da vida, vai?

Meu primeiro voo foi da Califórnia ao Arizona, onde eu ia proferir uma de minhas primeiras palestras. Desde então, fiz centenas de voos, dos quais não consigo mais me lembrar, mas nunca esqueci aquele primeiro. Talvez você possa lembrar-se também de seu primeiro voo. Ficou com os nós dos dedos brancos? Eu fiquei.

Pouco antes da decolagem, olhei pela janela. Em uma pista próxima, vi um lindo aviãozinho. Então fiz uma pergunta ao passageiro que estava ao meu lado.

"Aquilo é um jato executivo", disse ele.

"Que coisa mais linda", comentei, tirando do bolso minha caderneta de metas, na qual anotei: "Meta de 10 anos — um jato."

478 | COMO SER UM GRANDE VENDEDOR

É surpreendente — não, é espantoso — como funciona o sistema de metas, se você as põe por escrito e se concentra nelas por alguns momentos todas as manhãs e durante as noites? Nunca me esquecerei do dia em que o jato chegou — exatamente dez anos depois. Eu acabava de completar um programa com uma grande plateia em Baton Rouge. Assim que deixei a tribuna, corri para o aeroporto a tempo de ver a chegada e a aterrissagem de um belo aviãozinho.

O comandante me recebeu a bordo e nós decolamos. "Sim, senhor", pensei. "Dez anos e eu consegui."

14) **Seja flexível com suas metas.** Muitas pessoas adiam o estabelecimento de metas, sempre em que pensam nisso, porque têm medo. Lembre-se de que não está fazendo um juramento que fará suas orelhas caírem se resolver mudar uma meta depois. Nunca me esquecerei da primeira vez em que reabasteci o jato. O piloto voltou e me entregou uma conta de US$882.

Perguntei: "Isso é para o mês?"

Não era para o mês.

Aquela meta de longo prazo transformou-se em uma despesa de US$30 mil por mês e no novo motivo pelo qual só conservei o avião por sessenta dias. O que fora outrora uma meta vívida e irresistível, quando realizada mostrou ser apenas outro brinquedo — e ridiculamente caro para meu tipo de atividade. O avião não tinha lugar em minhas novas aspirações. Há ocasiões em que temos de mudar as metas para que se conformem à nossa crescente percepção do que realmente é importante em nossa vida. Seu programa de estabelecimento e obtenção de metas é um compromisso de toda a vida com o crescimento. Esse crescimento tomará direções inesperadas e o futuro guarda realizações em que você nem pensou ainda.

15) **Prolongue-se para o futuro.** A ideia toda de estabelecer metas consiste em planejar sua vida, em vez de sair por aí aos trambolhões, cometendo erros, aceitando as coisas como chegam. Comece estabelecendo metas para vinte anos.

Primeiro, relacione os êxitos pessoais que deseja conseguir. Quem e o que você quer ser daqui a vinte anos? O que quer possuir? Onde e em que tipo de casa quer morar? Note que, mais uma vez, você trabalha com metas que podem ser mudadas. Quais são os símbolos de status com os quais sempre sonhou? O que quer para sua família? Se não sabe o que quer, como pode consegui-lo?

Comece a pensar no patrimônio líquido que deseja ter em vinte anos. Agora verifique sua posição em termos de bens e apronte-se para o futuro. Ele só chegará quando você começar a pôr no papel suas metas, trabalhar com elas e obrigar sua mente a se projetar à frente. Dê uma olhada imparcial no futuro e em si mesmo. Diga: "Essa é a pessoa que quero ser em vinte anos, e quero e estou disposto a pagar o preço necessário para me transformar nela."

Uma vez estabelecida sua meta de vinte anos, divida o período por dois e terá suas metas de dez anos.

Divida-as mais uma vez, e obterá as de cinco anos. Faça isso mais uma vez e suas metas de trinta meses surgirão diante de seus olhos.

Em seguida, estabeleça metas de 12 meses. Trabalhe nisso com todo o cuidado. Em seguida, decomponha a programação anual em meses, semanas e, finalmente, nas metas para amanhã e para todos os dias da próxima semana.

16) **Prepare um conjunto de metas para todos os dias e reexamine os resultados todas as noites.** Você talvez esteja pensando: "Isso vai tomar muito tempo. Será que vale a pena?"

Transformar sua vida em um sucesso vale um pouco de trabalho? Mas sejamos honestos — não é o trabalho que o está incomodando, mas a ideia de se submeter a qualquer forma de disciplina, até mesmo de disciplina autoimposta. Pense bem nisso antes de recusar a ideia, porque, se não estiver disposto a aceitar sua própria disciplina, tampouco vai conseguir 2% do que poderia — e perderá 98% das boas coisas que poderia ter.

480 | COMO SER UM GRANDE VENDEDOR

17) **Treine-se para ansiar por suas metas.** Dedique-se (nos momentos livres quando estiver dirigindo, esperando etc.) a se visualizar como possuidor daquilo que suas metas lhe darão. Quanto mais ardentemente desejar atingi-las, mais disposto estará a pagar o preço para alcançá-las.

18) **Estabeleça metas de atividade, e não de produção.** Quantas pessoas você vai visitar hoje? Quantas demonstrações fará? Quantas rejeições vai procurar? Se, em vez disso, todas as suas metas forem de produção, você estará se candidatando a ter uma depressão. Poucas vendas perdidas, uma mudança nas condições da concorrência, e você ficará irremediavelmente para trás, sentindo-se culpado sem querer nem ao menos pensar no sistema. Mas, se suas metas diárias e semanais se basearem em atividade (no número de visitas de prospecção a serem feitas, no número de apresentações a fazer, e assim por diante), você continuará a atingi-las nos períodos de problemas. Por ser ativo, você se ajustará mais rapidamente às novas condições e, vendendo, evitará a depressão antes que ela possa pegá-lo.

19) **Compreenda a sorte e faça-a trabalhar para você.** Sabia que todas as pessoas realmente bem-sucedidas, os grandes vencedores, os que estão atingindo metas, acreditam compreender a sorte? Na verdade, isso é algo muito simples. Comece esperando sempre que as boas coisas aconteçam. Você não espera ter boa sorte; você a tem como certa. Isso significa que se prepara com todo o cuidado, mantém diversas coisas em andamento e permanece atento aos sussurros da Dona Sorte. Jamais pensa que vai haver problemas — porque se planeja para evitá-los. Você sabe que está provado que certas pessoas são propensas a acidentes? E por quê? Porque passam tanto tempo pensando em se machucar que seu subconsciente fica confuso e age como se fosse isso o que elas queriam que acontecesse.

TOM HOPKINS | 481

Os vencedores compreendem que a boa sorte pode ser fabricada. E, por isso mesmo, pensam em termos de coisas boas acontecendo a eles e se tornam propensos à boa sorte. Faça sempre seu subconsciente trabalhar por você.

20) **Comece agora.** Dedique hoje duas horas de pensamento concentrado ao estabelecimento de metas. Em seguida, reserve dez minutos por dia nos próximos 21 dias para rever e revisar suas metas. Depois disso, dois minutos por dia, mais uma hora por semana, manterá você voando para o futuro imensamente mais risonho e mais rico que o sistema de estabelecimento de metas lhe dará, se seguir essas regras. Mãos à obra. Você terá um ano maravilhoso composto de 365 dias de realizações, nos quais você atingirá suas metas diárias. E assim será no futuro, enquanto um ano maravilhoso segue-se ao outro. Que perspectiva emocionante! E tudo isso será seu se você apenas começar a estabelecer suas metas *agora*.

21. Como vender para as pessoas mais importantes que conhece

Agora que você está se tornando um vendedor profissional rapidamente, com a renda de um, seu ser interior, particular, está mudando, como muda também seu ser exterior, público. Alguns ajustes serão necessários em muitas áreas de sua vida. Enquanto isso acontece, você talvez descubra que, quanto mais realiza fora de casa, menos consegue em sua família e no círculo de amigos. Se parecer que isso está acontecendo, talvez seja porque você não está fazendo pleno uso de sua nova competência em vendas. Ela não é apenas para o trabalho. Não a desligue quando tomar a direção de casa. Religue-a.

A essa altura da vida, talvez você esteja solteiro. Talvez viva em um lugar com poucos parentes e amigos. Se não está satisfeito com sua situação social, use sua expertise de vendas para melhorá-la. Com um pouco de pensamento, um pouco de engenhosidade, a maioria das técnicas discutidas nos capítulos anteriores pode ser adaptada para a vida depois do expediente. Nessa área, essas técnicas podem fazer maravilhas para ajudá-lo a realizar os objetivos de sua vida particular.

Para ser um mestre na arte das vendas, você precisa ser capaz de vender bem às pessoas mais importantes em seu mundo — seus amigos e entes queridos.

Vender o quê?

484 | COMO SER UM GRANDE VENDEDOR

O que quer que considere melhor para eles. O alcance de suas próprias metas. Vidas felizes e realizadas. Uma atmosfera de paz com você — e a aceitação e o respeito por eles, como são.

Quem sabe você pensa que é suficiente trazer para casa uma renda, que suas responsabilidades acabam quando você dá duro em um dia cansativo de trabalho? Se tem entes queridos em sua vida, não pode ser esse o caso. Você e seu interesse devotado são insubstituíveis em sua família. Se sua carreira em rápida ascensão não lhe permite passar tanto tempo quanto desejaria com as pessoas amadas e os amigos, faça pelo menos com que valha a pena cada minuto que passar com eles. O *Preciso fazer a coisa mais produtiva que for possível em todos os momentos* se aplica com grande força à sua vida particular. Em alguns momentos, a coisa mais produtiva a fazer é pôr no colo o filho pequeno e lhe ensinar como dominar o medo, é dizer a alguém muito especial: "Eu a amarei sempre". Por uma infinidade de razões desse tipo, este último capítulo é dedicado às maneiras como você pode aplicar os princípios deste livro para melhorar sua vida familiar.

Mas vamos esclarecer o que estamos falando. Depois de internalizar e reforçar as atitudes e técnicas ensinadas nos capítulos precedentes, automaticamente você as usará, vez ou outra, com seus entes queridos. Mas uma coisa é usá-las ocasionalmente no burburinho diário da vida e outra muito diferente é pôr essas técnicas poderosas para funcionar como parte de um plano para solucionar problemas e atingir as metas familiares. Aqui estamos falando sobre o uso deliberado de sua nova expertise em vendas nesta que é a mais importante das áreas de sua vida.

Enquanto você se desenvolvia rapidamente nas esferas profissional e pessoal, seu cônjuge pode ter continuado a se mover em seu ritmo habitual. Talvez esteja tudo bem com você. Mas, se não estiver, comece agora mesmo a lançar uma ponte por sobre o fosso que está se abrindo entre você e seu(ua) companheiro(a). Se protelar, talvez seja tarde demais.

Basicamente, há apenas três maneiras para poder enfrentar com sucesso esta situação: 1) reduzindo seu ritmo; 2) seu(ua) esposo(a) acelerando o dele(dela); 3) ambos aceitando que crescem a velocidades diferentes e se sentindo felizes dessa forma. A primeira alternativa é a única que você pode controlar inteiramente — e, talvez, a menos atraente das três para você. As outras duas podem não funcionar, a menos que o(a) companheiro(a) coopere de boa vontade. Fazer com que isso aconteça muitas vezes exige um trabalho de vendas altamente qualificado: perguntas de descoberta, pequenos fechamentos, perguntas indicativas, trato extremamente competente de objeções, grandes fechamentos — além de muito pensamento e muitas palavras de aprovação e encorajamento.

Se seu cônjuge se sente ameaçado(a) pela nova pessoa em que você está se transformando, desenvolva empatia. Seja paciente. Lembre-se de que não pode ditar os sentimentos dos outros — mas pode aliviar suas ansiedades sobre como você sente a esse respeito.

No início deste livro, discutimos o valor de descobrir quais benefícios os clientes em potencial realmente querem, antes de você tentar vender a eles um produto ou serviço específico. Esse mesmo passo é igualmente valioso para a criação de uma atmosfera em que todos os membros de sua família se expandam em realização e confiança. Como você mesmo aprendeu aqui, não há limites ao seu crescimento, exceto os autoimpostos. Esses limites, naturalmente, são sua disposição de pagar o preço do sucesso. Quer aplicar limites adicionais a seus filhos, ditando quais progressos devem conseguir?

Nunca perca de vista os seguintes fatos: você não pode viver a vida de outra pessoa; você não pode controlar as emoções dos outros; você não pode pagar o preço de suas realizações. Por mais que amemos nossos filhos e amigos, todos eles são indivíduos, com metas, preferências, limitações e oportunidades diferentes das nossas. Conforme meu pai e eu descobrimos depois que ele me guiou para a advocacia, o sucesso usa muitos trajes diferentes. Seus filhos não podem realizar suas metas para você. Nem seus amigos. Quanto a você, pode apenas ajudá-los a atingir suas metas por si mesmos.

Os capítulos anteriores estão cheios de técnicas e conceitos que podem ajudá-lo a levar sua família rumo à realização das metas que você e ela queiram atingir. Recapitularei brevemente algumas dessas ideias:

Vínculos. Utilize-os quando conversar com sua família, a fim de reforçar as coisas positivas que quer que aconteçam e desencorajar as que não deseja. Liderar pessoas é, na maior parte das vezes, ajudá-las a compreender e, em seguida, concordar que o que você propõe é o que há de melhor para elas.

Avanço alternado. Essa técnica é uma verdadeira maravilha para uso caseiro. Compare estas duas maneiras de enfrentar a mesma situação:

1) **Esposa:** "Querido, quer jantar fora hoje à noite?"

Marido: "Não. Quero comer em casa."

Esposa: "Você nunca me leva para comer fora. Eu também trabalho... Ou você se esqueceu disso?" E começam uma nova discussão provocada por uma pergunta que convida a uma resposta negativa.

2) **Esposa:** "Querido, você gostaria de jantar no The Blue Bueket ou preferiria o Smokey Jo's?"

Marido: "Vamos ao The Blue Bucket." Quando um avanço alternado o leva aonde quer ir, por que fazer a pergunta que convida a uma resposta negativa?

Porco-espinho. Essa técnica é um verdadeiro burro de carga para esclarecer problemas domésticos e evitar decisões familiares imprudentes. Com muita frequência, sua melhor resposta a uma pergunta feita em casa é outra pergunta que também seja um avanço alternado para o que você quer conseguir.

Perguntas de envolvimento. Quando quiser investir tempo e dinheiro em algo para os dois, desperte o interesse de seu cônjuge no projeto, fazendo perguntas de envolvimento. E, quando quiser encorajar os filhos a ter êxito, faça perguntas de envolvimento a respeito da meta em questão.

Perguntas de descoberta e indicativas. Ouvir com atenção constitui a chave para descobrir o que seus clientes em potencial realmente querem. Aplicar a mesma técnica aos seus entes queridos é igualmente importante, se quer mesmo fortalecer seu relacionamento com eles. Muitas vezes, a criança indisciplinada apenas quer saber que seus sentimentos de frustração, raiva ou desapontamento são compreendidos pelos pais. Reconhecer a angústia muitas vezes é tudo o que o pai ou mãe prudente tem a fazer para aliviar os sentimentos da criança e restabelecer a calma. Mas também pode exigir mais. De que modo você pode saber, a menos que faça perguntas de descoberta e ouça com atenção as respostas? Quando souber exatamente qual é o problema — mas não antes —, você se tornará inteiramente competente para levar a criança no caminho que quer que ela siga.

No Capítulo 6, falamos a respeito de captar a mudança em movimento, enquanto trabalha com os clientes. Essa é também a chave para influenciar sua família. Provavelmente a maneira mais fácil e mais eficiente para exercer influência duradoura sobre seus entes queridos consiste em encorajá-los a pagar o preço necessário para as metas que estabeleceram para si mesmos. Os primeiros passos além do mero desejo são os mais difíceis. Não perca a oportunidade de motivá-los a agir, em vez de simplesmente observar, quando puder fazer isso. Quanto mais fizerem hoje, mais poderão e realizarão amanhã.

Muitos de nós fomos ensinados que sempre devemos adotar a escolha lógica e que, de algum modo, é desaconselhável confiar nas emoções. Supostamente, a lógica e a análise cuidadosa são as únicas maneiras de tomar decisões, ficando de fora a intuição e as emoções. Essa ideia destrutiva ignora a realidade. No mundo real, dificilmente conhecemos todos os fatos quando devemos tomar uma decisão. Somos forçados a recorrer às emoções e à intuição. Isso nos preocupa e nos faz sentir culpados. Evite esta situação, orientando seus filhos para um equilíbrio entre a lógica e a emoção no processo decisório.

Os gêmeos do nada fazer, a apatia e a inércia, prosperam na negação do envolvimento emocional. Quando alimentamos a crença de que as emoções são perigosas, criamos frustrações que, muitas vezes, paralisam os esforços de nossos filhos. Sempre que seus entes queridos quiserem fazer algo positivo, encoraje-os de todas as maneiras possíveis. Descubra quais recompensas os motivarão e dê a eles as melhores que puder. Desperte suas emoções, a fim de auxiliá-los a atingir suas metas e os ensine a usar as emoções para se condicionarem. O sucesso é um hábito. E não há hábito melhor para transmitir a eles.

Use palavras de encorajamento com sua família, em vez de termos de rejeição. Ao desenvolver comunicações positivas dentro de sua família, você descobrirá as palavras de rejeição que ferem e derrotam seu cônjuge e filhos. Sempre que identificar uma dessas palavras, pense em um termo de encorajamento para substituí-la e use-o daí em diante. Descobrir e dizer palavras encorajadoras, em vez de palavras de rejeição, produzirá um efeito maravilhoso sobre a felicidade e a capacidade de sua família de enfrentar problemas, atingir metas e ser feliz. E você receberá um prêmio por fazer isso. É um grande treinamento para seu trabalho profissional de vendas. Você não pode deixar de lucrar ao se tornar mais sensível aos sentimentos e às necessidades dos demais.

Repassei todas as maneiras em que os conceitos e técnicas discutidos neste livro podem ajudá-lo a dar a sua família um estilo de vida mais rico e mais gratificante. Releia-o com esta ideia em mente e descobrirá novos pontos de vista todas as vezes que o fizer. Você pode se tornar um Campeão de vendas, um pai ou um amigo Campeão, e esposa ou marido Campeão. Tudo depende de você. Tudo o que tem a fazer é pagar o preço e poderá alcançar suas melhores metas.

best.business

Este livro foi composto na tipografia Palatino LT Std,
em corpo 10,5/15, e impresso em papel off-white no Sistema
Cameron da Divisão Gráfica da Distribuidora Record.